위기의 쓸모

위기의 쓸모

위기를 기회로 만드는 생애전환의 7가지 도구

브루스 파일러 지음

조영학 옮김

동아시아

삶은 전환 가운데에,
그리고 전환의 사이사이에 존재한다.

- 윌리엄 제임스

차례

라이프스토리 프로젝트

동화 같던 환상이 깨지면 삶은 어떻게 될까

전화 통화 때문에 인생이 달라지리라고는 상상도 못 했다. 그런데 어느 날 단 한 통의 전화로 내 삶이 달라졌다. 어머니의 전화였다.

"네 아버지가 자꾸 자살하려고 한다."

"아버지가 뭘 해요?"

그 순간에는 어머니의 말이 이해되지 않았다. 욕실… 면도기… 놀라서 어딜 뛰어 들어가? 이게 다 무슨 말이람.

"맙소사."

"그뿐만이 아니야. 창문 밖으로 뛰어내리려고도 한걸. 내가 스크램블 에그를 만드는 동안 말이다."

작가로 살면서 종종 글쓰기를 아버지에게 배웠냐는 질문을 받는다. 내 대답은 "아니요"였다. 아버지는 무척이나 자상했고 이따금 눈부실 만큼 매력적이었지만(조지아주의 해안 도시인 서배너에서만 80년을 산 아버지를 우리 가족은 종종 서배너 전문가라고 불렀다), 이야기꾼이나 글쟁이보다는 듣고 행동하는 사람에 가까웠다. 해군 참전용사이자 시민사회 리더 그리고 남부의 민주당원으로서 아버지는 삶의 어떤 순간에도 결코 좌절하지 않았다.

그러나 안타깝게도 아버지는 파킨슨병에 걸려 거동이 불편해졌고, 정신에도 문제가 생겼다. 할아버지도 말년에 같은 병을 얻은 뒤, 내가 고등학교를 졸업하기 불과 한 달 전 스스로 머리에 총을 쐈다. 아버지는 "자살이 얼마나 큰 고통과 치욕을 낳는지 잘 안다"라며 절대 그러지 않겠다고 거듭 약속했었다.

그랬던 아버지가 (당신의 정신을 얼마나 통제할 수 있는지는 모르겠지만) 마음을 바꾼 것이다. 아버지는 말했다. "난 살 만큼 살았다. 슬퍼할 일이 아니라 축하받을 일이지."

아버지는 12주 동안 6번이나 자살 시도를 했다. 상담 치료부터 전기경련요법까지 우리 가족은 온갖 노력을 했지만, 아버지의 의지를 꺾지는 못했다. 아버지는 삶의 이유를 잃어버렸다.

매사에 조금은 지나치게 적극적인 우리 가족은 모두 아버지 문제에 뛰어들었다. 형은 가족의 부동산 사업을 이어받았고 여동생은 치료법을 찾는 데 몰두했다.

다른 가족과 달리 난 이야기꾼이다. 지난 30년간 우리 삶에 의미를 불어넣는 이야기를 발굴하기 위해 애써왔다. 고대의 부족 회의에서 오늘날의 혼란스러운 가족 모임까지, 이야기가 어떻게 사회적 차원에서 우리를 연결하고 떼어놓는지, 또 개인적 차원에서 우리를 규정하고 좌절시키는지를 오랫동안 천착했다.

내가 궁금해한 것도 같은 맥락이었을 것이다. 아버지의 자전적 서사에 문제가 생긴 것이라면, 해결도 이야기로 해야 하지 않을까. 아버지에게는 자신의 라이프스토리를 다시 쓰기 시작할 불씨가 필요한 것은 아닐까.

어느 월요일 아침, 난 내가 아는 가장 단순하고 회복력 있는 일을 시작했다.

아버지에게 질문 하나를 던진 것이다.

어린 시절에 어떤 장난감을 가장 좋아하셨어요?

그 질문은 아버지뿐 아니라 주변 사람 모두를 변화시켰다. 그리고 인생을 살면서 어떤 식으로 삶의 의미와 균형 그리고 즐거움을 얻는지에 관한 내 생각을 완전히 다시 검토하게 해주었다.

이 책은 바로 그 최초의 질문이 어떤 결과를 낳았는지, 그로부터 무엇을 배워야 할지에 관한 이야기이다.

나는 이를 라이프스토리 프로젝트라 부르기로 한다.

당신 삶의 이야기

잠깐 숨을 고르며 지금 당신의 내면에서 어떤 이야기가 진행되는지 귀를 기울여 보라. 어딘가에 웅크리고 있다가 누군가를 처음 만날 때면 늘 하게 되는 바로 그 이야기 말이다. 그것은 의미 있는 곳을 방문할 때 옛 사진을 뒤적일 때, 성과를 거뒀을 때, 급히 병원으로 달려갈 때 당신이 자기 자신에게 들려주는 이야기이기도 하다.

그것은 당신이 누구인지, 어디에서 왔는지, 어떤 미래를 꿈꾸는지에 관한 이야기이다.

그것은 당신 삶의 부침과 터닝포인트에 관한 이야기이다.

그것은 당신이 믿는 것, 지키기 위해 싸우는 것, 가장 소중하게 여기는 것에 관한 이야기이다.

그것은 바로 당신 삶의 이야기이다.

근본적으로 그 이야기는 당신의 일부가 아니라 당신 자체이다.

삶은 당신이 자기 자신에게 들려주는 이야기이다.

이야기를 어떻게 들려줄지가 매우 중요하다. 이야기 속에서 당신은 영웅인가? 희생자인가? 연인, 투사, 보호자, 아니면 신앙인인가? 이야기를 어떻게 각색할지는 그보다 훨씬 더 중요하다. 상황이 달라지고, 삶이 휘청거리고, 일이 잘못되면 자전적 서사를 수정하거나 재고하고 심지어 다시 써야 하기 때문이다.

그 무렵, 이런 주제들에 온통 관심을 빼앗기게 한 일들이 내게 일어났다. 머릿속에서 이야기가 널을 뛰는데 도무지 갈무리가 되지 않았다. 잠시였지만 나 자신이 누군지도, 삶의 목표가 무엇인지도 알 수가 없었다.

길을 잃었던 것이다.

문득 깨달음이 찾아온 것도 그즈음이었다. 최근 몇 년간 스토리텔링은 학술적으로나 대중적으로 큰 인기를 누렸으나, 자전적 스토리텔링은 상대적으로 관심 밖에 있었다. 인생의 플롯을 잘못 구성하면 어떻게 될까? 크고 작은 불행으로 인해, 혹은 뒤바뀐 운명 탓에 삶이 경로를 벗어난다면? 모두 요즘 빈번하게 일어나는 일이 아니던가.

동화 같던 환상이 깨지면 삶은 어떻게 될까?

그것은 그해 가을, 내 아버지에게 일어난 일이자 그 무렵 나도 겪은 일이며, 누구나 한 번쯤은 맞닥뜨려야 할 일이다.

숲속에서 길을 잃었는데 빠져나갈 방법이 없다면 어떻게 할 것인가.

이번만큼은 무엇이든 시도해 보기로 했다. 나는 어떻게 해야 길을 잃지 않을 수 있을지 알아보기로 했다.

삶을 기록하는 작가

그 후 나는 전국을 돌아다니며 보통 사람들의 라이프스토리를 수집하고, 그 이야기들을 주제와 요점에 따라 분류함으로써 삶의 온갖 굴곡을 항해했다. 나름대로 개인적인 계기도 있었다.

난 조지아주 서배너 지역의 5대째 내려온 남부 유대인 가정에서 태어났다. 내 안에서는 외부인 특유의 두 갈래의 스토리텔링 전통이 서로 충돌한다. 난 남부를 떠나 북부에서 대학을 다녔고 졸업 후에는 일본으로 건너갔다. 도쿄에서 80킬로미터는 떨어져 있고, 도쿄보다 50년은 뒤처진 촌구석에서 지내며 구겨진 항공우편 용지에 편지를 써서 고향에 보내기 시작했다. 오늘 얼마나 신기한 일이 있었는지 아세요? 그런데 고향에 돌아가니 어디를 가든 사람들이 이렇게 말하는 것이 아닌가. "편지 정말 재미있더군요!"

"고맙습니다. 그런데 절 아세요?"

나중에 알고 보니 할머니가 편지를 복사해 동네방네 돌린 것이었다. 내 편지들은 구시대적인 방식으로 입소문을 탔다. '그래, 다들 재미있다잖아. 그럼 책으로 내면 되겠네' 하고 생각했는데, 행운이 겹쳐 정말로 출판계약까지 했다. 그보다 중요한 건 글쓰기에서 내 소명을 발견했다는 데 있었다. 나는 늘 이야기를 통해 자아를 발견했다. 내 불안과 외로움을 정돈된 형식으로 승화한 것은 이야기 덕분이었다.

나는 지난 20년 이상 책, 기사, 방송 등에 이야기를 썼으며, 여섯 대륙의 75개국을 돌아다녔다. 서커스단에서 1년을 살았고, 가수 가스 브룩스와 함께 1년 동안 여행한 적도 있다. 노아의 방주부터 출애굽기까지 위대한 이야기들을 추적했고, 결혼해서 쌍둥이 자매의 아빠가 되었다. 말 그대로 승승장구하는 삶이었다.

그러나 연쇄추돌 같은 시련이 닥치며 그런 식의 선형적 삶은 박살 났다. 스스로 삶의 서사를 통제할 수 있다는 망상도 깨져나갔다.

먼저 왼쪽 다리에 희귀성 골육종 진단을 받았다. 성인형 소아암으로 불릴 정도로 지독한 퇴행성이었다. 그 후 죽음의 공포에 휩싸인 채 처절한 1년을 보냈는데, 16번 이상의 항암화학 치료와 17시간에 걸친 수술을 통해 대퇴골을 절단해 티타늄으로 교체했으며, 종아리뼈를 잘라내 넓적다리에 이식했다. 그러고도 2년은 목발에, 그 후 1년은 지팡이에 의지한 채 살았다. 걸음을 내디딜 때마다, 음식을 씹을 때마다, 심지어 누군가의 포옹을 받을 때조차 늘 두려움과 나약함에 사로잡혀 있었다.

설상가상으로 파산 위기에 몰렸다. 아버지가 시작한 자그마한 부동산 사업은 금융위기로 수렁에 빠졌고, 3대에 걸쳐 이어온 꿈은 물거품이 되고 말았다. 난 예금을 모두 찾았다. 그 무렵 내가 20년간 몸담은 출판계가 인터넷의 영향으로 크게 위축되었고, 친구들이 줄지어 거리로 내몰렸다. 당시엔 거의 매일 밤 식은땀을 흘리며 깨어나 멍하니 천장을 바라보기 일쑤였다.

그러던 중 아버지의 자살 시도가 시작되었다. 그해 가을에는 이에 대한 대화조차 거의 불가능했다. 그 어떤 말로도 우리가 직면한 상황을 설명하기엔 역부족이었다. 그렇지만 그 시기에는 무언가 고통스러울 정도로 익숙한 면이 있었다. 그 익숙함은 위기를 겪을 때마다, 내가 거의 무의식적으로 보였던 대응 방식으로 나를 이끌었다. 혼란에 빠지면, 이야기로 돌아가는 것 말이다. 절망에 대응하는 가장 적절한 수단은 이야기이다.

그런 생각이 널리 퍼지기 시작하던 때였다. 한 해 앞서『가족을 고쳐드립니다』를 쓰던 당시, 나는 에모리 대학교 소속의 심리학자 마셜 듀크의 자택을 방문했다. 마셜은 동료 로빈 피버시와 함께 자신의 아내 세라가 발견한 현상을 연구하고 있었다. 특수학교 교사인 세라는 가족사를 잘 아는 아이들일수록 어려움을 더 잘 극복한다는 것을 알게 됐다. 마셜과 로빈은 그 가설을 검증하기 위해 다음의 몇 가지 질문으로 이루어진 테스트를 개발했다. "할아버지, 할머니가 어디에서 만났는지 아니?" "부모님이 어렸을 때 어디가 아팠거나 다쳤었는지 알고 있니?" "네가 태어날 즈음에 어떤 일이 있었는지 들었니?" 실제로 테스트 점수가 높은 아이들일수록 스스로 주변 세상을 통제할 수 있다는 믿음이 컸다. 테스트 점수는 아이들의 정서적 안정 정도를 보여주는 최고의 지표였다.

가족의 삶을 잘 알면 자신의 삶까지 잘 헤쳐나가는 이유가 무엇일까? "모든 가족 서사는 세 가지 형상 가운데 하나입니다." 마셜의 설명은 다음과 같았다. 첫 번째는 상승의 서사이다. 우리는 무일푼으로 시작했지만, 열심히 노력해서 삶을 이만큼 일구었습니다. 두 번째는 하강의 서사이다. 예전에는 아주 잘나갔죠. 그런데 어느 날 모든 걸 잃었어요.

"제일 건강한 가족 서사는 세 번째 것입니다." 그가 설명을 이어갔다. "바로 상승과 하강을 오가는 이야기죠." 우리 가족은 흥망성쇠를 다 겪었어요. 할아버지는 은행 부총재였지만 화재로 집을 잃었고, 이모는 최초로 대학에 진학한 여성이었지만 유방암에 걸리고 말았죠. 삶의 양상이 제각각이라는 사실을 잘 아는 아이일수록 예기치 않은 시련을 훨씬 잘 이겨내는 경향이 있다.

연구 결과에 나는 전율을 느꼈다. 내가 그 이야기를 《뉴욕 타임스》에 썼을 때, 독자들의 반응도 마찬가지였다. 〈사람과 사람을 이어주는 이야기들〉이라는 기사는 말 그대로 바이러스처럼 퍼져나갔다. 부모들부터 학자들과 전 세계 지도자들까지 그 기사를 언급했다. 핵심은 하나였다. 이야기는 우리를 타인과 이어주고, 세대와 세대를 통합하며, 절망적인 상황에서도 용기를 북돋아 어떻게든 삶을 회복하게 해준다는 것이었다.

그해 가을 나 역시 처참한 절망을 겪었지만, 아버지에게 이야기를 해보게 하면 어떨까? 하는 생각으로 희망을 품었다. 너무 길지 않게, 한두 페이지 정도 분량으로 말이다. 내가 한 최초의 질문, 즉 어린 시절의 장난감 이야기는 효과가 있었다. 나는 다른 질문들을 시작했다. 고등학교 동창 중에 아직 만나는 사람이 있나요? 어린 시절에 살던 집은 어땠어요? 아버지가 점차 자신감을 얻었고, 난 매주 월요일 아침마다 이메일로 질문을 보냈다. 어떻게 이글스카우트[보이스카우트의 가장 높은 등급]가 되었죠? 해군엔 왜 입대했어요? 어머니는 어떻게 만난 거예요?

이 무렵 아버지는 손가락이 굳어 자판을 사용하지 못했다. 아버지는 한 주 내내 고민한 이야기를 시리Siri에게 구술해 초안을 만든 다음에 인쇄하여 다듬었다. 평생 수집광으로 산 분이라 언젠가부터 아버지는 사진, 신문기사, 어머니에게 보낸 연서 들도 첨부하기 시작했다. 아버지의 글이 점점 더 대담해지면서 내 질문도 점차 구체화됐다. 가장 후회되는 일은 무엇이죠? 처음 실패를 겪었을 때 어떻게 극복했죠? 그 일은 지난 4년간 이어졌다. 평생 메모 정도 길이의 글쓰기만 해본 사람이 자서전을 쓴 것이다. 우리 가족 중에 이만큼 놀라운 변신을 한 사람은 아무도 없었다.

이런 변화를 어떻게 설명할 수 있을까? 난 스토리텔링의 신경과학적, 생화학적 측면을 파고들기 시작했다. 전문가들을 인터뷰하며 삶을 회고하는 것이 심리학적, 정서적으로 어떤 이점이 있는지 알아보았다. 이제 막 태동한 서사노년학, 서사청년학, 서사의학 분야의 선구자들을 찾아다니며 기본적인 원리를 배웠다. 아직은 생소한 학문이었지만, 개인의 이야기를 재해석하고 재구성하는 것이야말로 충만한 삶을 사는 데 매우 중요하다는 사실을 확인할 수 있었다.

아직 부족한 점이 있는 것이 사실이다. 아버지가 겪은 고통의 양상, 내가 겪은 양상, 내가 아는 사람들 거의 모두가 겪은 양상이 논의에서 빠진 것이다. 그런데 마셜이 가족사의 핵심이라고 파악한 요소, 즉 이야기의 형상은 고통의 양상과 맞닿아 있었다.

가족사와 마찬가지로 개인사에도 형상이 있다. 우리 각자에게는 삶이 어떻게 펼쳐질지에 대한 기대감이 있고, 그에 따라 우리는 그 기대감을 이끄는 막연한 가설 주변을 떠돌게 된다. 이러한 기대감은 사회에 만연하고, 우리에게 생각보다 큰 영향을 미친다. 예를 들어, 우리는 삶이 늘 우상향한다고 배웠으므로 삶에 굴곡이 있다는 깨달음 앞에서 충격을 받고 만다. 삶이 담금질의 과정이라고 배우지만, 막상 우리가 경험하는 삶은 실수투성이로 괴로울 뿐이다. 우리 대부분이 느끼는 불안함과 초조함의 이유를 그 간극으로 설명할 수 있을까?

어느 날 문득, 이 주제가 시급한 과제로 느껴졌다. 졸업 30주년 대학교 동창회가 계기였다. 당시 내가 허리를 다쳤던 탓에, 나와 마찬가지로 브루클린에 사는 대학 동기 데이비드가 차를 태워주기로 했다.

이번 기회에 좀 더 가까워지겠구나 싶었지만, 데이비드는 수백만 달러의 부동산 계약 체결을 앞두고 있던 터라 차를 타고 가는 내내 시끌벅적한 변호사들과의 전화 통화와 심란한 동기와의 대화 사이를 오가야 했다. 데이비드도 기분 좋은 상황은 아니었다. 전날, 동료의 9개월 된 아이가 낮잠을 자다가 떨어져 끝내 깨어나지 못했던 것이다.

그날 오후 저명한 동기들의 대담에서 사회를 볼 예정이던 나는 미리 이력서를 취합했다. 깔끔하게 인쇄된 이력들은 면면이 화려했다. 그러나 데이비드의 이야기에 크게 동요되었던 나는 무대 위에서 사람들로 가득한 강당을 바라보며 이력서를 모두 반으로 찢어버리며 말했다. "여러분의 성공에는 관심 없습니다. 자랑은 어머니한테나 하세요. 내가 듣고 싶은 이야기는, 여러분을 잠 못 이루게 하는 시련과 어려움에 관한 것입니다."

그날 저녁 87학번 동기들이 거대한 천막 아래에 모였다. 한쪽엔 바가 있었고 다른 쪽에서는 바비큐 파티가 한창이었다. 난 2시간 넘게 양쪽을 오가며 동창들의 가슴 아픈 이야기를 들어주었다.

아내가 만성두통으로 입원했는데, 이튿날 숨을 거두었지.

열세 살 딸이 자기 손목을 그었어.

어머니가 알코올 중독자야.

사장이 개새끼야.

배임 혐의로 고소당했어.

우울증 치료를 받고 있어.

불안증이 극심해.

내용은 달라도 결론은 비슷했다. 삶이 혼란에 빠졌고 꿈은 박살 났으며, 자신감을 잃었다는 것이었다. "삶의 모든 문제를 알약, 스마트폰 앱, 5분의 명상이면 해결할 수 있다"라는 식의 한때 나도 열광했던 마음 편한 상향식 인생관과 지금 내가 씨름하고 있는 불안정하고 불확실하며 유동적인 삶 사이에는 분명 간극이 존재한다.

당시의 내 삶은 내가 기대했던 삶이 아니었다.

지금 내 삶은 엉망진창이다.

나는 그날 밤 아내에게 전화했다. "무언가가 일어나고 있어요. 자신의 이야기를 어떻게 해야 할지 아는 사람이 아무도 없네요. 도울 방법을 고민해 봐야겠어요."

"당신 인생의 이야기를 들려주세요"

나는 라이프스토리 프로젝트를 시작했다. 전국을 종횡무진 돌아다니며 흥미로운 삶을 살아온 사람들을 찾아가 몇 시간씩 이야기를 들었다. 삶에 어떻게 균열이 생겼고 어떤 전환을 맞았으며 그래서 삶을 어떻게 재구성했는지 듣고, 그 이야기들을 유형과 내용에 따라 분류했다. 처음에는 주변 사람들을 취재하다가 점점 더 치밀하게 온갖 범주의 사람들을 찾아 나섰다. 나는 직접 찾아가 말을 거는 가장 오래된 방식을 취했다. 거실, 침실, 병실, 보트, 술집, 비행기, 원주민 보호구역, 브로드웨이 극장, 수녀원 등 장소를 가리지 않고 라이프스토리를 들으러 다녔다. 직접 만나는 것과 유무선 전화 통화는 물론이고 줌, 페이스타임, 스카이프 등 최신 기술도 충분히 활용했다.

200여 년 전, 덴마크의 전설적인 외톨이 철학자 쇠렌 키르케고르는 외로움을 달래기 위해 코펜하겐 거리로 나가, 지인이든 낯선 사람이든 아무나 붙잡고 오후 내내 열정적인 대화를 나누는 이른바 '대화 목욕people bath'을 즐겼다. 프로젝트에 임하는 내 느낌도 다르지 않다. 약 3년간 대화 속에 몸을 담고 있는 듯한 기분이었다.

그 결과 나는 모두 50개 주를 돌아다니며 나이, 배경, 삶의 궤적이 서로 다른 225명의 라이프스토리를 수집했다. 물론 이 이야기들은 놀랄 만한 경험으로 가득했다. 팔다리를 잃고, 직업을 잃고, 집을 잃어버린 사람들부터, 종교를 바꾸고, 직업을 바꾸고 성별을 바꾼 사람들, 알코올과 사이비종교에 빠지고 배우자에게 쫓겨난 사람들, 그리고 희망을 품은 채 회복과 갱생을 매일 반복하다시피 하는 사람들까지. 각각의 사연을 지닌 사람들이 수십 명씩이나 되었다. 몇 가지 예를 들어보겠다.

- 로맨스 소설 작가로 변신한 월스트리트 트레이더
- 간호사가 된 트럭 운전사
- 사담 후세인을 찾아낸 특공대원
- 2번이나 암을 극복하고 에베레스트산을 등정한 불굴의 사나이
- CIA 분석관을 그만두고 구조견 훈련사가 된 사람
- 장의사로 전업한 잡지 기고가
- 자신의 유튜브 채널 "닌자섹스파티"에 전념하기 위해 정교수 자리를 그만둔 이론물리학자

- 루터교 목사가 된 컨트리음악 작곡가
- 역대 미국인 선수 중 가장 많은 패럴림픽 메달을 따낸 사람
- 아내가 자살한 후 세 아들을 키우기 위해 사직한 제약회사 CEO
- 상원의원
- 그래미 어워드 수상자
- 한때 백인우월주의자였던 사람
- 알코올 중독을 치료한 후, 과거 술에 취한 채 도둑질했던 집들을 찾아다니며 사과한 여성
- 교도소에 다녀온 세 사람
- 죽었다가 다시 살아난 네 사람
- 자살 시도에서 살아남은 다섯 사람
- 성전환 수술을 한 여섯 사람
- 낮잠 자던 아이가 바닥에 떨어져 목숨을 잃은 데이비드의 친구

　　나는 이들과 이른바 라이프스토리 인터뷰를 했다. 30여 년 전, 댄 매캐덤스 박사는 사람들의 삶을 주제로 인터뷰하는 방법을 개발했다. 사람들이 자아의식을 키우고 발전시키는 방식을 이해하기 위해서였다. 그는 후에 노스웨스턴 대학교 심리학과의 학과장이 되었으며 청소년기에서 노년기까지의 서사학에 관한 여러 새로운 연구 결과를 발표했다.

　　연락을 받은 그는 내 프로젝트를 돕겠다고 했다. 게다가 1980년대에 자신이 직접 설계한 템플릿을 프로젝트에 맞게 수정해서 사용

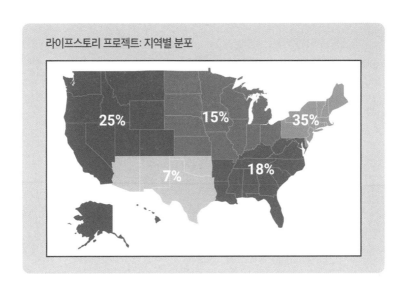

라이프스토리 프로젝트: 지역별 분포

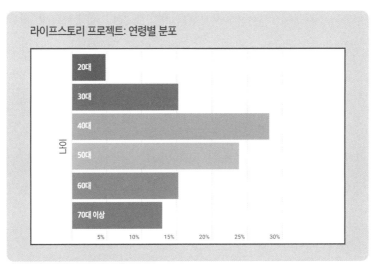

라이프스토리 프로젝트: 연령별 분포

해도 좋다고 허락해 주었다. "지나치게 학술적일 필요는 없습니다. 자
신에게 맞는 방식으로 하면 됩니다." 그의 예상대로 인터뷰에 새롭고

라이프스토리 프로젝트: 직업별 분포

놀라운 주제들이 나타나기 시작했다. 지금껏 삶의 여정, 인간의 발달 과정, 개인적인 변화에 대한 글을 수없이 읽었지만, 그 어디에서도 볼 수 없던 내용이었다.

나는 곧 동시대의 삶, 즉 기술적, 정치적, 영적, 성적 삶의 양상이 여러 새로운 이유로 인해 변화하고 있지만, 삶을 의미를 만드는 데 우리가 사용하는 기술은 시대에 뒤처져 있다는 사실을 알게 되었다. 인생에 전환을 맞이할 기회는 많아졌지만 이를 다룰 도구는 변화에 발맞춰 업데이트되지 않았다는 말이다.

라이프스토리 인터뷰는 이런 현상을 이해하고 대처하기 위해 기획됐다. 첫 번째 질문은 "15분 안에 당신 인생의 이야기를 들려주세요"라는 주관식 질문이었다. 대부분의 참가자가 답을 하는 데 1시간 이상이 걸렸다. 그다음에는 최고와 최악의 시기, 터닝포인트, 의미 있는 경험, 성공적인 전환과 그렇지 못한 전환 등 삶의 중요한 장면들에 대해 질문했다.

이 일이 내게 최우선 과제가 된 이후, 나는 지금까지 충분히 논의되지 않은 전환의 순간을 탐구하는 데 많은 시간을 할애했다. 참가자들에게 가장 큰 전환이 자발적이었는지 혹은 비자발적이었는지, 전환기를 통과하기 위해 특정한 의식이 필요했는지, 가장 힘들었던 감정은 어떤 것인지, 그 시간을 어떻게 체계화했는지, 어떤 습관을 포기했는지, 어떤 일을 새로 시작했는지, 전환에 시간이 얼마나 필요했는지 질문했다.

마지막으로 그들의 삶을 형성한 가장 핵심적인 이야기가 무엇인지 묻고, 내가 즐겨 하는 두 가지 질문으로 마무리했다. 이 질문들은 가장 통찰력 있는 답을 도출해 내곤 한다.

- 삶의 각 장, 주요 장면, 역경 등을 통해 라이프스토리 전체를 되돌아볼 때, 발견되는 삶의 주제가 있을까요?
- 라이프스토리를 조금 다른 방식으로 되돌아보겠습니다. 당신의 삶을 어떤 형상으로 규정할 수 있을까요?

그간 발굴해 낸 소재는 너무도 방대하여 감동적인 동시에 압도적이었다. 일을 마무리했을 때 전체 인터뷰는 총 1000시간 이상이었다. 모든 내용을 녹음했고, 녹취록을 작성했다. 녹취록은 총 6000쪽에 달했다. 차곡차곡 쌓으면 내 10대 딸들의 어깨높이였다. 처음부터 끝까지 한 차례 읽는 데만 2개월이 걸렸다.

다음 단계는 분류였다. 댄 매캐덤스 박사의 방법은 물론이고, 내 친구이기도 한 경영 전문가 짐 콜린스가 사용하는 방법을 참고했으며, 전담팀을 꾸려 이야기를 분석하게 했다. 우리는 1년간 엄청난 규모의 데이터베이스를 구축했고, 각각의 이야기를 57개의 변수에 따라 분류했다. 여기에 포함된 변수는 당사자가 생애전환의 어느 국면을 가장 어렵게 생각하는지부터, 어떤 조언이 가장 도움 되었는지, 결정적인 사건이 언제 일어났는지, 미래를 위한 꿈이 무엇인지까지 다양하다. 우리는 일종의 '심사위원회'를 열어 연구 결과를 종일 엄격하게 심사했으며, 격렬한 논쟁도 벌였다. 심사위원회는 어떤 사안도 쉽게 넘어가지 않았다. 2~3번에 걸쳐 거듭 녹취록을 확인했고, 선행연구를 검토했다. 확신컨대, 우리가 발견한 유형의 90퍼센트는 앞서 다른 어디에서도 언급된 바가 없는 내용이다. 이를 뒷받침할 데이터도 충분하다.

생애전환이 온다

데이터와 그 안에 담긴 이야기를 살펴보기 전에, 라이프스토리의 전반적인 흐름을 짚고 넘어가고자 한다. 지금까지 파악한 내용을 단순하게 구조화한다면 다음과 같다.

선형적 삶은 끝났다

비선형적 삶에서는 보다 많은 생애전환을 경험한다

생애전환은 배울 수 있고, 꼭 익혀야 하는 기술이다

이 설명이 지나치게 단정적으로 느껴지고, 공감되지 않을 수도 있다. 도대체 "선형적 삶"이 어떤 삶인가? 생애전환life transition이 더 많아졌다고 어떻게 단정한단 말인가? 생애전환이 무슨 뜻인지도 모르는데 어떻게 배우고 익힌단 말인가? 모두 자연스러운 반응이다. 그러나 경향은 뚜렷하고 경고등은 반짝거리고 있다. 하루빨리 우리의 삶을 의미 있고 가치 있게 만들 방법을 업데이트해야 한다.

먼저 그 필요성을 분명히 하며, 우선 우리 대부분이 불안감을 느끼는 이유가 무엇인지 제시하고, 라이프스토리 프로젝트를 통해 이루고자 하는 바를 설명하고자 한다. 이 책에는 세 가지의 목표, 두 가지의 경고, 한 가지의 약속, 그리고 마지막으로 야심 찬 포부가 담겨 있다. 목표부터 이야기해 보겠다.

첫 번째 목표는 동시대 사람들이 경험하는 이 낯선 현상에 이름을 붙이고 싶다는 것이다. 이 현상은 우리가 우리 자신을 생각하는 방식에 지대한 영향을 끼친다. 오늘날의 삶은 더 이상 전통적이고 선형적인 행로를 따르지 않는다. 프로젝트 초기에 누군가가 삶의 형상을 물어보았다면, 난 선형적으로 묘사했을 것이다. 저 먼 옛날 조상까지

거슬러 올라갔다가, 부침을 거듭하며 현재의 나로 이어지는 선은 주로 내 외적인 성공에 기준을 두었다. 다른 사람들도 모두 비슷하게 응답하리라고 생각했다.

오판이었다. 위험할 만큼 몹시 잘못된 생각이었다. 오늘날 우리가 사는 방식의 근본적인 문제가 빠졌기 때문이다.

컴퓨터과학, 생물학, 수학, 물리학 연구자를 포함해, 오늘날 가장 똑똑한 사람들이라면 세상이 더 이상 예측 가능하고 선형적인 행로와 일치하지 않는다는 사실을 이해할 것이다. 삶은 오히려 혼란스럽고 복잡하며, 질서와 무질서를 오가고, 선형적인 동시에 비선형적이다. 이제 우리는 완만한 선형의 삶이 아니라 고리 모양의 삶, 나선형의 삶, 요동치고 분열하며 꼬이고 뒤엉키고 반전이 있는 삶을 보게 된다.

이러한 변화가 하루하루의 삶에 어떻게 나타나는지 알고 싶었던 나는 만나는 모든 사람에게 "당신의 삶은 어떤 형상입니까?"라고 질문했다. 사람들은 원, 하트 모양, 나비, 부메랑, 강, 나무, 산, 소용돌이 등 놀라울 정도로 다양한 종류의 형상을 언급했다. 이유를 물어보면 그들은 억눌리고 뒤엉킨 욕망, 패배감, 실망감 등을 털어놓았고, 개인사의 다차원적인 형상은 이것들을 모두 반영하고 있었다.

'유년 → 청년 → 중년 → 노년', '연애 → 결혼 → 출산 → 자녀의 독립', '취업 → 승진 → 은퇴' 등 삶이 이미 정해진 절차를 도식적으로 따라간다는 생각은 너무도 구태의연해 보인다. 지엽적인 예외야 있겠지만, 삶이 정말로 예정대로 차곡차곡 단계를 밟으며 진행될까? 그렇지 않다. 우리의 삶은 기쁨과 좌절, 성공과 새로운 출발 등이 소용돌이처럼 복잡하게 얽혀 있다.

X세대는 베이비붐 세대보다, 밀레니얼 세대는 X세대보다 더욱 변화를 체감한다. 누구나 일평생 하나의 직업, 하나의 관계, 하나의 종교, 하나의 가정, 하나의 육체, 하나의 성별, 하나의 개성으로 산다는 통념은 그 어느 때보다 무의미해졌다. 바로 이것이 비선형적 삶을 산다는 것의 의미이며, 비선형적인 삶은 우리가 일상적으로 내리는 모든 결정에 지대한 영향을 미친다.

그중에서 가장 심오한 영향은 개인의 자유와 자기표현, 그리고 타인이 기대하는 삶이 아니라 자신만의 삶을 사는 것 등 비선형적인 삶의 이점들 덕분에 연달아 일어나는 버거운 인생의 전환들을 헤쳐나갈 수 있다는 점이다. 이 점은 이 책의 두 번째 목표로 이어진다. 바로 생애사건$^{\text{life event}}$ 특유의 연쇄적인 속성을 이해하는 것이다.

갈등은 이야기의 전제 조건이다. 서사가 존재하려면 예기치 못한 사건이 일어나야 한다. 할리우드 영화에서 말하는 반전$^{\text{plot twist}}$이나 아리스토텔레스가 말한 페리페테이아^{peripeteia}가 있어야 한다는 것이다. 서사심리학의 개척자 제롬 브루너는 "이야기는 상황이 기대와 어긋나면서 시작한다. 실패가 없으면 이야깃거리도 없다"라고 말했다. 이야기란 바로 이 어긋남을 해결하는 도구이다.

라이프스토리 프로젝트의 핵심적인 성과이자 (나로서는) 불길한 성과라면, 요즘 이런 혼란의 발생 빈도가 급속도로 증가하고 있다는 발견이다. 우리는 이러한 어긋남, 다시 말해 삶의 균열의 대유행에 직면해 있다. 설명이야 얼마든지 가능하지만(2장 참고), 지금으로서는 인터뷰에 등장한, 우리를 불안하게 하는 생애사건의 유형 하나하나를 모두 기록했다고만 말해두겠다. 유형은 모두 52종에 달한다. 우리가 맞닥뜨릴 수 있는 갈등, 격변, 스트레스의 원천이 52종이나 된다는 뜻이다. 여기에는 자발적인 이유(체중 조절, 회사 창업)와 비자발적인 이유(실직, 자녀와의 갈등), 개인적인 이유(금주, 사랑하는 사람과의 이별)와 사회적인 이유(사회운동 참여, 자연재해로 인한 피해)가 모두 포함된다. 성인이 된 이후 평균 30~40번 삶의 균열을 경험하며, 이는 12개월에서 18개월에 한 번꼴이다.

대부분의 균열은 약간의 혼란만 겪으며 헤쳐나갈 수 있다. 적응하기도 하고, 사랑하는 사람들에게 도움받거나, 라이프스토리를 재조정할 수도 있기 때문이다. 그러나 어떤 균열은(혹은 연달아 생기는 서너 가지의 균열은) 우리를 뒤흔들어 커다란 혼란에 빠뜨리기도 한다. 나 이런 혼란을 생진lifequake, 즉 삶의 지진이라 부르기로 했다. 리히터 규모가 큰 강진처럼 그 여파가 막대하며, 여진이 몇 년씩 이어지기 때문이다. 데이터에 따르면 평범한 성인은 이런 식의 대규모 혼란을 적어도 3~5번 겪으며, 지속 기간은 평균 5년이다. 성인기의 절반 가까이를 생진과 싸우는 데 써야 한다는 계산이 나온다.

당신 자신이든 당신이 사랑하는 사람이든, 지금도 생진을 겪는 사람이 있을 것이다.

삶을 변화시키는 사건이 이렇게 많을 것이라 예상한 사람은 많지 않을 것이다. 바로 그 점이 이 책의 세 번째 목표로 이어진다. 우리는 생각보다 더 많이 이런 경험을 하게 되며, (후에 다시 설명하겠지만)

그 횟수는 향후 몇 년 동안 더 늘어날 것이다. 따라서 생진을 극복하는 데 필요한 기술을 익히는 일이 훨씬 더 시급해졌다. 생진이 자발적이든, 비자발적이든, 생진에서 비롯한 생애전환을 헤쳐나가는 과정은 자발적일 수밖에 없다. 그 과정에 필요한 기술을 배우고 적절하게 활용해야만 한다.

그 기술이라는 게 도대체 무엇일까? 이 프로젝트의 가장 흥미로운 성과는 생애전환을 헤쳐나가는 데 필요한 도구세트$^{tool\,kit}$, 즉 그 기술들을 구체적이고 확실하게 알아냈다는 것이다. 본능적으로 이 기술들을 사용하는 사람은 많지만, 모든 기술을 알거나 사용하는 경우는 극히 드물다. 대다수가 삶의 변화에 관한 지난 100년간의 사고방식과 배치되는 방식이기 때문이다.

완성된 도구세트에는 이 프로젝트를 수행하면서 내가 직접 겪은 최대의 변화가 반영되어 있다. 프로젝트 초기에는 사적인 삶이나 노동자로서의 삶, 또는 영적인 삶에서의 위기들을 다루는 방식이 사람마다 서로 크게 다르고, 모든 생애전환에 고유한 드라마가 있을 것이라고 예상했다. 실제는 예상과 완전히 달랐다. 생애전환은 내 예상보다 서로 유사했고, 도구세트를 단일화하는 것도 충분히 가능했다. 이 책 중반(7장) 이후부터 도구세트를 상세하게 다룰 생각이다.

이로써 다음과 같은 경고가 가능해진다.

생애전환이 온다. 그에 대비하라.

우리가 도움을 줄 수 있다. 여기서 "우리"는 단지 나와 나를 도운 팀만 의미하지는 않는다. 지금까지 이 주제를 나와 함께 탐구한 사람은 수백 명에 이른다. 자신들이 시련을 극복하고 이겨낼 수 있었던 담대하고 창의적인 방법을 공유해 준 사람들이다. 혹시라도 이 책이 주장을 펼치는 과정에 오류가 있다면 그 책임은 당연히 내게 있다. 어디까지나 모두 나의 주장이기 때문이다. 그러나 누구에게도 내 생각을 강요하지는 않았다. 사람들에게서 아이디어를 "발견"했을 뿐이다. 즉, 하향식이 아니라 상향식이었다. 물론 이 책은 사람들이 예상치 못한 전환기에 실제로 어떻게 반응하는지를 반영하고 있다.

내 야심 찬 포부도 거기에서 비롯한다. 나는 돈키호테처럼 문화의 풍차에 맞서 싸우고 싶다. 생애전환을 재정의하고 싶다는 뜻이다. 우리는 모두 이 혼란스러운 시기를 통과해야 한다. 단 한 번이 아니라, 2번, 3번, 4번, 혹은 그 이상 말이다. 우리는 그 모든 고민과 고통, 비애와 비탄을 겪어야 한다. 자전적 서사를 재구성하고, 우선순위를 재배정하고, 우리 삶의 형상과 의미를 재조정해야 한다. 그런데 왜 우리는 생애전환을 끔찍하고 절망적인 것으로만 여기는 걸까? 생애전환이 정말 비틀거리며 헤쳐나가야 할 비참한 고난일 뿐인 걸까?

삶이 반전으로 가득하다면 그 반전을 어떻게 극복할지 배워야 하지 않을까?

삶은 전환 가운데에 존재한다. 현대 심리학의 아버지, 윌리엄 제임스가 150년 전쯤 남긴 말이다. 슬프게도 그의 지혜는 오래전에 잊히고 말았다. 그의 주장은 오늘날 더 유효하다. 삶의 본질을 외면할 수는 없다. 전환이 없는 삶을 살 수도, 바랄 수도 없다. 오히려 전환을 인정하고 명명하고 주목하고 공유하여, 궁극적으로 우리의 라이프스토리를 재구성할 연료로 삼아야 한다.

동화 속 늑대

삶은 언제나 전혀 예상하지 못한 상황에서 곤두박질친다. 이탈리아어에는 그 상황을 나타내는 루푸스 인 파불라^{lupus in fabula}라는 표현이 있다. "파불라"는 동화, 즉 우리 삶의 판타지이자 이상적인 버전이며, 즉 만사가 순탄한 상황을 뜻한다. 늑대라는 뜻의 "루푸스"는 곤경과 갈등, 주변의 모든 것을 파괴할 수 있는 위협을 의미한다.

우리 삶의 현실이 담긴 표현이다.

이탈리아 사람들은 그 말을 "악마의 속삭임"과 같은 뜻으로 사용한다. 삶이 순항할 때조차, 그 옆에 언제나 악마, 귀신, 괴물, 질병, 쇠락, 죽음이 동행한다는 것이다.

삶이 동화처럼 보일 때, 늑대가 등장한다.

그것은 아버지가 희망을 잃었던 무렵 내게 일어났던 일이다. 또 내가 아는 사람들은 모두 적어도 한두번씩 늑대를 마주했다.

그때 우리는 숲속에 갇혀 길을 찾을 수 없었다.

"오래오래 행복하게 살았답니다"라는 결말을 기대할 수 없었다.

나는 더 이상 그렇게 느끼지 않는다. 라이프스토리 프로젝트가 내게는 거대한 늑대 사냥꾼이었다. 이 프로젝트 덕분에 어려움에 맞서 싸울 도구를 얻었고, 다른 사람을 도울 여유도 되찾았다. 나의 라이프스토리를 확장하고 재구성할 능력도 갖추었다. 예전엔 불가능하다고 여겼던 것들이다. 그 과정을 통해 나의 질병, 불안정한 커리어, 여러 시행착오와 실패 속에서도 평정을 유지하게 되었다. 사람들의 이야기를 들으면서 인간의 경험이 무한하다는 사실에 경외감을 느끼는 동시에 인간의 불행이 얼마나 처참하고 각양각색인지 충분히 이해할 수 있었다. 지금까지 대부분의 불행을 피했지만, 그 행운이 얼마나 오래갈지 어떻게 알겠는가.

또 하나 깨달은 바가 있다. 우리는 모두 아프다. 아프고 고통받으며 늘 무언가를 갈망한다. 오판들 속에서 허우적거리고, 손실을 아까워하며, 신체적 결함과 잘못된 선택, 놓쳐버린 기회에 집착한다. 체념하면 더 행복해지고, 더 만족하고, 더 부자로 살 수 있다는 사실을 알면서도 속수무책이다. 지나간 이야기를 하고 또 하는 것은 우리가 지닌 일종의 유전적 강박이다. 부진했던 경험, 나약했던 순간에 너무 오랫동안 집착하기도 한다.

늑대를 그냥 지나칠 수는 없기 때문이다.

괜찮다. 늑대를 외면하는 것은 주인공을 외면하는 것이나 마찬가지이다. 우리는 모두 이야기의 주인공이 되어야 한다. 우리에게 여전히 동화가 필요한 이유이다. 동화는 두려움을 가라앉히고 밤에 깊이 잠드는 방법을 가르쳐 준다. 아이들의 침대 맡에서 여러 해 동안 동화를 들려주는 이유도 마찬가지이다.

동화는 악몽을 멋진 꿈으로 바꿔주기 때문이다.

1부

삶의
형상

1장

선형적 삶이여, 안녕

예측 가능성의 종언

크리스티 무어는 학교를 싫어했다. "등교 첫날부터 싫었어요. 정류장에서 토하는 시늉을 하곤 했어요. 꾀병을 부리면 엄마는 어디가 아픈지 증명하라고 하더라고요." 증명하지 못하면 스쿨버스에 타야 했다. "그럼 학교에 가서도 어떻게든 탈이 나게 했어요. 그럼 엄마가 저를 데리러 학교에 와야 했죠."

톰보이였던 크리스티는 예쁜 옷, 인형 같은 소녀스러운 취향엔 관심이 없었다. "크리스마스 아침에 동생의 바비인형 집을 분해했었죠." 학교에서는 반항아였다. "어떻게 살아야겠다는 생각이 없었어요. 그저 학교 공부가 싫었죠." 축구 선수와 데이트도 하고 치어리더도 했지만, 그것들은 사우스조지아의 열여섯 살 소녀라면 다들 하는 일이 아닌가. 그녀는 땡땡이를 치고 해변에 나가 죽치고 있기도 했다.

그러다 2학년 여름에 덜컥 임신을 했다.

크리스티는 남자친구 로이에게 솔직하게 말했다. "나, 임신했나 봐. 너와 함께 산다면 낳아서 기를 생각이야. 그렇지 않으면 입양 보낼래." 로이는 당연히 함께 사는 것 아니냐며 화를 냈다. 크리스티는 그 말을 듣고 엄마에게도 임신 사실을 알리기로 했다.

"당시엔 엄마가 알코올 중독자인지 몰랐어요. 엄마가 말 그대로 숨어서 술을 마셨던 거죠. 매일 밤 자기 방에 숨어 취하도록 마신 다음 뻗어버린 거예요. 저는 엄마가 일찍 잔다고만 생각했거든요." 크리스티는 엄마 옆에 앉아서, 하고 싶은 이야기가 있다고 했다. "요즘 로이랑 붙어 다니는 모양인데 피임은 하면서 놀아라." 어머니가 말했다. 크리스티는 속으로 이미 늦었다고 중얼거렸다.

크리스티와 어머니는 임부복을 사러 갔다가, 아버지에게 주려고 손주 보는 방법에 관한 책도 한 권 집어 들었다. 책은 아버지의 배게 위에 올려두었다. "한밤중에 깨었더니 늦게까지 일하고 돌아온 아빠가 동생한테 더러운 년이라며 고함을 지르더군요. 여동생이 '내가 아니라 언니잖아!' 하고 고자질을 했어요. 아빠는 그렇게 알게 됐죠."

6주 후, 크리스티는 로이와 결혼했다. 로이는 대학을 그만두고 켄터키프라이드치킨에서 일하기 시작했다. 크리스티도 고등학교를 중퇴했다. 두 사람은 땅콩집을 얻었다.

"임신하면서 모든 것이 엉망이 됐고, 삶의 궤적이 완전히 달라졌어요. 사실 아이를 낳고 싶지 않았죠. 좋은 이모가 될 수는 있었겠지만요. 하지만 이내 마음을 바꾸었어요. '절대 엄마가 되지 않을래'에서 '최고의 전업주부가 되어 아이를 훌륭한 시민으로 키우겠어'로."

그 후 8년 동안, 크리스티와 로이는 세 아이를 낳았다. 로이는 패스트푸드점에서 일하며 매니저로 승진했다. 크리스티는 새벽 3시부터 6시까지 신문 배달을 했다. 또 감리교에서 침례교로 교회를 옮겼다. 다니던 교회 사람들이 그녀를 피했기 때문이다. 두 사람은 어렵게 대출을 받아 조지아주 윌밍턴 아일랜드의 쇼핑센터에 있는 작은 일식당을 인수했다. 그런데 로이의 궤양성 대장염이 여러 차례 재발하고, 두 차례 대수술까지 받으면서 몇 달간 일을 하지 못했다. 병원비 때문에 빚이 계속 불어났다. "하나는 아직 배 속에 있었지만 아이 셋의 전형적인 외벌이 가족이었어요. 거리에 나앉고 싶지는 않았어요. 우리한텐 안정이 필요했죠."

그런데 상상도 못 한 일이 일어났다.

크리스티는 어린 딸을 종종 공공도서관에 데려갔다. 둘째를 임신 중이라 몸이 무겁던 크리스티는 아이가 공예 수업을 듣는 동안 안락의자를 찾아 털썩 주저앉았다. 다시 일어나기가 어려워 가까스로 손에 닿는 책을 하나 집어 들었다. 『폭풍의 언덕』이었다. "내용이 어려워서 2번 읽었어요." 다 읽고 난 후엔 다른 책을 읽기 시작했다. 『앵무새 죽이기』였다. "그 책이 내 삶을 바꿔놓았죠. 지금도 매년 그 책을 다시 읽어요. 추수감사절 밤에 시작해서 크리스마스 때까지 조금씩 읽는 겁니다. 아이들이 저를 보고 '엄마, 그러다 책 다 닳겠다' 하고 웃어요. 하지만 읽을 때마다 다른 내용이 보이는걸요."

화요일과 목요일마다 크리스티는 도서관에 자리를 잡아 책을 펼쳐 들고 '고전' 서가에 있는 책들을 모두 섭렵했다. 『오만과 편견』, 『위대한 개츠비』, 『모비딕』 등등. 그리고 바로 그 도서관, 그 의자, 그 책장에서 그녀가 로이와 함께 찾아 헤매던 인생의 해답을 발견했다. 학교에 돌아가기로 한 것이다. 어린 시절 그토록 싫어했던 일, 즉 공부를 해보기로 했다.

어느 날, 그녀는 셋째를 유치원에 데려다주고 곧바로 암스트롱 애틀랜틱 주립 대학으로 차를 몰았다. "가는 내내 울었어요. 이게 무슨 짓이람? 난 전업주부잖아. 첫 수업이 심리학이었는데 앉아 있는 내내 그런 생각만 들더군요. 저 사람, 뭐라고 떠드는 거야? 주변의 열여덟 살 학생들은 잘만 이해하는데 말이에요. 그러니까 고개를 끄덕이면서 쉴 새 없이 메모하겠죠? 난 차로 돌아가 다시 울었어요. 내가 미쳤지. 고등학교도 그만둔 주제에. 공부머리도 없으면서."

크리스티는 차에서 나와 두 번째, 세 번째 수업에 들어갔다. 그녀는 그렇게 매일 막내를 데려다주고 학교로 차를 몰았다. "신께 기도했어요. '잘할 자신은 없지만, 그냥 정보라도 머릿속에 넣어주세요.'" 그녀는 무사히 첫 학기를 마치고, 다음 학기도 등록했다. 학점은 점점 좋아졌다. 집안일, 세 아이 육아, 아픈 남편, 발레 연습, 야구 시합… 삶이 버거웠지만 그래도 크리스티는 2학기에 최선을 다했다. 플래너에

갖가지 색 잉크로 삶의 모든 것을 기록해 책가방에 욱여넣었다. 수없이 많은 암기 노트를 만들었다.

"아이들은 그냥 알더군요. 신호등이 빨간 불이면 제가 노트를 꺼낸다는 걸요. 그러다가 녹색 불이 들어오면 아이들이 '어엄마아' 하고 불러요. 그럼 카드를 내려놓고 다음 장소로 운전을 했죠. 디즈니월드에 가서도 공부한걸요."

4년 후, 크리스티는 호흡기 치료 학사학위를 받았다. 아이를 갖기 전에는 아이를 싫어했던 소녀가 조산아의 생명을 지키는 전문가가 된 것이다. 그 후 3년을 더 공부해 석사학위를 받았고, 갑상샘암과 한바탕 싸운 후에는 마침내 커다란 도약을 시도했다. 성인교육학 박사 과정에 등록한 것이다.

6년 후, 『폭풍의 언덕』을 집어 든 지 16년, 고등학교를 그만둔 지 24년, 유치원 첫날 꾀병으로 토를 한 지 38년 만이었던 8월의 어느 무더운 날, 크리스티는 탱크탑과 반바지 위에 새파란 학위복을 걸치고 머리에는 박사모를 쓴 채 씩씩하게 통로를 내려갔다. 마침내 불가능해 보였던 일을 해냈다. 검정고시 출신의 박사가 된 것이다. 그녀는 그날이 평생 제일 행복했던 날이라고 했다.

"종잡을 수 없는 인생이었지만, 만약 제가 정해진 길만을 따라갔다면 지금의 남편도, 아이들도, 삶도 없었겠죠. 아마도 길모퉁이에서 마약을 하거나, 이가 다 빠진 채 햄버거를 만들고 있었을 거예요."

현재 크리스티는 전형적이지 않은 학생들, 즉 학교를 좋아하지 않는 학생들에게 전통적인 교육과정을 벗어나 공부하는 것의 이점에 대해 조언하는 일을 하고 있다. 그녀는 순서가 뒤바뀐 듯한 자신의 삶 이야말로 정해진 과정대로 살지 않는 삶의 가치를 보여주는 훌륭한 증거라고 생각한다.

생명의 순환

『신화의 역사 A Short History of Myth』의 저자 캐런 암스트롱에 따르면, 사람은 한 걸음 내디딜 때마다 세상을 새롭게 바라보고 이해를 넓힌 다. 이 과정에서 종교적 신념부터 성적 터부까지 온갖 요인이 작용한 다. 오늘날 우리가 격변의 시대를 살고 있다는 사실은 대부분의 사람 이 인정한다. 자고 일어날 때마다 기술은 빠르게 발전하고 종교는 쇠 퇴하고 성역할은 재조정된다. 그러나 삶이 어떤 형상이 될지에 대한 기대 역시 재조정된다는 사실을 아는 사람은 거의 없는 듯하다.

인간의 삶을 논하는 데 형상이라는 단어를 사용하는 것이 어색하 게 느껴질지도 모르겠다. 잠깐, 뭐? 내 삶이 원형이고 삼각형이고 직선이라고? 그렇다. 이미 사회가 그렇게 말하고 있지 않은가. 내가 (숨은 의미까지) 형상이라는 단어를 사용하는 이유는, 수 세기 전부터 자리 잡고 있던 암묵적인 인식 속에서 이상적인 삶을 규정할 때도 사용하는 방식이 기 때문이다. 무엇보다 우리 삶이 어떻게 흘러갈 것인지 가늠할 때 그 렇다. 순환하는 삶부터, 상승하거나 하강하는 삶, 요동치는 삶, 그리고 완전히 새로운 형상의 삶까지. 이런 구분이 추상적으로 보일지 모르 지만, 현실에서 삶의 형상은 수많은 의미를 내포하며 언제 결혼하고,

언제 일할지, 언제 아프고 언제 모험을 감행할지 등 모든 결정에 영향을 미친다.

요컨대, 어떻게 예정된 삶을 살 것인가?

우선 이전의 문화에서 어떻게 삶의 형상과 방식을 이해했는지 돌아보아야, 어떤 변화가 있었는지 이해할 수 있다. 삶의 형상에 대한 이해는 크게 세 차례의 중요한 변화를 거쳤는데, 모두 시간에 대한 개념과 직접적인 관계가 있었다. 시간에 대한 우리의 이해는 자연적 시간(계절의 변화, 자연의 순환)에서, 기계적 시간(규칙적이고, 분절되며, 선형적인 시간)으로, 그리고 더 역동적이고 예측 불가능하며, 비선형적인 개념의 시간으로 다양하게 변화했다. 처음부터 이야기해 보자.

최초의 시간 개념은 주변 환경에 대한 인간의 시각을 반영하고 있었다. 시계가 없던 바빌론에서 이집트까지의 초기 문명은 시간을 계절, 기후처럼 규칙적으로 순환하는 자연과 관련지어 생각했다. 사실 고대문명엔 역사나 결정적인 사건이 이후까지 영향을 미친다는 연대기적 개념이 없었다. 대부분의 문화에서는 인간의 삶 역시 역사 이전부터 존재했던 생명의 순환circle of life을 따른다고 믿었다. 뱀이 자기 꼬리를 삼키려고 하는 이집트 문화의 우로보로스 벽화를 예로 들 수 있겠다. 이러한 순환적 세계관에서 최선의 삶이란 새로운 길을 개척하거나 이야기의 주인공이 되는 것이 아니라, 보편적인 이야기를 되풀이하는 것이었다.

이 세계관은 선형적 시간 개념의 도래와 함께 변화하기 시작했다. 이때 성서가 큰 역할을 했다. 시간이 아담과 이브부터 족장 시대,

왕, 선지자 등으로 이어지는 역사를 따라 진행된다는 개념을 도입한 것이다. 기독교의 시간 개념은 예수의 시대에 절정을 이룬다. 점차 삶은 순환하는 것에서 선형적이며 진보할 수 있는 것으로 바뀌었다. 인간은 삶의 조건을 향상시키는 선택을 할 수 있게 되었다. 개인적인 성취도 추구할 수 있게 되었다. 이로써 서구에서는 일련의 단계로 이루어진 삶의 형상이 보편적으로 받아들여졌다.

"곧 개떡 같은 일이 일어나려나 보군"

데본 굿윈의 삶은 순환과는 거리가 멀었다. 예기치 못한 상황이 너무 많이 터지는 통에 자신의 삶이 오각형이라고 생각할 정도였다.

데본은 피츠버그 공영주택 단지에서 홀어머니와 함께 살았다. 아버지는 마약사범으로 복역 중이었다. "형은 늘 화가 나 있었죠. 하지만 난 이런 식이었어요. 다른 애들은 아빠가 놀아준다지만, 뭐 어때. 나한테는 엄마가 있잖아!" 어느 해 여름, 데본은 노스캐롤라이나의 할머니 집에 놀러 가 뒷마당에서 흙을 파기 시작했다. "그 흙이 내 삶을 바꿔놓았어요. 식물학자가 되고 싶었습니다. 꽃들과 노는 게 좋았거든요. 주변 사람들에게 '넌 게이가 분명해' 하고 놀림받기도 했어요. 그렇지만 난 그저 식물이 좋았을 뿐이에요."

피츠버그에 돌아온 후, 교장 선생님이 그에게 온실 관리를 맡겼다. 온실은 관리가 되지 않아 엉망이었다. 데본은 매일 한나절씩 열대 숲을 일궜고, 나머지 시간에는 레슬링 연습을 했다. "레슬링부와 식물학과가 있는 대학을 찾아봤지만 많지 않더라고요." 그는 노스캐롤라이나 대학교 펨브룩 캠퍼스에 장학생으로 입학했다.

첫 학기를 마칠 때쯤 레슬링부를 그만두었다. "감독님한테 이렇게 말했어요. '고맙습니다만, 전 대학 생활도 즐기고 파티에도 다니고 싶어요. 하루 한 끼만 먹는 것도 괴롭습니다." 성적은 추락했다. 장학생 자격을 잃었는데, 학비를 마련할 방법이 없었다. 그는 입대하면 등록금을 내준다는 모병관의 제안을 받아들였다. 어머니가 놀라서 물었다. "대체 왜 그랬니?" 데본은 군에 입대해야 학교에 다닐 수 있다고 대답했다. 트럭 운전병이고 파병될 걱정도 없다며 어머니를 안심시켰다.

그리고 그는 파병되었다. 첫 지역은 쿠웨이트였다. 상대적으로 안전한 곳이었지만, 어느 날 병장이 들어오더니 말했다. "지금 막 아프가니스탄 파병이 결정됐다. 짐을 싸도록. 1시간 후에 떠난다." 데본은 속으로 생각했다. 곧 개떡 같은 일이 일어나려나 보군. "비행기가 활주로에 닿는 순간 망했다는 생각부터 들었어요. 뒷문이 열리고 '뛰어내려!'라는 명령이 떨어졌거든요."

한동안은 별일 없었다. 휴가를 얻어 집에도 다녀왔다. 부대에 복귀하고 2주일 후, 그는 오시코시 M1070 중장비 수송차량을 운전하라는 명령을 받았다. 군에서 제일 큰 차량이었다. 작전 지역은 칸다하르 서쪽의 헬만드주였다. "사방에 탈레반이 있었죠." 전날 밤 예감이 이상해 잠을 못 이루었고, 이튿날 지휘관을 찾아가 애원하기도 했다. "예감이 이상합니다. 아무래도 운전하면 안 될 것 같습니다." 지휘관이 대답했다. "그럼, 운전하지 말고 조수석에 처박혀 있어."

15분 후, 트럭은 500파운드급 사제 폭발물을 밟고 산산조각 났다. "하나는 기억나요. '망할, 나 좀 트럭에서 꺼내줘요' 하고 비명을 질러댔죠."

그날 아침 1번과 2번 척추가 부러졌고, 그의 말마따나 "지독한 트라우마로 인한 뇌 손상"을 입었다. 데본은 수송기에 실린 채 독일에 갔다가 다시 노스캐롤라이나의 포트 브래그 기지로 옮겨졌다. 그는 요통과 우울증, 심각한 기면증으로 고생했다. "술을 퍼마시기 시작했죠. 자살 충동이 심했어요. 어느 날, 욕실에 들어가 약품 선반을 바라보며 중얼거렸죠. 저 약을 다 먹어버리면 어떻게 될까? 그때 전화벨이 울리더군요. 받지 말자는 생각이 들었지만, 발신자를 보니 어머니였어요. 피츠버그의 직장을 그만두고 노스캐롤라이나로 오겠다며 말씀하시더군요. '내 도움이 필요하다면 당장이라도 날아가마.'"

며칠 후 어머니가 도착해 데본을 교회에 데려갔다. 예배 도중 목사가 새로 온 사람들에게 간증을 시켰다. 데본은 내키지 않았지만, 어머니를 이길 수는 없었다. "네 이야기를 해야 한다. 중요한 이야기잖아." 결국에 데본은 이야기를 시작했다. "난 울고 또 울었어요. 어머니가 말씀하시더군요. '잘했다. 울었다고 창피해할 것 없어.' 바로 그날 다시 잘 살아보기로 마음먹었죠."

재활 담당관은 독서도 어려울 거라고 했지만 데본은 그 말을 믿지 않았다. 그는 계획을 세우고 다시 대학에 들어갔다. 첫 학기에는 강의를 하나만 듣고 다음 학기부터 하나씩 늘릴 생각이었다. 그는 결혼도 하고 아들도 낳았다. "살아야 할 이유가 더 생긴 거죠." 대학을 졸업한 후엔 취직이 문제였다. 기면증 환자를 채용할 사람이 어디 있겠는가. "대단한 사람이긴 하지만 채용할 수는 없다고 하나같이 말하더군요."

집세도 못 낼 때쯤 데본은 어느 동네 의사를 만났다. 부업으로 2000제곱킬로미터 넓이의 농장을 운영하는데 매니저를 찾는다고 했다. 얼마 후 데본은 면접을 보러 갔다. 그런데 두 손으로 흙을 만지는 순간, 오랜 꿈이 떠오르는 게 아닌가!

"설명하기는 어렵지만, 흙이 곧 치유 같았어요. 꿈을 잊고 살았었죠. 식물학자가 되어 암 치료제를 찾고 세계 여행도 하고 싶었는데요. 아프가니스탄에서 산산조각 나던 바로 그날, 내 인생 최초의 꿈도 끝나고 말았던 겁니다. 이제 새로운 꿈이 생겼어요. 유색인 커뮤니티에 신선한 채소를 공급하고 싶어요. 이렇게 말할 수도 있겠군요. 폭탄은 축복이었어요. 새 꿈을 갖게 해줬으니까요."

삶의 단계

템스강 유역, 런던의 블랙프라이어스 지역 인근에는 브루탈리즘 양식의 콘크리트 건물이 한 채 있다. 브리티시 텔레콤의 사옥이자, 톰 크루즈가 여섯 번째 〈미션 임파서블〉을 촬영하다 발목을 다친 바로 그 건물이다. 그 건물 앞에 얼굴 7개를 쌓아둔 알루미늄 토템폴이 서 있다. 그 토템폴이 오마주한 셰익스피어의 『뜻대로 하세요』에서 가장 유명한 대사는 삶의 형상에 대한 사람들의 시각이 앞으로 어떻게 대 전환을 이룰지 잘 표현하고 있다.

> 세상은 어디나 연극무대
> 남자와 여자는 누구나 연극배우
> 저마다 등장과 퇴장이 있네
> 평생 수많은 역할을 연기하니
> 연기가 곧 일곱 나이라네

삶이 순환을 거듭한다는 생각은 근대 초기에 삶이 일련의 나이 대, 시기, 단계를 통과한다는 생각으로 바뀌었다. 어느 나이에 어떤 단계를 지나는지는 아무도 몰랐지만 개의치 않았다. 그저 자신들의 삶이, 청춘, 도제, 결혼, 양육, 질병, 죽음 등의 시기로 구성된다고 여겼을 뿐이다. 그런 식의 과정을 나타내는 표현도 생겨났다. 사람들은 누구나 생애과정life course, 기대수명life span, 생애주기life cycle를 따랐다. 경력career이라는 단어는 차량을 뜻하는 라틴어에서 어원을 찾을 수 있으며, 인생길을 헤쳐나가는 느낌을 전달하기 위해 만들어졌다.

이런 방식의 인생관을 보여주는 가장 오래된 시각적 은유는 오르내리는 계단이다. 누구나 생애 초기엔 계단을 오르고 중년에 정점을 찍은 뒤 천천히 내려온다는 생각이었다. 누구에게나 저마다의 계단이 있지만, 모양은 대동소이하다. 아이들은 뛰어놀고, 중년은 일하고, 노년은 비틀거린다. 주목할 만한 사실은 최근의 인식과 달리, 그 시대에는 중년을 인생의 절정으로 여겼다는 것이다.

　　도시화에 따라 여러 문화시설이 나타났다. 그중 으뜸은 극장이었
다. 연극이 공연되는 무대는 삶을 표현하는 중요한 수단이 되었다. 삶
의 각 단계는 무대가 되었고, 우리는 삶이라는 위대한 연극을 연기하

는 배우가 되었다. 셰익스피어의 일곱 무대는 각각 어린아이, 학생, 연인, 군인, 노인 그리고 제2의 어린아이, 즉 "치아도, 시력도, 입맛도 사라지는" 단계를 의미한다.

도식화의 영향력은 상상을 초월했다. 도식에 따르면 삶은 보편적이고, 경직되어 있으며, 무자비하다. 또 오르막길로 시작해서 내리막길로 끝난다. 예외가 없고 두 번째 기회도 없다. 마흔에 인생을 다시 시작할 수 없고, 예순에 새로운 사랑을 만날 수도 없다. 우리에겐 단 한 번의 기회가 있으며 그 후로는 누구도 예외 없이 내리막길을 걷는다. 그 메시지를 분명히 하기 위해, 각 단계에 모래시계를 배치해 놓기도 했다. 누구에게나 시간은 촉박하다. 그리고 마침내 신이 친히 임하여 이렇게 말하는 것이다. "네 시간은 끝났노라!"

인류가 근대의 이 암울한 운명에서 벗어났다고 믿는가? 무슨 수를 써서라도 계단형으로 부침을 겪는 이 숨 막히는 운명에서 자유로워졌을 것 같은가? 상황은 오히려 더 나빠졌다.

"넌 큰일을 할 놈이야"

데이비드 파슨스의 삶은 계단형의 삶이라는 저 끔찍한 도식이 엉터리라는 증거이다.

데이비드는 자동차 왕국 디트로이트에서 태어났다. 1952년, 그러니까 온 세상이 미국 자동차를 선망하던 즈음이었다. 그의 집에만 자동차가 8대 있었는데, 가족 모두가 하나씩 소유한 셈이었다. 데이비드의 조부모 중 3명은 엘리스섬[1950년대 초까지 대규모로 이민 심사를 진행하던 곳이었다]을 통해 미국에 이민했다. 친조부는 스웨덴에서 감자 농사를 지었었는데, 미시간주에서 히든도어 경첩을 개발해 큰돈을 벌며 연줄을 만들어 공화당원이 되었다. 그의 아들, 즉 데이비드의 아버지가 그 뒤를 이었다. 데이비드의 아버지는 국립 기술혁신 메달을 수상한 바 있다. 스티브 잡스와 스티브 워즈니악이 받은 바로 그 상이다.

"고등학생 때는 운동선수가 되고 싶었어요. 다트머스 대학교 풋볼팀에 들어가고 법학을 전공할 예정이었어요. 그런데 3학년 때 연극〈오클라호마!〉에서 컬리 역을 맡았죠." 작품에 컬리가 로리에게 키스를 하고 관객 쪽으로 돌아서서 사랑을 선언하는 장면이 있었다. "그 순간 연극에 홀딱 빠지고 말았어요." 데이비드가 말했다.

데이비드는 부모님에게 아이비리그인 다트머스 대학교 진학을 포기하고, 음대에 가고 싶다고 말했다. 어느 날 아버지가 데려간 저녁 식사 자리에는 미시간주 주지사, 미시간주 상원의원, 그리고 전미 아마추어 올스타 쿼터백 출신의 변호사가 앉아 있었다. 모두 데이비드를 설득하려고 혈안이 되어 있었지만, 그의 결심을 꺾지는 못했다.

데이비드는 미시간 대학교 음악대학에 입학한 후, 연기 전공으로 학사학위와 석사학위를 받았다. 여느 동기들과 달리 산타페 오페라와 휴스턴 그랜드 오페라에서 일자리도 얻었다. 뉴욕으로 이사한 후에는 5편의 오페라에 오디션을 봐서 모두 합격했다. "10번 중 1번만 합격해도 먹고살 수 있어요. 마침내 돈도 벌고 경력도 쌓기 시작한 거였죠." 데이비드는 《뉴욕 타임스》의 주목을 받았고, CBS 〈뉴스 선데이

모닝〉에 출연했으며, BBC 기자 알리스테어 쿠크의 초청을 받아 에든 버러에도 다녀왔다.

결혼은 미스아메리카와 했다. 두 사람이 만난 것은 데이비드가 신시내티 오페라에서 다시 컬리 역을 하던 때였다. 로리 역이었던 아내는 당시 야구 스타 조니 벤치와 결별하고, 데이비드와 데이트를 시작했다. "둘 다 첫눈에 반했어요." 두 사람은 여행과 음악, 유럽의 멋진 숙소와 함께 황홀한 삶을 시작했다. 집은 뉴욕에 있었지만, 마음은 늘 무대 조명 아래에 있었다. 그러는 동안 데이비드는 내내 어두운 비밀 하나를 감추고 있었다.

그는 사실 지독한 알코올 중독자였다.

"열한 살 때부터 마셨어요. 미친 듯이 퍼마셨죠. 저는 크리스마스에 재떨이를 선물하는 곳에서 자랐습니다. 찬장에 온갖 종류의 술이 가득했고, 지하실에도 술이 상자째 쌓여 있었어요. 술을 훔쳐 마시는 건 일도 아니었어요."

데이비드는 결혼 후 자제력을 잃었다. 설상가상 성대 수술까지 잘못되는 바람에 오페라 경력이 끝나고 말았다. 그 후 레슨을 시작했고, 교회 성가대에 들어갔다. 스포츠 매장에서 스키용품을 팔기도 했다. "내 인생은 끝났다고 말하고 다녔어요. 지금까지 노래만 불렀는데… 누군가에게는 운명이 얄궂기도 하죠."

상황은 점점 더 나빠졌다. 데이비드의 큰형, 칼이 에이즈에 걸려 위중해졌다. 칼은 60대 후반부터 LA에서 영화배우 자자 가보의 비서로 일하며, 스타들의 저택을 설계했다. 데이비드와는 줄곧 가깝게 지냈다. 데이비드의 공연 첫날마다 비행기로 날아온 유일한 가족이었다. 칼은 고향으로 돌아가 부모와 살아야 할 상황이었다. "부모님은 형이 게이인 줄 몰랐어요. 아니, 몰랐다기보다 애써 부정한 거죠. 그게 속 편하니까."

마지막으로 칼을 찾아갔던 날 주변에는 보라색 꽃이 가득했다. "형은 그 보라색 꽃들로 온몸을 두르고 있었어요. 나한테 그러더군요. '넌 큰일을 할 놈이야.'"

칼은 12월 셋째 주에 숨을 거두었다. 나흘 후, 데이비드는 오클라호마 서부로 날아갔다. 그는 보수적인 목사인 장인에게 성탄절 예배에서 노래를 부르고 싶다고 말했다. "그 어느 공연보다도 더 좋았어요. 난 집에 돌아가 화가 난 사람처럼 미친 듯이 스카치를 퍼마셨습니다. 그리고 이튿날 아침, 일어나 무릎을 꿇고 이렇게 중얼거렸어요. '더 이상은 이렇게 못 살아.'" 그때까지 재활에 대해서는 아무것도 몰랐다. 알코올 중독자 모임에 가본 적도 없었다. "그저 기도할 뿐이었습니다. '주여, 제발 오늘은 마시지 않게 도와주소서. 그럼, 내일 밤 주님께 감사드리고 그다음 아침에 다시 기도하겠습니다.'" 그가 잠시 뜸을 들이다가 말을 이었다. "그날 이후로 한 방울도 마시지 않았습니다."

얼마 후, 데이비드는 아내에게 루터교 목사가 되기로 했다고 말했다. 그간 교회에서 많은 시간을 보내며, 형 같은 성소수자에 대한 반감을 목격했다. 그는 교회의 사역을 넓히고 싶다고 했지만, 아내는 냉담했다. "당신이 법대에 가겠다면 등록금을 대줄게. 하지만 목사 아내가 될 생각은 없어." 데이비드는 아내를 설득할 수 없었다. 뉴욕의 유니온 신학대학에 등록하고, 한 해가 지날 무렵 아내는 전화를 걸어와 집에 돌아가지 않겠다고 선언했다. "난 대단한 일이 될 거라고 했지만 아내는 제 말을 듣지 않았죠."

그는 브루클린의 루터교 교회에서 사역을 시작했다. 9·11 테러 이틀 전이었다. 나와 처음 만났을 때, 그는 재혼한 아내, 열한 살배기 딸과 함께 목사관에서 살고 있었다. 데이비드는 루터교 교단에서 가장 적극적으로 LGBT를 위한 목소리를 내는 목사가 되어 있었고, 성가대에서 노래하며 언젠가 무대로 돌아갈 날을 꿈꾸었다. 내가 그의 삶의 형상을 묻자 데이비드는 "십자가^{the cross}"라고 대답했다.

"목사는 누구나 '십자가 신학'을 믿어요. 하지만 내 경우엔 '이야기 신학'을 믿습니다. 교인들, 특히 뉴욕의 교인들이 기겁할 말이란 걸 압니다. 전 아주 방탕하게 살았지만, 지금은 봉사하며 살고 있습니다. 어느 특정한 순간에 주님께서 내려와 내 삶을 만져주셨죠. 저를 오늘의 삶으로 이끈 건 바로 그 선택의 십자로^{crossroads}였습니다."

선형적 삶

근대 초기의 시간 개념은 산업혁명의 산물이라 할 수 있다. 19세기 사람들은 시간에 얽매여 살았다. 시계가 지시해야 밥을 먹고 시계가 지시해야 일을 하고 시계가 지시해야 잠을 잤다. 시계가 갑자기 많아진 탓이다. 1800년대에 회중시계가 널리 퍼지더니 곧 손목시계와 괘종시계가 그 뒤를 이었다. 1876년에 발표된 어느 노래 가사에는 태어난 날 선물받은 시계를 애지중지하는 노인의 삶이 담겨 있다. 인생의 각 단계를 함께하던 "시계가 어느 날 멈춰 더 이상 가지 않을 때 노인도 숨을 거두었다". 이 노래의 가사집은 100만 부나 팔렸다.

사람들은 자연스레 시계로 삶을 계산하기 시작했다. 20세기에 지배적이었던 삶의 형상의 특징은 기계적, 산업적, 순차적이라는 것이었다. 쏜살같은 시간부터 컨베이어 벨트 같은 삶, 자수성가, 개천에서 용되기, 시인 알프레드 테니슨의 시구인 "앞으로, 앞으로 나아가자"까지.

이런 분위기 속에서 인간 심리도 자연스럽게 그와 유사한 언어를 채택하기 시작했다. 사람들은 하루 시간표를 짜듯 삶 전체를 조직했다. 1900년대 초 인생을 청년기, 중년기, 은퇴기, 노년기로 나누는 새로운 생애주기가 유행했다. 이를 뒷받침하는 연구, 삶의 조건, 자기계발 상품 들이 쏟아져 나왔다.

예를 들어, 지그문트 프로이트는 일련의 심리성적psychosexual 발달 단계에 따라 자아가 형성된다고 주장했다. 이에 따르면 인간은 구강기, 항문기, 성기기 등으로 나누어진 0단계에서 12단계까지의 발달단계를 순차적으로 겪는다. 장 피아제는 감각운동기(출생~생후 24개월), 전조작기(2세~7세) 등의 또 다른 발달단계를 제시했다. 이 개념들은 아동에 대한 이해를 혁명적으로 바꾸며 보편적 인식이 되었다.

이 개념들의 지속적이고 때로는 부정적인 영향은 간과되어 왔다. 아이와 어른 할 것 없이 모든 사람이 일련의 정립된 삶의 단계를 거치며, 각 단계는 획일적인 일정을 따른다는 생각이 널리 퍼졌다. 심지어 인간개발human development이라는 개념은 인간을 자동차나 세탁기처럼 취급한다. 처음에는 준비가 필요하고, 이후 사용 준비를 마치며, 어느 시점에 폐기 대상이 되고 만다.

아동기 발달단계 개념이 인기를 끌면서, 자연스럽게 도덕적 성숙의 6단계, 자아실현의 5단계 등, 성인기 발달 이론도 우후죽순으로 늘어났다. 영국의 심리학자 존 볼비는 아동이 사랑하는 대상에 단계별로 애착을 형성하며, 이후 그 역순으로 애착에서 벗어난다고 주장했다. 엘리자베스 퀴블러 로스는 더 나아가, 우리가 애도할 때 부정, 분노, 타협, 우울, 수용의 5단계를 거친다는 유명한 이론을 제시했다. 또 조지프 캠벨의 대표작 『영웅의 여정The Hero's Journey』은 정신적 성장의 단계적 모델을 보여주었다.

선형적 삶의 모델 가운데 가장 유명한 것은 에릭 에릭슨의 8단계 발달 이론이다. 에릭슨은 독일 태생으로 덴마크인 아버지와 유대인 어머니 사이에서 태어났다. 부모가 일찌감치 이혼했음에도, 학교에서는 유대인이라고, 유대인들 사이에선 이교도라고 조롱당했다. 나치를 피해 미국에 정착한 이후, 에릭슨은 자신의 특별한 삶을 바탕으로 누구나 극복해야 하는 8단계의 위기를 고안해 냈다. 유년기의 신뢰 대 불신의 대립, 성인기 초반의 친밀감 대 고립감의 대립, 노년기의 자아 완성 대 절망의 대립 등 이중 어느 단계라도 "예정된 순서"대로 통과하지 못하면, 건강한 삶을 유지하는 데 문제가 생긴다는 이론이다.

자신의 이론에 산업적인 은유를 공공연히 사용하던 에릭슨은 다음과 같이 말했다. "세상이 끝이 없는 일방통행 도로라면, 우리 삶은 성공으로 가는 일방통행 도로이다." 에릭슨은 피아제의 발달단계 모델을 아동기를 넘어 노년기까지 확장했다. 그에 따른 폐해는 만만치 않았다. 그는 성인이 3단계의 생애주기를 거쳐야 한다는 가설을 펼쳤으나, 오늘날의 관점으로 보면 그 얄팍한 편견이 당혹스러울 뿐이다. 일정표대로 살아야만 삶이 앞으로 나아간다고?

그러나 생각지도 않게 덜컥 임신을 해버린다면(크리스티 무어)? 어른이 되자마자 처참한 부상을 당한다면(데본 굿윈)? 알코올에 중독되고, 직업과 가족을 잃고, 이혼까지 한다면(데이비드 파슨스)? 그런 것도 다 일정표에 "예정"되어 있다는 이야기인가?

오늘날 발달단계 이론들은 신빙성을 잃고 파기되는 추세이다. 너무 정형적이고 편협하며 오만하고 남성 중심적이기 때문이다. 슬픔을 연구하는 대표적인 학자인 컬럼비아 대학교의 조지 보나노의 말대로, 단계 모델은 지나치게 깔끔하다. 실제 데이터보다 희망 사항에 바탕을 두었기 때문이다. 게다가 단계 모델은 다른 이들의 기대에 부응하며 살도록 사람들을 폭력적으로 억압한다. 보나노에 따르면, 발달단계 이론들은 "위험하며", "이롭기는커녕 해로울 가능성이 크다".

삶은 다시 한번 예정의 문제가 됐다. 특정 시기에 무엇을 해야 하는지 의식해야 하며, 그러지 않으면 인생이 꼬이고 만다는 것이다.

이 이론들도 유해하기는 마찬가지이지만, 선형적 생애 분야의 대표적인 작가 게일 쉬이가 대중을 오도한 여파에는 비할 바가 아니다. 그녀의 주장에 따르면 삶은 일련의 과정이다.

"암세포가 비처럼 쏟아졌어요"

앤 레이머의 삶은 선형적 모델을 따르지 않았다. 그녀는 자신의 삶이 편안한 슬리퍼 같았다고 했다. 그런데 어느 날 그 편안함이 모두 닳아 없어진 것이다.

크리스티 무어와 달리 앤은 처음부터 엄마가 되고 싶었다. "전업주부로서의 삶이 정말 행복했어요. 야심도 없었어요. 위대한 인물이 될 필요는 없어. 아이를 훌륭하게 키워내면 되잖아? 같은 식이었죠." 레이머는 오하이오주 클리블랜드에 살던 시절을 그렇게 설명했다. 삶이 계획대로 되고 있었다. 건축가 남편과 결혼해 첫째 아들 알렉스, 둘째 아들 브렌트 그리고 딸 로렌을 낳았다. "제 삶에 만족했었죠." 앤이 말했다.

그런데 생후 17개월 된 딸 로렌에게 음모가 나기 시작했다. "소아과 의사 말이 내가 수유를 하면서 피임약을 복용한 탓이라더군요." 앤은 믿을 수가 없어서 산부인과에 전화했다. "다른 이유일 겁니다. 오늘 따님을 데려올 수 있어요?"

로렌은 부신암 진단을 받았다. "극도로 희귀한 사례라더군요." 로렌은 수술로 종양을 제거하고, 항암치료도 받으며 완치되었다. 의사는 아무 일 없었던 것처럼 살면 된다고 했다. 앤은 아이를 더 낳고 싶었지만, 남편이 반대했다. "그 아이도 암에 걸리면?" 앤은 고집을 꺾지 않고 3년 후 막내딸 올리비아를 낳았다. 그리고 3년 후, 암이 돌아왔다. 올리비아나 로렌이 아니라 열한 살배기 브렌트에게.

어느 날 브렌트가 학교에 다녀오더니 다리 때문에 훈련을 못 받

았다고 했다. 축구부 감독님 지시였다고. 다리가 아픈지 묻자 아프
진 않지만 절뚝거린다고 했다. 다음 날 브렌트는 아예 뛰지도 못했다.
"골반 뒤쪽을 보았더니 근육이 하나도 없는 거예요. 뭔가 잘못됐다 싶
었죠. 운동을 아주 잘했었거든요."

브렌트는 골육종을 진단받았다. 이번에도 매우 희귀한 암이었다.

"불길한 예감이 들더군요. 그래서 종양내과보다 유전학자를 먼저
찾아갔어요." 유전학자는 앤의 예감을 확인해 주었다. 브렌트의 암은
리프라우메니 증후군이라는 희귀 유전병이 원인이었다. p53 유전자
의 돌연변이가 원인인 이 병은 환자가 여러 종류의 암에 걸릴 확률을
높인다. 유전자 돌연변이가 발견된 것은 브렌트만이 아니었다. 로렌
도 마찬가지였다. 그나마 다른 두 아이는 아니었다.

"나와 남편도 검사를 받았어요. 이 부분이 이야기의 백미죠. 유전
학자가 희소식을 알리며 묻더군요. '두 분 다 돌연변이는 없습니다.
이런 질문드려 미안하지만… 남편분이 아이들의 친부인 것이 확실한
가요?'"

"끔찍한 날이었죠. 의사한테 말했어요. '제가 남편을 배신한 대가
로 암 병동 단골 신세가 되었다는 말인가요?'"

만나는 의사마다 브렌트의 다리를 절단해야 한다고 했다. 뉴욕시
의 정형외과 의사 존 힐리만이 예외였다. 놀랍게도 내 다리를 수술해
준 바로 그 의사였다. 브렌트는 항암치료를 시작했고, 1월 초로 수술
일정을 잡았다. 앤과 가족들은 크리스마스를 조금 일찍, 12월 23일에
기념하기로 했다. "그날 아침 전화가 한 통 왔어요. 주치의가 로렌의

뇌에서 골프공 크기의 종양을 발견했다는 겁니다."

당시 아홉 살이던 로렌은 12월 28일 뇌수술을 받았다. 로렌이 오하이오 병원에서 회복하는 동안 열한 살이던 브렌트도 뉴욕에서 수술을 받았다.

"내게 이럴 수는 없는 거잖아요."

"삶이 그렇다는 말이죠?"

"내 삶에 암세포가 비처럼 쏟아졌어요. 맙소사!"

그 비는 머지않아 폭우가 되었다. 브렌트는 그 후 몇 달간 3번의 수술을 받았고 그해 여름에만 세 차례 더 치료를 받았다. "마침내 걸을 수 있게 되었죠. 학교에 돌아가 잘해내기도 했고요. 그러던 중에 또 전화가 왔어요. 브렌트한테서 전이성 흑색종이 발견되어 1년간 인터페론 치료를 해야 한다더군요." 치료는 실패했고, 얼마 후 브렌트는 급성 골수성 백혈병에 걸렸다. 치료할 방법은 골수이식뿐이었다.

그 와중에 로렌의 뇌종양이 재발했다. "아이들이 모두 암과 2차전을 치른 셈이죠." 로렌의 뇌수술과 브렌트의 골수이식은 동시에 진행되었다. 첫째 알렉스가 골수를 기증하기로 했다. "결국에는 같은 시기에 세 아이가 모두 암 병동에 들어갔어요."

로렌의 수술은 성공적이었다. 브렌트도 한동안은 괜찮아져 다시 학교에 다녔는데, 이듬해 괴사성 근막염에 걸렸다. 살이 썩어드는 감염질환이었다. 브렌트는 임상시험에 자원했지만, 미성년자라 참여 자격이 없었다. 형에게 피부를 이식받아 한동안 잘 지내는 듯했지만, 점점 허약해졌다. 그사이 로렌은 골육종에 걸렸다. 다시 한번 로렌과 브렌트는 휴스턴의 치료센터 9층과 7층에 함께 입원했다.

이번엔 상황이 오래가지 않았다. 브렌트가 12월 30일에 숨을 거둔 것이다. 열여덟 번째 생일이 두 달 지난 후였으니 임상시험 참여 자격도 생겼건만.

"가족 모두 그곳에 있었어요. 로렌도 병실에서 데려와 함께 임종을 지키게 했죠." 앤이 말했다.

성품이 온화한 앤은 전업주부로 살며 별다른 야심이 없었다. 그랬던 그녀가 활동가로 변신했다. 워싱턴에서 선출직 공무원들에게 로비하며 신약 임상시험의 자격요건을 바꾸었고, 제약회사 연구원들을 찾아가 미성년자에 대한 제약 조건들을 재고해 달라고 탄원했다. 리프라우메니 증후군 환자를 후원하는 온라인 모임도 열었다. "모임에 참여한 여성들과 잘 지냈는데, 결국은 한 걸음 물러나야 했어요. 내 인생 이야기에 신입 회원들이 겁을 먹기 시작했거든요."

그러나 앤에게는 그 경험이 힘의 원천이 되었다. 인터뷰 내내 앤은 어린 시절이나 교사로서의 경력은 물론이고, 자신이 좋아하는 가드닝이나 요리에 대해서도 좀처럼 이야기하지 않았다. 나는 그 점이 놀라웠다. "그 이전의 이야기에 무슨 가치가 있겠어요. 딸은 5번이나 암에 걸렸고, 아들은 6년 반 동안 암과 싸워야 했는데요. 나한테는 그야말로 전쟁이었죠."

단지 좋은 엄마가 되고 싶을 뿐이었던 앤에게 가장 괴로운 일은 늘 자신이 꿈꾸던 엄마의 모습일 수는 없다는 사실이다. "꽤 오랫동안 밥도 제대로 못 해줬어요. 사람들이 먹을 걸 가져다주었죠. 뉴욕에 두 달이나 가 있었잖아요. 알렉스는 운동하러 가야 했고, 올리비아는 유치원에 가야 했는데 말이에요. 결국에는 다른 사람들이 도와줬죠. 내가 주부이자 엄마로서 가족을 돌볼 수 없게 되었으니까요. 다 잘해내려는 마음을 포기하고, 다른 사람들의 친절을 받아들였죠.”

앤은 욕심을 내려놓고 새로운 자전적 서사를 끌어안았다.

“생각해 본 적도 없고 이해도 못 했던 삶에 대해 배웠어요. 불가능하다고 여겼던 방식으로 세상에 맞섰죠. 답을 찾아내고, 목소리를 높이고, 불편한 상황에 맞선 겁니다. 내가 원했던 삶은 아니지만 그래도 내 삶이잖아요. 과거엔 아이들이 삶의 목적이었지만 지금은 거기에 암이 더해졌습니다. 여전히 내 삶에 만족해요.”

예측 가능성이라는 망상

중년의 위기라는 말을 고안한 남성은 자신도 중년의 위기를 겪었다. 그의 아이디어가 외면받았던 것이다. 1957년 런던에서 캐나다의 정신분석가 엘리엇 자크는 저명한 인사들을 대상으로 강연을 했다. 사람들이 30대 중반에 우울한 시기를 겪는다는 내용이었다. 그에 따르면 이 시기에 대한 반응으로 사람들은 건강을 걱정하고, 허영에 집착하며, 문란한 성생활에 탐닉하거나 종교적 각성을 한다. 그러나 당시에 청중들이 거부감을 나타내자 자크도 자신의 아이디어를 포기했다.

10년 후, 자크는 아이디어를 다듬어 「죽음과 중년의 위기Death and the Mid-life Crisis」라는 논문을 발표했다. 자크는 사람들이 삶의 형상을 지나치게 단순화해서 이야기한다는 사실에 착안했다. "지금까지 삶은 끝없는 오르막이었으며, 눈앞에 보이는 건 머나먼 지평선뿐이었다" 같은 표현들 말이다. 그는 한 걸음 더 나아가, 오르막길을 다 오른 이후의 삶을 다뤘다. "이제 남아 있는 건 내리막길뿐이다." 결국에 죽음으로 끝나는 게 인생 아니던가. 그가 보기에 이 위기를 겪는 일반적인 나이는 서른일곱 살이었다.

자크의 이론은 흥미로웠지만, 이를 뒷받침할 연구가 부실했다. 근거라고는 미켈란젤로에서 바흐까지 잘 알려진 인물 310명의 전기뿐이었으며, 여기에 여성은 포함되지 않았다. 자크는 폐경이 중년기의 생애전환을 모호하게 만들기 때문이라고 변명했지만, 그의 이론이 런던에서 조롱을 받은 것도 당연한 노릇이겠다!

그의 이론은 후일 다른 사람들에 의해 계속 연구되었다. 1970년대 초반, UCLA의 로저 굴드는 수백 명을 대상으로 중년의 삶에 관한 설문을 진행했다. 예일 대학교의 대니얼 레빈슨도 남성 40명을 인터뷰해 소위 남자가 겪는 인생의 사계절이라는 개념을 고안했다. 레빈슨은 "인생의 각 계절이 시작되는 특정한 나이가 있다"라고 주장했다. 그가 말한 특정한 나이는 17세, 40세, 60세, 80세였다. 남성이라면 누구나 같은 나이에 같은 발달단계를 통과하며 살아간다는 것인데, 끔찍한 획일성에 혀를 내두르게 된다. 레빈슨은 지나치게 단정적이고 교조적이었다. 그는 중년의 위기는 반드시 40세에 시작해 45~46세에 끝나며, 남성의 80퍼센트가 경험한다고 주장했다.

미국인이 중년의 위기라는 가설을 의심 없이 받아들인 배경에는 어느 총명한 여성이 있었다. 게일 쉬이는 가정학을 전공한 프리랜서 기자이자 이혼한 싱글맘이었다. 1972년 북아일랜드에서 그녀가 인터뷰하던 소년이 얼굴에 총을 맞는 일이 있었다. 그 사건으로 인한 충격으로 쉬이는 30대 중반에 실존적 위기를 겪었다. 그녀는 굴드와 레빈슨의 연구를 참고하여 쓴 글을 잡지《뉴욕》에 기고했다.

쉬이는 글에서 인용 출처를 밝히지 않았고, 굴드는 그녀를 표절 혐의로 고소하여 1만 달러의 배상금과 그 글을 바탕으로 쓴『패시지Passages』의 인세 10퍼센트를 얻어냈다. 1976년 출간된 이 책에서 쉬이는 성혁명, 치솟는 이혼율, 경제적 불안 등을 근거로 들며, 미국이 격동의 순간에 이르렀다고 주장했다. 이 책은 28개 국어로 번역되어 500만 부가 팔려나갔으며, 3년간 베스트셀러 목록에 있었다. 미국 의회 도서관은 금세기 가장 영향력 있는 책들 가운데 하나로『패시지』를 선정한 바 있다.

“성인기에 겪는 예측 가능한 삶의 위기”라는 부제가 붙은『패시지』는 선형적 삶을 다룬 고전으로 통한다. 쉬이는 특유의 작명 센스를 발휘해 성인기에 누구나 다음의 4단계를 통과한다고 주장하였다. 20대에는 도전하며, 30세 무렵 성과를 내고, 30대에 10년 동안 하강곡선을 그리다가 40세에 시련을 겪는다는 것이다. (40세 이후에 대

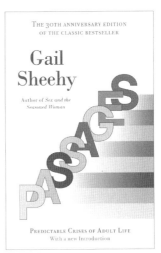

해서는 언급이 없는데, 쉬이는 후일 그 점이 난처했다고 실토했다.)

쉬이 이후, 중년의 위기는 정설로 굳어졌다. 심지어 내가 인터뷰를 진행하던 40년 후까지도 사람들은 "첫 번째 중년의 위기", "나는 스무 살(또는 서른두 살이나 마흔네 살)에 중년의 위기를 겪었다", "내 중년의 위기는 은퇴 이후에 찾아왔다" 같은 표현을 썼다. 쓰임이 이렇게 중구난방인 데에는 다 이유가 있을 것이다.

쉬이의 이론은 오류투성이이다. 물론 문화의 금맥을 캔 것은 사실이다. 한 세기에 걸쳐 고착화된 선형적 발달단계라는 개념을 상아탑에서 가져와 식사 자리에서 나누는 대화 소재로 대중화했다. 그러나 이후의 연구들이 보여주듯, 그녀의 진단은 희망 사항을 나열했을 뿐 종종 현실과 동떨어져 있다. 쉬이는 그럴 수도 있다는 정도가 아니라, 모든 사람이 일련의 단계를 통과해야 한다고 주장했다.

나 역시도 반평생 삶이 순차적이고 예측 가능한 방식으로 진행될 것이라고 생각했다. 선형적 삶에 대한 기대는 수백 건의 인터뷰에서 사람들이 드러낸 실망감의 주요 원천이기도 하다. 그러나 크리스티 무어는 16세, 30세 때 커다란 전환을 맞았다. 데본 굿윈은 7세, 17세, 23세 때였고, 데이비드 파슨스는 11세, 16세, 48세 때였다. 그 밖에도 예외는 얼마든지 있다. 잘 짜인 일정표에 따라 선형적인 삶을 사는 사람은 거의 없다. 사람들은 저마다 완전히 다른 형상의 삶을 산다.

2장

비선형적 삶 끌어안기

질서를 벗어난 삶의 의미

지금 이 시대의 특징은 삶을 예측할 수 없다는 것이다. 우리 삶은 통로나 무대, 단계나 주기별로 진행되지 않는다. 삶은 비선형적이며 시간이 지날수록 그 경향은 더 강해진다. 그러나 동시에 실수에 관대하고 개인의 차이에 개방적인 시대이기도 하다. 새로운 변화들과 온갖 우여곡절을 헤쳐나갈 방법을 깨우치기만 한다면 말이다.

"삶의 주제 자체가 변화였던 것 같아요"

J. R. 맥레인의 이야기를 들어보자.

그는 미시시피주 웨스트포인트의 작은 병원에서 태어났다. 맥레인 가족은 이사를 많이 했다. 처음에는 앨라배마로, 그다음엔 루이지애나로 이사했다. 그 덕분에 열두 살까지 학교를 무려 9번이나 옮겨 다녔다. "어머니 말이, 짐도 내리기 전에 내가 새 친구를 사귀었다더군요." 11학년 때는 풀장이 있는 고급 주택에서 살기도 했다. "아버지가 갑자기 침례교 목사가 되겠다는 겁니다. 그러더니 정말 어느 시골 마을의 작은 교회를 인수했어요. 수입은 연간 1만 2000달러에 불과했죠."

언젠가 흑인 친구 7명과 교회 마당에서 공을 차던 때였다. "갑자기 픽업트럭이 경적을 울리며 들어오더니 교회 집사가 뛰어내리며 소리를 질렀죠. '이 검둥이 새끼들, 당장 교회에서 나가지 못해!' 그때 아버지가 주먹을 불끈 쥔 채 달려왔어요. '내가 여기 있는 한, 이 아이들은 얼마든지 여기서 놀아도 됩니다.' 집사는 씩씩거리며 떠났고, 몇 주 후 우리 가족은 마을을 떠나달라는 통보를 받았어요."

ADHD가 있는 맥레인은 고등학교를 졸업하지 못했다. 이런저런 막일을 전전하다 해군에 입대해 항공 정비병으로 복무했다. 플로리다, 유럽, 아시아에서 복무하다 결혼을 했다. 그러나 군인으로서 결혼 생활을 유지하기는 만만치 않았고, 그는 군을 떠나 아내, 두 딸과 함께 앨라배마로 돌아와 화물차 운전을 시작했다.

"도로에서 많은 시간을 보냈어요. 먹고살아야 했으니까요." 그 사실이 그의 가족에게 큰 스트레스였다. 어느 날, 조지아로 화물을 운반할 때였다. "딸이 이번 주말에 생일이라 집에 있어야 한다고 회사에 말했죠." 그런데도 회사에서 시카고를 우회하는 운행을 맡겼고, 그는 트럭을 집으로 몰았다. "배차원이 놀라서 말하더군요. '당장 트럭을 돌리지 않으면 트럭 절도범으로 신고하겠어!' 난 대답했어요. '그럼 난 이 차를 주 경계에 버려두고 집에는 히치하이킹해서 돌아가겠어.'" 곧 사장이 전화했다. "차는 버리지 말고 월요일에 다시 이야기하지." 그는 화물차 운전을 그만두고 간호대학에 다닐 생각이었다.

"늘 응급구조사가 되고 싶었어요. 어렸을 때 보건 과목을 좋아했고, 〈응급 상황!Emergency!〉이라는 드라마도 좋아했죠." 아내가 셋째를 임신한 이후 건강이 나빠지는 바람에 1년 동안 일을 쉬며 간호하는 등 이런저런 일로 몇 차례 휴학해야 했지만, 결과적으로 그는 학과 수석으로 졸업했다. "성적이 늘 바닥이던 놈치곤 꽤 잘했죠." 오리건의 한 병원이 앨라배마보다 3배의 연봉을 제시했고, 그는 기회를 놓치지 않았다.

"솔직히 말해서 중년의 위기와는 전혀 상관없었어요. 그저 가족에게 더 나은 삶을 주고 싶었을 뿐이죠." 게다가 그 무렵 어머니가 간섭을 시작하면서 결혼 생활이 위기를 맞았었고, 큰딸도 교우 관계에 여러 어려움을 겪고 있었다. "우리 모두 변화가 필요했어요."

그 후 5년 동안 그는 변화의 쓰나미와 맞닥뜨렸다. 이미 직업과 사는 곳은 바꾼 상태였으며, 침례교에서 초교파로 교회를 옮겼다. 정치 성향도 달라져서, 그는 간호사 노조에 가입해 오리건주의 공공 의료보험 캠페인을 주도했다. 가장 어려웠던 건 양육 방식의 변화였다. "전에는 부모가 대장이니 시키는 대로 해라, 아니면 혼쭐을 내주겠다는 식의 관계였지만, 아이들 의견을 존중하는 관계로 바꾸었죠."

그 문제는 큰딸 조가 열다섯 살에 임신하면서 편리하게 해결되었다. "처음에는 당혹스러웠죠. 그게 나였다면 아버지한테 죽도록 맞았을 겁니다. 그러나 조는 내 첫째 아이예요. 아이를 무릎에 앉혀놓고 키우던 때를 떠올렸죠. 그리고 생각했어요. 난 아이를 사랑해. 이 문제를 어떻게 풀어나갈지 함께 고민해 보자."

조는 아이를 낳기로 했고, 다른 여성과 데이트를 시작했으며, 마침내 부모의 품으로 돌아왔다. 맥레인 부부는 40대에 손주를 돌보게 되었다.

격변의 결과는 처음부터 체감되었다. "난 무거운 책임감에서 벗어났어요. 아내는 소원대로 남부를 벗어났고, 딸은 원하는 사람을 사랑할 수 있게 되었죠. 나도 더 이상 다른 사람 눈치를 볼 필요가 없어졌답니다." 무엇보다 삶에 대한 시각이 달라졌다. "특별한 경험은 아니겠지만, 내 삶의 주제 자체가 변화였던 것 같아요. 9번의 전학부터 해군 복무, 가족의 이주까지. 이젠 알겠어요. 변화하는 게 삶이죠. 그 덕분에 삶이 흥미롭지 않나요?"

나비효과

이른바 근대과학은 1593년에 시작되었다. 이를 선형적 삶의 빅뱅이라고 부를 수도 있을 것이다. 당시 피사 대학교의 젊은 학생이던 갈릴레오 갈릴레이는 자신의 맥박을 이용해 대성당 램프의 진자운동을 측정했다. (비선형적 삶의 빅뱅인) 탈근대과학은 1961년에 시작되었다. 당시 MIT의 에드워드 로렌즈라는 중년의 기상학자는 연구실 밖 구름의 불규칙한 패턴을 관찰하고 있었다.

로렌즈는 컴퓨터 진공관을 이용해 다양한 현상을 양적으로 측정하려 했으나 실패했다. 그러나 그 덕분에 더 충격적인 현상을 발견하고, 후일 나비효과라는 이름을 붙였다. 나비효과의 핵심은 기후가 규칙적이지도 주기적이지도 않다는 것이다. 기후는 불규칙하고 비주기적이다. 시스템 일부의 작은 변화가 다른 부분에 영향을 미쳐 결과를 바꿀 수 있다. 1972년 중년의 로렌즈가 「브라질에서 나비가 날갯짓을 하면 텍사스에 토네이도를 일으킬 수 있을까?」라는 논문 제목으로 질문했듯 말이다.

물론 그런 식의 불규칙성을 확인한 사람이 로렌즈가 처음은 아니다. 수 세기 전 다빈치는 난류의 신비에 대해 이야기했다. 그러나 로렌즈의 발견은 그 전까지 과학계 전반에서 외면하던 복잡성을 경쟁적으로 탐구하는 계기가 되었다. 번개의 경로, 찻잔 속의 소용돌이, 뇌 신경세포의 활동 등의 현상을 오늘날 수학자들은 비선형적 체계nonlinear system라고 부르고 있다.

물리학자 F. 데이비드 피트에 따르면, 선형적 사고란 세상을 수량, 균형, 메커니즘의 개념으로 바라보는 것이다. 비선형적 사고는 이런 한계에서 자유롭다. "지금은 세상을 유동적 패턴으로 봅니다. 그 패턴들은 급격한 굴곡, 일그러진 거울, 미묘하면서도 놀라운 관계들로 생생하게 소용돌이치죠." 일찍이 이 혼돈의 과학을 기록한 제임스 글릭의 말에 따르면, "비선형성은 규칙이 달라지는 방식까지가 게임의 일부임을 뜻한다". 걸음을 내디딜 때마다 벽이 저절로 재배치되는 미로를 걷는 것으로 비유할 수 있다.

지금까지 과학에는 여러 혁신이 있었고, 먼저 과학자들이 비선형적 현상을 확인하면 평범한 사람들도 이를 실생활에서 인식했다. 어느 정도의 비선형성은 늘 있었다. 내가 인터뷰한 사람들도 자신들의 삶을 유동적, 가변적, 순응적이라고 묘사했다. 그러나 무슨 이유인지 이런 식의 변동성을 설명하는 표현은 아직 통일되지 않았다.

지금이야말로 이를 바로잡을 기회이다. 우리 세계가 비선형적이라면, 우리 삶도 마찬가지라는 사실을 인정해야 한다. 순환적 삶이 선형적 삶으로 대체되었듯, 선형적 삶은 비선형적 삶으로 대체되어야 한다.

삶이 비선형적이라는 사실을 이해하면, 어디에서나 실제 사례를 확인할 수 있다. 린마누엘 미란다[뮤지컬 작곡가로 그의 대표작 〈해밀턴〉은 미국의 초대 재무장관 알렉산더 해밀턴의 일대기를 다룬다]는 맨해튼의 서점에서 까맣게 잊힌 건국의 아버지 중 한 명의 전기를 우연히 집어들었고, 영화배우 라나 터너는 선셋 대로의 식당에서 우연히 캐스팅

되었으며, 베이시스트 웨일런 제닝스는 마지막 순간, 버디 홀리의 전세기 탑승을 포기했다[순회공연 중이던 록스타 버디 홀리의 전세기에 탑승한 이들은 추락 사고로 전원 사망했다]. J. R. 맥레인은 불과 3년 사이에 직업, 거주지, 종파, 이데올로기, 양육 방식을 모두 바꾸었다.

삶의 비선형성은 우리가 격변과 불확실성에 저항하기보다는 받아들여야 한다는 것을 보여준다. 불가사의한 궤적의 삶을 사는 건 당신만이 아니다. 다른 사람들도 마찬가지이다.

좀 더 구체적으로 말하자면, 삶의 비선형성은 우리가 늘 불안해하는 이유를 설명해 준다. 지금껏 예측 가능한 삶의 각 단계를 하나씩 통과한다고 배운 탓에 다음 단계로 넘어가는 속도가 점점 더 빨라지거나 순서가 뒤섞이면 당황할 수밖에 없다. 그러나 현실은 다음과 같다. 우리는 지평선 너머에서 떠다니는 구름이며, 커피 속에서 소용돌이치는 크림이다. 지그재그로 내리치는 번개이기도 하다. 우리의 삶도 예외는 아니다. 세상만사가 다 그러하지 않은가.

이러한 현실을 인정하는 일은 지난 수 세기 동안 우리의 라이프 스토리에 질서를 강요해 온 뿌리 깊은 사고방식을 거부하는 일이며, 동시에 일견 무질서해 보이는 일상의 패턴에서 상상 이상으로 짜릿한 발견을 할 수 있는 기회이다. 이 패턴들과 비선형적 삶의 근간이 되는 요소는 우리 삶의 형상을 재구성하는 사건들이다. 나는 이 사건들을 삶의 균열disruptor이라고 부른다. 놀라운 사실은 삶의 균열이 생각보다 훨씬 더 빈번하게 발생한다는 것이다.

삶의 균열

정의부터 살펴보자. 삶의 균열은 일상의 흐름을 방해하는 사건이나 경험을 의미한다. 삶의 균열이라는 말을 사용하는 이유는 스트레스 요인, 위기, 문제 등 오랫동안 사용된 다른 용어보다 가치 중립적이기 때문이다. 전통적으로도 아이를 입양하거나, 새로운 일을 시작하는 등의 변화가 부정적으로 인식되지는 않지만, 여전히 일상에 균열을 낸다고 여겨진다. 그러나 심지어 가장 부정적인 생애사건(배우자와의 사별, 실직 등)도 이따금 새로운 출발의 기폭제가 된다. 따라서 삶의 균열은 일상으로부터 벗어나는 일이라고 말할 수 있다.

나는 225명의 라이프스토리를 분류하여 사람들의 삶을 의미 있게 재구성해 주는 사건 목록을 만들었다. 이 사건들은 결혼부터 연로한 부모를 모시는 일까지, 실직부터 성폭력 경험까지, 갑작스러운 유명세부터 공개 망신까지 총망라한다. 삶의 균열은 52종에 달한다.

나는 더 나아가 목록을 줄거리에 따라 다섯 종류로 나누었다. 결이 비슷한 이야기들이 있었다. 삶의 균열은 사랑, 정체성, 신념, 일, 건강 순으로 많았다. 여기서 사랑이란 가족과의 관계를 포함한 넓은 의미이며, 전체의 35퍼센트로 가장 많았다. 다른 균열들은 10퍼센트대였다.

이 목록과 가장 가까운 예를 들자면, 1967년 정신과 의사 토머스 홈스와 리처드 라헤가 창안한, 홈스-라헤 스트레스 척도^{life stress inventory}가 있다. 이들은 "생활 변화 단위^{life change unit}"를 43종으로 분류하고, 각각이 유발하는 스트레스 강도를 측정했다. 스트레스 지수가 가장

사랑

결혼
배우자의 취업·실업
이혼 / 이별
난임
가족 구성원의 변화
자녀의 병
자녀의 장애
양육권 분쟁
자녀의 독립
유년 시절의 성적 트라우마
가정폭력
부모의 이혼
배우자의 죽음
가족의 죽음
사랑하는 사람의 자살
사랑하는 사람의 중독
아픈 가족 간호
연로한 부모 모시기

정체성

생활환경의 변화
이민
성생활의 변화
성정체성의 변화
경제적인 변화
자살시도
노숙
공개 망신
범죄 피해
수감

신념

입학 / 졸업
성인교육
정치적·사회적 각성
개인의 소명
종교의식의 변화
종교적·영적 변화
장기 여행
봉사활동
집단적 사건(전쟁, 자연재해, 시위)

일

업무 범위의 변화
직업 변화
실업 / 퇴사
커리어 변화
창업 / 비영리단체 활동
성적 괴롭힘·차별 경험
사회적 인정(방송 출연, 수상)
은퇴

건강

중독 / 부상
만성질환
정신질환
중독
중독치료
체중 문제
생활 습관의 변화

높은 항목은 배우자의 죽음(100)과 이혼(73)이었으며, 가장 낮은 항목은 명절(12)과 사소한 법률 위반(11)이었다.

50년의 간극을 고려해도, 스트레스 척도와 내 목록 사이의 차이에는 분명 흥미로운 면이 있다. 대부분의 항목이 유사하지만 명절, 가족 모임 등 몇 가지 일상사는 라이프스토리 인터뷰에 거의 등장하지 않았다. 홈스-라헤 스트레스 척도에는 종교와 관련된 항목이 하나밖에 없었지만(교회 활동 변화), 내 목록에는 세 가지나 된다(종교의식의 변화, 종파 변경, 개인의 소명). 오늘날의 종교적 정체성이 과거보다 유동적이라는 사실이 반영된 것이다.

홈스-라헤 스트레스 척도에는 일과 관련된 (내 목록에 포함되어 있는) 여덟 가지 항목이 있지만, 창업이나 비영리단체 활동과 관련된 항목은 없다. 홈즈-라헤 척도에도 이혼이 있지만, 오늘날 흔해진 양육권 분쟁은 없다. 최근 사회적으로 논쟁적인 문제들이 스트레스 척도에도 등장한다는 사실이 인상적이다. 다만 이들의 목록에는 성적 괴롭힘, 가정폭력, 정신질환, 자살, 중독 등이 없다. 인터넷의 등장으로 빈번해진 공개 망신도 없다. 모두 라이프스토리 프로젝트에 자주 등장하는 첨예한 주제들이다.

오늘날 사람들이 맞닥뜨리는 삶의 변화에 관한 조사 결과를 구체적으로 소개하고자 한다. 삶의 균열은 이후에 일어나는 모든 변화의 근원이기 때문이다. 결론부터 말하자면, 균열의 종류는 물론이고, 균열이 발생하는 기간도 늘어나고 있다. 숫자 자체가 늘고 있다는 뜻이다. 우선 다양한 유형을 살펴보자.

사랑의 균열

대인관계에 균열이 생기는 경우는 어마어마하게 다양하다.

티파니 그라임스는 캘리포니아 산기슭의 오래된 골드러시 타운에서 태어났다. 독실한 기독교인 가정이었다. 부모의 형제, 자매는 모두 7명이나 되었다. "사촌은 36명이었죠. 크리스마스나 명절, 생일에는 집 안이 그야말로 북새통이었어요." 티파니는 서던오리곤 주립 대학에 들어갔다. "개강 첫 달에 남자친구를 만나 홀딱 빠지고 말았어요."

졸업 후, 티파니와 남자친구 에릭은 백팩을 메고 남아메리카를 일주한 후 오리건으로 돌아와 결혼했다. 집은 짚단을 사용해 친환경적으로 지었다.

티파니는 그 집에 들어가지 않았다. "집을 짓는 동안 문득 내가 여성에게 끌린다는 사실을 깨달았어요. 기독교 집안에서 자란 터라 동성애자는 아무도 몰랐죠. 저와 에릭은 함께 지내되 섹스는 하지 말자는 생각도 해봤어요. 서로 사랑했으니까요. 하지만 결국은 에릭만 새집에 들어가고 난 옛집에 남았죠."

티파니는 자신의 새로운 상황을 받아들였다. "오리건 남부에서 총 5명의 레즈비언과 데이트했어요." 어느 날, 티파니는 레즈 겟 투게 더Les Get Together 행사에서 어느 전기기사를 만났다. "그녀는 부치butch였어요. 매니큐어도 칠하지 않았지만 그러면서도 매우 여성적이었죠." 그녀 역시 독실한 기독교 집안에서 자랐고, 이혼한 지 얼마 되지 않았었다. 이름도 똑같았다. 티파니.

"그래서 둘이 크게 웃었죠."

2년 후, 2명의 티파니는 태국에서 결혼했다. 혼란을 피하려고 티파니2는 데이드로 개명했고 티파니1은 임신하려고 애썼다. "우린 사랑했어요. 당연히 아이들을 낳고 싶었죠."

신혼여행 몇 주 후 부부는 트랜스젠더가 나오는 다큐멘터리를 시청했다. "흥미로운데." 데이드가 말했다. 그러나 더는 그것에 관해 이야기하지 않았다. 6개월 후, 데이드는 일하고 있던 티파니를 불러내 식당으로 데려가더니 자신의 성정체성이 남자라고 선언했다.

"황당했죠. 완전히 속았잖아요. 그래서 소리를 질렀어요. '남자랑 살 수는 없어! 여자가 좋아서 남자를 떠났는데 그 여자가 남자가 되고 싶다니 말이 돼?'" 티파니는 양자택일을 요구했다. "여성의 몸으로 남아 나랑 살 건지, 남성의 몸으로 바꾸고 이혼할 건지 결정해."

그 후 8개월이 흘렀지만 둘 다 그 이야기를 꺼내지 않았다. "두려움을 안고 살았죠." 마침내 두 사람은 상담사를 찾아갔다. 상담사는 이렇게 말했다. "티파니, 당신은 입을 닫고 귀를 열어야 해요. 데이드, 당신은 충분히 대화하려 했어야죠."

"그 순간 깨달았어요. 내 아내는 근본적으로 죽었고, 내 앞에 있는 건 자기 자신이 되고자 하는 새로운 사람이라는 걸요." 티파니가 말했다.

그 주말에 둘은 타호호에 갔다. 첫날 아침, 데이드가 커피잔을 들고 발코니로 나와 호수에 돌을 던져 물수제비를 떴다. "너무도 인상적인 순간이었어요. 말하자면 이런 느낌이었어요. 난 아직 안 끝났어. 난 저 사람을 사랑해. 그의 모든 것을 사랑해. 그래서 그에게 난 아무 데도 안 갈거라고 말했어요."

그다음 주부터 데이드는 호르몬 주사를 맞기 시작했다. 데이드가 공식적으로 남자가 된 후 두 사람은 법적으로 재혼했다. 유튜브 채널까지 열어 둘의 이야기를 공유했다. 그리고 얼마 후 티파니가 임신했다.

"엄청난 일들이 순식간에 일어났어요." 티파니가 말했다. "저는 완전히 엄마의 몸이, 데이드는 완전히 남자의 몸이 되었던 날 서로에게 이야기했어요. '이제부터 가장 우리다운 모습으로 서로를 사랑해야 하는 새로운 여정을 떠나는 거야' 하고요."

티파니에게 지금은 자신을 어떻게 규정하는지 물었다. 동성애자, 이성애자, 아니면 다른 무엇인지. "나이가 마흔셋이에요. 결혼 생활은 행복하고 아이가 둘이나 있죠. 아무럼 어때요?"

티파니의 이야기가 놀라운 점은 실제로는 전혀 놀랍지 않은 이야기라는 데 있다. 가족관계를 비롯한 인간관계의 세계는 엄청난 격변을 겪고 있다. 그 점은 몇 가지 통계만 봐도 분명해진다. 결혼의 의미는 지난 500년 동안의 그 어느 때보다 퇴색했다. 1950년 이후 결혼율은 3분의 2로 줄었고, 그 자리를 동거, 오픈 릴레이션십open relationship, 폴리아모리polyamory 등이 대신하고 있다. 미국의 가정에서 부부가 차지하는 비율은 절반에도 미치지 못한다.

급격한 변화에 따라 전통적 의미의 가족도 달라졌다. 한부모 가정에서 성장하는 아이는 전체의 25퍼센트인데, 1960년 이후 3배로 증가한 수치이다. 부모가 이혼하는 경우가 전체의 절반이나 되며, 그

중 절반은 양부모와 함께 산다. 동성 부부나 폴리아모리 동거가 늘면서 입양이 급증했다. 성인 자녀가 집으로 돌아오는 경우도 점점 늘어, 역사상 처음으로 18~34세 성인 가운데 부모와 함께 사는 이들이 파트너와 사는 이들보다 많아졌다.

사랑으로 인한 균열의 사례를 몇 가지 들어보겠다.

- 조지아주의 주목받던 공화당 소속 주의원 앨런 피크는 불륜 웹사이트에서 만난 여성과 상호 합의하에 오랫동안 혼외 정사를 이어왔으나, 그 웹사이트의 사용자 목록이 유출되면서 경력을 망치고 말았다.
- 시인이자 소설가인 로즈메리 대니얼은 열여섯 나이에 첫 번째 남편과 결혼했다. 매우 폭력적이었던 남편은 신혼여행 때 그녀를 익사시키려 했다. 두 번째 남편은 결혼하자마자 어두운 가족사를 고백했으며, 세 번째 남편은 오픈 릴레이션십을 요구했다. 그녀는 네 번째 남편과 30년을 함께 살았다.
- 케이시 케이스는 9대째 멕시코령 텍사스에 살고 있는 교사이다. 장남이 혈액질환에 걸려 학교생활이 어려워지자, 그녀와 남편은 집을 팔고 캠핑 트레일러로 이사한 뒤 도로를 달리면서 아이들을 홈스쿨링으로 교육했다.

정체성의 균열

정체성으로 인한 균열 역시 점점 더 다양해지고 있다.

레프 스비리도프는 냉전이 절정에 이르렀던 때에 소련에서 태어났다. 스탈린 치하에서 성장한 그의 어머니는 블랙리스트에 오른 기자였다. "이렇게 말하면 어머니는 싫어하겠지만, 난 말 그대로 사생아였어요." 다섯 살 때는 배급체계가, 열 살 때는 국가체계가 무너졌다. 레프는 열한 살 때 어머니와 함께 뉴욕으로 건너왔다. 수중에는 6개월 체류를 위한 가방 둘과 장난감 하나가 전부였다. 그런데 모스크바로 돌아가려던 날 쿠데타가 일어났다. 공항으로 가는 도중, 레프는 어머니에게 여기서 살자고 애원했다.

"어머니도 동의했지만 그건 불법체류자가 된다는 뜻이었죠. 당연히 집도 없었고요." 레프가 말했다.

그 후 1년 반 동안 레프와 어머니는 맨해튼 거리에서 지냈다. "엄마는 '우린 관광객이야! 밤에 도시를 관광하는 거란다'라고 말하곤 했어요. 아침이면 도서관이나 버스 정류장에 가서 세수한 뒤에 잠깐씩 눈을 붙였고, 모퉁이나 의자를 찾아가 쉬기도 했다. "그러다가 폐렴에 걸렸죠. 우리는 코넬 병원에 걸어 들어갔어요. 구급차 부르기가 겁이 났거든요. 폐렴균이 모두 일곱 종류나 있다더군요."

어머니는 인권단체의 도움을 받아 우여곡절 끝에 기자가 되었다. 두 사람은 브롱크스의 아파트로 이사했고 레프는 공립학교에 입학했다. 처음에는 새로운 생활이 어색하기만 했다. "동급생들과 친해지지 못했어요. 나를 키운 것은 〈심슨 가족〉과 〈얼마일까요The Price Is Right〉 두 가지였죠."

동시에 미국을 향한 애국심이 점점 커졌다.

"삶에 대한 내 시각은 기본적으로 이 나라에 사는 것 자체가 대단한 특권이라는 겁니다. 우리는 완전히 빈털터리였지만, 의료서비스도 받고 훌륭한 교육도 받았어요. 미국이 얼마나 위대한 나라인지 이해가 되죠?"

레프는 그 빚을 갚는 데 자신의 삶을 바쳤다. 아이비리그를 마다하고 뉴욕 시립 대학교에 등록해 학생회장으로 선출되기도 했다. 로즈재단의 장학금을 받아 화학박사 학위를 취득한 후에는 모교에 돌아가 이민 1세대 학생들이 아메리칸드림의 발판을 다지도록 돕는 프로그램을 운영하였다. 인생 최고의 기쁨은 어머니에게 양키 스타디움 인근에 처음으로 아파트를 사준 일이었다.

비교적 최근까지 사람들은 대부분 자신이 태어났을 때의 정체성을 받아들였다. 공동체, 종교, 성적지향, 젠더, 계급도 대체로 고정적이었다. 오늘날 이 모든 것은 선택하기 나름이다. 대부분이 적어도 한 번은 변화를 겪고, 2번 이상의 변화를 겪는 이들도 많다. (내 경우는 정체성만 해도 4번의 변화를 겪었다. 신념의 범주에 속하는 종교를 제외하고도 말이다.)

공동체: 한 사람은 평생 평균적으로 11.7회 이사한다. 대략 3명 중 1명이 태어난 곳이 아닌 다른 공동체에서 산다. 성정체성: 완전히 새로운 의미의 알파벳들이 등장했다. L(레즈비언lesbian), G(게이gay), B(양성

애자bi), T(트랜스젠더)뿐만 아니라 A(무성애자asexual), Q(퀴어 혹은 퀘스처너questioner), P(범성애자pansexual), 심지어 K(킹크kink)까지 있다. 젠더: 페이스북에는 71개의 젠더 옵션이 있다. 안드로진androgyne(자신을 남성도 여성도 아니라고 정체화한 사람), 젠더퀴어genderqueer(젠더 구분을 거부하는 사람), 2개의 영혼two-spirit(미국인 원주민들이 남녀의 면모를 모두 갖춘 사람을 이르는 말) 등이다. 계급: 미국인의 36퍼센트는 계층이 상승하고, 41퍼센트는 계층이 하강한다.

다음은 내가 들은 정체성의 균열 사례들이다.

- 린응우옌은 1975년 사이공을 빠져나온 마지막에서 두 번째 헬리콥터에 타고 있었다. 그의 가족은 미국 성공회의 후원으로 사우스캐롤라이나로 이주했다. 당시만 해도 영어도 못 하는 청소년 난민이었으나, 5년 후 그는 예일 대학교에 입학했다.

- 채비 와이스버거는 뉴욕의 정통파 유대인 가정에서 자라 열여덟 살에 부모님의 뜻에 따라 결혼했으며, 곧바로 두 아이를 낳았다. 그러나 여성에게 끌림을 느껴 후에 커밍아웃하고 유대교를 거부했다. 양육권 분쟁에서도 기념비적인 판례를 남기며 승소했다.

- 살 지암반코는 청빈 서원을 하고 스물세 살에 예수회 수사가 되었으나, 10년 후 실리콘밸리로 이사해 백만장자가 되었으며, 그 후로 세 차례 동성과 결혼했다.

신념의 균열

신념 체계는 정체성보다 훨씬 더 유동적이다.

브리트니 월랜드는 1994년 사우스캐롤라이나주 웨스트컬럼비아에서 태어났다. 함께 대학에 교회를 세우기도 했던 그녀의 부모는 세 아이를 모두 홈스쿨링했다. 브리트니는 "매우 보수적인 기독교 서사"에 따라 양육되었다. 이런 환경에서 완벽주의자 기질은 율법을 꼬박꼬박 지키는 데 도움이 되었지만, 반면 반항아 기질과 젠더 비순응자였던 점 탓에 갈등도 적지 않았다. "여덟 살 때 어쩌다 여자 화장실에서 쫓겨난 적이 있어요. 머리를 짧게 잘랐었거든요. 난 오빠 옷만 입었어요. 부활절 드레스를 입을 때면 늘 비명을 질렀죠."

브리트니는 공립고등학교에 입학한 후 줄곧 자기 신념에 물음표를 던졌다. "내가 기독교인인지 아닌지 확인해야 했어요." 특히 지옥의 개념에 반감이 컸다. "불길이 선악과 무슨 관계가 있죠?" 친구가 예수를 믿지 않아서 지옥에 떨어질 거라는 생각도 황당했다. "말도 안 되고 공평하지도 않아요. 세상에는 수많은 견해가 있고 난 모두 경청하고 싶었죠." 브리트니가 말했다.

여성에게 끌리기도 했다. "어릴 때는 동성애를 혐오했죠. 아는 분들이 다 그랬으니까. 하지만 나는 어느 정도 동성애자였어요. 그래서 혼란스러웠죠."

브리트니는 대학에 들어가면서 조금씩 가족과 멀어졌다. 예술에 심취한 그녀는 철제 우리를 짓고 그 안에서 그녀 자신에 대해 사람들이 말하는 것과 스스로가 생각하는 온갖 모욕적인 것을 기록하는 등 대담한 행위예술을 통해 감정을 쏟아냈다.

"부모님은 좋은 분들이에요. 상처를 주고 싶지 않았지만, 마침내 두 분을 앉혀놓고 말했죠. '죄송해요. 전 더 이상 기독교인이 아니에 요. 도무지 믿음이 가지 않아서요.' 내 결심을 인정해 달라고 했더니 두 분 말씀이 내가 진리를 찾도록 계속 기도하겠다더군요."

졸업 후에는 하와이로 건너가 새 삶을 시작했다. 창문을 장식해 의류 매장에 납품하며, (남성) 서퍼와 데이트하기 시작했다. 두 사람은 함께 밴라이프^{vanlife}를 시도했고, 이후에는 폐차된 스쿨버스를 구해 도 자기 공방으로 개조했다. 친구 몇 명과 함께, 버려진 설탕공장 주인을 찾아가 예술가 협동조합으로 개조하려는 시도도 했다. 그렇다고 부모 가 교회 창립자라는 사실을 완전히 떨쳐낸 것은 아니어서 부모와의 괴리감이 무뎌지기 시작했다. 내가 장래희망을 묻자, "예술을 통해 가 족과 다시 연결되는 것"이라고 브리트니는 대답했다.

우리는 미국의 종교들이 전례 없이 요동치는 시대에 살고 있다. 미국인 절반은 살면서 개종을 하며, 10명 중 4명은 종교가 다른 사람 과 결혼한다. 4분의 1은 종교가 없다고 응답한다. 정치적 신념 역시 놀라울 정도로 유동적이다. 현재 미국인의 40퍼센트가 지지하는 정 당이 없다고 응답하는데, 이는 20년 전만 해도 30퍼센트에 불과했다. 한편 밀레니얼 세대의 절반은 지지하는 정당을 바꾸었다. 이런 개방 성에는 여행이 한몫했다. 매년 미국인 4명 중 1명이 해외여행을 즐기 며, 해외여행자 수는 지난 20년 동안 4배로 증가했다.

다음은 내가 들은 신념의 균열 사례들이다.

- 존 머리는 군인 출신 아버지와 한국인 어머니 사이에서 태어났으나, 아홉 살 때 부모가 이혼하였다. 존은 화가 나고 앞길이 막막했다. 두 문화 사이에서 방황하기도 했다. 그러나 열아홉 살에 눈 덮인 다리를 건너다가 신의 부름을 받고 젊은 전도사가 되었다.
- 조셀린 뷔르츠부르크는 멤피스에 사는 유대인 전업주부였으나, 마틴 루터 킹 주니어 암살 사건에 충격을 받고 흑백 여성 연합 오찬 네트워크를 창설했다.
- 마크 레이크먼은 포틀랜드의 건축회사에 다니던 중, 회사의 비윤리적 경영을 폭로한 후 퇴사하고, 1년간 전 세계의 토착 마을들을 돌아다녔다. 고향으로 돌아와 내부고발자를 위한 비영리단체를 설립하고 분주한 도시 교차로 여기저기에 실외 찻집을 차렸다.

일의 균열

삶에서 일보다 놀라운 변화가 가득한 영역은 없다.

브라이언 웩트는 뉴저지에서 태어났다. 부모님은 서로 종교가 달랐다. 아버지는 군용품점을 운영하며 이따금 라스베이거스에 가서 엘비스와 시나트라의 공연을 관람했다. 브라이언은 공부, 특히 수학과 과학을 좋아했지만, 재즈 색소폰과 피아노도 사랑했다. "내 정체성의 대부분은 뚱보 아이에서 시작해요. 어린 시절 괴롭힘을 당했고, 친구가 많지 않았어요.”

브라이언은 수학과 음악을 전공했고, 대학원에서는 재즈 작곡을 선택했다. 그러나 여자친구가 샌디에이고로 이사하자, 다니던 학교를 그만두고 UC 샌디에이고에서 이론물리학 과정에 등록했다. 여자친구와의 관계는 6개월 후부터 시들해졌지만, 6년 후 그는 박사학위를 받았다. 끈이론 분야의 오래된 난제(“4차원 초등각장론의 정확한 초등각 R대칭”)를 풀어내면서 세계적 스타로 부상했으며 MIT, 하버드, 프린스턴 고등연구소에서 연구를 지원받았다. 런던 대학교 입자물리학과 종신교수라는 상상도 못 했던 직위도 얻었다. 사회에서 완전히 자리를 잡은 것이다.

다만 문제가 있었다.

브라이언은 음악에 대한 관심을 내려놓은 적이 없었다. 아내도 즉흥극에 반주를 하다가 만났다. 그는 친구 댄과 함께 “닌자섹스파티”라는 코믹 밴드를 구성했다. “교수직 면접을 볼 때면 늘 엉덩이가 따끔거렸어요. 저는 닌자처럼 옷을 입고 거시기와 섹스를 노래하는 놈이잖아요.”

브라이언이 런던에 도착할 때쯤 밴드의 동영상이 센세이션을 일으켰다. 그는 댄에게 전화해 외쳤다. “이 정도면 밴드만 하면서 먹고 살아도 되는 것 아니야?” 그때쯤 아내와 딸이 있었기에 사실 말도 안 되는 이야기였다. “안 돼. 내 학생 중에서 교수가 된 사람은 자네가 유일하지 않은가” 하고 지도교수도 만류하였다.

아내는 반대하지 않았지만 그의 선택을 지지하지도 않았다. 그도 생각이 복잡했다. 유튜브에 덤벼들었다가 실패하면 난 인생을 말아먹은 놈이 되겠지. 그러나 도전하지 않으면 일흔 살이 되어 삶을 회고할 때 이렇게 말해야 할 거야. "망할, 그때 도전해야 했는데!"

마침내 그는 도전하기로 결심했다. "내가 언제 도전 없이 후회할 삶을 살았나? 늘 두려움과 실패를 안고 살았지."

브라이언과 가족은 LA로 이사했다. 다음 앨범을 발표할 때 닌자 섹스파티는 〈코난 쇼〉에 출연했고, 《워싱턴 포스트》에 소개됐으며, 빌보드 차트 25위에 올랐다. 라스베이거스 브루클린 보울 등 미국 전역의 공연장을 누빈 투어도 연일 매진이었다.

일의 세계는 격변하고 있다. 평범한 노동자는 50세 이전에 12번 직업을 바꾼다. 대학 교육 이상을 받았다면 15번까지 가능하며, 완전히 다른 기술을 익히는 것도 평균 3번이다. 전형적인 일자리는 4년마다 이직이 이루어지며, 35세 이하에서는 주기가 3년으로 짧아진다. 미국 노동자의 절반가량이 자동화 때문에 일자리를 잃을 위기에 처해 있다. 노동자 90퍼센트가 일자리를 옮기며, 60퍼센트는 아예 다른 분야를 선택한다. 40퍼센트는 부업을 갖고 있다. 한마디로 오늘날의 미국인들은 자신의 경력을 평생의 진로가 아니라 포트폴리오로 여기는 경향이 강하다.

일의 균열 사례를 소개하겠다.

- 브루클린에 사는 에이미 커닝햄은 여성잡지의 프리랜서 작가이자 10대 아들들의 엄마였다. 사우스캐롤라이나에서 아버지의 장

례를 치르며 감동하여 장례지도학과에 들어가 친환경적 장의사
로 변신했다.

- 지나 재크는 해안경비대에서 전역하여 한때 화훼업체 영업 사원
으로 일했었다. 그녀는 50대에 통신사의 안정적인 일자리를 그만
두고 메인주에서 고객들의 별장을 관리하는 라이프스타일 사업
을 시작했다.

- 마이클 미첼은 소아비뇨기과 전문의로 이름을 날리다 은퇴했다.
처음에는 은퇴 후 생활에 적응하기 어려웠지만 젊은 의사들을 가
르치고 상담하는 일을 시작했고, 자녀 양육 과정에서의 부재를
보상하고 싶다며 아내에게 '하고 싶은 일 리스트'를 적어달라고
부탁했다.

몸의 균열

균열의 마지막 범주인 몸은 모든 사람이 끊임없는 변화를 경험한다.

랜디 라일리는 13일의 금요일에 태어났다. "내 삶이 생일의 영향
을 받은 것 같아요. 평생 생산직 노동자로 살았죠. 어릴 땐 똑똑해서
학교도 잘 다녔고, 몸도 건강했어요." 라일리는 인디애나주 챔피언에
오른 소프트볼 팀에서 뛰었고, 홈커밍 여왕이기도 했다. "그땐 정말
좋았어요."

퍼듀 대학교 신입생이 되면서부터 체중이 붇기 시작했다. "처음
엔 그저 신입생 시절을 즐긴 탓으로 여겼어요. 그런데 그해 여름 한꺼

번에 5킬로그램이 늘더니 툭하면 멍이 들고 복통이 엄청 심했죠." 어느 날은 피까지 토했다. 친구가 말했다. "간에 이상 있는 거 아냐? 눈동자가 노랗잖아."

남자친구가 그녀를 병원까지 데려다주었다. 검사 결과, 간 수치가 비정상적으로 높아져 있었지만, 의사들도 원인을 알지 못했다. 몸이 망가지기 시작하자, 병원에서는 그녀를 시카고 대학교 병원으로 긴급 수송했는데 그곳에서 그녀는 윌슨병, 즉 체내에 과다한 양의 구리가 축적되는 희귀한 혈액질환을 진단받았다. 간은 망가졌고 폐에 물이 가득 찼다. 죽음이 눈앞에 있었다.

"심장이 물에 빠진 것만 같았죠."

랜디는 3개월 후 첫 번째 간 이식 수술을 받았다. 학교로 돌아가 간호학 학위를 받았고, 결혼도 했다. 그 후 2년간 췌장 스텐트를 8개나 삽입했다. "당나귀 한 마리를 죽이고도 남을 만큼 많은 진통제를 처방받았어요."

랜디는 겉으로 보기엔 정상이었다. 혈액 연구소에서 일했고, 결혼 생활은 행복했으며 어린 딸과 아들을 낳았다. "다 잘해냈지만, 실상은 끔찍했죠. 만성통증을 진통제로 다스린 탓에 마약 중독자가 따로 없었답니다."

마약 의존도를 줄여보려 했지만 두 번째, 세 번째 간 이식을 받으면서 다시 중독되고 말았다. 완치까지는 3년이 걸렸다. 그간 진통제를 계속 사용했다. "잘 모르는 사람이라면 나를 마약 중독자로 볼 거예요. 난 사람들에게 평판 좋고, 아이가 둘 있고, 일요일엔 교회에 가는 전형적인 중서부 여성이랍니다." 그녀가 자신은 당연히 불량배가 아니라고 덧붙였다. "사람들은 모르겠지만, 의사들이 종종 과잉처방을 한답니다. 중독되기 십상이죠. 정말 순식간에 약효가 나타나니까요."

현대 의학 덕분에 몸의 균열이 덜 괴로워졌다고 생각하겠지만, 진보는 늘 새로운 걱정거리를 한가득 내놓는다. 오늘날 미국인들은 더 일찍 사춘기를 겪고, 더 늦게 갱년기를 맞으며, 기나긴 연명치료를 받는다. 2010년대 후반에 이르러서야 제1차 세계대전 이후 처음으로 미국인의 수명이 줄어들기 시작했다. 미국인 10명 중 6명은 심장질환, 고지혈증, 관절염, 당뇨병 같은 만성질환을 적어도 하나는 갖고 있으며, 10명 중 4명은 두 가지 이상을 갖고 있다. 3명 중 1명은 암에 걸리고 4명 중 1명은 불안장애, 5명 중 1명은 만성통증에 시달린다. 이 모든 문제는 나이가 들수록 악화하는데, 미국은 이미 고령사회에 진입했다. 1920년에 5퍼센트였던 65세 이상 인구 비율은 오늘날 16퍼센트에 육박한다. 2050년경 노인 인구는 전체의 75퍼센트까지 치솟을 것으로 예상된다.

몸의 균열 사례를 몇 가지 소개해 보겠다.

- 제프리 스파는 대학교 신입생 시절 오하이오주의 테니스 선수였다. 어느 날 사타구니에 생긴 습진을 그는 하루에도 수십 번씩 확인했다. 강박장애의 징후였다. 현재 그는 약을 복용하며 미술치료를 받고 있다.
- 리 민츠는 수면무호흡증과 당뇨병으로 고생했다. 1년간 국제 비

영리단체를 이끌고 수십 만 킬로미터를 여행한 후유증이었다. 그 후 난소에 종양을 발견한 후에는 곧장 이혼하고, 트레이너를 고용해 30킬로그램을 감량했다.

• 캐롤린 그레이엄은 걸스카우트 리더에게 성적으로 학대당한 후, 라임병에 걸려 심신이 피폐해졌다. 그녀는 맥도날드 셰이크에 치사량의 항우울제를 섞어 먹은 후, 케이프 커내버럴 인근 바다에 걸어 들어갔다. 첫 번째 자살 시도였다. 그녀는 2번의 자살 시도에서 살아남았고, 이후 치료를 받아 회복했다.

우리 삶을 송두리째 뒤흔드는 이 다양한 방식들이 균열의 첫 번째 법칙을 구성한다. 균열의 빈도가 점점 늘어나는 추세라는 것이다. 균열의 두 번째 법칙은 생애 전반에 걸쳐 발생한다는 것이다.

삶은 언제나 흔들린다

중년의 위기는 애초부터 모호한 개념이었다. 누구나 동일한 시기(40~45세 사이)에 동일한 위기를 겪어야 한다는 생각 자체가 터무니없기도 하다. 실제로 여러 학자가 채 몇 년이 지나지 않아 그 가설이 허구임을 밝혀냈다. 라이프스토리 프로젝트에서 확인했듯, 물론 그 시기에도 사람들은 격변을 경험한다. 다만 그 시기는 그런 종류의 격변이 일어나는 수십 가지 시기 중 하나에 불과하다.

중년의 위기라는 개념에는 세 가지 근본적인 결함이 있다. 첫 번째 결함은 실증적인 증거가 없다는 것이다.『패시지』이후 관련 연구가 활발했는데, 가장 큰 프로젝트는 1995년의 "미국의 중년"이었다. 참여한 연구자는 13명, 25세에서 74세까지 참가자만 무려 7000명에 달했지만, 결론은 초라하기 짝이 없었다. 미국인 대부분이 중년의 위기를 겪는다는 증거, 좀 더 보편적으로는 평생 예측 가능한 시기에 위기를 겪고, 안정을 되찾는다는 가설을 지지할 증거가 거의 없었던 것이다. 이 시기에 어려움을 겪었다는 피험자는 3분의 1에 불과했으며, 그 원인은 죽음에 대한 두려움이 아니라 특정한 경험 탓이었다. 오히려 사람들은 중년을 지나 노년에 접어들면서 더 행복해지는 경향이 있었다. 《뉴욕 타임스》에 따르면, "최신 연구 결과, 중년이야말로 인생의 황금기였다".

두 번째 결함은 중년이라는 시기 자체가 고무줄 같아서 실제로 아무런 의미가 없다는 것이다. 청년기가 일찍 시작되고, 노년기는 뒤로 미뤄지면서, 중년이라는 시기가 길어졌다. 젊은 사람들이 중년을 30~55세 사이로 보는 반면, 노인들은 40~70세 사이로 본다는 연구 결과가 적지 않다. 요즈음엔 누구나 중산층이고 누구나 중년이다.

세 번째 결함은 과거에는 대부분 비슷한 시기에 경험한 생애사건들, 예를 들어, 결혼, 내 집 마련, 출산 등을 이제는 수십 년에 걸쳐 다양한 시기에 경험한다는 것이다. 여전히 20대 초반에 아이를 낳기도 하지만, 40대 초반까지 기다리는 사람도 있고, 한참 후에 늦둥이를 낳는 경우도 있다. 한편 직업이나 배우자가 달라지는 등 오로지 중년과 관계있던 사건들이 성인기 전반에 걸쳐 발생하고 있다.

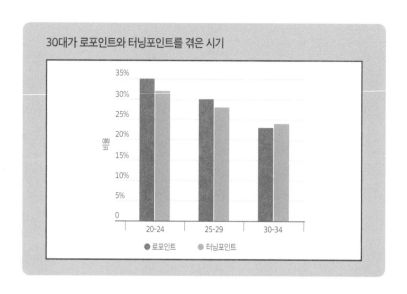

30대가 로포인트와 터닝포인트를 겪은 시기

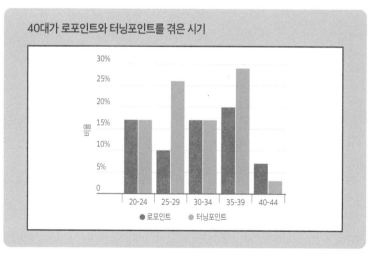

40대가 로포인트와 터닝포인트를 겪은 시기

문제적인 것은 세 번째 결함이다. 이 결함이야말로 비선형적 삶의 핵심이기 때문이다. 바로 누구나 언제든 변화를 겪는다는 사실이다. 변화는 우리의 운명이다. 1세대 정신분석학자들은 우리가 21세 무렵에 성장을 멈춘다고 주장했지만, 그 가설은 폐기된 지 오래이다. 인간은 어느 시기에든 변화할 능력이 있다는 최신 뇌과학 연구가 넘쳐난다. 어느 신경과학자가 말했듯, "뇌는 평생 스스로를 개조한다".

이들 주장의 결론은 중년의 위기라는 개념을 폐기하고, 이를 보다 현실에 가까운 개념으로 대체해야 한다는 것이다. 위기는 삶의 어느 때나 찾아온다. 더 중립적으로 말하자면, 삶은 언제든 흔들릴 수 있다. 사람들을 인터뷰할 때마다 나는 인생의 하이포인트high point(최고의 순간)와 로포인트low point(최악의 순간), 터닝포인트가 언제였는지 질문했다. 나는 그 대답들을 그래프로 만들었는데, 결과는 놀라울 정도였다. 주요 생애사건이 생애 전반에 걸쳐 고루 분포해 있었던 것이다.

먼저 로포인트를 살펴보자. 로포인트는 "중년의 위기"라고 가장 자주 오해받는 개념이다. 30대는 성인이 된 이후 5년마다 균등하게 로포인트가 있었다고 응답했으며, 40대도 별다르지 않게 응답했다. 50대의 경우, 30대와 40대에는 로포인트가 더 많았고 50대 이후가 하이포인트라고 응답했다. 60대는 로포인트의 분포 범위가 가장 넓었다. 터닝포인트는 훨씬 넓은 범위에 분포해 있었다.

우리는 이 분석 결과를 한층 깊게 파고들었다. 방정식에서 나이를 지우기 위해, 나는 사람들에게 중요한 터닝포인트를 겪었던 나이를 묻고, 이를 인터뷰 당시의 나이로 나눴다. 그 결과를 통해 나이와 상관없이 터닝포인트가 삶의 어느 시점에 분포하는지 알 수 있었다. 나는 로포인트가 생애 전반에 걸쳐 놀라울 정도로 고르게 분포되어

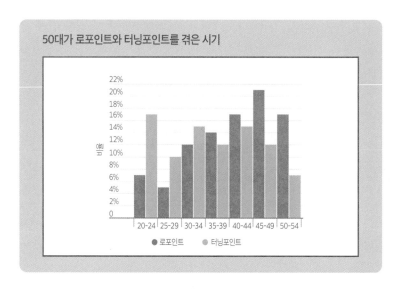

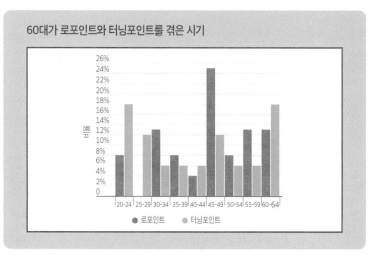

있다는 사실을 알아냈다.

요컨대, 35~45세 사이에 중대한 삶의 균열이 발생한다는 증거는

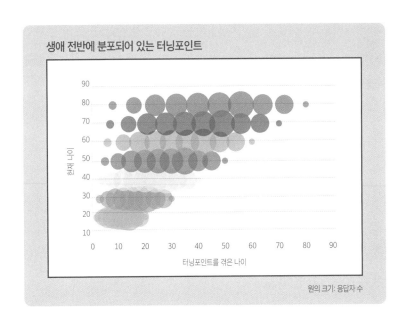

생애 전반에 분포되어 있는 터닝포인트

원의 크기: 응답자 수

어디에도 없었다. 균열은 삶의 어느 때나 발생했다.

이제 삶이 흔들릴 때 우리 실생활이 어떤 영향을 받는지 살펴보자.

어떤 사람들은 혼돈 속에서 잉태되었다. 에이미 커닝햄은 "비탄에 빠진 자궁에 잉태되었다". 오빠가 첫돌을 겨우 넘기고 숨을 거둔 터라 어머니는 더 이상 아이를 낳지 않겠다고 공언했었다. 윌 다나는 넷째로 태어났지만, 당시 부모는 불화가 깊어져 이혼을 앞두고 있었다. "까맣게 몰랐지만 혼란의 한가운데에 태어난 셈이죠."

어린 시절에 결정적 트라우마를 겪기도 한다. 리즈 맥과이어는 청소년기에 어머니가 크게 아팠다. 휠체어에 탄 어머니를 돌보면서 외로움이 밀물처럼 밀려들곤 했다. 버디 케이시의 집은 노스캐롤라이나의 더러운 골목 끝에 있었다. 수돗물도 나오지 않았고, 그의 부모님은 전혀 교육받지 못한 사람들이었다. 여섯 살 때 남자에게 성폭행을 당하기도 했다.

많은 이들이 20대에 시련을 겪는다. 세스 음누킨은 고등학생 때 마약을 시작했다. 하버드를 졸업했지만, 헤로인에 찌들 대로 찌든 탓에 가족과도 멀어져 차에서 살았다. 그의 삶의 결정적인 순간은 약을 끊기로 한 스물여섯 살 생일이었다. 질 캐머런 미셸은 10대에 성직의 길에 들어섰다. 그녀는 대학에 다니며 미주리의 어느 교회에서 목회를 시작했고 스물네 살 때 결혼했다. 그런데 결혼 2주 후, 남편이 자신이 게이라고 고백했다.

조금 더 나이가 든 후 격변을 겪는 이들도 있다. 셜리 에거먼트는 미네소타에서 일곱 살배기 아이를 키우며, 핀볼 사업을 하는 마흔한 살의 남편을 얌전히 도왔다. 그러나 남편이 10년 동안 바람을 피웠다는 사실을 알게 되면서 껍질을 깨고 나와야만 했다. 존 스미사는 거의 50년간 죄의식에 빠져 살았다. 군사작전에 참여해 리비아에서 민간인 40명을 사살했기 때문이다. 그 후 그는 상이군인들을 도우며 평안을 되찾았다.

성적인 각성 사례들은 삶이 언제든 흔들릴 수 있다는 사실을 잘 보여준다. 애덤 포스는 열네 살에 섹스 중독자가 되었다. 재닛 페일럿은 아버지가 죽고 어머니가 신경쇠약에 걸린 이후로 자신의 몸과 괴리된 듯한 느낌을 받았다. 그녀는 50대가 될 때까지 (남편을 포함해) 누구와도 의미 있는 성적 관계를 맺지 못했지만, 지금은 탄트라 섹스 코치가 되었다. 숀 콜린스는 다섯 살 때 자신이 게이임을 깨달았으나, 성정체성을 감추기 위해 열여덟 살 때 베네딕도회 수도원에 들어갔다. 그러나 5년 후 "금욕이 답이 아니다"라는 사실을 깨닫고 수도원을 떠났다.

누구의 삶에나 균열은 실재하며 삶의 어느 때나 발생한다. 삶의 균열은 생물학적 나이, 사회적 단계, 인위적인 생애주기와 무관하다. 균열은 나름의 일정을 따라 발생한다.

균열의 횟수

균열을 얼마나 많이 겪어야 할까? 균열의 마지막 법칙은 균열을 생각보다 자주 겪어야 한다는 것이다.

균열의 횟수를 측정하기 위해 두 가지 접근법을 도입했다. 우선 모든 공공데이터를 종합했다. 예를 들어, 평범한 사람이 평균 몇 번 이직하는지(13번), 이사하는지(11.7번), 사고를 당하는지(3번) 알 수 있었다. 결혼율(70퍼센트), 이혼율(20퍼센트)도 안다. 우리 중 절반은 심장마비를 겪을 것이고, 4명 중 1명은 중독자가 될 것이다. 여성은 3명 중 1명이 성폭력을 경험하며, 남성은 6명 중 1명이 경험한다. 다이어트를 시도하는 횟수(55번)나, 경제적 위기를 겪는 비율(3명 중 1명)은 포함하지 않았다. 수량화가 너무 어려워지기 때문이다.

이를 종합할 때, 평범한 성인은 평균 30~40번의 균열을 겪는다는 결론을 내렸다.

나는 인터뷰를 확인하며 사람들이 균열적인 사건을 얼마나 자주 설명하는지 수치화했다. 물론 모든 이사, 이별, 이직에 대해 들을 수는 없었지만, 분명한 패턴이 있었다. 성인기에 평균 36번 균열을 경험한다는 사실 말이다.

두 결과를 겹쳐보면 다음의 명료한 경험칙이 도출된다.

평범한 사람은 12~18개월에 한 번씩 균열을 경험한다.

사람들한테 이 결과를 알려주자 충격과 체념이 뒤섞인 반응을 보였다. 다만 잊지는 말자. 이들은 일상적인 균열들이며, 정말 우리를 뒤흔드는 요인들은 아니다. (그 요인들은 3장에서 다룰 것이다.) 먼저 오늘날 우리의 삶이 폭풍에 두들겨 맞고 있다는 사실을 인정하는 것이 중요하다. (이런! 아직 그 일도 해결하지 못했는데, 또 골치 아픈 일이 생겼군.) 그렇다면 아주 난처한 때에 삶의 균열이 발생한대도 전혀 이상할 게 없다. 현대인이 느끼는 불안감에서 균열이 생겼을 때의 감정이 큰 비중을 차지한다. 그때 우리는 당황하고 혼란을 느끼며 진이 다 빠진다.

우리는 선형성의 망령에 사로잡혀 있다.

우리 삶이 예측 가능한 경로를 따른다고 생각한다면, 그 기대가 어긋날 때 크게 당황할 수밖에 없다. 삶이 선형적일 것이라는 기대와 달리 현실은 비선형적이기 때문이다. 선형적인 삶(순탄한 커리어, 백년해로 등)을 사는 일부의 사람들조차 삶의 다른 부분(반복되는 건강 문제, 종교적 혼란 등)은 비선형적이라고 느낀다. 내가 인터뷰한 사람들은 거의 예외 없이 적어도 삶의 한 부분 이상은 일정이 틀어졌고 경로를 이탈했으며 불협화음을 일으키거나 뒤죽박죽이 되어버렸다.

우리는 더 이상 존재하지도 않는 이상적인 삶과 비교하며 삶이 실패했다고 자학한다.

통제되지 않는 삶의 의미는 사람에 따라 다르다. 딸이 교통사고로 세상을 떠나면서 로레타 퍼햄은 63세에 손녀 둘을 키우게 됐다. 세라 쿠퍼는 스물아홉 살 때 결혼 3개월 만에 이혼을 하고 부모 집으로 돌아갔다. 프레드 슐레머는 50대에 게이로 커밍아웃했다. 웬디 애런스는 20대에 친구들과 어울리지 못했다. 혼자만 유부녀였기 때문이다. 세라 홀브룩은 갓난아이를 데리고 연애 전선에 뛰어들었다. 임신중에 남편에게 여자가 있다는 사실을 알게 된 것이다. 카트리나 알콘은 첫 번째 남편과 이혼하지 않은 채로 두 번째 남편과 살 집을 구했다.

마흔셋 나이에 아빠가 되자마자 소아암에 걸린 내 경우도 마찬가지이다.

뒤죽박죽인 삶에도 장점이 있다. 52종에 이르는 균열을 겪고도 살아남는다면, 누군가(부모와 주변 사람 그리고 자기 자신 등)의 기대라는 족쇄에서 벗어날 수 있다. 당위라는 이름의 기차도 속도를 늦춘다. 어떤 선택이 우리에게 평화를 가져다줄지도 스스로 결정할 수 있게 된다.

단점은 선택이 더 어려워질 수 있다는 것이다. 선택지가 무한하면 우린 아무것도 선택하지 못한다. 자신만의 라이프스토리를 쓰려면 백지를 마주한 기분을 느껴야 한다. 시련을 얼마나 잘 이겨내고 삶을 얼마나 의미 있게 만드는지에 따라 인생 성공과 실패, 성취와 좌절이 좌우될 것이다. 다행인 점은 그 과정을 수월하게 하는 노하우가 발전하고 있다는 것이다.

3장

삶의 지진
인생에 지진이 나면 겪게 되는 일들

수십 종의 균열이 우리 삶 구석구석에 잠재되어 있다. 그 점만으로도 비선형적 삶을 살기가 녹록지 않아 보이지만, 훨씬 더 골치 아픈 점이 남아 있다. 모든 사람이 이따금(대부분은 그보다 빈번하게) 더 폭발적이고 거침없는 변화에 얻어맞는다. 그런 격변은 우리 삶의 형상을 결정하고 재구성하는 핵심적인 사건들이며 변화의 양상이 상상을 초월하거나 그 여파가 통제할 수 있는 수준을 넘어서기도 한다.

동화 같은 기대를 깨부수는 늑대들인 셈이다.

이 사건들은 하나하나가 고유한 것처럼 보인다. 전례 없는 홍수, 희귀병, 전혀 상관없는 사건들이 엎친 데 덮치는 경우 등을 예로 들 수 있다. 그러나 자세히 뜯어보면, 이 사건들에도 특정한 패턴이 나타난다. 그 패턴을 밝혀내고 이를 바탕으로 이 시대를 어떻게 살아가야 할지 답을 구하는 데 라이프스토리 프로젝트의 긴 시간을 할애했다.

"남아 있는 게 떠나는 것보다 두려웠습니다"

리사 루도비치의 경우를 살펴보자.

리사는 피츠버그에서 세 아이 중 막내로 태어났다. 두 사람 모두 알코올 중독자였던 부모는 그녀가 세 살 때 이혼했다. "난 혼자 자랐어요. 아버지는 양육비를 한 푼도 보내지 않았죠. 내가 열두 살 때 엄마가 방문을 두드리더니, '나가서 일자릴 구해!'라고 하는 거예요. 내가 대답했죠. '이제 겨우 열두 살이야! 내가 무슨 일을 해?' 엄마가 그러더군요. '애라도 봐주면 되지!' 게다가 리사는 한 달에 17번은 편두통에 시달렸다.

"밤새도록 신음했고, 변기에 머리를 처박은 채 토를 쏟아냈어요. 두 눈을 뽑아내고 싶어 마구 할퀴기도 했죠. 시험을 볼 수도, 핼러윈이나 다른 기념일을 챙길 수도 없었어요. 어린 시절 내내 그랬죠. 펜스테이트 대학교에 들어갈 때쯤부터 욕지기를 참을 수 있었지만, 통증은 계속 심했죠. 한 문단만 읽어도 머리가 지끈거려 포기해야 했으니까요."

리사는 평균 C학점으로 졸업했다. 당연하다는 듯 졸업식엔 가족 중 아무도 오지 않았다. 피츠버그에서 영화 캐스팅을 돕는 아르바이트를 하며 자동차에서 생활했는데, 등록금과 의료비 탓에 늘 빚에 허덕여야 했다. 그러다 시작한 라디오 광고 일을 계기로 아메리카온라인이라는 작은 스타트업에서 면접을 보았다. 이후 17년 동안 11번의 구조조정, 9명의 사장, 3번의 이사, 1번의 결혼 실패를 겪으며, 리사는 맨해튼에서 가장 잘나가는 인터넷 광고사의 임원이 되었다. 고액의 수수료를 받았고 화이자, 킴벌리-클라크, 월마트 같은 굵직한 고객사들도 확보했다. 그러나 하루 14시간을 일해야 했고, 여전히 편두통으로 고생했다. 또 직원들의 노고를 모르는 사장이 마음에 들지 않았다. 그녀는 매일 밤 책상에 앉아 울었다.

어느 날, 동료 한 명이 그녀의 노동관과 고객 서비스 방식에 다른 동료들이 주눅 들어 있다는 이야기를 전해주었다. 리사는 스스로를 돌아보았다. 오늘이 삶의 마지막이라면 이 사람들과 함께 있고 싶을까? 그녀는 자신의 원룸 아파트로 돌아가 주식을 정리해 보며 어떻게 하면 소비를 줄일 수 있을지 고심했다. 주식과 예금을 모두 더한 결과, 케이블 방송을 끊고 외식을 하지 않고 옷을 더 이상 새로 사지 않으면 5년은 버틸 수 있을 듯했다. 리사는 이튿날 사장실에 걸어 들어가 그 자리에서 사표를 냈다.

"수십 년 동안 벼르던 일을 한 거죠. 마음에 늘 담아두었던 글귀가 있어요. 도약하라. 그럼 앞길이 열리리라." 나는 어디에서 용기를 얻었는지 물었다. 리사의 대답은 브라이언 웩트가 어떻게 물리학 교수 자리를 버리고 닌자섹스파티에 합류할 수 있었는지 설명했던 것과 거의 일치했다. "머무는 게 떠나는 것보다 두려웠습니다."

2주 후 어느 날, 리사가 소파에 앉아 지상파 방송을 보는데(케이블은 끊었다) 어느 여성이 나오더니 잠재의식의 힘에 대해 이야기하고 있었다. 기업을 떠난 이후 현재는 리사도 사람들이 내적 자아를 찾도록 돕는 일을 하고 있다. 리사는 그 여자를 추적해 전화로 여러 가지를 질문했다. "전화를 끊으면서 이렇게 말했어요. '드디어 평생 할 일이 생겼어. 사람들이 더 잘 살도록 돕고 싶어.'"

한 달 후 리사는 산타페의 최면 요법 아카데미에 등록했다. "출석한 지 열흘째 되던 2010년 2월 10일 아침 10시 30분에 책상에 앉아 두 손으로 머리를 감싸고 있는데, 감독관이 다가와 왜 그러는지 묻더군요." 리사는 편두통이 있지만 괜찮다고 대답했다. 41년간 며칠에 한 번씩 반복되던 일이 아닌가. 감독관은 그녀를 사무실로 불러 커다란 안락의자에 앉으라고 했다. 그러고는 리사에게 최면을 걸어 그녀가 세 살 이후 까맣게 잊고 있던, 병도 통증도 없던 당시의 자아를 재발견하도록 여러 상징을 활용하며 안내해 주었다.

"그날 이후로 편두통이 사라졌어요. 7주 차가 되면서 우리가 자궁 내에서 어떻게 어머니의 사고와 감정을 받아들이는지, 태어나기도 전에 부모의 스트레스와 걱정을 짊어지게 되는지 배웠죠. 사람들을 치유하는 삶이 시작되는 순간이었어요."

리사는 최면 요법으로 학위를 받았다. 10년이 지난 지금, 그녀는 뉴욕시에서 손에 꼽히는 의료적 최면사가 되어 파킨슨병, 암, 정신적

외상에 의한 뇌 손상, 만곡족지 환자들을 돌보았다. "그중에는 들어본 적도, 믿을 수도 없는 병들이 있었죠." 리사는 전 세계 의대를 돌며 강의했으며 보훈부에 고용되어 베트남전 참전용사들도 치료했다. 전쟁이 끝난 지 50년이 지났지만, 여전히 총상으로 인해 고통받는 사람들이 있었다. "미국 정부에 고용되어 전 세계에서 제일 큰 보건기관에서 일한 최초의 최면사일 겁니다. 기관에서 연구 성과를 발표하기도 했죠. 우리는 만성통증 치료 성공률이 50퍼센트인데, 이제껏 다른 어떤 기관의 성공률도 30퍼센트를 넘기지 못했었죠."

리사는 광고사 임원에서 최면사로 변신하였다. 라이프스토리의 중심적인 줄거리를 일에서 몸으로 전환했고, 고통과 두려움에 찌든 삶을 용서와 치유로 가득한 삶으로 바꾸었다. "영혼의 본질은 용서와 치유예요. 그리고 저는 평생 최대한 많은 사람이 그 본질에 다가가도록 도울 겁니다."

"악마의 커브볼"

지금 다루고 있는 격변의 에피소드들이 특별히 새로운 내용은 아니다. 첫 번째 교향곡을 작곡하던 31세의 베토벤은 자신이 청각을 잃게 될 것이라는 사실을 알고 있었다. 이미 베스트셀러 『위대한 개츠비』의 저자였던 38세의 스콧 피츠제럴드는 결혼 생활의 어려움, 경제적 위기, 음주 문제, 결핵 등으로 고통을 겪고 있었다. 그는 노스캐롤라이나의 어느 산속으로 도피해 이른바 "심신의 붕괴"를 겪기도 했다. 마크 펠트가 FBI 국장 취임에 실패한 후, 딥스로트^{Deep Throat}라는 익명으로 닉슨을 권좌에서 끌어내리던 당시의 나이는 59세였다.

생애전환의 순간을 지칭하는 용어는 다양하다. 막스 베버는 한 개인의 시각이 급변하는 순간을 메타노이아^{metanoia}라고 명명했다. 윌리엄 제임스는 정신의 전위^{mental rearrangement}라고 불렀다. 할리우드는 터닝포인트라는 말을 즐겨 쓴다. 사업가들은 변곡점이라는 말을 애용한다. 그 밖에도 이 순간들을 피벗^{pivot}, 유턴, 갈림길 등으로 표현하며, 각 용어에는 저마다 장단점이 있다.

내가 인터뷰한 사람들도 그들만의 용어를 고안했다. 『웨스트 코스트 어벤져스』를 창작했으며, 한동안 『스파이더맨』을 연재했던 만화가 밥 홀은 이 순간을 '쾅!'이라는 의성어와 관련지었다. "이 행위에서 저 행위로의 이행이잖아요. 차근차근이 아니라 한 번에 '쾅!' 하고 말이죠." 케이트 밀리켄은 코네티컷의 유력한 가문 출신이지만 이런 순간을 3번이나 경험했다. 대학입시에 실패했고, 파혼했으며, 서른네 살엔 다발성 경화증 진단을 받았다. 그녀는 그 순간들을 악마의 커브볼이라고 불렀다. 한편 레프 스비리도프의 용어는 앰퍼샌드(&)였다. "삶이 한번 꼬이기 시작하면 계속해서 꼬이기 마련이죠."

나는 삶의 지진이라는 뜻에서 생진^{lifequake}이라고 부르기로 했다. 우리 삶을 뒤집어 놓는 정도가 일상적인 균열과 비교할 수 없는 수준이기 때문이다. 생진은 한 사람의 삶의 의미, 목적, 방향을 근본적으로 바꿔놓는다. 생진을 기준으로 한 사람의 라이프스토리는 기원전/기원후 수준으로 달라지기 때문이다. 암 진단을 받은 이후 꼬박 10년이

3章 : 삶의 지진

지났지만, 나는 여전히 당시의 경험을 인생의 분수령으로 언급한다. 암에 걸리고 나서는 그 식당에 가지 않았어요. 아내에게는 두 딸의 출산이, 형에게는 2008년 금융위기가 분수령이었다.

다만 시련을 겪었다는 사실만으로 생진이라고 할 수는 없다. 시련에서 발견한 의미까지 더해진 경험이어야 한다. 먼저 변화를 자각해야 하고, 그 변화가 생애전환으로 이어진다는 사실을 받아들여야 한다. 이혼, 실직, 사별 등 삶의 지각변동을 겪고도 무너지지 않은 사람을 수없이 만나보았다. 내 어머니는 유방암이 재발했지만, 분홍색 리본을 달고 시위하거나 관련 활동을 하는 대신 완치 후 일상으로 복귀하며 더 이상 투병 사실을 거론하지 않았으면 좋겠다고 했다.

생진에 대한 내 정의는 이렇다. 생진은 우리 삶에 불가항력적인 변화를 촉발하여 격변, 생애전환, 삶의 재구성으로 이어진다.

살면서 얼마나 많은 생진을 경험할까? 내가 만난 사람들은 (심지어 20대를 포함하여) 모두가 1~2번은 경험했다. 40대 이상에서는 최소 3번이었으며, 심지어 6~7번 경험한 사람도 있었다. 한 사람이 평생 경험하는 생진은 평균 3~5번이었다. 이 결과를 통해 흥미로운 명제를 도출할 수 있었다. 삶의 균열 10번 중 1번은 생진이라는 것이다.

생진을 일으키는 사건들의 공통점은 무엇일까? 나는 이 사건들을 먼저 두 가지 본질적인 변수, 즉 개인적인 사건인지 집단적인 사건인지 또 자발적인 사건인지 비자발적인 사건인지에 따라 구분했다.

개인적 사건은 이직, 건강 문제, 파산 등 개인에게 일어나는 일을 뜻하며, 집단적 사건은 불황, 전쟁, 자연재해 등 나와 이웃, 지역사회,

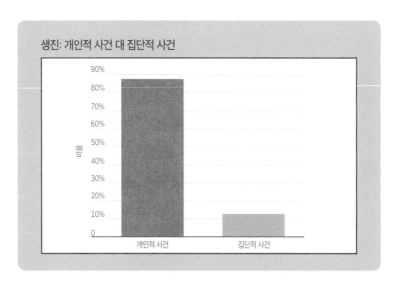

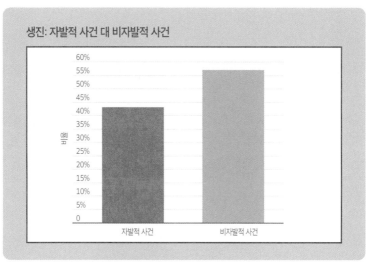

국가, 혹은 전 세계에 집단적인 영향을 미치는 사건들이다. 분석 결과,

생진의 87퍼센트는 개인적 사건이었고, 집단적 사건은 13퍼센트에

불과했다. 이 결과는 사람들이 공동체적 사건에 받는 영향이 줄어들고 있음을 시사한다. 20세기에 같은 연구를 했다면, 2번의 세계대전, 대공황, 민권운동, 여성의 참정권 투쟁 등 잇따른 굵직한 사건들의 영향으로 집단적 사건의 비율이 단연코 더 높았을 것이다.

자발적 사건은 연애, 이직, 개종 등과 같이 개인이 일으킨 변화를 의미하며, 비자발적 사건은 배우자의 외도, 집에 난 화재, 해고 등 자신의 의지와 상관없이 발생한 사건을 의미한다. 생진의 43퍼센트는 자발적 사건이었고, 57퍼센트는 비자발적 사건이었다.

두 가지 변수를 종합하여 다음의 생진 분포표를 만들었다.

생진의 종류는 너무나 다양하고, 저마다 차이가 분명하기 때문에 각 사건이 어떤 방식으로 우리 삶에 영향을 미치는지 조금 더 심도 있게 살펴볼 필요가 있다.

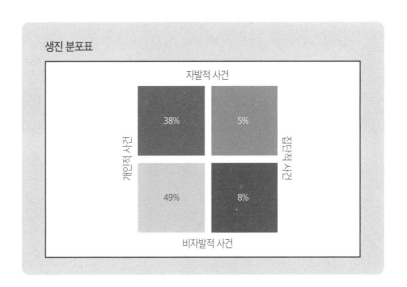

생진 분포표

자발적 사건

38% 5%

개인적 사건   집단적 사건

49% 8%

비자발적 사건

"세상이 나를 절망 속으로 떠미는 기분이었어요"

개인적-비자발적 생진은 전체에서 가장 큰 비중(약 50퍼센트)을 차지한다.

리사 포터는 버몬트에서 미국 평화봉사단 단원인 부모의 딸로 태어났다. 부모님은 그녀의 출생 직후 일본과 필리핀 사이의 작은 섬 사이판으로 이주했지만, 얼마 후 이혼했다. 그 후에도 리사는 어머니와 함께 그곳에서 살았다. "동양의 엄격한 공동체 문화 속에서 성장했죠. 노인을 공경하라, 공동체의 일원이 되어라, 함부로 나서지 마라… 그런 가르침을 받으며 자란 겁니다. 그러다 10대 때 케임브리지로 이주했는데 어찌나 비참하던지 섬으로 돌아가고 싶더군요."

리사는 열다섯 살 때 우연히 연극 수업에 들어갔다가 불현듯 자신이 어떤 공동체를 갈망해 왔는지 깨달았다. "예전엔 가족만 알았죠. 작고 외로운 가족 말이에요. 그런데 극단에선 사랑과 관심을 받는 기분이었어요." 고등학교와 대학을 다니는 내내 그녀는 연극에 미쳐 살았다. 대학에서는 예술경영을 전공했다. 졸업 후 뉴욕으로 건너가 무대 연출을 가르쳤고 결혼과 이혼, 재혼을 했으며 서른다섯 살에 마침내 그토록 갈망했던 가족을 일구었다. 그녀는 사랑에 빠져 행복했고 UC 샌디에이고에서 제안한 번듯한 일자리를 수락했으며 딸 데이지를 낳았다. "인맥이 생겼고 목표도 있었죠. 죽어라 노력해서 어둠상자에서 빠져나왔더니 삶이 별자리처럼 반짝이더군요."

그런데 딸 데이지에게 문제가 있었다. 시력에 이상이 있었고, 잘 기어다니지 않았다. 만 두 살이 될 때까지 걸음마를 떼지 못했다. "무슨 일인지 아무도 몰랐죠." 리사가 말했다. 그런데 사회복지사가 조심스레 데이지를 인근의 특수아동 유치원에 보내보자고 하는 것이 아닌가!

"이게 뭐지? 싶은 기분이었어요. 나로서는 도저히 받아들이기 싫은 이야기였으니까요."

데이지는 자폐 스펙트럼 장애와 신경질환을 진단받았다. 그 충격은 끔찍했다. "'다시 어둠상자에 갇힌 건가?' 하는 생각이 들더군요. 세상이 나를 절망 속으로 떠미는 기분이었어요. 어려운 환경과 자격 없는 부모까지 극복했는데, 고통이 반복되었으니까요."

리사와 남편 앤더스는 자기 연민에 빠지는 대신 변화를 선택했다. 고맙게도 앤더스가 육아를 도맡았고, 리사는 자폐에 관해 연구하기 시작했다. "처음에는 두꺼운 뇌과학 책을 읽었는데, 문득 신경망과 신경가소성 등 신경계에 관해 공부해야겠다는 생각이 들더군요. 학생들을 가르치는 일을 사랑했던 내가 다시 학생이 되어야 했어요. 데이지가 시간표에 없는 수업의 선생님이 된 셈이죠."

개인적-비자발적 생진이 가장 일반적이라는 사실은 사람들이 근본적으로 비선형적 삶을 기피하려고 하는 이유를 알게 해준다. 사람들은 삶의 궤적을 통제할 수 있다는 믿음을 선호한다. 그러나 불행하게도 그 믿음이 현실이 될 가능성은 거의 없다.

다양한 경험을 연구할수록 그 이유가 명확해졌다. 몸과 관련된 이야기는 생진에서 가장 큰 비중을 차지한다. 개인적-비자발적 생진의 3분의 1은 질병과 부상 등 의료적인 사건이었다. 과학적 진보에 대한 환상에도 불구하고, 우리는 여전히 건강 문제를 통제하지 못한다. 그 밖의 세부 범주에는 사별, 절연, 경제적 위기 등이 있다. 내 개인적인 경험 역시 이 패턴에 부합한다. 내가 겪은 비자발적 생진 가운데 2번은 건강 문제(암 진단과 아버지의 건강)였으며, 2번은 경제적 위기(2008년 금융위기, 믿었던 직원의 절도 사건)였다.

개인적-비자발적 다른 사례들을 몇 가지 소개하겠다.

- 195센티미터의 장신인 에릭 웨스트오버는 고등학교 시절 레슬링 선수였으며, 졸업 후에는 코스트코에서 지게차 기사로 일했다. 주말이면 오토바이를 몰고 미시간호 인근의 백사장을 누비곤 했는데, 어느 날 SUV와 정면충돌하는 사고를 당하면서 오른쪽 다리는 무릎 위쪽을, 왼쪽 다리는 무릎 아래쪽을 잃었다.

- 니샤 제노프가 북캐롤라이나의 집에 혼자 있던 토요일 밤, 누군가가 계속 초인종을 울려댔다. 나가보니 경찰이었다. 그날 오후 요세미티 산정에서 10대 아들 빅터가 추락해 사망한 것이었다.

- 캘리포니아 토박이인 지나 비안치니는 스탠퍼드에서 예술과 정치학을 전공했고, 하원과 골드만삭스에서 일했으며, 남초로 유명한 실리콘밸리 테크 스타트업의 여성 CEO였다. 그런데 공동 창업자이자, 실리콘밸리의 아이콘인 마크 앤드리슨에게 해고당하면서 자신이 만든 공동체에서 쫓겨나고 말았다.

"밥 딜런은 단 3개의 코드로 수많은 명곡을 만들었어"

개인적-자발적 생진은 두 번째로 비중이 큰 범주이다. 해당 사례는 전체의 40퍼센트에 육박한다.

엘리사 코렌타에르는 롱아일랜드에서 이스라엘계 부부의 딸로 태어났다. 부모가 이사를 많이 다닌 탓에 엘리사는 초등학생 때도 펜실베이니아에서 뉴질랜드에 이르기까지 6번이나 전학을 다녔다. "그런 경험이 문화적 다양성에 대한 애정, 공감 능력, 다름을 존중하는 마음 등 지금의 나를 형성하는 데 큰 영향을 미쳤을 거예요."

엘리사는 대학에서도 조각보 같은 라이프스타일을 이어갔다. 여러 분야를 전공했으며, 20대의 나이에 이스라엘로 건너가 팔레스타인 사람들과 공존을 모색했고, 런던의 헤지펀드에서 일했으며, 다시 매사추세츠로 돌아가 긱콥스Geekcorps, 즉 "괴짜들을 위한 평화봉사단"을 설립했다. 그러나 스물다섯 살 때 번아웃을 느끼며 공동 설립자와 불화를 일으켰다. 그 무렵 고등학교 동창이 그녀에게 줄리아 캐머런의 『아티스트 웨이The Artist's Way』를 선물했다. 내면의 창의성을 발견하도록 한 단계, 한 단계 이끄는 내용의 책이었다.

"그 책에 따르면, 지금 당장 무슨 일이든 할 수 있다면 어떤 일을 하고 싶은지 답해야 했어요. 싱어송라이터와 무대감독이 떠올랐죠. 나는 벽에 그 대답을 붙여놓고 이렇게 말했어요. '아직 노래를 한 곡도 만들지 못했고, 기타 코드는 몇 개밖에 모르지만, 그래, 밥 딜런은 단 3개의 코드로 수많은 명곡을 만들었어. 나도 적어도 3개는 알아.'"

한 곡을 쓴 그녀는 몇 주 후 뉴욕시에서 버스킹을 시작했다. 그 곡을 많은 사람이 좋아해 주었다. "믿기지 않는 일이었어요. 직장을 때려치우고 싱어송라이터가 되어야겠다고 생각했죠." 그녀는 작곡가 레지던시 프로그램에 19번이나 도전했지만 모두 낙방했다. 스무 번째 도전은 미네소타주 뉴욕 밀스의 예술회관 레지던시였다. "문득 지도책을 펼쳤더니 느닷없이 이곳이 눈에 들어오는 거예요." 그녀는 입주를 통보받았다. 북동부 미네소타에 가면 꼭 바운더리 워터스에서 캠핑을 하며 카누를 즐겨야 한다는 이야기를 들은 그녀는 사무국에 연락해 가이드 추천을 요청했다. 그곳에서 만난 가이드 크리스토퍼는 다른 참가자들이 모두 신청을 취소했다고 말하며 그녀에게 물었다. "그래도 가시겠습니까?"

"난 재빨리 머리를 굴려보았죠. 이 남자 혹시 도끼 살인마 아닐까?"

1년 후 두 사람은 결혼했다. 엘리사는 이삿짐을 챙기고 고양이를 차에 태워 아메리카 대륙을 가로질렀다. 중서부 사람으로 새 삶을 시작한 것이다. "어려울 게 없다고 생각했어요. 런던에서 공부했고, 텔아비브에 살아봤고, 가나에서 일한 적도 있으니까요. 문제 될 게 없었죠. 그런데 머지않아 미네소타 시골만큼 따분한 곳이 없다는 걸 깨달았어요. 직장을 옮기고, 친구를 잃고, 새로운 관계를 시작하는 등 가장 어려운 전환을 했는데, 그것도 한꺼번에 했는데 말이에요."

10명 중 4명이 생진을 자초했다고 답변한 것만 봐도, 비선형적 삶이 더 이상 멀리 있지 않고, 눈앞의 현실이라는 점을 알 수 있다. 생애 전환의 대부분은 의지와 무관하게 발생하지만, 우리는 여전히 상황을 스스로 바꾸고 싶어 한다. 개인적-자발적 생진 사례의 상당수(37퍼센트)는 커리어 재설정, 퇴사, 은퇴 등 일과 관련된 것들이었다. 16퍼센트는 결혼과 관련된 경우였다. 나머지 사례는 다양하다. 종교나 지지하는 정당을 바꾸거나, 이사를 하는 경우, 마약 중독에서 회복하거나, 성전환을 하는 경우가 여기에 포함된다.

개인적-자발적 생진의 무려 87퍼센트가 직업, 가족, 가치관, 주거 등 기존의 안정적인 환경을 떠나거나 거부한 사례들이었다. 이 결과는 비선형적 삶을 추구하는 경향이 커질수록 점점 더 많은 이들이 안정적인 상황에 등을 돌리고, 더 위대한 성취에 도전하게 된다는 점을 강력하게 시사한다.

개인적-자발적 생진의 사례를 몇 가지 더 들어보겠다.

- 에릭 헤이니는 애팔래치아산맥의 힐빌리들과 체로키족 전사들로 이루어진 오랜 역사를 지닌 집안 출신이며, 델타포스의 최정예 멤버였다. 그는 이란에서 인질 구조 작전에 투입되었고, 그레나다 침공과 파나마 침공에 투입되었다. 제대 후에는 군 출신들을 모아 보안 회사를 차렸다. 사우디 왕자들, 아이티 대통령, 남미에 인질로 잡힌 석유 재벌들이 그의 고객이었다. 40대 이후 에릭은 소위 "행동가"에서 "문필가"로 변신해 100만 부가 팔린 회고록『델타포스의 비밀Inside Delta Force』을 집필했으며, 그 이후에는 첩보소설들을 발표했다.
- 코코 패피는 어린 시절 자신을 억압한 남부 서배너에서 하루빨리

탈출하고 싶었다. 서배너 사람들은 그녀의 욕설, 보디 아트^{body art}, 자유로운 가치관을 이해하지 못했다. 그녀는 애틀랜타와 맨해튼의 예술학교로 도망치듯 진학했고, 브루클린에서 배고픈 예술가로 지냈다. 그러던 어느 저녁, 남자친구의 어머니가 남부를 폄훼하자, 자신이 고향을 그리워하고 있다는 사실을 깨닫고 귀향했다.

- 레스터 존슨은 민권운동 시대에 남부 중산층 흑인 가톨릭 가정에서 태어났다. 고등학생 시절 이슬람교 선교단체에 매료되었지만, 개종은 거부했다. 그러나 대학교 입학 이후 독실한 수니교 무슬림이 되어 수염을 기르고 식습관을 바꾸었으며, 졸업 후에는 변호사가 되어 사회정의를 위해 노력했다.

"아이고, 집이 다 무너지네"

집단적-비자발적 생진은 세 번째로 큰 범주이지만, 실제로는 프로젝트 참가자의 10퍼센트에 미치지 못하는 인원만이 경험했다.

케이트 호그는 자신의 삶이 선형적이고, 단순하다고 믿었다. 그녀의 부모는 미주리 조플린에서 고등학생 때부터 사귄 커플이었다. 케이트는 여덟 살 때 톰보이 스타일의 축구 선수였지만, 열 살 때는 여러 미인 대회에 참가했다. 목사로서의 소명을 느낀 건 열세 살 때였다. "모태 신앙이라 어릴 때부터 장로교 교회에 다녔는데, 교회에 유소년 사역자 제도가 있었어요. 또래 아이들을 말씀대로 살도록 인도하는 역할이었죠." 사랑을 주제로 처음 설교를 했을 때 케이트는 중학생이었다.

케이트는 미주리 주립 대학에 입학했고, 교목으로 일했다. 개강 첫 주에 미래의 남편을 만나기도 했다. 둘은 그녀가 졸업반이 되면 크리스마스 즈음에 결혼할 계획이었다. 그해 여름에는 집에서 지내며 결혼 준비를 했고, 교회에서 자원봉사도 했다. 5월 22일 일요일 아침, 그녀는 변화에 열려 있는 마음가짐에 대해 설교했다.

그날 오후 부모와 〈해리 포터〉 시리즈를 몰아 보고 있는데, 토네이도 경보가 울렸다. "평소와 다름없이 아빠가 밖에 나가 날씨를 확인했고, 엄마와 나는 좁은 지하실로 내려갔죠. 층고가 1미터도 안 되는 지하실에는 자갈이 깔려 있었고 간이침대와 손전등이 비치되어 있었어요. 와인 창고이기도 했죠. 아버지가 와인을 만들 줄 알았거든요."

그런데 그날은 몇 분도 지나지 않았는데 아버지가 지하실로 들어왔다. "아버지랑 지하실에 같이 있는 건 21년 만에 처음이었어요. 아버지가 양동이 2개를 가져왔길래 엄마가 이유를 물었죠. 머리에 쓰고 있으라더군요."

무서웠지만 케이트는 시키는 대로 했다.

"3분 후부터 전등이 깜빡거리기 시작하더니, 화물열차가 지나가는 것 같은 소리가 들렸어요. 그렇게 큰 굉음은 생전 처음이었죠. 곧 유리들이 깨지기 시작했어요. 아빠가 중얼거렸어요. '아이고, 집이 다 무너지네.' 난 어쩔 줄 모른 채 앉아만 있었어요. '주여, 우리와 함께하소서. 우리를 안전하게 지켜주소서' 하고 기도할 뿐이었죠."

소음이 그칠 때쯤 보일러가 떨어져 출구를 막았다. 천연가스가 쏟아져 들어오고 물이 폭우처럼 쏟아졌다. "그곳에서 죽을까 봐 엄청 겁이 났어요. 안전한 곳이라고 생각해서 들어왔건만. 아버지가 그러더군요. '토네이도가 지나가도 살아남았는데, 이런 식으로 죽을 순 없지.'"

바로 그때 멀리 있는 이웃들이 보였다. "다 우리가 죽은 줄 알았다더라고요. 집이 성냥개비처럼 무너졌으니까요." 케이트의 아버지는 재킷을 PVC 파이프에 묶은 것을 깃발 삼아 흔들었다. "깃발을 발견한 사람은 당시 78세였던 저희 할아버지였어요. 차로 최대한 가까이 온 다음, 우리가 있는 곳으로 달려오셨어요. 아버지가 상황을 설명하고 차고에 연장이 있을 거라고 했어요. 할아버지는 주변을 둘러보더니 이제 아무것도 없다고 대답했죠."

다행히 다른 사람이 가져온 연장이 있어 3시간 후 가족은 그곳에서 탈출했다. 70년 만의 최악의 토네이도에서 살아남은 것이다. 당시 58명이 사망하고 1150명이 다쳤다. 피해액은 28억 달러에 달했다.

그 후 10년간 케이트는 날씨에 강박을 느끼고 악몽을 꾸는 등 PTSD에 시달렸다. 목사 임직 이후 그녀는 강단에서 자신의 경험을 감동적으로 전하며 사람들이 트라우마에 적응하도록 돕기 시작했다. 케이트는 바로 그 일요일 오후에 대해 조금 다른 기억도 갖고 있다. 당시 참상을 둘러보고, 무너져 내린 삶을 받아들이며, 사라져 버린 추억을 더듬어 보는데, 문득 폐허가 된 앞마당에 서 있는 나무 한 그루가 눈에 띄었다. 나뭇가지 하나가 "기적처럼" 옷걸이가 되어 있었다. 그녀의 웨딩드레스가 나뭇가지에 걸린 채 산들바람에 나풀대고 있었다.

사회학자 글렌 엘더는 지난 40년 동안 집필한 영향력 있는 저작들을 통해 대공황, 1980년대의 농업 위기 같은 집단적인 사건이 사람들에게 장기적인 영향을 준다고 주장했다. 그러나 내 데이터로 보면, 이런 유형의 사건들은 사람들의 삶에 더 이상 예전처럼 큰 충격을 주지 못한다. 집단적인 사건의 수가 줄어든 탓도 있겠지만, 자신의 삶이 고유하며 다른 사람들과 똑같은 영향을 받지 않는다고 여기는 경향이 강해졌기 때문이다. 라이프스토리 프로젝트에서 가장 많이 언급된 집단적-비자발적 사건은 9·11 테러이다. 9·11 테러는 직업을 바꾸게 하고 이혼율을 높이는 등 수많은 생진에 큰 영향을 끼쳤다. 언급된 다른 사건으로는 2008년 금융위기, 민권운동, 베트남전, 미투운동 등이 있었다. 공화당 소속 조지아주 주의원 앨런 피크의 경우에는 불륜 웹사이트의 회원 명부가 유출된 사건이었으리라.

다른 집단적-비자발적 생진의 사례를 들어보겠다.

- 독 섀넌은 〈고머 파일 U.S.M.C.〉 시리즈의 주연배우 짐 네이버스의 고향이기도 한 앨라배마의 마을에서 태어났다. 국세청에서 일하다가 징집되어 베트남전에 참전했다. 그는 전쟁터에서 전우 둘이 마약 탓에 동시에 목숨을 잃는 광경을 목격하고 큰 충격을 받았다. 전쟁에서 돌아온 이후에는 국제 마약 단속 요원이 되어 친구들의 복수를 다짐하며 살았다.
- 게일라 파셜은 샌안토니오 소재의 대학을 중퇴하고 동생을 돌보며 잡화상을 열었다. 그러다 1987년 주식시장이 붕괴하며 자산이 증발하자 많은 이들이 절망하는 모습을 보고 게일라도 크게 불안

감을 느꼈다. 그녀는 임상심리학 박사학위를 받기 위해 일을 그만두었다.

- 나오미 클라크는 남성의 몸을 갖고 시애틀에서 태어났지만, 10대 때 일본에서 지내며 여성이 되고 싶다는 생각을 했다. 몇 년간 그런 생각을 억눌렀으나 9·11 테러를 가까이서 목격하고 죽음을 눈앞에서 경험했다. 그녀는 결심했다. 목숨은 하나잖아? 다른 존재로 사느니 차라리 운명을 걸겠어. 얼마 후부터 그녀는 변화를 시작했다.

"일벌레가 따로 없었어요"

집단적-자발적 생진은 가장 비중이 적은 유형이다. 그렇다고 해당 사례가 없는 것은 아니다.

섀넌 와츠는 성인이 된 이후 세 가지 뚜렷한 삶의 단계를 겪었다. 첫 번째 단계는 자기 자신에 대한 전념이었다. 그녀는 뉴욕 북부에서 대학 교육을 받지 못한 어머니와 기업인 아버지 사이에서 태어났다. 정식으로 진단을 받은 것은 아니지만, 학습장애가 있던 섀넌은 다루기 까다로운 학생이었다. "학교생활에 잘 적응하지 못하면서도 야심이 있었고 경쟁심도 컸죠. 워터게이트 사건을 계기로 기자가 되겠다고 결심했죠."

섀넌은 미주리 대학교에서 언론학을 공부하고 스물세 살에 남편과 눈이 맞아 서른 살에 세 아이의 엄마가 되었다. 기업에서는 홍보 분야 중역을 맡아 열정적으로 일했다. "제가 전형적인 알파형 인간이

거든요. 위기관리가 주 업무였던 탓에 9시 출근, 5시 퇴근은커녕 주말
도 없이 항상 비상대기조였죠. 일벌레가 따로 없었어요. 능력이 있었
고 경제적으로 넉넉했지만, 글쎄요, 어딘가 허전하더군요.”

결혼 생활도 마찬가지였다. 자발적-개인적 생진의 대표적인 사
례들처럼, 그녀도 30대 중반에 2년 간격으로 회사를 때려치우고, 남
편과 이혼하고, 집에 머물며 엄마 노릇을 했다. 2년 후에는 재혼을 하
면서 양녀 둘이 더 생겼다. 온전히 가족에 헌신하던 시절이지만 하루
하루가 전쟁이었다. 그녀는 애정이 넘쳤다. 다소 극성스러운 엄마이
자, 사랑스러운 내조자였으며, 열정적이지만 살짝 불만에 찬 봉사자
였다. “완전히 역할이 바뀐 거예요. 예전에는 내가 돈을 벌었죠. 모든
일을 다 잘해내려 애썼지만, 눈물을 많이 쏟아야 했어요. 사실 어떻게
살아야 할지 난감하던 시절이었죠.”

그러던 중 샌디훅 초등학교의 총기 난사 사건이 일어났다. 28명
이 죽고 2명이 다친 미국 역사상 최악의 초등학교 총격 사건이었다.

“정말 끔찍하고 심란한 뉴스였지만, 난 그저 슬프고 망연자실할
뿐이었어요. (정말 못하기는 했지만) 예전에 요가 코치 양성 과정에 다
니던 때였어요. 부엌에서 남편과 양녀에게 아무래도 페이스북에 총기
규제를 촉구하는 페이지를 열어야겠다고 말했죠. 남편이 진심인지 묻
더라고요. 어떤 일이 일어날지 예감했던 거예요.”

남편의 예감이 맞았다. “잠자리에 들 때쯤, 온라인에서 내 정보를
본 사람들로부터 협박성 메시지와 전화가 오기 시작했죠. 하지만 진
심으로 분노한 여성들의 전화도 적지 않았어요. ‘이봐요, 우리 정말

열심히 싸워봅시다' 하고 말해주더군요."

새넌은 총기 규제 법안 촉구 어머니 모임을 만들었다. 몇 년 후, 모임은 자원봉사자 500만 명, 후원자 35만 명의 대규모 단체로 성장했다. 새넌이 일에서 가족으로 삶의 중심을 바꾸고, 다시 사회운동을 시작하는 데까지 채 10년이 걸리지 않았다. 그녀는 금세 전국에서 제일 유명한 총기 규제론자가 되었으며 덕분에 명성과 영향력도 커졌다. 동시에 악랄한 독설을 들어야 했고, 여러 가족 행사를 빼먹으며 맘고생도 했다. 그녀는 일벌레에서 "활동가이자 독한 여성"으로 변신했다.

전체 사례에서 자발적-집단적 생진의 비율(5퍼센트)이 적다는 사실로 보아, 오늘날 사람들은 거대한 사회적 서사의 일부가 되려고 하기보다는 자신의 라이프스토리에 집중한다는 점을 알 수 있다. "흑인의 목숨도 소중하다Black Lives Matter", 여성의 사회진출을 독려하는 "린인Lean in 운동", 종교 간 대화, 티파티Tea Party 운동 등의 사례에서 알 수 있듯, 여전히 대의를 중시하기도 하지만 이 운동들은 거대한 지각변동보다는 일상적 균열에 가깝다. 좋든 나쁘든, 우리는 이야기 대부분이 우리가 아니라 나로 시작하는 시대에 살고 있다.

자발적-집단적 생진의 사례를 더 들어보겠다.

- 앤 이미그는 뮤지컬배우로서 실패한 이후 위스콘신주 매디슨에서 전업주부로 지내며 엄마 블로거 운동의 초기 지도자가 되었다. 여성들이 더 목소리를 낼 수 있도록 "엄마 말 들으렴Listen to Your Mother" 캠페인을 시작해 큰 관심을 이끌어 냈다. 전국의 어머니들

이 무대에서 자신들의 인생 경험을 공유하는 캠페인이었다.

- 다완 윌리엄스는 아버지 없이 필라델피아 길거리에서 자랐다. 열여섯 살에 처음 체포되었고, 스물두 살엔 무장 강도 가해자로 수감되었다. 그때 이미 세 자녀의 아버지였던 그는 "아빠와 자녀가 함께Fathers and Children Together"라는 이름의, 수감자를 위한 그룹 치료 프로그램에 자발적으로 등록했다. 이를 통해 완전히 다른 사람이 된 그는 형기를 마친 후 그 프로그램을 관장하는 단체에서 근무했다.

- 컬럼비아에서 태어난 애덤 포스는 성폭행 피해자의 아들이었다. 후에 매사추세츠에서 검사가 되었으나 검찰에서 어린 아프리카계 미국인 피의자들을 다루는 방식에 놀라 사직하고 형법 제도 개혁을 위한 시민운동에 가담했다. 가수 존 레전드의 추천으로 "미국을 자유롭게Let's Free America" 캠페인에 합류한 이후, TED 연사가 되었고, 출판계약을 했으며, 4명의 미국 대통령을 만났다.

균열은 어떻게 지진이 되는가

그 내용을 어떻게 분류하든 간에, 삶의 균열과 생진이 우리 전 생애를 재구성하는 사건, 일화, 순간 등을 의미한다는 것만은 분명하다. 그러나 평생 30~40번의 균열을 경험하면서, 왜 생진은 고작 3~5번 겪는 것일까? 일상적인 균열이 삶을 재구성할 정도의 생진이 되는 이유는 무엇일까? 나는 세 가지 공통점을 발견했다.

첫 번째는 타이밍이다. 하필 유난히 취약해지고 지치고 좌절할 때 균열을 경험할 수 있다. 이럴 때는 작은 불씨도 큰 불길이 되고는 한다. 드웨인 헤이스는 고등학생 때 만난 여자친구와 결혼하고 디트로이트에서 성범죄자들의 교화를 돕고 있었다. 그러나 승진에 실패하자 화가 치민 나머지 아내를 속이고 결혼을 파탄으로 몰아넣었다. 리민츠는 불행을 외면하기 위해 몇 년간 다이어트와 요요를 거듭했다. 그러다 갑작스러운 건강 공포증 덕분에 마침내 30킬로그램을 감량하는 데 성공했다. 이를 계기로 이혼할 용기를 얻었고, 직업을 바꾸었으며, 재혼을 했다. 켈리 밀하임은 첫아이를 낳을 때만 해도 별다른 변화를 겪지 않았다. 현실에 적응하면서 정보 분석가로서의 업무에 충실했다. 그런데 둘째 임신을 시도하면서 3번의 유산을 겪었다. 어느 날 아침, 그녀는 CIA 주차장에서 울음이 터졌다. "그런 생각이 들더군요. 오, 주여, 더 이상 못 하겠습니다. 나를 당신께 맡기옵니다." 켈리는 성경 공부 모임에 합류했고, 임신에 성공했으며, 직장을 그만두고 열정을 좇아 구조견 훈련을 시작했다.

생진을 일으키는 균열은 여러 균열 끝에 마지막으로 찾아온다는 것이 두 번째 공통점이다. 데버러 코파켄은 가족의 경제적 위기에 주눅 들어 있었다. 한동안은 남편과 험악한 말이 오가기도 했다. 그 와중에 끔찍한 복통이 느껴졌다. 맹장 수술을 받아야 하는 상황이었다. 도와달라는 전화를 받은 동료들은 병원에 데려다줄 사람이 없는지 물었다. 없다고 대답하자 "남편은?" 하고 다시 물어보았다. 그녀는 남편에게는 전화해야겠다는 생각조차 들지 않았다고 말했다. 두 사람은 이듬해 이혼했다. 리처드 사르바테는 스탠딩 코미디언이 되고 싶다는 꿈을 수년간 억누르고 살았다. 대신 보이스메일 회사에서 적성에 맞지 않는 일을 하며 지냈다. 엄한 인도계 아버지의 강요 때문이었다. 그러다 푸에르토리코에서 해류에 휘말려 거의 익사할 뻔하면서, 무대에 서보지도 못하고 죽을 수는 없다고 생각했다. 바로 다음 주에 그는 처음으로 마이크 앞에 섰다. 그의 오프닝 농담은 "오, 간디가 복싱 코치였다면 믿을 수 있겠습니까?"였다. 그는 이듬해 할리우드에 진출했다.

생진이 되는 균열의 세 번째 공통점은 예상 밖이었다. 균열에는 연달아 발생하는 경향이 있었다. 혼란스러운 사건들이 한꺼번에 몰아치면서 훨씬 더 큰 혼란으로 발전하는 것이다. 예를 들어, 해고를 당하자마자 장모가 암에 걸리거나, 신앙이 흔들리는 순간에 차가 완파되고 딸이 거식증에 걸리는 식이다. 생진이 되는 균열의 이런 특성을 어떻게 불러야 할지 몰랐지만, 어느 날 오래된 영화 장면을 보면서 고민이 해결되었다. 자동차가 다른 자동차를 박고 또 다른 차, 다른 차가 연속으로 그 참상에 뛰어드는 장면이었다. 그래, 바로 저런 느낌이야! 난 무릎을 쳤다.

바로 연쇄추돌이다.

아버지가 죽자 에이미 커닝햄은 슬픔을 이겨내지 못해 기자를 그만두고 장의사가 되었다. 영화 속 장면처럼 2중 추돌이었던 셈이다. 잔 보이어와 아내는 툭하면 부부 싸움을 했다. 10대 딸의 마약과 알코올 중독을 두고 서로 의견이 달랐던 탓이다. 결국에는 그것 때문에 결혼 생활도 끝이 났다. 헨리 페리스는 살면서 2중 추돌을 2번 겪었다. 신장이식이 필요하다는 진단을 받았던 20대 때 아내가 쌍둥이를 임신했다. 50대에는 출판사에서 해고를 당했는데 바로 얼마 후 아내가 다른 남자를 따라 그를 떠났다.

3중 추돌도 있다. 앰버 알렉산더는 자동차 사고로 남자친구를 잃고 뇌졸중으로 할아버지를, 그리고 약물 과다복용으로 이모를 잃었다. 불과 6개월 동안의 일이었다. 아이비 울프 터크는 심장마비를 일으킨 아버지를 간호하고 실의에 빠진 어머니까지 돌봐야 했다. 모처럼 집에 돌아갔을 때, 그녀는 남편이 미친 듯이 가산을 탕진했다는 사실을 알게 되었다. 뉴욕에서 만화를 그리던 40대 후반, 밥 홀은 아내와 파경에 이르렀다. 그 무렵 그는 고향 네브래스카에 돌아갔다가 자신이 입양아였다는 사실을 알게 되었다.

4중 혹은 그 이상의 추돌도 가능하다. 오리건주에 있는 호스피스의 채플린chaplain[병원·군대 등에 소속된 종교인]인 칼리카 바키는 갱년기로 고생하다 남편과 이혼한 후, 다시 학교에 들어가 새로운 일을 시작했다. 모두 불과 몇 년 사이에 벌어진 일이다. 버지니아의 젊은 목사에릭 스미스는 어머니의 장례식과 아버지의 장례식에서 자신이 직접 설교했으며, 그 후 교회를 떠나 특수교사가 되었지만, 자살 충동과 진통제 중독에 시달리며 몸무게가 30킬로그램이나 빠졌다. 모두 2년 사이의 일이었다.

물론 생진이 이렇게 연쇄추돌로 발생하는 것이 어느 정도는 우연일 것이다. 이 사례들에서 병원 진단, 가까운 이의 죽음, 토네이도 같은 자연재해는 우연히 가장 취약한 순간에 발생했지만, 사실 여기에는 더 많은 요소가 관련되어 있다. 마치 우리의 면역체계에 일단 한

번 구멍이 뚫리면 3번, 4번으로 이어지며 감기에 걸리는 것과 같다.

때로는 당사자가 연쇄추돌을 자초하기도 한다. 윌 다나는 사랑도 섹스도 없는 결혼 생활을 12년 동안 이어가던 중에 《롤링 스톤》의 편집장직을 잃었다. 버지니아 대학교의 강간 사건을 다룬 기사가 잘못된 것으로 밝혀졌기 때문이다. 한 달 후, 그는 어느 협회에서 한 여성을 만나 그의 표현대로 "광적인 사랑"을 했다. "차라리 한 번에 다 터뜨려 버릴까? 하고 생각했죠." 그는 마침내 결혼 생활을 끝냈고, 그를 원망하던 10대 아들과 소원해지는 아픔을 겪었다.

생진은 파급력이 크고, 소란스러우며, 때로는 참혹하기까지 하다. 대부분 곤란할 때 들이닥쳐 상황을 더 어렵게 만든다. 연쇄적으로 발생하기도 한다. 그러나 동시에 아주 특별한 일을 하기도 한다. 자아를 성찰하고 삶을 재평가하는 시간을 갖게 하는 것이다. 생진은 일련의 반향을 일으켜 자신의 진정한 정체성을 돌아보게 한다. 깊이 생각해 보지 못한 질문을 남기기도 한다. 이런 시련에 도대체 어떤 의미가 있으며, 또 내 라이프스토리에는 어떤 영향을 미치는 걸까?

4장

의미의 ABC

당신의 삶은 어떤 형상인가

선형적 삶이 약속하는 것이 규칙성이라면, 비선형적 삶의 핵심은 불규칙성이다. 예정된 생애사건을 시계처럼 규칙적으로 통과하는 게 아니라, 쾅!, 앰퍼샌드, 느낌표, 악마의 커브볼, 행운 등 각양각색으로 표현하는, 우리 삶에 일어날 수 있는 모든 우회와 반전에 융단폭격처럼 두들겨 맞아야 때문이다.

변덕스러운 삶의 부작용으로는 앞으로 좋은 일이 생길지 나쁜 일이 생길지 알 수 없다는 불안감, 예측 불가능성, 두려움 등이 있다. 이

상황이 끝나면 난 어떻게 될까? 왜 이렇게 불안하지? 이제 어떻게 하면 좋지? 요컨대, 이 모든 격변이 일종의 실존적 불안을 낳는 것이다.

오늘날 이런 상황에 빠지면 우리는 일, 술, 포르노, 대마초, 기도, 명상, 요리, 운동 등 온갖 해결책을 동원한다. 이런 방법들이 일시적으로 성공할 수도 있다. 그러나 궁극적으로 실존적 위기는 실존적 해결을 요구한다. 어떤 식으로든 다음과 같은 삶의 궁극적 질문들에 대답해야 한다는 뜻이다. 어떤 사람이 되고 싶은가? 어떤 삶의 이야기를 들려주고 싶은가? 내 삶에 의미 있는 것은 무엇인가?

다행히 이 질문들의 답을 찾는 데 도움이 될 만한 정보가 늘고 있다. 한 세기에 걸쳐 현대적 사고의 핵심을 관통하는 의미를 탐구한 여러 연구 덕분에 우리 삶에 가장 중요한 문제를 어떻게 정의할지 점차 분명해졌다. 서사적 정체성이 현대 정신분석학의 핵심으로 자리 잡은 지 벌써 한 세대가 지나면서, 건강한 삶을 영위하기 위해 모든 사람에게 자신만의 자전적 서사가 있다는 것, 심지어 여러 버전의 이야기가 있다는 것이 밝혀졌다.

라이프스토리 프로젝트의 인터뷰를 살펴보면, 비선형적 삶에 대한 상반된 생각 사이에 그동안 간과되었던 연관성이 있음을 알 수 있다. 여러 버전의 자전적 서사와 다양한 삶의 의미 사이에는 생각보다 훨씬 뚜렷한 연관성이 있다. 삶의 의미를 구성하는 요소들과 다양한 줄거리는, 삶의 양상을 포착하는 형상이라는 오랜 세월에 걸쳐 널리 퍼진 개념과도 연관되어 있다. 우리는 어떤 대상에 의미를 부여하는가. 특정한 시기에 개인사의 어떤 면을 강조하는가. 그리고 정체성의 핵심을 어떻게 시각적으로 드러낼 것인가. 이 질문들 사이의 연관성을 이해하는 것이야말로 라이프스토리 프로젝트의 가장 어렵지만 동시에 흥미로운 과제였다.

이 장에서는 그 결과물을 공개할 것이다.

증오 이후의 삶

비전통적인 삶의 형상을 지닌 사람부터 살펴보자.

크리스천 피콜리니는 이탈리아계 이민자 가정 출신으로, 그의 부모님은 1960년대 중반 시카고로 이주해 미용실을 열어 힘겹게 살았다. "우리 가족은 툭하면 차별을 당했어요." 크리스천은 교외의 조부모님 집에서 살았는데 그곳에서도 이방인 신세였다. "난 벽장 안에 죽치고 앉아 창밖으로 아이들이 자전거 타는 모습을 훔쳐보았죠. 함께 놀면 좋겠다고 부러워하면서 말이에요. 열세 살까지는 그렇게 외롭게 살았어요."

열네 살 때, 크리스천이 복도에 서서 대마초를 피우는데, 68년형 파이어버드가 먼지를 날리며 다가왔다. "차가 내 앞에 급정거하더니, 삭발한 남자가 문을 열고 나왔어요. 부츠를 신고 있었죠. 그가 내 입에서 대마초를 빼내더니 머리를 한 대 갈기더라고요. '빨갱이와 유대인이나 그런 짓을 하는 거야.'"

"아직 어릴 때라 빨갱이와 유대인이 뭔지도 몰랐죠. 그가 그러더군요. '넌 이탈리아 사람이야. 네 조상은 위대한 전사, 사상가, 예술가들이었지. 자부심을 느껴야 한다.' 문득 그 남자처럼 되고 싶었어요. 내가 평생 찾던 것을 가진 사람 같았거든요. 공동체 말입니다."

남자는 스물여섯 살의 클라크 마텔이었다. 시카고 지역 스킨헤드 조직의 창설자이자, 미국 네오나치 그룹의 리더들 가운데 한 명이었다. 크리스천은 곧바로 열성당원이 되었다. 머리부터 발끝까지 스와스티카와 나치 독수리 문신을 하고, 흑인과 유대인 린치에도 가담했다. 밴드를 구성해 "홀로코스트는 졸라 거짓말이지. 유대인 600만 명을 어떻게 죽이냐?" 같은 역겨운 가사를 쓰기도 했다.

"평생 처음으로 목표가 생긴 거예요. 세상을 구하는 일인 줄 알았죠. 생각이 다른 사람은 모두 멍청이라고 생각했어요. 난 그 멍청이들의 몫까지 어깨에 짊어져야 했고요."

2년 후 마텔이 교도소에 갇히면서 크리스천은 미국 네오나치의 지도자가 되었다. 미니애폴리스, 샌프란시스코 등지에 새로 지부를 차리기도 했다. 외모가 듬직하고 조직원 모집 수완이 뛰어난 덕에, 스킨헤드의 대표 주자로 전 세계에 알려졌고, 열일곱 살에는 CNN에 보도되었다.

열아홉 살에는 독일로 건너가 4000명의 스킨헤드 앞에서 공연을 했다. 그 후 그들은 폭동을 일으켰다. "그 순간 내 가사가 어떤 결과를 낳는지 깨닫기 시작했어요. 그 전까지는 세상에 내놓은 생각들에 얼마나 책임을 져야 하는지 한 번도 생각해 본 적이 없었거든요."

시카고에 돌아왔을 때 10대 흑인 몇 명이 그의 단골 맥도날드에 들어왔다. "난 화가 나서 말했죠. 여긴 내 구역이니까 네놈들은 여기 있을 권리가 없다고.” 크리스천 패거리는 아이들을 밖으로 내쫓았다. 그 순간 그중 한 명이 총을 꺼내 방아쇠를 당겼다. 불발이었다. “엄청 패줬죠. 얼굴을 발로 걷어차 퉁퉁 붓고 피범벅이 되게 만들었죠. 아이가 한쪽 눈을 떠서 나와 눈이 마주쳤는데, 문득 그런 생각이 들더군요. 내 형이 이런 꼴을 당할 수도 있겠구나. 어머니나 아버지도. 처음으로 동정심을 느낀 겁니다.”

크리스천은 레코드점을 운영했다. 백인 우월주의 음악에 특화되어 있었지만, 힙합이나 펑크 앨범도 팔았다. “흑인이거나 유대인이거나 게이인 사람들이 오기 시작했어요. 처음에는 싫었지만, 돈은 내니까 참았죠. 그 사람들이 계속 가게에 오면서 점점 더 깊고 사적인 대화를 나누게 되었죠.”

또한 그는 사랑에 빠졌다. “여자친구가 내 일을 싫어했어요. 난 제발 데이트 한 번만 해달라고 애원해야 했죠.” 둘은 결혼해서 아이를 낳았다. “분만실에서 처음으로 내 아들을 안는데 어찌나 순수하던지요. 얼마든지 세뇌당할 수 있겠더군요. 어쩌면 나도 그렇지 않았을까 싶었어요. 갑자기 내게 새로운 정체성, 새로운 공동체, 새로운 목표가 생긴 겁니다.”

크리스천은 조직에서 손을 떼기 시작했다. 레코드점을 닫고 둘째 아들을 낳았지만, 크리스천이 우유부단하다고 생각한 아내는 아이들을 데리고 그를 떠났다. 조직에 들어가고 완전히 빠져나오는 데까지는 7년이 걸렸다. 그사이에 그는 생계와 가족, 공동체를 잃었다. 그 후 5년 동안은 완전히 절망에 빠져 있었다. 매일 폭음을 했고 코카인도

했다. 아이들을 만나는 날이 아니면 집 밖으로 나서지도 않았다.

그러던 끝에 친구가 그에게 IBM의 기술지원팀에 지원해 볼 것을 권했다. 인터넷이 없던 시절이라 정체를 숨기기 어렵지 않았고 다행히 취업에 성공했다. IBM에서의 첫 업무는 과거에 두 차례나 쫓겨났던 고등학교에 컴퓨터를 설치하는 일이었다. 두 번째로 쫓겨났을 때는 흑인 경비원을 폭행했다가 수갑까지 찬 채로 끌려 나왔고, 접근금지 명령도 받았었다. 업무차 그 학교에 간 첫날, 크리스천은 그때 그 흑인 경비원, 홈스 씨를 알아보았다. 크리스천은 주차장까지 따라가 그의 어깨를 두드렸다.

"그가 돌아보더니, 겁에 질려 뒷걸음질하더군요. 그 순간 머릿속에 떠오른 말은 '미안합니다'뿐이었어요. 우린 대화를 나누었죠. 말문이 열려, 지난 5년간 어떤 일을 겪었는지 이야기해 주었어요. 그가 나를 안아주더군요. 그러고는 나를 용서할 테니 나도 나 자신을 용서해야 한다고 했어요. 내 이야기를 사람들에게 들려주라는 말도 했죠."

크리스천은 IBM 매출 10억 달러 중 2억 5000만 달러를 창출하는 성과를 올렸다. 결혼은 직장 상사와 했다. 자신의 과거에 대해 강연하기 시작했고, 증오 이후의 삶Life After Hate이라는 협회를 설립하는 데 일조했다. 백인 우월주의자부터 이슬람 근본주의자에 이르기까지 과격주의자들이 폭력에서 벗어나도록 도왔다. "공감이 우선이죠. 다들 기댈 만한 공동체를 찾아 헤매다가 웅덩이에 빠지고 마는 겁니다. 그 웅덩이는 트라우마이거나 버림받았다는 상처일 수 있습니다. 예컨대, 아버지가 자살한 걸 목격했을 수도 있겠죠. 삶이 비참한데 기댈 만한 곳이 없는 겁니다. 아주 나쁜 집단에 의지하는 이유도 그래서죠. 내 일은 그 웅덩이를 채워주는 겁니다. 제 좌우명은 '아이들은 괴물이 아니다'입니다."

오랜 세월이 지났지만, 그는 여전히 창밖을 내다보며 사랑을 갈구하던 상처받은 소년이었다. 깊은 유대에 대한 갈망이 바로 그의 정체성이었다. 삶을 어떤 형상으로 표현할지 묻자 크리스천은 그릇을 선택했다.

"그릇은 사람들이 마음을 쏟아내는 공간이에요. 그릇에 생각을 채우고 분노를 채우고 꿈을 채우죠. 어렸을 때 할아버지 벽장에 숨어 그렇게나 갈구하던 공간이며, 오늘날 내가 사람들에게 주려는 공간이기도 합니다. 그곳에서 사람들을 품어주고 소속감을 느끼도록 돕고 싶어요."

의미운동

현대 의미운동The Meaning Movement 의 선구자 빅터 프랭클이 오스트리아 빈의 체르닌가 6번지에 살던 1909년 당시의 나이는 네 살이었다. 체르닌가 6번지는 요한 슈트라우스가 〈아름답고 푸른 도나우〉를 작곡했던 동네이기도 하다. 어느 날 잠을 자려던 프랭클은 생각에 잠겼다. 나도 결국에는 죽겠지? "그때부터 지금까지 평생을 불안해했던 건 죽음에 대한 공포가 아닙니다. 그보다 삶이 덧없다면 그 의미도 덧없어지는 것이 아닐까 불안했죠."

"어떤 점에서 죽음은 삶을 가치 있게 만든다"라는 생각이 그의 삶을 이끌었다. 100년 후엔 수천만 명의 삶이 그에게 영향받았다.

오스트리아 빈은 의미의 고향이다. 프로이트는 그곳에서 심리치료를 탄생시켰고, 히틀러는 10대 때 그곳으로 이사했다. 프랭클도 그곳에서 자라며 혁명의 불을 지폈다. 그는 열여섯 살에 처음으로 "삶의 의미에 대하여"라는 제목으로 강연을 했다. 스물여덟 살에는 이른바 "제3의 빈 심리학파"를 창시했다. 그의 핵심적인 사상은 다음과 같다. 삶의 의미를 질문해서는 안 된다. 우리 자신이 질문에 답해야 하는 존재이기 때문이다. 우리 각자에게는 스스로 삶의 이유를 찾아야 하는 책임이 있다.

충만한 삶을 산다는 것은 어떤 의미인가? 프랭클은 수 세기 동안 이어져 온 이 질문을 여러모로 검토한 마지막 주자였다. 아리스토텔레스는 쾌락주의hedonism(즐거움의 추구)와 행복eudaemonia(존엄성, 진정성, 그리고 삶의 의미에 대한 탐구) 사이의 긴장을 묘사했다. 프랭클은 의미를 추구하는 것이 인간에게 핵심적인 동기부여이자 생존의 열쇠가 된다는 사상을 이끈 선구자였다.

1941년, 프랭클이 자신의 사상이 담긴 책의 집필을 마무리할 무렵 나치는 최종 해결책, 즉 조직적인 유대인 학살에 착수했다. 프랭클은 의사 자격 덕분에 미국으로 도피할 수 있었지만 부모를 남겨둔다는 생각에 괴로워했다. 비자를 받고 돌아가는 길에 프랭클은 외투에 달린 다윗의 별을 감추고 성당에 들어가 신의 계시를 구했다. 집에 돌아가자 아버지가 눈물을 흘리며 부엌 식탁 위에 놓인 대리석 조각을 바라보고 있었다.

"이게 뭐죠?" 프랭클이 물었다.

"나치가 오늘 우리 교회당을 불태웠구나." 대리석은 그러니까 제단 위에 있던 십계명 비석의 마지막 잔해였다. "이 조각이 어느 계명이었는지 알겠구나. 그 계명만 이 글자들을 사용하니까." 아버지가 말했다.

"어떤 계명이죠?" 프랭클이 물었다.

"네 부모를 공경하라." 아버지가 대답했다.

프랭클은 그 자리에서 비자를 찢어버렸다. 이듬해, 프랭클과 가족은 나치 강제 수용소로 끌려갔다. 그곳에서 아버지는 프랭클의 품에 안겨 숨을 거두었다. 프랭클과 그의 아내와 어머니는 2년 후 아우슈비츠로 보내졌다. 아내와 어머니는 가스실에서 사망했다. 프랭클은 한 침대에서 10명씩 함께 잠을 자고 빵 부스러기만 배급받으며 강제 노역에 시달렸다. 프랭클은 밤중에 악몽 꾸는 사람을 봐도 깨우지 않았다. "악몽이 아무리 끔찍한들, 이곳 수용소만 하겠는가."

프랭클은 자신이 생존할 수 있었던 것은 오로지 삶의 의미에 전념한 덕분이라고 말한다. 프랭클은 재킷 안쪽에 자신이 집필한 책의 하나뿐인 원고를 숨겨놓았지만, 발각되어 파기당했다. 밤이면 그는 책의 문장들을 다시 떠올리는 데 몰두했다. 1945년, 수용소에서 해방된 이후 그는 책상에 앉아 수용소에서의 경험을 쓰기 시작했다. 집필에는 9일이 걸렸다. 처음에는 익명으로 발표할 생각이었으나, 친구들의 성화에 못 이겨 이름을 밝히기로 했다.

『죽음의 수용소에서Man's Search for Meaning』는 1946년 출간 직후 지난 세기 최고의 책이 되었고, 200만 부 이상 판매되었다. 이 책에서 프랭클이 전달한 메시지는 아무리 암담한 상황일지라도 인간은 희망을 찾을 수 있다는 것이었다. "배움을 위해 고통받을 필요는 없지만, 고통에서 배우는 바가 없다면 우리 삶은 의미를 잃을 것이다." 더 나은 상황을 상상하고 계속 살아야 할 의미를 찾아내는 것이 관건이다. 그는 니체를 인용하며 말했다. "계속 살아야 할 이유만 있다면, 어떻게든 살아남는다."

프랭클의 책은 히로시마 원폭 투하와 홀로코스트로 폐허가 되어버린 세상에 나왔다. 허무주의가 전염병처럼 만연하던 시대였다. 프랭클은 이를 "금세기의 아픔"이라 불렀으며, 카를 융은 "질병"이라고 표현했다. 융은 말했다. "무의미는 삶의 충만함을 저해한다. 반면 의미는 어떤 고통도 견딜 수 있게 해준다. 의미가 있다면 못 이길 고통은 없다."

폐허 위에서 시작된 의미운동은 오늘날 철학, 심리학, 신경과학 분야까지 확장되었다. 허무주의의 징후가 소외감과 공허함이라면, 그 치료제는 성취감과 개인적 차원의 의미 부여이다. 심리학자 제롬 브루너는 "인간 심리학의 핵심은 의미"라고 말했다. 자신만의 의미를 만드는 것은 모든 개인에게 중대한 과제이며, 이 과정에 정해진 공식은 없다.

물론 지침은 있다. 75년간의 고민과 연구가 덕분에 충만한 삶의 의미에 대한 논의의 토대가 잘 마련되어 있다. 라이프스토리 프로젝트는 분류 작업을 통해 삶의 의미에 대한 여러 사상과 인터뷰에서 가장 빈번하게 사용된 단어, 구문, 표현 들을 교차로 참조하였으며, 그 결과를 참가자 각각이 선택한 삶의 주제와 비교하였다.

그 결과 균형 잡힌 삶을 사는 데 필요한 세 가지 핵심 요소를 정의할 수 있었다. 세 가지 핵심 요소를 의미의 ABC라고 부르고자 한다. 먼저 A는 주체성^{agency}으로서 자율, 자유, 창의성, 장악력 등 당신이 자신의 주변 세계에 영향을 미칠 수 있다는 믿음을 의미한다. B는 소속감^{belonging}으로서 인간관계, 공동체, 친구, 가족 등 당신을 챙겨주는 주변 사람들을 의미한다. C는 대의^{cause}로서 소명 의식, 사명감, 삶의 방향과 목적 등 자신의 한계를 뛰어넘어 삶을 가치 있게 만드는 전념을 의미한다.

이 세 가지 핵심 요인은 물론 그 자체로 충분히 영향력이 크지만, 그렇다고 이것들이 조화롭고 충만하고 즐거운 삶을 위한 유일한 조건이라 할 수는 없다. 의미의 ABC는 다른 삶의 요소들, 즉 서사적 정체성의 세 가지 유형과 상응한다. 첫 번째 유형인 나 이야기는 나 자신이 주인공이자 행위자, 창작자가 되는 이야기이다. 두 번째 유형인 우리 이야기 속에서 개인은 공동체, 가족, 팀의 일원이 되어 자신이 필요한 존재라는 느낌을 받는다. 세 번째 유형은 너 이야기이다. 그 이야기 속에서 개인은 이상, 신앙, 대의를 위해 일하며, 더 나아가 타인에게 헌신함으로써 보다 큰 존재의 일원이라는 느낌을 받는다.

우리는 내면에 의미의 ABC와 세 가지 서사적 정체성을 모두 지니고 있다. 게다가 우리는 생애사건을 만날 때마다 이들 요소에 점점 더 무거운 의미를 부여하게 된다. 그런 점에서 우리는 마치 정의의 여신과도 같다. 다만 저울이 둘이 아니라 셋일 뿐이다. 의미의 원천이 균형을 이룰 때 우리 삶도 균형을 이룬다. 이것들이 균형을 잃으면 우리의 삶도 휘청거리고 만다.

하나 더 알게 된 점은 개인에 따라 특정 요소를 다른 요소보다 우선시하는 경향이 있다는 것이다. 저마다 의미의 본거지, 즉 심리학에서 말하는 소위 "핵심 개념core construct"을 정해두고 있다는 뜻이다. 주체성을 우선시하는 사람이 있고, 각각 소속감과 대의를 우선시하는 사람도 있다. 물론 두 번째, 세 번째로 중요시하는 가치도 사람마다 다르다. 예컨대, 나의 우선순위는 ABC순(주체성-소속감-대의)이지만 아내의 경우에는 CAB순이다.

의미의 원천을 이해하고 시각화하는 방법은 하나 더 있다. 라이프스토리 인터뷰의 마지막 질문은 이와 관계된 것이었다.

삶의 형상

카오스 이론의 눈여겨볼 만한 특징은 연구자들이 세상이 돌아가는 이치를 설명하기 위해 끊임없이 형상을 논한다는 것이다. 그들은 질서 속에서 혼돈을 찾고 혼돈 속에서 질서를 발견한다. 난류는 복잡한 물결과 소용돌이를 일으킨다. 구름은 떠다니며 새털구름도 되고 뭉게구름도 된다. 국경선을 높은 곳에서 내려다보면 지도의 외곽선과 비슷하게 보이지만, 가까이에서 보면 온갖 요철과 굴곡, 크고 작은 만이 끊임없이 이어진다. 카오스 이론에서는 프랙털fractal, 간헐성intermittency, 접힌 수건 미분동형사상folded-towel diffeomorphism, 매끄러운 국수 사상smooth noodle map, 이상한 끌개strange attractor, 굽힘 곡선bend curve, 나선형 소용돌이spiral vortex, 메타떨림metawobble, 주정뱅이의 산책drunkard's walk 등 형상을 나타내는 새로운 용어들을 만듦으로써 이런 현상을 설명했다.

사람들에게 삶을 가장 잘 나타내는 형상이 무엇인지 묻기 시작한 계기도 과학에서 사용하는 여러 형상에 매료되었기 때문이다. 나는 프로젝트 초반에 집, 나무 톱, 하트 모양, 노을, 굽잇길, 브루클린 다리, 나선형, 순환형 등 다양한 대답을 들으며 감동했다. 심지어 카오스 이론 연구자였던 유튜버 브라이언 웩트가 선택한 삶의 형상은 칼라비-야우 다양체Calabi-Yau manifold였다. 삶의 형상에 대한 질문이 의미 없는 게임처럼 느껴지던 시기도 있었다.

그럼에도 그 질문을 계속했던 이유는 대답 자체가 생생할 뿐만 아니라 그 이유를 설명하는 방식이 의미심장했기 때문이다. 사람들은 치열하게 설명했으며 그들의 삶의 형상에는 스스로에 대한 근본적인 인식이 드러났다. 주식 차트, 하트 모양 혹은 십자가에 달린 예수 같은 대답들은 그 사람의 삶에서 무엇이 중요한지 강하게 암시한다.

삶의 형상이 구체적으로 무엇을 암시하는지 알아보자. 내가 가장 원치 않는 일은 사람들을 과거의 속박에서 구원하는 척 새로운 속박에 몰아넣는 것이다. 과거에는 지배적이었던 삶의 형상(순환형, 계단형, 쏜살같은 시간 등)이 시대에 뒤떨어졌다면, 무엇으로 저 형상들을 대체

할 것인지 고민해야 한다. 삶의 형상은 사람들에게 가장 중요한 가치가 무엇인지 보여주는 열쇠이기 때문이다.

근본적으로 삶의 형상은 세 가지 범주로 나뉜다. 첫 번째 범주는 삶의 궤적을 반영한다. 이 범주에서는 삶이 시간을 통과하며 개인의 성공과 실패에 따라 오르내리는 과정이라고 여긴다. 가장 보편적인 범주로서 과거에는 나 역시 이 범주를 선택했을 것이다. 대표적인 형상으로 강, 굽잇길, 지그재그, 산맥 등이 있다. 선형적인 특성 때문에 나는 이 범주를 "선형"이라고 부른다.

선형의 형상들이 (특히 이 범주를 선택한 사람들에게) 의미가 분명해 보이는 것은 사실이지만, 그렇다고 선형이 유일한 범주인 것은 아니다. 두 번째 범주는 공간적인 특성을 지닌 형상들이다. 경계선, 윤곽선, 벽면 등 무언가를 둘러싸는 형상으로서 주로 사랑하는 대상을 담고 있다는 특징이 있다. 전체의 약 40퍼센트가 이 범주에 포함되었다. 하트 모양, 집, 바구니, 그리고 앞서 소개한 크리스천 피콜리니의 그릇 등을 예로 들 수 있다. 모여 있는 사람들을 연상시키는 이 범주를 나는 "원형"이라 이름 붙였다.

마지막 범주는 일종의 사물들이다. 이 범주에 속한 사람들은 이정표가 되는 원칙이나 전념하는 대상을 의미하는 상징, 아이콘, 로고 등을 삶의 형상으로 선택했다. 내 아내를 포함해 약 30퍼센트가 이 범주에 속했다. 아내는 자신이 운영하는 국제 비영리단체를 통해 도전적인 사업가들을 선별하여 지원한다. 참신한 아이디어와 깨달음의 순간을 좋아하는 아내가 삶의 형상으로 전구를 선택한 것은 고개가 끄

덕여졌다. 그 밖에도 지구본, 십자가, 무한대 기호, 나비 등이 있었다. 이 범주를 선택한 사람들이 이 형상들에서 영감을 얻고 또한 이들을 삶의 길잡이로 삼는 경향이 있기에, 이 범주에 "별자리형"이라는 이름을 붙였다.

당연하게도 이 범주들은 의미의 ABC뿐 아니라, 세 가지 서사적 정체성에도 잘 부합한다. 선형을 선택한 사람들은 주체성을 중시하는 경향이 있고, 일·성취 중심적이며, '나 이야기'를 선호한다. 원형을 선택한 사람들은 소속감을 중시하고, 관계 중심적이며, '우리 이야기'가 바탕이 된다. 별자리형을 선택한 사람들은 대의를 강조한다. 그들은 세상을 구하고 타인에게 봉사하는 등 신념을 중요시한다. 이들에게는 '너 이야기'가 가장 중요하다.

다음의 그림들은 각 범주의 사람들이 자신의 삶을 설명하기 위해

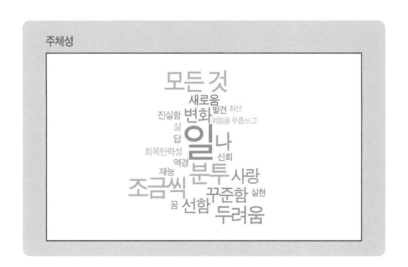

소속감

대의

사용한 어휘들을 시각화한 것이다.

　하나의 형상을 선택한 것이 다른 범주의 형상을 경시한다는 뜻은 아니다. 우리 모두에게는 여러 정체성이 있다. 특정 시기에 여러 형상

중 하나를 전면에 내세울 뿐이다. 이미 익숙한 가설이다. 일을 중심으로 정체성을 형성하는 사람, 아이를 양육하거나 아픈 가족을 돌보기 위해 자신의 야심을 희생하는 사람, 높은 임금을 포기하고 그 대신 아이들을 가르치고, 복음을 전하고, 환경을 보호하는 사람 등을 쉽게 찾아볼 수 있다.

이 선택에서 우리가 주목해야 하는 것은 사람마다 중요시하는 의미 기둥pillar of meaning이 다르고, 자신의 삶에서 강조하는 이야기가 다르며, 남들과 다른 삶의 형상을 중요하게 여긴다는 사실이다. 사람들은 과거처럼 의미 있는 삶을 어느 하나로 정의하는 것이 아니라, 삶의 의미에 관한 다양한 정의를 내리고 있다.

이 다양한 의미들을 좀 더 자세히 살펴보고, 사람들이 어떻게 우선순위를 정하는지 알아보자.

A는 주체성

데버러 코파켄은 메릴랜드주 포토맥 지역에 있는 TV에나 나올 법한 복층 저택에서 자랐다. 그러나 집 안은 갈등이 끊이지 않았다. "샛길도 없고 탈출구도 없었죠." 열네 살 때는 부모의 차를 몰아 집에서 도망치곤 했다. 열일곱 살엔 일본으로 날아가 영어를 가르쳤고, 하이틴 잡지에 처음으로 기사를 써서 팔았다. "말하자면, 망할, 못 할 거 없잖아? 하는 심정이었죠. 여행하면서 글을 써서 팔 곳만 찾으면 되니까요."

그녀는 귀국 후 잡지 표지모델과 비밀 연애를 했고, 하버드에 입학한 후에는 LSD에 빠져 새로운 세계를 경험했다. "마침내 내가 누구인지 알았어요. 다른 사람이 바라는 내가 아닌, 진짜 나 자신을 탐구하고 싶었어요." 그녀는 안정적인 전공을 버리고 사진학을 선택했다. 성폭력 피해 경험에 대한 분노를 대담한 작업으로 승화하여 빈민가에 찾아가 현실을 있는 그대로 드러내는 인물 사진을 찍었다. "그 전까지는 사냥감이 된 심정이었는데, 마치 사냥꾼이 된 듯했죠."

마약 중독에 빠지기도 했다. 파리로 건너간 이후에는 종군 사진기자가 되어 이스라엘, 아프가니스탄, 짐바브웨, 루마니아 등에 다녀왔다. "내 삶은 오래전부터 전쟁이었어요. 여성에게 사회생활은 어차피 다 전쟁터 아닌가요? 진짜 전쟁터라고 뭐가 다르겠습니까? 먼저 치고 나가는 게 나아요."

7년 후, 그녀는 남자들과의 의미 없는 잠자리도, 매일같이 겪는 성적 괴롭힘도 지긋지긋해졌다. 모스크바에서 (레프 스비리도프를 맨해튼의 거리에서 생활하게 한) 쿠데타가 일어났던 때였다. 머리 위로 총알이 날아다니는 진창에 고개를 숙이고 엎드려 있는데 문득 이제 그만두어야 하겠다는 생각이 들었다. 그 후 그녀는 결혼해서 뉴욕으로 이사하고 세 아이를 낳았다. 그때까지도 그녀는 가족의 주 수입원이었다. 15년 후 파경에 이를 때 먼저 집에서 나온 것도 그녀였다. "저 혼자 사랑하는 일방적인 관계를 더 이상 참고 지낼 수 없었어요." 그 후 그녀는 연달아 유방암, 자궁절제, 심장질환 등 건강 문제를 겪었고, 한동안 젊은 남자와 밀회를 즐겼으며, 자신의 분노를 다시 사진, 산문,

그림 등 예술로 승화했다.

데버러는 원형 범주의 삶을 꿈꾸었다. 여전히 헌신적인 관계를 갈망했던 것이다. 그러나 그녀는 근본적으로 선형 범주의 사람이었다. "모눈종이에 선을 그리면, 좋은 때도 있고 나쁜 때도 있고 그래요. 사인파가 위아래로 요동치는 거죠."

주체성은 충만한 삶을 위한 첫걸음이자 아마도 가장 중요한 요소일 것이다. 역사학자 스티븐 민츠는 "아메리칸 드림의 핵심에는 개인의 주체성에 대한 믿음이 있다"라고 말했다. 내가 인터뷰한 사람 가운데 절반이 주체성을 나타내는 삶의 형상을 선택했다. 다만 남녀 간에 다소 차이가 있어 남성이 51퍼센트, 여성은 47퍼센트였다.

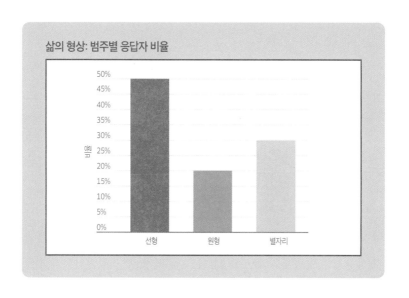

정신분석학자 베셀 반 데어 콜크는 주체성을 "자신의 삶을 책임

지는 느낌"으로 정의하며, "자신이 어디에 서 있는지 아는 것, 자신에게 일어나는 일에 발언권을 갖는 것, 주변 상황을 조정할 능력이 있음을 아는 것"이라고 설명했다. 주체성을 중시하는 사람일수록 더 행복하고 건강하며 조금이라도 더 수준 높은 생활을 하는 것으로 나타났다.

주체성은 무척이나 중요하다. 심지어 자기 기만적인 주체성조차 삶을 개선할 수 있을 정도이다. 문제를 해결할 능력은 없더라도 이를 이해하는 것만으로 삶을 통제한다는 느낌을 받을 수 있다. 자신에게 어떤 일이 일어나는지 파악하려고 노력한다면 상황을 받아들이기 수월해진다. 스스로 삶에 의미를 부여하는 주체가 되는 것이다. 나 자신도 이 범주에 속하기에 장담할 수 있다. 아내가 위험한 임신을 했을 때, 내가 암 투병을 하던 때처럼 위기에 봉착했을 때마다 나는 내 삶을 계획하고 연구하고 기록했다.

주체성은 일의 영역에서 가장 두드러진다. 데버러처럼 선형 범주의 사람들의 삶은 그들이 하는 일로 정의되는 경향이 있다. 그들은 건축가이자 제작자이자 활동가이며, 아리스토텔레스의 표현대로 "행동하는 사람들"이다. 최근의 연구들도 이 사실을 뒷받침해 준다. 노동자들은 일을 자율적으로 통제한다고 느낄수록 더 많은 열정과 더 높은 집중력을 보인다. 자신의 공간을 꾸밀 수 있는 노동자들이 더 행복하고 생산적이다. 일정을 자유롭게 정하는 노동자들이 업무에 더 충실하며 이직률은 낮다.

주체성이 일의 영역에 국한되는 것은 아니다. 식품기업 제너럴밀스가 1950년대에 조사한 바에 따르면, 지나치게 만들기 쉬운 케이크 믹스는 오히려 의욕을 떨어뜨렸다. 심리학자들은 소비자에게 계란 하나를 더하게 하는 것만으로도 성취감을 느끼게 한다는 사실을 알아냈다. 경제학자 댄 애리얼리와 연구진은 이케아 가구로 같은 결론을 도출했다. 부품을 조립하는 행위가 사람들에게 더 큰 만족감을 준다는 것이다. 요양원에서도 식물을 돌보는 등의 가벼운 활동을 하는 노인들이 더 행복하고 더 건강했으며 더 오래 살았다.

부침이 있는 선형적 삶이나 굴곡이 있는 서사로 삶을 표현하는 사람에게 주체성은 일터에서나 집에서나 의미의 주요 원천이다.

이 유형의 사람으로는 헨리 페리스를 예로 들 수 있다. 헨리는 조지아에서 어려운 가정환경을 극복하고 신장이식 수술을 받으면서도 뉴욕으로 건너가 버락 오바마의 『내 아버지로부터의 꿈Dreams from My Father』을 편집하는 등 엘리트 편집자로 성공했으나, 실직과 이혼을 모두 같은 해에 겪었다. 그는 자신의 삶을 "굴곡이 있는 스토리라인"으로 본다.

안토니오 그라나는 샌프란시스코에서 파티를 즐기는 동성애자였다. 그의 애인은 폭력적인 알코올 중독자였으며, 본인도 알코올 중독 치료를 받아야 했다. 그는 이후 이성 배우자와 결혼했으며 IT 회사를 창업했다. 그가 선택한 삶의 형상은 보드게임 판이었다. "삶에 구두점이 있다는 사실을 받아들여야 해요. 그럼 잠시 뒤로 물러났다가 완전히 다른 길로 나아갈 수 있죠."

존 에벤휴이스는 IBM 샌프란시스코 베이 지점의 임원이었다. 늘

스트레스에 시달리는 사람들 사이에서 아이들을 키웠으나, 골프장 회원권을 팔아치운 후, 아내와 함께 몬태나주 변두리, 글레이셔 국립공원 인근으로 이사했다. 지금은 그곳에서 재택근무를 하며 주말마다 자연을 즐기며 살아간다. 그는 삶의 형상으로 하키스틱을 골랐다. "만사가 잘 풀리다가 갑자기 퍽! 하고 얻어맞았죠. 모든 것이 달라지고 보니 삶이 참 경이롭다고 느껴집니다."

세레나 스타이어는 아이 셋이 모두 채 여덟 살도 되지 않았을 때 남편을 자살로 잃었다. 그러나 대학원에서 심리학과 법학 공부를 이어갔으며, 미스터리 소설을 썼으며, 명상가가 되었다. "내 삶은 바다 같았어요. 높은 파도가 칠 때가 있고, 잔잔할 때도 있죠. 그러나 모든 것이 다 아름답습니다."

주체성을 중시하는 사람들은 삶에 치열하고 단호하며 스스로를 잘 통제한다. '나 이야기'를 제대로 파악하고 있기도 하다. 그러나 타인과의 관계에는 그만큼 집중하지 못한다. 관계 중심적인 특성은 두 번째 유형의 사람들에게 나타난다.

B는 소속감

미셸 스와임에게는 진정한 가족이 없었다. 아버지는 어머니가 임신 중일 때 달아났고, 어머니는 미셸에게 별로 관심이 없었다. 매사추세츠주에서의 어린 시절, 미셸은 종종 방과 후 어머니가 데리러 올 때까지 몇 시간씩 기다려야 했다. "그런 경험이 내 삶에 크게 영향을 주었겠죠. 어린 나이에 도망치다시피 결혼을 했으니 독립해서 살아본 적이 없었어요."

미셸이 미래의 남편 데이브를 만난 것은 불과 열다섯 살 때였다. "나를 보살펴 줄 사람을 찾은 거예요. 한 번도 보살핌을 받은 적이 없었으니까요. 데이브는 우리 관계에서 영웅이나 다름없었죠." 둘은 함께 윌리엄&메리 대학에 다니다가 미셸이 스물두 살 되던 해에 결혼했다. "엄마는 결혼식장에서 내게 한마디도 안 했어요. 내가 떠난다고 싫어했거든요. 사실 내가 섹스를 힘들어했던 탓에 신혼여행 자체가 지옥 같았죠."

그 후 10년 동안 데이브는 승승장구했다. 보스턴 외곽에서 빠르게 성장하던 교회의 담임목사가 된 것이다. 그사이 미셸은 자기 자신에 침잠했다. 미친 듯이 달리기에 몰두했고, 거식증에 시달리며 9년 동안 잘 먹지 못했다. "사람들과 어울리지 못하면서 나 자신을 부끄러워하게 됐어요. 남은 힘으로 몸을 학대했던 거예요. 말로 나 자신을 표현할 수 없으니 자신에게 영향을 미칠 방법은 그뿐이었어요."

식사량은 하루 사과 반 개까지 줄어들었다.

거식증은 미셸을 불임으로 만들었다. 7년 동안 애를 썼지만, 결국에는 임신에 실패했다. 어느 날 조깅을 하다가 얼음에 미끄러져 허공에 떴다가 그대로 등으로 떨어졌다. 그녀는 입원 중에 하느님을 보았다. "내가 네게 그 일을 행했노라" 하는 말씀도 들었다. 이튿날 남편이 오더니 자신도 하느님을 보았다고 말했다. "내게도 똑같이 말씀하셨어." 그 순간 두 사람은 함께 눈물을 흘리며 다른 삶을 살기로 했다.

이듬해 부부는 한국에서 남자아이를 입양했다. 그 후 10년 동안 10명을 더 입양했다. 남자아이 8명, 여자아이 3명이었다. 몇 명은 미국인이었고 난민 출신 아이들도 있었다. 흑인, 백인, 황인이 다 있었고 출신국도 우간다, 아일랜드, 멕시코 등으로 다양했다. 방과 후 몇 시간씩 엄마를 기다리던 소녀는 이제 매일 3시간씩 차를 몰고 집과 학교를 오간다.

그녀의 삶의 형상은 찌그러진 미니밴이다. 엄마로서의 삶을 가장 잘 상징하기 때문이다.

"어렸을 땐 외로웠어요. 외로움은 제 삶의 큰 원동력이었죠. 오랫동안 내가 바라는 건 사랑받는다는 확신뿐이었어요. 지금은 내 아이들이 사랑받는다는 느낌을 받았으면 좋겠어요."

소속감, 즉 사람들과의 관계를 발전시키고 유지함으로써 느끼는 이 감정은 최근의 연구로 그 중요성이 가장 많이 커진 의미 기둥이다. 무엇에서 삶의 의미를 찾는지 묻는 질문에 89퍼센트가 개인 간의 관계를 언급했다는 연구가 있다. 스탠퍼드가 80년간 1500명의 아이들을 대상으로 연구한 바에 따르면, 사회적 유대가 깊을수록 장수했다. 하버드 대학교 정신의학과의 조지 베일런트 교수는 연구팀을 이끌며 70년간 268명을 조사한 끝에 "삶에서 정말 중요한 단 하나는 타인과의 관계"라는 결론을 내렸다.

라이프스토리 프로젝트에 참여한 사람 약 50퍼센트가 소속감을 상징하는 삶의 형상을 선택했다. 다만 성별의 차이가 컸는데 여성이 61퍼센트, 남성은 39퍼센트였다.

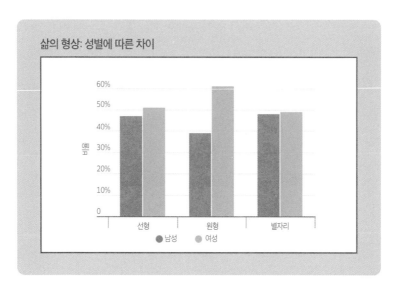

소속감이 중요한 삶의 의미가 되는 이유는 뇌가 문화적 기관이기 때문이다. 인간다움의 본질은 감정과 유대 그리고 생각을 공유하는 것이다. 긍정적인 인간관계가 심신의 건강에 큰 도움이 된다는 연구 결과는 수십 년 전부터 있었다. 공동체의 도움을 받은 암 환자는 완치율이 높다. 알츠하이머, 알코올 중독, PTSD 환자도 마찬가지이다. 런던 대공습 당시 부모와 함께 있던 아이들은 시골의 친척들에게 보내져 부모와 떨어져 있던 아이들보다 더 잘 지냈다.

가족과 후원자 들만 소속감을 줄 수 있는 것은 아니다. 지역사회, 국가, 심지어 직장에서도 소속감을 느낄 수 있다. 직장에서의 유대감이 강한 사람일수록 성장할 기회가 많았고, 평판이 좋았으며, 어려움을 잘 이겨냈다. 그들은 진급도 빨랐다. 출근 첫날 환대받은 신입사원은 9개월 후에 더 나은 생산성을 보였으며, 상사와 신뢰를 쌓은 직원은 비판적인 피드백일지라도 효과적으로 받아들인다. 동료와 가깝게 지내는 직원들은 이메일을 보낼 때 '나'보다 '우리'를 더 자주 사용한 반면, 해고된 직원은 '우리'를 사용하는 빈도가 낮았다.

소속감은 많은 것을 좌우하는 감정이다.

엘런 섀퍼는 노스다코타의 농장에서 자랐다. 타깃, 제너럴밀스 등에서 일하기 시작하며 대도시로 이사했다. 그러나 남편의 실직 이후, 가족 곁에 살기 위해 노스타코타로 돌아가, 사교모임에 참석하며 공동체를 형성했다. "내 삶은 스피로그래프Spirograph[원형 틀과 톱니바퀴를 이용해 기하학적 무늬를 그릴 수 있는 장난감]로 그린 모양들 같아요. 원 안에 펜을 넣고 회전시키면 꽃이 그려지거든요. 제 삶이 선은 아니죠. 선은 따분하잖아요!"

시애틀 출신의 체조 스타, 젠 드보어는 예일 대학교 재학 시절 남편을 만났고, 일간지 《로스앤젤레스 타임스》의 경영진으로서 열정적으로 일했으나, 세 아이의 육아를 위해 사직한 후 남편을 내조하며 본인 가족의 계보를 연구했다. 그녀의 삶의 형상은 집이었다. "공동체에 선한 영향을 미치고 세상에 이바지하는 것도 좋지만, 저는 궁극적으로는 가족을 위해 살고 싶어요."

러시아 홀로코스트 난민의 손녀였던 리사 헤퍼넌은 열일곱 살에 부모를 떠나, 두 아들을 키웠다. 아이들이 장성해 자신을 떠나가자 불안해진 그녀는 페이스북에 빈둥지 증후군 그룹을 만들었다. "오랫동안 내 삶의 목표는 가족을 이루는 거였어요. 남편과 나 모두 믿음직하지 않은 부모 밑에서 자랐기 때문에, 우리 아이들만큼은 언제나 우리를 의지할 수 있길 바랐죠."

앰버 알렉산더는 인디애나주의 주민 간의 유대가 강한 임대주택 단지에서 자랐다. 20대에 사랑하는 사람이 3명이나 연달아 사망하여 큰 충격을 받았다. 후일 YWCA 지부의 단장이 된 그녀는 두 살배기 아들이 뇌종양을 진단받아 절망에 빠졌었다. "내 삶은 하트 모양이라고 생각합니다. 고통과 시련 속에서도 주님께서는 사랑으로 나를 축복하셨으니까요."

소속감과 인간관계를 삶의 중심으로 여기는 사람들에게 가장 중요한 정서는 사랑이다. 세 가지 유형의 사람들 가운데 내게는 이들이 가장 평온해 보였다. '나 이야기'보다 '우리 이야기'를 중시했다. 그러나 가장 열정적인 유형은 따로 있다. 열정은 세 번째 유형의 특징이다.

C는 대의

타미 트로티에는 노스다코타주 캐나다 접경 지역의 인디언 보호구역에서 네 딸 중 막내로 자랐다. 가톨릭계 학교에 다녔고, 극도로 수줍음이 많았다. "지독하게 내성적이었죠. 얼굴, 턱, 입은 꿈틀거리는데 한마디도 할 수가 없는 거예요. 언니는 내가 창피하다면서 어디에도 데려가지 않으려 했죠."

타미는 자매 중 유일하게 가족이 운영하는 슈퍼마켓에서 일하지 않고, 마이놋 주립 대학교에 입학해 언론학을 전공하는 동시에 미국 원주민 문화를 탐구하기 시작했다. 보호구역이 원주민 고유의 문화를 대부분 잃어버렸다고 느꼈던 것이다. 그녀는 원주민들의 움막을 찾아다니며 춤을 추고 '붉은 바람의 여자'라는 오지브와족식 이름을 받았다. "모두 다른 부족 원주민들과의 관계를 회복하는 과정이었어요. 우리는 침략당했다는 트라우마를 공유하고 있었죠."

트라우마에 대한 관심을 발판으로 그녀는 임상심리학 전공으로 박사학위까지 받았다. "늘 의사가 되고 싶었죠. 원주민들이 자부심을 느끼게 하고 싶었어요." 타미는 같은 부족 남자와 결혼해 아이를 낳았다. 그런데 둘째 아이 임신을 시도하던 무렵부터 문제가 생겼다. 직장에서 백인 남자들에게 둘러싸여 일하면서 자신의 정체성을 의심하기 시작했다. 그녀는 유산을 2번 겪었다. "2년간 온갖 불안을 끌어안고 살았죠. 몸무게가 무려 30킬로그램 가까이 빠졌고요. 껍데기만 남은 기분이었어요."

그러던 중 소명을 발견했다. 서양의학에서는 절대 줄 수 없는 치유를 경험한 것이다. 타미는 직접 원주민의 민간요법에 몰두해 동물의 치유력을 연구하며 "거북의학Turtle Medicine"이라는 새로운 지식체계를 만들어 냈다. "어느 날 방방 뛰며 다짐했죠. '사람들한테 자연치유 방법을 가르치겠어.'"

그녀는 가족을 데리고 보호구역으로 돌아가 함께 여성들을 위한 의료원을 열었다. "원주민 구역에 여성들만을 위해 운영되는 의료원이 생긴 건 처음이었어요. 사람들이 '그게 잘되겠어? 돈 벌기가 쉽지는 않을 텐데?' 하고 묻더군요. 난 확신이 있었어요. 직업과 소명은 완전히 다른 개념이니까. 소명을 발견한 이상 그 무엇도 나를 막을 수는 없었죠."

삶의 형상에 그녀의 열정이 드러났다. 그녀가 고른 삶의 형상은 거북이 등딱지였다.

"거북이처럼 자기 안에 움츠러들 때도 있지만 계속 그렇게 살 수는 없어요. 삶에는 목적이 있어야 합니다. 내 삶의 목적은 점점 더 또렷해지고 있어요. 꾸준히 차근차근 나 자신과 나 같은 원주민들을 돌보는 것이죠."

대의, 즉 '너 이야기'를 발견하는 것은 충만한 삶을 살기 위한 세 번째 의미 기둥이다. 대의를 따른다는 것은 신을 섬기고, 환경을 보호하고, 누군가의 멘토가 되고, 시위에 참가하고, 타인을 돌보고, 선거운동을 하는 등 자신보다 큰 무언가를 믿는다는 뜻이다. 대의를 따르면 목적의식과 희생정신을 얻을 수 있을뿐더러 건강에도 이롭다. 자발적으로 대의를 따르는 이들은 더 행복하고 더 오래 산다.

쉬운 일은 아니다. 10명 중 4명이 자신에게는 대의가 없다고 응답했다. 대의의 원천이 달라진 것이 한 가지 이유일 것이다. 종교에서 대의를 찾는 사람은 줄고 일에서 대의를 찾는 사람의 비율이 늘고 있지만, 일에서 의미를 찾는다고 응답한 사람 역시 3분의 1에 불과하다. 이들 중에는 타인의 고통을 덜어주는 일, 더 나은 세상을 위해 일하거나 즐거움을 만들어 내는 일을 하는 사람이 많다. 경영심리학자 제인 더튼과 연구진의 널리 알려진 연구에 따르면, 병원에서 환자용 변기를 교체하는 등 궂은 일을 하는 사람들도 자신의 업무가 환자의 삶에 도움이 된다고 믿는 경우, 일에서 큰 의미를 찾는다고 한다.

돌봄 노동에서 대의를 찾는 사람도 많다. 돌봄은 돌봄을 받는 사람은 물론이고 돌보는 사람의 건강과 행복에도 도움이 된다. 새로 입원한 환자를 돕는 환자의 회복이 빠르다는 연구 결과도 있다.

난치병 환자들의 경우도 다르지 않다. 아버지는 병이 중해지면서 종종 어머니가 얼마나 고생할지 걱정했다. 나도 암에 걸렸을 때 딸들을 위해 아빠 위원회Council of Dads[혹시 자신이 세상을 떠나면 아빠의 빈자리를 채워줄 6명으로 구성된 위원회. 저자의 다른 책, 『아빠가 선물한 여섯 아빠』의 소재가 되었다]를 만들었다. 그 일이 의미의 ABC 모두에 큰 도움이 되었다는 것을 당시에는 몰랐지만, 지금은 분명히 안다. 주체성("난 무언가를 하고 있어!"), 소속감("가족과 내 친구들 사이의 유대감이 커지고 있어") 그리고 대의까지("두 딸이 고통을 견디도록 돕고 있어").

압도적으로 많은 이들이 삶의 의미와 삶의 형상을 대의에서 찾는다. 프로젝트 참가자 10명 중 3명이 대의를 선택했다.

브린 엔터킨은 아직 고등학생이던 때에 3만 4000달러를 모금해 캄보디아에 여학교를 세웠고, 20대에는 우간다로 건너가 영양실조에 걸린 아이들을 돌보았다. 그 후에는 전 세계를 돌며 사회적 기업인을 양성했다. 그녀가 선택한 삶의 형상은 황금나선이다. "내 삶은 사람들에 대한 내 작은 사랑이 커져서 점점 더 많은 사람을 돕게 되는 과정 같아요."

왈리 알리는 미시시피주 스타크빌의 유대인 가정에서 멜빈 메이어라는 이름으로 태어났다. 앨라배마주에서 대학을 다니던 때에는 인종 분리를 반대했다는 이유로 반대자들이 그의 집 마당에서 십자가를 불태우기도 했다. LSD에 중독되어 치료를 받았으며, 그 후 이슬람교로 개종해 수피즘 교사가 되었다. 그의 삶의 형상은 수피즘의 상징인 날개 달린 심장이다.

데이지 칸은 파키스탄의 전통적인 무슬림 가정에 여성으로 태어나 자유를 속박받으며 살았지만 그 후 롱아일랜드 소재의 학교에 다녔고, 월스트리트에 진출했으며, 진보적인 이슬람교 지도자와 결혼해 무슬림 여성의 성평등을 위한 비영리단체를 설립했다. 그녀의 삶의 형상은 권투 글러브이다. "난 파이터예요. 언제나 경계를 넓히기 위해 싸웠죠. 내 글러브를 다음 세대에 넘겨줄 겁니다."

자메이카계 미국인 NHL 스타, 제이슨 도이그는 체중이 불어 은퇴한 이후 절망에 빠졌다. 그 후 비건이 되었고, 설탕 디톡스를 하며 건강한 삶의 전도사로 변신했다. 그의 삶의 형상은 원환면torus이다. "도넛 모양의 위상도형으로 무한한 에너지의 근원이죠."

당신은 삶의 의미를 무엇에서 찾는가? 빅터 프랭클이 이 질문을 던진 지 100년, 이제 우리에겐 그 질문에 답할 도구가 그 어느 때보다 많아졌다. 의미의 ABC(주체성, 소속감, 대의) 사이에서 줄다리기를 할 수 있고, 서사적 정체성(나 이야기, 우리 이야기, 너 이야기)으로 답할 수도 있으며 삶의 형상의 대표적인 세 가지 범주(선형, 원형, 별자리형) 중에서 선택할 수도 있다. 그리고 이따금 삶이 궤도를 이탈할 때 우리는 이들의 우선순위를 바꿀 수 있다. 이 과정을 나는 형상변경shape-shifting이라고 부른다. 형상변경은 삶의 변화에서 의미를 만드는 효과적인 방법이다.

5장

형상변경

변화의 시기에 의미를 만드는 방법

우리가 만들어 내는 삶의 의미는 안정적이지 않으며 고정적이지 않다. 삶의 의미는 진동하고 요동치고 때로는 증발한다. 생진의 결과로 우리는 종종 방향을 잃어버렸다고 느낀다. 이런 순간은 의미의 진공 상태나 다름없다. 삶에서 의미가 공기처럼 빨려 나가고 주체성, 소속감, 대의를 느끼게 했던 안정되었던 흐름이 어느새 깨끗하게 사라진다. 그리고 최초의 충격에서 비롯한 여진과 파급효과가 두려움과 혼란을 자아낸다. 그러나 이는 치유의 징후이기도 하다.

형상변경을 할 시기가 온 것이다.

"그래서, 음, 해고당했죠"

제이미 레빈은 매사추세츠주 우스터에서 행복한 어린 시절을 보냈다. "부모의 이혼도 친척의 죽음도 없었죠. 나는 낙천적인 아이였어요." 어려움이 없지는 않았다. 공장이 파산하면서 아버지는 화훼업자로 직업을 바꾸었다. "돈 문제로 늘 불안했어요. 돈 걱정을 하지 않으면 좋겠다고 생각하며 살았습니다." 그렇다고 탈선을 하지는 않았다. 키 크고 잘생기고 야심 찼던 그는 학교 성적이 좋았고 방과 후 활동에서도 활동적이었다. 당연히 하버드에 진학할 줄 알았다.

그런데 낙방했다. "당혹스러웠죠. 처음으로 그런 생각이 들더군요. 망할, 어떻게 이럴 수가. 할 수 없지. 미래에 어떤 사람이 되고 싶은지 다시 생각해봐야겠군." 그는 거부가 되고 싶었다. 제이미는 브랜다이스 대학교에서 경제학을 전공했고 런던 정경 대학교에서 한 학기를 이수했다.

"알렉스 P. 키튼[1980년대 시트콤 〈패밀리 타이즈〉의 등장인물]이 되고 싶었어요. 레이건 대통령 재임 시절에 만화 〈리치 리치〉를 보며 자랐거든요. 드라마 〈L.A. 로〉도 인기가 많았어요. 그 이야기들 속에서는 모든 사람이 돈이 많고 비싼 차를 타고 다니잖아요. 나만 그렇게 돈, 돈 하는 건 아니었을 겁니다. 그 시대에는 다들 그랬어요. 고도성장하던 1980년대이니까요. 부자가 되는 일이 내게 중요했던 것만은 사실입니다."

"세상 물정을 잘 몰랐나요?"

"예, 그랬을 거예요. 분수를 몰랐던 거죠."

제이미는 와튼스쿨에서 MBA를 받고 골드만삭스에 원서를 냈다. "동기들이 모두 그 자리를 원했어요. 엘리트들만 갈 수 있는 곳이죠." 그는 채용되었다. "내가 얻어낸 것이었죠. 마침내 아버지의 불행은 물론이고 하버드 낙방까지 보상받은 기분이었습니다."

그는 미친 듯이 일하며 승진을 거듭했다. "독배에 취해 살았다고 봐야죠. 러닝머신 위에서 신이 난 거예요. 누군가가 가속 버튼을 누른다 해도 얼마든지 더 빠르게 달릴 생각이었어요." 그 후 런던으로 발령이 나면서 제이미는 새내기 변호사였던 레베카와 결혼했다. 두 사람은 곧 아이를 가졌고 첼시에 값비싼 저택을 구입했다. "고공행진이 계속되었죠."

제이미에게는 본인도 몰랐던 가족력이 있었다.

제이미와 레베카는 임신 8주 차에 초음파 검사를 했다. 태아의 복벽 구멍으로 장이 빠져나와 있었다. "흔치 않은 병은 아니었어요. 수술하면 완치된다고 했거든요. 그런데 최악의 상황이 발생한 겁니다. 낙관적 가능성이 99퍼센트였는데, 우리한테 일어난 것은 1퍼센트의 불운이었어요. 불행의 시작이었죠."

스칼렛은 소장 일부가 없는 채로 태어났다. 런던 최고의 전문가들도 본 적이 없을 정도로 매우 희귀한 사례였다. 스칼렛은 10개월간 병원에 입원했다. 무엇이든 먹을 수는 있었지만, 음식물이 너무 빨리 소장을 통과하는 바람에 영양분을 흡수할 수 없었다. 평생 동안 매일 밤 수액을 맞으며 살아야 했다.

처음에는 제이미도 각오를 다졌다. 매일 새벽에 출근해 아침 7시부터 밤 12시까지 병원을 지켰다. 스칼렛이 태어난 지 몇 개월 만에 승진하기도 했다.

그 외에는 모든 것이 무너지고 있었다. 레베카는 스트레스를 이기지 못했고 결혼 생활은 엉망이 되어가기 시작했다. 스칼렛의 간 수치가 치솟기 시작했다. 간이 망가지고 있다는 뜻이었다. 수액을 그만 맞아야 했지만, 그럼 굶어 죽고 말 것이었다. "딸이 죽어가는 것을 지켜보기만 하는 신세였죠."

그러던 어느 날, 미국에서 이메일이 왔다. "큰어머니의 올케가 《보스턴 글로브》 기사를 읽었는데, 어떤 의사가 아이의 간을 손상하지 않고 정맥에 영양분을 공급하는 방법을 발견했다는 내용이라는 겁니다." 일주일 후 제이미는 보스턴에서 그 의사를 만났고, 2주 후에는 스칼렛과 미국행 비행기에 올랐다.

치료는 효과가 있었다. 제이미 부부는 딸을 데리고 보스턴으로 이사해 둘째를 낳았다. 둘째는 아들이었다. 제이미는 뉴욕에 있는 사무실로 통근했다. 삶이 다시 정상 궤도에 오르는 듯싶었지만, 회사의 성과 압박이 너무 심했다. 회사가 인원 감축을 결정했다고 통보했을 때 그는 어떤 뜻인지 알아들었다.

"그래서, 음, 해고당했죠."

갑자기 러닝머신이 멈췄다. 돈과 커리어, 그로부터 얻은 삶의 의미까지 모두 사라졌다.

"나 자신을 돌아보아야 했죠. 스스로에 대한 재평가가 필요해진 겁니다."

그는 1년 동안 실업 상태로 지내다가 어렵게 다른 일자리를 구했다. 월스트리트의 금융사가 아니라 작은 바이오테크 회사였다. 제이미는 자신의 리더십 스타일을 바꾸었다. 다른 직원들과 긴밀하게 협업했고 가족과 함께 시간을 보내도록 장려하며 일 바깥의 삶을 배려했다. 제이미 자신도 가족을 위해 레베카와 함께 상담을 받았다.

"스칼렛 문제가 실로 충격이 컸죠. 갑자기 MBA 출신의 삶을 내던지고 낯선 삶을 시작한 겁니다. 가족과 멀어질 것인지 함께 살 것인지 선택해야 했죠. 함께 살려면 관계를 더욱 소중히 여길 필요가 있었어요. 우리가 망쳐버린 것을 함께 회복해야 했죠. 그 전까지 쇼윈도 부부로 살았다면 그때부터는 정말로 사랑에 빠져야 했습니다."

그리고 둘은 정말로 사랑에 빠졌다. 내가 제이미를 만났을 때는, 부부가 초음파 검사를 받고 13년이 지난 후였으며, 당시 그의 가족은 샌디에이고에서 살고 있었다. 스칼렛은 낮에는 학교에 다니고 친구들과 놀고 운동도 하는 등 평범하게 생활하지만, 밤이 되면 집에 돌아와 하루도 빠짐 없이 9시간 동안 정맥주사를 맞아야 한다. 제이미 부부는 그에 맞춰 생활을 재조정했다. 레베카는 아들이 다니는 학교의 학부모 위원회에 들어갔고, 제이미는 영양식 회사를 운영하고 있었다. 그는 성과에 매달렸던 과거보다 훨씬 균형 잡힌 삶을 살고 있었다. 자신의 정체성에서도 주체성(선형의 삶)을 덜어내고 주변 사람들과의 관계, 즉 원형적 삶에 집중했다. 그는 자신의 변화를 이렇게 정의했다.

"내가 세상 물정을 모른다고요? 아뇨, 이제 아주 잘 압니다."

어두운 숲속에서

1302년, 이탈리아의 시인 단테 알리기에리는 정치적 문제로 고향에서 추방당했다. 단테는 실의와 상실감에 빠져 수년간 토스카나 주변을 방황한 끝에 고향에 돌아가지 못한다는 사실을 받아들였다. 그가 첫사랑을 회고하며, 후일 서구 문학의 금자탑으로 우뚝 설 시집, 『신곡』을 쓴 것은 바로 그때였다. 신곡의 초반에는 생진에 대한 가장 유명한 묘사가 등장한다.

> 삶의 여정 도중에 길을 잃었네
> 올곧은 길은 보이지 않았고, 정신을 차리자
> 어두운 숲속이었네

화자는 계속해서 탄식한다. 이 빽빽한 덤불 속에서, 이 겁날 정도로 울창하고 뒤틀린 숲속에서, 죽음만큼이나 고통스러운 이 감정을 묘사하기가 이렇게도 어렵단 말인가.

단테는 자신의 심리상태를 굽잇길은 물론, 죽음 그 자체에 빗댄다. 놀랍게도 단테뿐 아니라, 처음으로 생진의 오싹한 여파를 경험한 사람들은 대부분 그 격동기를 죽음에 비유하였다. 내가 인터뷰한 사람들 중 50퍼센트 가까이가 그날 내 일부가 죽었다, 죽었다가 다시 살아났다,

다시 태어났다 같은 표현을 사용하였다.

이 표현들은 어떤 의미일까?

죽음의 공포는 사람들이 모닥불 앞에 모여 앉기 시작한 이래 지금껏 스토리텔링의 핵심 주제였으며, 연구 방법이 정립된 이후 사회과학은 언제나 이 주제에 집중해 왔다. 빅터 프랭클은 필사의 운명을 직시하는 것이야말로 우리가 삶에서 의미를 찾는 가장 큰 이유라고 했다. 1974년 퓰리처상 수상작 『죽음의 부정The Denial of Death』의 저자, 어네스트 베커에 따르면 죽음을 회피하거나 초월하려는 무의식적 노력은 삶의 동력이 된다. 그 이후 수십 명의 학자가 회피, 불안, 두려움 관리 등 죽음의 운명을 껄끄럽더라도 마주하는 방법을 연구했다.

라이프스토리 프로젝트의 인터뷰 내용은 지금껏 면밀히 검토된 바 없는 무언가를 암시하고 있었다. 죽음의 언어는 어느 곳에나 있기에 사람들은 그 수사를 차용해 정신적인 위기부터 경력상의 좌절까지 온갖 위기를 묘사하려 한다. 실제 죽음과는 물론 다르지만 이런 위기들에도 삶을 뒤흔드는 힘이 있기에 사람들은 종종 죽음과 부활의 비유를 떠올린다. 이 삭막한 비유는 비선형적 삶이 얼마나 중요해졌는지를 잘 보여준다. 우리는 인생의 터닝포인트를 생사의 갈림길과 다름없는 문제로 여긴다.

게다가 꽤 많은 사람이 이러한 상징적 죽음을 기꺼이 받아들인다. 과거의 자신은 죽었고 또 다른 자신이 태어났다고 여기는 것이다. 죽은 사람이 가톨릭교도였다면 새로 태어난 사람은 요가난다의 추종자이다. 죽은 자아가 불행한 결혼 생활을 했다면, 새로운 자아는 당당하게 혼자 산다. 이전의 당신은 혼자 설 수 없었지만, 새로운 당신은 활력이 넘친다. 과거의 자신이 주정뱅이, 범죄자, 식탐꾼, 일벌레였대도 새로 태어난 사람은 전반적으로 더 나은 존재가 될 수 있다.

삶의 종언을 더 이상 두려워하지 않는다는 의미는 아니다. 다만 주기적으로 새 삶을 살게 되는 일이 생각보다 흔하다는 것이다. 그리고 이 재편 과정을 어떻게 관리하느냐에 따라 삶의 의미는 크게 달라진다.

이 표현을 사용하는 사람들 중 일부는 실제로 가까운 사람을 잃었을 수 있다. 어느 날 니샤 제노프의 집에 경찰이 찾아와 아들이 죽었다고 알려주었다. "그 순간 내면에서 무언가가 영원히 죽어버리고 다른 무언가가 새로 태어났어요." 그녀의 말에 따르면 죽은 것은 "죽음이 나를 건드리지 못한다는 착각, 아이들이 영원히 살 거라는 착각, 모두가 평화롭게 죽으리라는 착각"이었고, 새로 태어난 것은 "육체적 죽음 이후에도 영혼이든, 에너지든, 정신이든 영원히 사는 무언가가 있다는 확신"이었다. "그렇지 않았다면 난 결코 그 순간에서 헤어나지 못했을 겁니다. 하느님을 만났다고 해도 될지는 모르겠지만, 그 순간 죽음에 대한 두려움이 사라진 것만은 분명해요. 나도 4기 암 환자라 내가 죽음을 두려워하는지 생각해 보곤 했지만, 빅터가 떠난 후 삶이 참 짧다는 것을 알게 됐죠. 지금은 오래오래 살고 싶어요."

어떤 사람들은 신체적 자유를 잃었다. 트래비스 로이는 메인주 어거스타 출신으로 그의 아버지는 아이스링크 관리자였다. 그는 전미 1지명 하키 선수로 NCAA 우승팀이었던 보스턴 대학교 소속 테리어스 팀에 입단했다. 처음으로 교체 투입된 후 11초, 페이스오프에서 퍽을 따낸 직후, 그는 균형을 잃고 벽에 부딪치고 얼음 위로 넘어졌다. "앞으로 넘어졌죠. 얼굴에 닿는 냉기를 느낄 수 있었어요. 실감이 나지 않더군요. 몸이 움직이는 건 눈에 보이는데 감각이 하나도 없는 겁니다. 순간 삶이 영원히 달라졌다는 생각을 했습니다. 과거의 난 더 이상 존재할 수가 없었습니다." 그는 이후 25년 동안 휠체어를 사용하고 있다.

별로 좋아하지 않던 예전 자아의 죽음에 대해 이야기한 사람들도 있다. 트리니다드에서 태어난 밀라드 하월은 모어하우스 대학을 장학생으로 다녔다. 그리고 브루클린으로 이사해 조금씩 중산층의 삶에 진입했다. 소매업, 금융업, 의약 판매 등 회사를 옮길 때마다 급여와 복지가 조금씩 나아졌다. 마침내 연봉 10만 달러에 이르러 안정기에 접어들자마자 자신이 회사라는 족쇄에 매여 있다는 생각이 들었다. 그는 회사를 그만두고 퇴직연금을 털어 크로스핏 체육관을 열었다. "내 삶부터 구해야 했죠. 의사가 항우울제를 계속 권했어요. 한때 내가 팔던 약인데, 먹고 싶지 않았어요. 돈을 좇던 나를 죽이고 열정을 따르겠다고 다짐했어요."

내적인 죽음을 겪은 사람 대부분이, 그 후로 실제 죽음을 별로 두려워하지 않게 되었다는 점이 어쩌면 다른 무엇보다 중요하다. 그들은 이전보다 대범하게 살기 시작했다.

크리스티나 반질락은 열세 살 때부터 술을 마시기 시작했고 곧바로 코카인에 빠져, 열여덟 살이 되기 전에만 세 차례나 중독치료를 받았다. 몇 년 후 그녀는 빈털터리 백수가 되었고, 친구도 없었다. 야생 동물처럼 떠돌아다니며 빈집을 털고 그 돈으로 마약을 샀다. 스물두 살 때는 난동을 부리다 체포되어 노숙자 보호소에서 하룻밤을 보내야 했다. 이튿날 마룻바닥에서 깨어났을 때 그녀는 죽음과도 같은 경험을 했다.

"그때 이야기는 별로 하지 않았어요. 괜히 감상적인 기분이 되거든요. 그날 밤과 그 빛 아래에서 느낀 느낌을 인간의 언어로는 설명할 수 없네요. 모든 것과 포용하는 느낌이랄까요? 사랑, 평화, 이해… 뭐라고 하든 좋아요. 문득 무섭다는 생각이 들었던 기억이 나요. 나는 죽어가고 있었어요.

"그때 빛이 흐려지더니 내게서 멀어지기 시작했어요. 그리고 들었죠. 말은 아니었어요. 거기엔 어떤 단어도 없었으니까요. 그래도 알아들었어요. 아직 죽을 때가 아니며 해야 할 일이 남아 있다고 하더군요. 예, 하겠다고 했죠. 그렇게 바닥에 누운 채 과거의 나와 영원히 달라지리라는 사실을 깨달았어요. 그 순간부터 사는 방식을 바꿨죠. 죽음조차 두렵지 않았어요. 오히려 편안했죠. 천국이 어떤 곳인지 알거든요. 어떤 갈망도 고통도 없는 곳이죠. 무서울 게 없었어요."

원인이 무엇이든 간에 생진은 삶이 황폐화된 듯한 치명적인 여진을 일으킨다. 그런데 바로 이 첫 번째 여진은 동시에 우리가 새로운 삶의 방식을 찾는 데 도움이 된다.

자서전적 상황

일상에 균열이 생긴 사람들이 자신의 라이프스토리를 다시 검토하게 하는 것이 생진의 두 번째 여파이다.

서기 386년 여름, 향락에 빠져 살던 북아프리카 출신의 수사학 교사 아우구스티누스가 밀란에서 산책을 하는데 한 아이의 노랫소리가 들렸다. "집어 들고 읽어봐! 집어 들고 읽어봐!" 처음엔 아이가 노는 소리인 줄 알았지만, 곧 그 목소리가 성경을 가리키고 있다는 사실을 깨달았다. 아우구스티누스는 성경 한 권을 발견하고 방종, 술 취함, 정욕에 대해 경고하는 구절을 펼쳤다. 그는 셋 모두에 탐닉하고 있었다. 그 순간 빛이 밀물처럼 마음속으로 쏟아져 들어왔다. 그는 회심하여 세례를 받고 초기 교회사에서 가장 영향력 있는 사상가가 되었다.

그러나 아우구스티누스가 한 아마도 가장 파급력 있는 일은 따로 있었다. 회심을 계기로 그는 자신의 죄 많은 삶을 외설적으로 보일 만큼 상세하게 기록한 『고백록』이라는 제목의 회고록을 펴냈다. 결과적으로 근대적 의미의 자서전 형식을 창안해 낸 셈이었지만, 도대체 왜 그랬을까? 저명한 기독교 지도자가 무슨 이유로 이제 막 나기 시작한 음모부터 제멋대로 발기하는 성기에 이르기까지 자신의 은밀한 내면을 숨김없이 드러낸 걸까? 그는 10권에서 이 질문에 대답한다. 그는 "내면의 치유사"가 그렇게 시켰다고 썼다. 양심에 따라 자신의 변화를 공유하여 우리 모두가 과거의 악행을 극복할 수 있음을 보여주고 싶었다는 것이다.

아우구스티누스의 개종은 단순한 생진이 아니었다. 생진인 동시에 자서전적 상황autobiographical occasion이라 할 수 있다.

자서전적 상황은 사회학자 로버트 주스먼이 고안한 용어로, 자기 자신에 대해 설명하도록 소환되거나 요구받는 삶의 순간들을 뜻한다. 주스먼은 취업이나 입학 면접, 신용거래 신청서 작성을 예로 들었다. 종교적 고백과 범죄행위에 대한 자백, 다양한 종류의 재회, 온갖 종류의 상담 치료, 일기 쓰기 등도 자서전적 상황에 포함된다. 진료 예약, 첫 데이트, 낯선 사람들과의 장시간 비행도 예로 들 수 있다. 만일 일상을 에피소드와 상황으로 설명한다면 자서전적 상황의 범주는 더 넓어진다. 광범위한 우연에 맥락을 만들고자 하는 노력도 당연히 포함될 것이다. 주스먼은 다음과 같이 설명했다. "자서전적 상황은 어떤 사건의 단순한 줄거리만을 의미하지 않는다. 자서전적 상황이란 삶에 관한 이야기이며, 자기 자신이 누구이고 어떤 존재인지 체계적이고 폭넓은 방법을 통해 돌아볼 수 있게 하는 특별한 순간들이다."

이 용어는 삶에 커다란 균열이 생긴 사람 대부분이 경험하는 상황을 포착했다. 실제로 중대한 삶의 균열은 모두가 자서전적 상황이다. 내 경우 결혼이 자서전적 상황이었다. 쌍둥이의 아빠가 되고, 암에 걸린 것도 마찬가지이다. 내 아버지의 경우 일하고, 걷고, 씻을 수 있는 능력을 상실했을 때가 자서전적 상황일 것이다.

자서전적 상황은 우리 자신이 누구인지 재고하고 싶어지거나 재고해야만 하는 순간을 의미한다. 지금까지의 라이프스토리의 내용이나 방향을 어떤 식으로든 변화시키고, 삶이 앞으로 나아가도록 이전까지

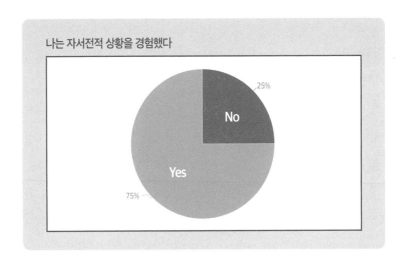

나는 자서전적 상황을 경험했다

No 25%

Yes 75%

의 정체성을 돌아보고 수정하도록 하는 서사적 사건이라는 뜻이다.

거의 모든 사람이 그런 순간을 겪는다. 인터뷰를 진행하면서 나는 모든 사람에게 그들이 겪은 가장 규모가 큰 생진 이후에 라이프스토리를 다시 써야 했는지 질문했는데, 4분의 3이 그렇다고 대답했다. 그중 상당수는 처음에는 삶을 그런 식으로 재평가하게 되리라고 예상하지 못했지만, 시간이 지나면서 모든 상황을 다시 보게 되었다고 말했다. 새로운 현실을 수용하고 이에 맞게 라이프스토리를 조정하는 것, 즉 자서전적 상황이 삶에 의미를 부여하는 과정에서 상당 부분을 차지한다는 사실은 학계에서도 잘 알려져 있다. 그러나 자서전적 상황이 이 과정의 핵심이라는 사실은 여전히 잘 알려져 있지 않다. 이젠 알아야 한다. 자서전적 상황은 생진의 중요한 특성일뿐더러 생진의 충격에서 회복하는 데 크게 도움이 되기 때문이다.

자서전적 상황 중에는 자신의 이야기를 부득이하게 대중에게 털어놓아야 하는 경우도 있다. 1세대 테크 사업가이자 발명가인 칼 바스는 뉴욕주 이타카에 있던 회사를 실리콘밸리의 거물급 기업 오토데스크에 매각하고, 이후 시가총액이 300억 달러에 육박하는 소프트웨어 회사의 CEO가 되었다. 변화를 위해 대단한 도전을 한 것이다. "상장기업의 CEO가 되면 매체에서 달라붙습니다. 이렇게 묻는 거예요. '대체 어떤 일을 하는 분이죠?' 처음엔 '말로 하기 복잡하다'라고 간단하게 대답했어요. 하지만 곧바로 좀 더 충분한 이야기가 필요하다는 걸 깨달았죠. 사람들이 귀를 기울일 만큼 흥미로운 이야기 말입니다."

자서전적 상황은 많은 경우 의미의 ABC를 반영한다. 삶에 관한 스토리텔링을 재구성하는 것이 주체성과 관련된 행위인 경우가 있다. 애나 크리슈탈은 난민 출신으로 다섯 살 때 타슈켄트에서 브루클린으로 건너왔고, 뉴저지에서 고등학교를 다녔다. 대학 시절엔 해외여행을 즐기며 스페인어, 러시아어, 이탈리아어를 전공했다. 이후 이스라엘로 이주했으나 아픈 어머니 간호를 위해 억지로 귀국할 수밖에 없었다. 그 상황이 못마땅했던 그녀는 1년간 침대에 누워 TV만 보며 지냈다. 그러던 어느 날, 요가 자세를 취하던 중 문득 깨달음을 얻었다. "문득 그런 생각이 들더군요. 망할, 내 삶의 서사를 바꾸면 되잖아. 삶을 재구성해보는 거야. 그때까지는 나 자신을 가정 형편의 피해자로 생각했죠. 평생 그런 식이었어요. 그런데 마침내 내가 내 삶을 주도해야 한다는 걸 깨달은 겁니다." 애나는 부모 집에서 나와 취직을 하고 새 삶을 시작했다.

스토리텔링의 재구성이 소속감과 관련된 행위인 경우도 있다. 일본계 미국인 게임 디자이너 나오미 클라크는 9·11 이후 여성으로 성전환했지만, 부모에게 어떻게 말할지 걱정이었다. 더 이상 부모를 못볼 수도 있다고 각오했지만, 당연히 그러고 싶지 않았다. 그녀는 자서전적 상황에서 가장 보편적인 방법을 채택했다. 편지를 쓴 것이다.

"두려웠어요. 온갖 나쁜 시나리오가 머릿속을 맴돌았죠. 내 마음을 솔직하고 상세하게 적어 부모님께 보냈어요." 부모는 어떻게 반응했을까? "두 분 다 자책하는 것 같았어요. 내게 잘못이라도 한 것처럼요. 그럴 필요 없다고 아무리 말해도 이렇게 말씀하시더군요. '오, 우리가 너무 오래 아무것도 모르고 있었구나. 네가 어릴 적부터 남다르다는 생각은 했지만, 그저 세심하고 착한 줄로만 알았다.'"

스토리텔링을 재구성하는 것이 대의와 관련된 행위인 경우도 있다. 멜라니 크라우스는 자신이 축복받은 삶을 살았다고 말한다. 그녀의 부모는 아이다호주 보이시에서 취미로 품종이 다른 포도를 54종이나 재배하던 무척이나 멋진 사람들이었다. 멜라니는 워싱턴 대학교에서 생물학을 공부하고, 해외로 이주했다가, 다시 오리건주의 극서 지역으로 이사해 미래의 남편 조와 함께 지냈다. 배운 거라고는 원자로와 포도뿐인지라 와인 산업에서 일을 시작했다. 5년 후, 멜라니와 조는 아이다호로 돌아와 신더와인이라는 와인 회사를 차렸다. 단순한 직업상의 변화가 아니었다. 부부 사업가로서 상품을 판매하기 위해서는 확실한 서사가 필요했던 것이다.

"우리 자신을 시험해 볼 필요가 있었어요. 스스로 질문했죠. 우리는 고급스러운 와인을 만들고 싶은 걸까? 아니면 편하게 즐기는 쪽이 좋을까? 우리의 라이프스토리에서 어떤 부분을 어떻게 해석해야 와인과 관련된 이야기로 재구성할 수 있을지 고민했습니다. 사업을 시작하기 전까지는 우리의 라이프스토리를 어떻게 구성할지 고민해 본 적이 없었지만, 그 고민이 우리의 삶에서 너무 중요한 부분이 된 것이죠." 두 사람은 스네이크리버 밸리 지역의 잘 알려지지 않은 와인 양조 전통을 이어가기로 했다.

생진을 겪는 시기는 라이프스토리를 재구성할 수 있는 기회이다. 이 시기, 즉 자서전적 상황은 생진의 두 번째 주요 여진이다.

형상변경

가장 강력한 마지막 여진을 나는 형상변경이라고 부른다.

1885년, 이미 수염이 희끗희끗 새기 시작한 서른여섯 살의 월트 휘트먼은 (현재 내가 거주하는 곳과 그리 멀지 않은) 브루클린 하이츠 크랜베리 거리의 작은 인쇄소에서 자신의 걸작『풀잎』의 초판을 출간했다. 인류와 섹슈얼리티에 대한 종회무진의 헌사인『풀잎』에는 유명한 시구가 많지만, 51번 섹션의 세 행을 소개해 보겠다.

내가 나 자신과 모순된다고?

좋아, 그럼 모순이라고 하지

(내 존재는 커서 여러 모습을 담을 수 있으니)

휘트먼의 메시지는 20세기 심리학의 주요 연구 주제였으며, 21세기 긍정심리학의 핵심 원리이기도 하다. 우리의 내면에는 여러 차원이 있으며, 우리는 차원을 오가며 삶의 의미를 재정비할 수 있다는 메시지 말이다.

생진은 충격에 빠진 당사자가 의미의 ABC 각각에 자신이 얼마만큼 가치를 두는지 재평가하는 중요한 계기가 된다. 주체성을 덜 강조하게 될 수도, 소속감에 대한 관심을 높일 수도, 처음으로 대의를 중시하게 될 수도, 혹은 의미의 ABC 모두를 재평가할 수도 있다. 모두 삶의 극적인 변화에 대한 즉각적인 반응이다. 이렇듯 우리가 비선형적 세상에 반응하는 방식은 다른 자연의 원리와 다르지 않다.

카오스 현상의 정수는 자기조직화self-organizing이다. 자기조직화의 예시는 많다. 강물은 바위 주변에서 소용돌이치며 스스로를 재구성한다. 새 떼는 나무에서 날아오른 후 자연스럽게 대형을 갖춘다. 서로 다른 기상현상이 충돌하고 뒤섞이면서도 계속해서 이동하는 것도 예로 들 수 있다. 모래 언덕, 눈보라, 구름도 마찬가지이다. 이 모든 사례에서 각각의 개체는 하나의 형상에서 시작해 격동기, 즉 가벼운 카오스 상태를 통과해 새로운 형상으로 나타나는데, 그 형상은 이전의 상태와 본질적으로 비슷한 동시에 완전히 다르다. 카오스는 지속적인 변화에 대한 자연의 창의적 대응이다.

인간의 자기조직화는 심리적 적응 과정이다. 몸에 신체적 불균형을 바로잡을 능력이 있듯 정신에도 불균형을 바로잡을 능력이 있다. 융은 이를 일방성one-sidedness을 바로잡는 과정으로 보았다. 삶에서 하나의 측면에 지나치게 치우치면 다른 측면을 등한시하기 쉽다. 우리는 일에 매몰되어 가족을 외면하고, 아이들을 돌보느라 자기 자신은 돌보지 않는다. 남들을 챙기느라 오히려 사랑하는 이들이 뒷전이 되기도 한다. 우리의 정체성이 온전히 하나일수록 삶의 다른 면을 간과할 위험은 더 커진다.

휘트먼의 시구처럼, 인간은 하나가 아니라 여러 정체성이 중첩되어 있는 존재이다. 최근의 연구들은 이 점을 확인해 주고 있다. 본래 심리학자들은 중핵적 구성 개념core construct을 통해 인간의 성격이 선천적으로 구분된다고 생각했다. 내향적인/외향적인 사람, 수동적인/적극적인 사람, 개방적인/완고한 사람 등등. 관련 연구가 많아지면서 오늘날에는 인간의 성격을 고정적인 동시에 유동적인 것으로 본다. 성격 분야 권위자인 브라이언 리틀에 따르면, "4월에 어떤 색안경을 쓰고 삶을 보았다면, 5월에는 그 안경이 무용지물이 될 수도 있다. (…) 우리는 세상에 대한 예상을 끊임없이 바꾸고, 새로운 생각을 시험하고, 그 과정에서 자신에게 어울리는 구성 개념들을 통합한다."

삶이 요동칠 때 성격은 더 유동적으로 변화한다. 다른 존재가 되었다면 다른 방식으로 일상을 항해해야 한다. 낯익은 이정표는 뒤집히고 믿을 만했던 지도도 무용지물이 된다. 새로운 토대 위에 새로운 길을 내고 새로운 구조물을 올려야 한다.

내가 형상변경이라는 개념을 사용하는 이유는 이런 삶의 유동성을 포착하기 위해서이다. 의미의 ABC 각각에 얼마나 가치를 부여할지 결정하는 것, 또 각각 주체성, 소속감, 대의를 상징하는 삶의 형상들(선형, 원형, 별자리형) 사이의 균형을 끊임없이 재조정하는 것이야말로 존재의 본질이기 때문이다. 평생 누구나 다음과 같은 경험을 할 것이다. 한때 일벌레였지만 좌절을 겪고 가족에게 헌신하기로 결심한 사람을 상상해 보라. 아이들이 학교에 있는 시간이 늘어나면서 자원봉사를 시작한 전업주부, 억지를 부리는 환자를 돌보다가 번아웃을 느끼고 오랫동안 잊고 지냈던 취미 활동을 다시 시작하는 간호사를 떠올려도 좋다.

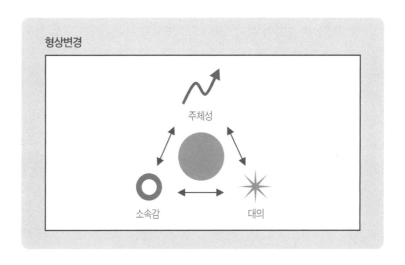

형상변경은 균형이 어긋난 삶을 치유한다. 스스로 형상변경을 할 수 있다면 좋겠지만, 이런저런 이유로 이따금 커다란 균열을 겪으며 어쩔 수 없이 삶의 우선순위를 재조정해야 할 때가 있다. 그리고 그 변화는 우리를 놀라운 방향으로 이끈다.

최근 몇 년에 걸쳐 회복탄력성resilience은 친숙한 용어가 되었다. 심각한 방황 후에 일상으로 돌아간다는 생각도 낯설지 않다. 일상을 회복하다, 예전의 삶으로 돌아가다, 자기 자신을 되찾다 같은 표현들은 모두 떠들썩한 소동을 겪은 후 과거의 자신으로 돌아간다는 의미를 담고 있다. 물론 이와 같은 선형적 회귀도 가능하겠지만, 그보다는 삶의 방향을 전환하는 경우가 훨씬 빈번하다. 많은 경우 우리는 예전의 삶으로 돌아가는 대신, 샛길로 빠지거나, 때로는 완전히 미지의 영역으로 나아간다. 다시 말해서, 형상변경의 과정 역시 비선형적 삶의 다른 양상과 마찬가지로 비선형적이라는 것이다.

형상변경의 과정이 실제 삶에서 어떤 식으로 진행되는지 몇 가지 예를 들어보겠다.

선형

라이프스토리 인터뷰에서 가장 여러 사람이 해당된 유형은 자기중심적 삶에서 이타적이고 관계중심적인 삶으로의 형상변경이었다.

주체성 → 대의

앤 마리 딘젤로는 10대 때부터 무용수로 일했으며 후일 조프리 발레단의 수석 무용수가 되었다. 그러나 그녀는 50대에 부상을 당한 이후, 인생 상담 전문가가 되어 부상당한 무용수들이 현실에 적응하도록 돕고 있다.

대럴 로스는 자신의 고향인 미시간주 그랜드래피즈에서 보험회사를 운영했었다. 친구가 살해당한 일로 큰 충격을 받은 그는 회사를 처분하고 비영리단체를 설립해 양질의 부담 가능한 주택affordable housing 확산을 장려하고 나섰다.

주체성 → 소속감

얀 에그버츠는 대학원에서 의학과 경영학 학위를 받은 이후 제약회사 CEO가 되었으나, 별거 중이던 아내가 오랫동안 정신병을 앓던 끝에 스스로 목숨을 끊자, 10대 아들들을 돌보기 위해 일을 그만두었다.

웬디 애런스는 할리우드에서 활약하던 젊은 시나리오 작가였으나 캐스팅 과정에서의 성상납 관행 등 미투운동의 도화선이 된 모욕적인 일들에 염증을 느껴 일을 그만둔 이후 남편과 함께 텍사스주 오스틴으로 이주해 전업주부로 변신했다.

원형

인간관계도 성취감의 원천이 될 수 있지만, 분명 한계가 있다. 특히 어머니들은 삶의 의미를 자녀와의 관계 바깥에서 찾아야 할 필요를 느끼거나 그래야만 하는 상황에 처하는 경우가 많았다.

소속감 → 대의

앤 레이머는 화가 났다. 아들 브렌트가 죽을병에 걸렸는데, 18세 미만이라는 이유로 임상시험을 받지 못했기 때문이다. 그녀는 온화한 어머니에서 소아암 환자들의 거침없는 대변인으로 변신해 열정적인 연설을 쏟아내고 부통령에게 로비까지 하며 FDA를 압박했다.

리사 헤퍼넌과 메리 델 헤링턴 두 사람은 뉴욕주 웨스트체스터에 사는 평범한 어머니들이었다. 아이들이 대학에 입학하면서 혼란을 느낀 그들은 품 밖의 자식Grown and Flown이라는 페이스북 그룹을 개설하고 빈둥지 증후군을 겪는 부모들을 지원하기 시작했다.

소속감 → 주체성

서던캘리포니아 대학교의 철학과 대학원생이던 페기 배틴은 남편과 아이들에게 헌신하는 삶을 살고 싶지 않았다. 유타 대학교에 임용될 기회가 생겼을 때, 아이들을 남편에게 맡기고 자신의 커리어를 위해 떠날 수 있었던 이유이다 .

셜리 에거몬트는 41년간 일곱 아이의 엄마이자 남편의 내조자였다. 하지만 남편이 "행복을 찾는답시고" 젊은 여자와 달아나자, 지금껏 자신이 남편에게 이용당했을 뿐임을 깨닫고 "다른 사람"이 되어 독립적이고 자기만족적인 삶을 살기로 했다.

별자리형

많은 이들이 소명을 발견하는 것을 행복의 성배로 여기며 삶의 방향을 설정한다. 그러나 대의를 좇는 사람들도 일에 지나치게 열중하다 보면 지칠 수 있다.

대의 → 주체성

존 오스틴은 연방 경찰로 25년간 근무한 끝에 마약단속국의 특수 요원이 되었다. 하지만 건강상의 우려로 자랑스러워하던 일을 그만두고 보안업체를 설립했다.

앤 이미그는 "엄마 말 들으렴"이라는 구술 생애사 캠페인을 전국적으로 유행시켰지만, 무보수 노동에 지쳐 일을 그만두고 저술 활동에 집중하기로 했다.

대의 → 소속감

수전 피어스는 평생 고등교육에 헌신했다. 그런데 퓨젯사운드 대학교 총장을 연임하던 시절 남편이 3개월 사이에 2번이나 뇌졸중을 일으켰다. 그녀는 사람들의 만류에도 총장직을 내려놓고 남편을 간호하기 위해 플로리다로 이주했다.

맷 웨얏트는 에모리 대학교에서 아프리카계 미국인 연구를 전공하는 유일한 백인 학생이었다. 젊은 시절부터 정치 활동을 시작해, 이후 민주당의 조지아주 대표가 되었지만 자유로운 영혼의 아내가 일만 하는 자신에게 지치자, 자리를 내려놓고 아내와 함께 코스타리카로 이주했다.

형상변경은 삶의 의미를 찾는 데 효과적인 수단이며, 이런저런 이유로 의미의 ABC 중 어느 한쪽에 지나치게 치우쳤을 때 삶의 균형을 회복하게 해준다. 형상변경은 자발적일 수도 비자발적일 수도 있으며 생진에 대한 반응인 경우가 많다. 생진을 상징적인 죽음으로 여기고, 이를 자서전적 상황으로 받아들인다면, 생진의 다른 두 가지 여진과 함께 형상변경을 경험하게 된다.

세 가지 여진도 도움이 되기는 하지만, 삶을 재건하는 데 필요한 주요 과제들과 비교하면 예비 단계에 불과하다. 삶의 재건에는 복잡하고 혹독한 생애전환의 과정이 수반된다. 생애전환이라는 용어 이상으로, 생애전환이 어떻게 이뤄지는지에 관해서는 잘 알려져 있지 않다. 우리가 실제로는 일반적인 예상과 전혀 다른 방식으로 생애전환을 헤쳐나가기 때문이다.

6장

빗속에서 춤추는 법 배우기

새로운 생애전환 모델

　잠시 생진의 본래 정의로 돌아가 보자. 생진은 강력하고 폭발적인 변화로서 우리를 격동기, 전환, 새로운 출발로 이끈다. 지금까지 우리는 먼저 무엇이 폭발적인 변화를 촉발하며 격동기에는 어떤 일을 겪는지 살펴보았다. 아직 두 가지 시기, 즉 전환과 새로운 출발이 남아 있다. 두 시기는 어떻게 시작될까?

　답은 간단하다. 선택하면 된다. 두 시기를 통과하려면 변화와 격동기를 전환과 새로운 출발의 기회로 삼아야 한다. 최초의 충격은 자발적일 수도 비자발적일 수도 있으나, 전환 자체는 철저히 자발적이어야 한다. 자신만의 의미를 만들어야 하기 때문이다.

예를 하나 들어보겠다.

"이 손으로 네 모가지를 조르겠어"

프레이디 라이스는 브루클린 지역의 극단적 정통파 유대인 가정에서 여섯 자녀 중 넷째로 태어났다. 쿠바 태생의 아버지는 "극도로 폭력적이었으며 학대도 심했다". 그녀의 어머니는 자식들을 혼자서 키워야 했다. 프레이디는 당돌한 성격이었지만, 종교에 반감이 있지는 않았다. 그녀는 밋밋한 원피스 차림에 니삭스를 신곤 했다. "수술실 가운처럼 보였죠. 조심해! 저기 스타킹 위에 양말을 신은 여자가 있어. 그래도 의미가 없지는 않았어요. 울타리를 벗어나고 싶었거든요."

어린 시절 프레이디는 TV, 라디오, 신문을 금지당했다. "여학교에서 요리와 바느질을 배웠어요. 비틀스가 누구인지 몰랐고, 햄버거는 햄으로 만드는 줄 알았죠." 그녀는 열여섯 살 때 SAT를 보지 않겠다는 각서에 서명해야 했다.

그녀는 열여덟 살에 중매 업체에 이름을 올렸다. 부모가 이혼한 데다 가난했던 탓에 좋은 결혼 상대로 평가받지는 못했다. 마침내 업체에서 주선한 데이트를 시작했다. 정해진 상대와 만나야 했고 신체 접촉은 금지였다. "서로 마주 앉아서 코카콜라를 주문하고 아이를 몇 명 낳을지 같은 이야기나 지껄였죠. 그러다가 집에 돌아가 그 사람과 여생을 함께할지 결정해야 하는 거예요."

첫 번째 상대는 대마초를 피워봤다고 해서 그녀가 거절했다. 두 번째 상대는 줄담배를 피우고 차를 거칠게 몰아 수십 번이나 딱지를 뗀 사람이었다. 두 번째 데이트 때는 모르는 사람과 주먹다짐까지 벌였다. 이미 한 번뿐인 "거절 카드"를 사용했던 탓에 그녀는 세 번째 데이트 때 그와 결혼하기로 하고, 6주 후에 부부가 되었다.

"사랑에 빠진 것도 아니면서 계속 행복하다고 나 자신을 합리화 했어요." 프레이디가 말했다.

남편은 첫날밤부터 프레이디를 죽이겠다고 했다. 그냥 하는 말이 아니라, 아주 구체적이고 섬뜩한 협박이었다. "이 손으로 네 모가지를 조르겠어. 숨이 멎을 때까지 말이야. 숨이 끊어지는 순간에 네 눈을 똑똑히 지켜보겠어." 협박은 그것으로 끝나지 않았다. 한번은 토막을 내버리겠다고 이야기했다. "툭하면 접시, 가구, 창문 따위를 깨고 부쉈어요. 차를 몰 때면 시속 160킬로미터가 보통이었죠. 그렇게 달리다가 급브레이크를 밟아댔어요. 몸이 날아갈 것 같았죠." 게다가 화장실 문도 열어두게 할 정도로 의심이 많았다.

프레이디는 당혹스러웠다. 물리적인 폭행을 당하지는 않았지만, 언어폭력은 그칠 줄을 몰랐다. 시아버지에게 말했지만, 오히려 아들한테 무슨 일이 생길까 불안해하기만 했다. 친정어머니도 이야기를 듣더니 아무 말 없이 방을 나가버릴 뿐이었다. 뉴저지로 이사해 아이들을 낳으면서 상황이 나아질 줄 알았는데 그것도 아니었다.

"겨우 스물두 살에 전업주부이자 엄마가 됐잖아요. 삶이 끔찍했죠. 매 순간순간이 지긋지긋했어요. 집 유리창을 깨부수지 않으면 다행인 남자를 위해 요리를 하고 청소를 하고 아이들을 돌보는데 기분 좋을 리가 없었죠. 때로는 길 건너에 있는 놀이터 그네에 앉아 몇 시간씩 울기만 한걸요."

그렇게 산 지 10년이 다 되어가던 스물일곱 살 때, 한 친구가 다른 지역의 상담사 이름을 슬쩍 알려주었다. 그 상담사는 첫 만남에서 가정폭력이라는 용어를 사용하며 접근금지 명령을 받아낼 수 있다고 알려주었다. "놀라운 경험이었어요. 집에 와서 생각했죠. 그래, 적어도 내가 미친 건 아니었어."

며칠 후, 갓난아이를 돌보는데, 남편이 집에 돌아와 현관문을 걸어찼다. 프레이디는 그대로 아이를 안아 들고 친구 집으로 차를 몰았다. 남편이 트럭을 타고 쫓아오면서 그녀를 죽이겠다고 소리쳤다. 친구 집은 막다른 길에 있었다. 프레이디가 차를 세우는데 남편이 골목을 틀어막았다. "멍청하게 그런 곳에 가다니. 하지만 결국에는 기회가 됐죠. 전 911에 신고했어요."

프레이디는 뉴저지주 레이크우드 지역 정통파 유대인 공동체 역사상 처음으로 접근금지 명령을 받아냈다. 남편은 집에서 쫓겨났다. "다른 공동체에서는 그게 자유를 뜻하겠지만, 유대교 공동체에서는 죄악이었죠." 이튿날 랍비가 보낸 남자 변호사가 프레이디를 판사 앞에 데려가 고소를 취하하게 했다. 시키는 대로 하지 않으면 다시는 아이들을 못 보게 하겠다는 협박도 했다. "어쩔 수 없었죠." 그녀는 그 말을 하고 이렇게 덧붙였다. "다만 조금씩 끝이 보이기 시작했어요."

프레이디는 이후 남편과 5년을 더 살았다. 그동안 시리얼 상자에 돈을 조금씩 빼돌려 찬장에 숨겼다. 남편에게 새 가발 살 돈을 받아서 낡은 가발을 세척하고 그 돈을 모았다. 4만 달러까지 돈이 모였을 때 프레이디는 럿거스 대학교에 등록했다. "대학교에 갈 꿈도 꾸지 마" 하고 남편이 빈정거렸다.

"가면 어쩔 건데?" 그녀도 물러서지 않았다.

문화적 배경 탓에 공부가 쉽지만은 않았다. 첫 학기에 〈그리스 문화〉를 수강했는데, 신이 또 있다는 내용이 당혹스러웠다. 그녀는 더 이상 가발을 쓰지 않기로 했다. 그녀의 불경에 놀란 친정어머니는 가족의 죽음을 애도하는 유대교 의례인 시바shiva까지 지냈다. 남편이 성질을 부릴 때는 아이들과 함께 침실 문을 걸어 잠그고 숨었다. 한번은 안식일에 남편이 문을 부수겠다고 위협해서 아이들을 차에 태우고 시내로 나가 영화를 보았다. 이웃들은 그녀가 안식일을 지키지 않는다며 기함했다. 아이들과 집에 돌아가니 남편이 보이지 않았다. "기회라는 생각으로 자물쇠를 바꿔버렸어요. 일주일 후 남편이 돌아왔을 때, 이렇게 말했어요. '당신이 없으니까 좀 살 것 같아. 그러니까 돌아올 필요 없어.'"

프레이디는 이혼소송을 걸었다. 대학은 평균 학점 4.0으로 졸업했다. 1만 명의 학생이 그녀를 졸업생 대표로 선출했다. 프레이디는 《애즈베리파크 프레스》에 기자로 취직했다. (처음으로 기사를 쓸 때는 지역 최고의 유명인사인 스프링스틴의 이름 철자조차 동료에게 물어봐야 했다.) 집도 샀다. 몇 년 후, 그녀는 여성들이 강제 결혼에서 탈출하도록 돕는 단체를 설립했다. 단체의 이름은 그녀의 삶의 형상인 끊어진 족쇄를 연상시키는 "마침내 족쇄에서 해방Unchained at Last"이다.

프레이디는 끔찍한 고통을 겪은 후 비로소 회복하기 시작했다. 그녀에게 그 변화들이 자발적이었는지 비자발적이었는지 물었다. "출발은 비자발적이었죠. 결혼 생활에서 도망치는 것밖에 방법이 없었어요. 제 삶은 물론이고 아이들의 삶까지 위기에 처했었죠. 하지만 그 이후의 변화는 모두 자발적이었어요. 대학에 들어가고, 신앙을 버리고, 다른 여성들을 대변하게 된 것 모두 말이에요. 비자발적인 상황을 자발적인 상황으로 바꿔놓은 겁니다."

"내 선택이니까 내가 책임을 져야죠"

오늘날 다양한 분야에서 전환이라는 말이 사용되는 것에 비해 그 과정에 대한 학술적인 연구는 기이할 정도로 부족하다. 생애전환에 관해 그 누구보다 관심을 기울였던 인물은 아널드 반 게넵일 것이다. 반 게넵은 1873년 독일에서 네덜란드인 부모의 사생아로 태어났다. 여섯 살 때부터 프랑스에서 성장한 그는 자신의 문화적 배경을 발판으로 비교문화 연구에 대한 열정을 키워갔다. 18개 국어에 능통했던 그는 이집트학, 아람어Aramaic, 원시종교, 민속학 연구에서 선구적인 업적을 이루었다. 그의 가장 위대한 업적은 결혼, 장례, 성인식 등 개인의 삶을 특징짓는 생애주기적 사건을 통칭하는 용어를 만든 것이다. 그 용어가 바로 통과의례rites of passage이다. 물론 전환의례가 조금 더 정확한 번역이라는 지적도 있다.

대체 전환이 정확히 무엇일까? 반 게넵에 따르면 전환은 서로 다른 생애주기를 잇는 다리이다. 1979년도 최고의 베스트셀러『내 삶에 변화가 찾아올 때Transitions』의 저자이자 경영 전문가인 윌리엄 브리지스는 전환이란 변화들을 삶에 융합하기 위한 내면의 방향 설정이자 재정립의 과정이라고 했다.

이런 정의가 잘못되었다 할 수는 없지만, 라이프스토리 인터뷰에서 발견한 생애전환의 수많은 요소가 누락된 것은 사실이다. 2부에서 자세히 다루겠지만, 생애전환 과정에 당혹감과 혼란 속에서 힘든 시기가 있는 것은 사실이지만, 새로운 의미를 탐구하고 이를 삶에 연결하는 활기찬 시기도 존재한다. 게다가 게넵의 정의에는 전환의 창의적인 특성이 빠져 있다. 우리는 전환을 통해 우리를 지치게 했던 해묵은 습관을 떨쳐내고, 가슴 뿌듯한 새 습관을 키워나간다. 그런데 기존의 정의만으로는 전환을 통해 우리가 어떻게 삶의 목적, 타인과의 유대, 삶의 형상을 재조정하는지 파악할 수 없다.

나는 전환을 중대한 삶의 균열 이후 변화에 적응하고, 창의성을 발휘하고, 새 삶을 시작하는 데 필수적인 시기라고 정의한다.

그렇다면 이 설명하기 어려운 상태에 어떻게 진입하는 것일까? 피할 수 없는 운명일까 아니면 선택할 수 있는 일일까? 선택할 수 있다면, 어떻게 해야 할까?

한동안 이 문제를 파고들었다. 인터뷰를 진행할 때마다 중대한 삶의 변화들에 관해 질문했다. 첫 번째 질문은 다음과 같았다. "그 변화가 자발적이었나요? 아니면 비자발적이었나요?" 대답들은 지극히 일관성이 있었다. 스스로 삶에 균열을 내기로 했든, 변화 탓에 삶에 균열이 생겼든, 사람들은 생애전환을 자신이 결정한 일로 받아들였다. 변화에 주체적으로 반응했다는 것이다.

캄란 파샤는 그가 두 살 때 뉴욕으로 이주한 파키스탄 출신의 중산층 가정에서 태어났다. 그러나 아버지가 조현병 진단을 받으면서 집도 없이 수치심과 가난 속에서 성장했다. 캄란이 그 세월을 견딘 데에는 역경을 극복하는 영웅들의 이야기를 창작한 것이 한몫했다. 그 열정으로 그는 시나리오 작가가 되었다. 다만 그가 에이전트에 첫 시나리오를 넘긴 것은 LA의 한 로펌에서 해고되어 "안정적인" 일자리를 잃고 난 다음의 일이었다. 그 전까지는 너무 바빠 할리우드의 문을 두드릴 엄두도 낼 수 없었던 것이다. "벼랑 끝에 내몰렸다는 점에서 내 전환은 비자발적이었죠. 하지만 해고를 당한 이후에 문득 도약이 필요하다는 사실을 깨달았어요. 〈인디애나 존스: 최후의 성전〉의 명장면처럼 말입니다. 주인공이 협곡을 건너야 하는데 다리가 없어요. 그런데 벼랑 너머에 걸음을 내딛는 순간, 눈에 보이지 않는 다리가 있었다는 사실을 깨닫죠."

어떤 이들은 불과 수개월 만에 비자발적 삶의 균열을 자발적인 전환의 기회로 삼기도 한다. 존 티로는 수많은 히트곡을 쓴 내슈빌 출신의 컨트리음악 작곡가였다. 그랬던 그가 어느 날 루터교 목사로서의 소명을 찾았다고 선언해 가족들을 충격과 분노에 빠뜨렸다. "나도 그런 변화를 원치는 않았습니다. 하지만 주께서는 우리 모두를 위해 내 삶에 커다란 전환을 원하셨죠. 처음에는 화가 났지만, 상황이 악화될 뿐이었어요. 결국에는 상황을 받아들였어요. 내 선택이니까 내가 책임을 져야죠. 자발적이었는지 비자발적이었지 묻는다면 자발적이었다고 답하겠습니다."

그 과정이 몇 년씩 걸리는 이들도 있다. 크리스 섀넌은 고등학교를 중퇴했음에도 타이탄 II 미사일의 엔지니어가 되었다. 어느 날 오토바이에 아내를 태우고 애리조나 공군기지를 떠나는데, 채 몇 분도 지나지 않아 음주운전 차량에 치이고 말았다. 크리스는 척추와 경추가 부러졌고, 오른쪽 다리가 잘려 나갔다. 임상적으로는 2번이나 사망 선고를 받기도 했다. (음주운전자는 뺑소니를 쳤지만 얼마 못 가 붙잡혔다. 라디에이터에 크리스의 대퇴골이 박혀 있었기 때문이다.) 크리스는 2년 동안 자신의 상황을 원망하며 지냈다. 크리스만큼 부상이 심하지는 않았지만, 심각한 트라우마에 시달리던 아내까지 돌보아야 했다. 결국에 크리스는 아내를 떠나 살기로 마음먹었다. "상황을 벗어나려면 스스로 삶을 끌어안아야 한다는 사실을 깨닫기까지 오랜 세월이 흘렀어요. 그게 제일 빠르고 확실한 방법인데 말이에요. 비 오는 어느 날 깨어보니 비 냄새가 너무도 싱그럽더군요."

혼란스러운 시기를 긍정적인 전환으로 이겨내면 어떤 느낌일까? 내가 들은 최고의 설명은 아무래도 데버러 피시먼의 것이었다. 코네티컷주의 세속주의 유대인 가정에서 성장한 데버러는 어린 시절 늘 외로움과 거식증에 시달렸다. 프린스턴 대학에서 그녀는 (프레이디 라이스만큼 독실하지는 않았지만) 정통파 유대교로 개종하고 졸업 후 곧바로 결혼했다. 처음에는 꽉 막힌 공동체에서 요리와 육아, 안식일 성수 뿐인 삶을 사는 것도 의미 있을 줄 알았다. 그녀의 삶의 형상인 땋은 머리 역시 공동체의 유대감을 상징한다. 그러나 시간이 흐르면서 터무니없는 규범들에 질리기 시작해, 점차 자신이 설립한 협동조합에서 더 많은 시간을 보내게 되었다. 그녀와 남편은 이혼에 합의했다. "한편으로는 그간의 변화가 나 때문이었다고 생각해요. 진짜 삶을 살고 싶으면 내가 스위치를 올려야죠. 문제가 해결되기를 기다리는 대신 직접 해결한 겁니다. 삶은 비가 그칠 때까지 기다리는 게 아니잖아요? 차라리 빗속에서 춤추는 법을 배워야 하죠."

전환은 어째서 비선형적인가

전환을 선택한 이상 엄청난 소용돌이를 피할 수는 없다. 전환의 과정은 종종 혼돈과 통제 불능의 상태로 보이지만, 라이프스토리 인터뷰를 살펴보자, 그 안에도 놀라운 질서가 존재했다. 생애전환을 한결 순조롭게 만들기 위해 할 수 있는 일들이 상당히 많았다. 먼저 생애전환을 큰 틀에서 알아보자.

반 게넵은 생애전환의 모델을 제시해 금세 폭넓은 지지를 받았다. 그의 메타포는 공간이었다. 전환을 겪는 사람은 한 세상을 떠나 배후지를 통과해서 새로운 세계에 들어간다. 그는 이를 방에서 나와, 복도를 지나, 다른 방으로 들어가는 과정으로 형상화했다. 물리적으로 문턱을 넘는 것이 중요하다. 대부분의 통과의례에 문, 입구, 통로를 건너는 과정이 포함되는 이유이다. 이 문들을 드래곤, 오거, 트롤 등이 가로막고 있는 것은 우리가 두려운 대상을 신성시하기 때문이다.

이런 식의 비유를 통해 반 게넵은 생애전환을 3단계로 나누었다. 1단계인 분리^{separation}에서는 안락한 과거의 공간에서 떠난다. 두 번째 단계인 고립^{margin}에서는 스스로를 중립지대에 고립시킨다. 그리고 마지막 통합^{incorporation} 단계에서 마침내 새로운 공간에 진입함으로써 다시 사회에 합류한다. 반 게넵은 전통적인 성인식(10대들을 집에서 끌어내 야생으로 보낸다), 결혼(예비부부를 가족에게서 분리했다가 다시 새로운 가족으로 받아들인다), 그리고 출산(임신부를 공동체에서 분리했다가 출산 후 다시 통합시킨다)을 비롯한 수십 가지 예시를 들었다.

반 게넵의 모델은 유력한 이론으로 자리를 잡아, 100년 이상 별다른 반론 없이 영향력을 유지했다. 1960년대에 인류학자 빅터 터너는 3단계 모델을 재확인하면서, 중간 단계에 이도 저도 아닌^{betwixt and between} 상태라는 재미있는 이름을 붙였다. 한편 영문학 교수 윌리엄 브리지스는 경험적 데이터도 없이, 게넵의 아이디어를 자신의 대표적인 3단계 모델의 근간으로 삼았다. 브리지스에 따르면 전환은 파국^{ending}으로 시작해, 중립지대^{neutral zone}로 이어지며, 새로운 출발^{new beginning}로 마무리된다.

브리지스는 여러 면에서 반 게넵을 연상시킨다. 그 시기 선형적 생애 모델의 영향력을 반영하여, 브리지스는 생애전환의 3단계를 연대기적으로 통과해야 한다고 다음과 같이 주장했다. "전환이 유효하려면 3단계가 모두 필요하며 또한 모두 순서대로 발생하여야 한다."

파국이 첫 번째, 중립지대가 두 번째, 새로운 출발이 마지막인 순서를 반드시 따라야 한다는 것이다.

라이프스토리 프로젝트를 진행하면서 한 가지 분명해진 게 있다면, 이런 식의 선형적 생애전환 모델은 틀렸다는 것이다. 예정된 일정에 따라 예정된 순서대로 일련의 정서적 상태를 통과한다고 믿음은 위험하기까지 하다.

생애전환을 통과하기 위한 단 하나의 절대적 방식이란 존재하지 않는다.

다만 생애전환의 세 가지 구성 요소라는 개념 자체는 도움이 된다. 과거를 등지고, 비틀비틀 새로운 정체성을 향해 이동해, 새로운 나를 받아들이는 과정은 모두 생애전환에 필요하다. 그 정도의 격변이라면 단계마다 우리의 정서가 완전히 달라질 것이다. 각각의 국면에 나는 각각 영원한 작별, 혼란의 한가운데 그리고 새로운 출발이라는 이름을 붙였다. 그러나 라이프스토리를 통해 분명해진 사실은 이 국면들이 선형적으로 발생하지는 않는다는 것이었다.

삶이 비선형적이듯 생애전환도 비선형적이다.

삶에 정해진 순서가 없듯, 생애전환에도 정해진 순서는 없다.

각 국면을 순서대로 경험하는 사람이 있는가 하면, 역순으로 경험하는 사람도 있다. 어떤 이들은 바로 혼란의 한가운데에서 시작한다. 한 가지 국면을 끝낸 후 다른 국면으로 넘어가는 사람도 있고, 이미 끝났다고 여겼던 국면으로 되돌아가는 사람도 있다. 한 가지 국면에 아주 오랫동안 갇혀 있는 사람들도 많다.

잠시만 고민해 봐도 접근 방식이 다양해질 수밖에 없다는 사실을 알 수 있을 것이다. 비행기 사고로 남편을 잃고 몇 년 후에 재혼한다고 해서 전남편을 완전히 잊는 것은 아니다. 외도처럼 과거의 관계에 영원한 작별을 고하기도 전에 새로운 관계가 시작되는 경우도 있다. 이혼 후 재혼했다면 이미 '새로운 출발'을 했다고 생각하겠지만, 양육권이나 금전 문제로 이혼한 배우자와 실랑이하며 '혼란의 한가운데'에서 한참을 헤매게 될지도 모른다.

요컨대 어느 국면이든 깔끔하게 시작하고 끝나는 경우는 거의 없다. 당연한 일이다. 사람들은 저마다 유별난 방식으로 각 국면을 드나들기 때문이다.

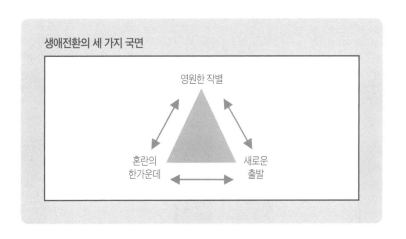

생애전환의 세 가지 국면

영원한 작별

혼란의
한가운데

새로운
출발

각 국면의 순서에 영향을 주는 것은 무엇일까?

어느 한 국면을 수월하게 넘어간 사람들도 다른 국면에서는 한없이 헤맨다는 사실이 드러났다. 누구에게나 전환의 슈퍼파워가 있는가 하면 전환의 크립토나이트[슈퍼맨을 무력화시키는 가상의 물질로서 누군가의 약점을 상징한다]도 있다. 우리 연구에 따르면 사람들은 자신이 능숙한 국면에 이끌리며, 취약한 국면 앞에서는 머뭇거린다. '영원한 작별'에 능한 사람이라면 재빨리 과거를 끊어내고 새로운 도전에 나서겠지만, 갈등을 싫어하고 사람들을 실망시키고 싶지 않은 사람이라면, 해로운 환경에서 빠져나갈 기회를 놓칠 수도 있다. '혼란의 한가운데'에서도 다르지 않다. 혼란을 즐기는 사람이 있는가 하면 헤매는 사람도 있다. '새로운 출발'에서도 어떤 사람은 새로움을 즐기지만, 과거의 방식을 좋아하는 다른 누군가는 새로움을 두려워한다.

각 국면을 싫어하는 사람의 비율은 놀라웠다. 참가자들에게 어느 국면이 가장 괴로웠는지 질문하면서 난 당연히 혼란의 한가운데가 압도적으로 많을 것이라고 생각했다. 결과는 그렇지 않았다. 물론 참가

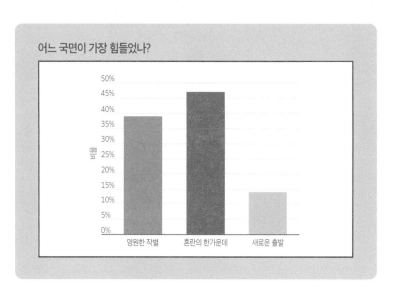

어느 국면이 가장 힘들었나?

자 중 가장 많은 사람(47퍼센트)이 '혼란의 한가운데'가 제일 힘들었다고 응답했지만, '영원한 작별'이 고통스러웠다고 응답한 사람도 39퍼센트나 되었다. '새로운 출발'이라고 답한 사람은 14퍼센트였다.

결과를 잠깐 살펴보아도 생애전환의 세 국면이 모두 쉽지만은 않다는 사실을 알 수 있다. 즉, 당신 혼자만 고통스러운 것은 아니다. 좀 더 자세히 들여다보면, 영원한 작별이 대부분의 사람에게 가장 어려웠으며 혼란의 한가운데는 그보다 더 어려웠다. 그래도 희망적인 결과라면 새로운 출발은 그나마 쉬운 편이었다.

이들 슈퍼파워와 크립토나이트가 실제 삶에서 어떻게 작용하는지 살펴보자.

"주님의 품 안에서는 안전하다고 믿어야겠죠"

영원한 작별은 참가자 10명 중 4명에게 제일 어려운 국면이었다. 손실 회피loss aversion, 선택의 역설the paradox of choice 등 이 국면을 설명하는 심리학 용어가 얼마나 많은지만 봐도 그 이유를 알 수 있다. 우리는 이와 같이 응답한 참가자들에게서 공통점을 발견했다.

과거의 감정에 억눌린 채 살아가는 사람들이 있다. 지나 비안치니는 열두 살에 아버지를 잃었고, 서른일곱 살에는 SNS 기업 닝Ning의 대표직을 잃었다. "이별에는 완전히 젬병이에요. 누가 먼저 이별을 고하든 상관없이 헤어진 남자친구들을 잊는 데 꼬박 2년씩 걸린다니까요. 이유는 간단해요. 아버지의 죽음을 한 번도 제대로 애도한 적이 없었으니까요."

어떤 이들은 미래에 대한 걱정부터 한다. 리사 루도비치는 인터넷 광고 일을 그만두고 싶었으나 실제로 그만두기까지는 7년이나 걸렸다. "영원한 작별은커녕 영원히 작별하지 못할 뻔했죠. 겁이 났어요. 사람들이 날 뭐라고 할까? 뭘 해서 먹고살지? 엄마가 전화해서 월세로 낼 800달러를 달라고 하면? 늘 그런 식으로 살았죠. 사람들을 실망시킬까 걱정, 혼자 뭘 해볼까 생각하면 그것도 걱정. 나 자신부터 생각한 적이 없었어요. 마침내 다 때려치우면서 다짐했죠. 이제부터 내 삶을 살 거야."

상실감에 억장이 무너진 사람들도 있다. 니샤 제노프는 10대 아들이 죽은 이후 집단치료를 받기 시작했다. 니샤가 삶에 의욕을 보이지 않자, 어느 날 치료사가 그녀에게 베개를 던지며 "아들한테 '안녕'이라고 작별인사부터 해요" 하고 소리쳤다. "솔직히 욕부터 나갔어요. 자식을 잃은 부모한테 작별인사부터 하라고? 이렇게 말했죠. '절대 못 해! 안녕은 이별이 아니라 만날 때 하는 인사란 말이야.' 떠난 사람과 유대를 이어가는 것이 때로는 삶을 살아가는 데 도움이 된다는 연구 결과를 알고 있었죠."

인생의 황금기가 끝나 슬퍼하는 사람들도 있다. 에반 워커웰스는 브루클린 지역 상위권 고등학교 재학 시절 스타였다. 졸업 후에는 오바마 캠프에서 선거운동에 참여했고 이후 예일 대학교에 입학했다. 첫 학기가 끝날 무렵, 그의 가슴에서 포도알 크기의 혹이 발견되었다. 비호지킨 림프종 4기였다. 그는 부모 집으로 돌아가 4개월간 항암화학 치료를 받았다. "항암을 시작하고 13개월쯤 지났을 때 가슴에 이상한 느낌이 들었죠. 진단 결과는 아무것도 아니었지만, 그때 문득 깨달은 겁니다. 맙소사, 평생 이대로 살다가 죽을 수는 없잖아, 응? 영영 죽지 않을 줄 알았던 생각과 작별하면서, 그 대신 하고 싶은 일은 무엇이든 할 수 있다고 믿기로 했어요. 우선 평생 의료보험 제도와 씨름하며 살아야 한다는 현실부터 받아들여야 했어요. 친구들은 60대나 70대가 되어야 겪는 일들이잖아요? 끔찍했죠."

많은 이들에게 작별은 크립토나이트이지만, 어떤 이들에게는 슈퍼파워가 되기도 한다. 앰버 알렉산더는 20대 초반에 연이어 상실을 겪으며 친구나 친척을 여의는 일에 너무도 익숙해졌다. 몇 년 후 아들이 뇌종양 진단을 받았을 때도 상실감에 매몰되지만은 않았다. "엘리가 처음 진단을 받을 때 내가 할 수 있는 일이 아무것도 없다는 사실을 깨달았어요. 모든 걸 직접 통제해야 직성이 풀리는 사람들한테는 고통이겠지만, 난 그때쯤 충분히 이골이 났죠. 어느 현명한 분이 이렇게 말해주더군요. '중요한 것은 엘리가 주님의 아들이라는 사실입니다.' 이 세상에서 엄마가 되어주고 싶었지만, 그 애가 천국으로 떠난다면 적어도 주님의 품 안에서는 안전하다고 믿어야겠죠."

니나 콜린스는 조숙한 아이였다. 혼혈인이자 히피족이었던 부모는 뉴욕시에서 그녀를 낳았다. 니나는 열세 살에 처음 일자리를 얻었고, 열여섯 살에 고등학교를 졸업했으며, 열여덟 살에는 유럽으로 건너갔지만 열아홉 살 때 어린 동생을 돌보기 위해 고향으로 돌아왔다. 어머니가 암으로 세상을 떠났기 때문이다. 니나는 다양한 커리어와 몇 차례의 결혼과, 여러 번의 이사를 경험했다. "헤어지는 데 칼 같아요. 어머니가 돌아가실 때도 이런 식이었죠. 그래, 있을 수 있는 일이잖아? 이제 어떻게 하지? 이사나 폐업도 마찬가지예요. 늘 겪는 일이고 저는 그 과정을 즐기죠. 한번은 상담사가 그러더군요. 애착이 별로 없어 보인 다고. 어머니가 일찍 돌아가셨기 때문이겠죠. 인생은 짧다고 늘 생각 해요. 항상 새로운 경험이 필요한 이유죠."

"욕을 바가지로 퍼부었죠"

혼란의 한가운데는 누구에게나 혼란스러운 국면이지만, 그 이유 는 저마다 달라 보인다.

어떤 이들에게는 준비 없이 낯선 상황에 내몰리는 것이 가장 힘 들다. 오클라호마주 농촌 지역의 토박이인 제니 원은 죽을 뻔한 고비 를 2번이나 넘겼다. 여섯 살 때 천식으로 호흡이 정지되었던 것이 첫 번째 고비였고, 스무 살 때 가족과 메기 낚시 중에 잡은 독개구리 다 리를 먹었을 때가 두 번째 고비였다. (병원에서는 가망이 없다고 보고 가 족에게 작별인사를 하게 했다.) 제니는 오클라호마 시내의 교회에서 부목 사가 되었는데, 담임목사가 갑자기 사망하면서 한꺼번에 수많은 어려 움을 겪어야 했다. 담임목사직을 이어받을지도 고민이었다.

"우선 욕을 바가지로 퍼부었죠. 그다음에 신도들에게 말했어요. '지금은 아무것도 못 합니다. 나부터 추슬러야 하니까요.' 아무튼 신 도들은 내가 그들을 이끌어 주기를 원했고, 결국에는 (교회 역사상 최초 의 여성) 담임목사가 되기로 했어요. 모든 절차가 마무리되는 데까지는 2년이 걸렸어요. 임직 직전에는 너무나 겁이 나서 두 달 동안 안식월을 보냈어요. 나부터 생각을 전환할 시간이 필요했습니다. 물론 신도들이 나를 대하는 방식도 전환이 필요했고요."

혼란의 한가운데는 매우 위험한 감정적 격랑으로 가득하다. 호주 서부 오지에서 자란 커스티 스프라곤은 말랐다는 이유로 괴롭힘을 당했다. 그녀는 그곳을 탈출하겠다는 야심으로 부동산 중개인이 되었다. 그 후 시드니로 달아나 세계 최대 부동산 글로벌 프랜차이즈 리맥스RE/MAX가 선정한 전 세계 100대 부동산 중개인에 이름을 올렸다. 그때까지 그녀는 내내 비밀 하나를 감추고 있었다. 열아홉 살에 성병에 걸렸던 일 때문에 그녀는 자신감을 잃었고, 남자들과 가까워지지 못했다. 그 탓에 건강하지 않은 관계를 거듭하기도 했다. 그녀는 회사를 그만두고 LA로 건너가 비즈니스 커뮤니케이션 분야에서 경력을 쌓으며 자신의 과거를 마주했다.

"누구에게나 암담한 시간이 있죠. 처음 미국에 왔을 때 친구가 하나도 없었어요. 물론 멘토도 없었죠. 그렇다고 오프라 윈프리에게 전화해서 조언 좀 해달라고 할 수도 없잖아요? 나비가 되려면 번데기의 시간을 견뎌야 한다는 정도는 나도 알아요. 그러나 애벌레 입장에서는 전혀 유쾌하지 않은 일이죠."

놀랍게도 혼란의 한가운데에서 더 잘 지냈다는 사람들이 꽤 많았다. 2장에서 잠시 언급했던 애틀랜타 출신의 주홍 머리 시인, 로즈메리 대니얼의 아버지는 알코올 중독자였고, 어머니는 자살로 생을 마감했다. 열여섯 살에 처음 결혼했던 그녀는 첫 번째, 두 번째 남편에게는 자신이 이혼을 요구했지만, 뉴욕 출신 좌파 지식인이던 세 번째 남편에게는 이혼을 요구받았다. 로즈메리는 절망에 빠져서 그 후로 마초적인 남성들하고만 데이트했고, 석유 굴착장에서 일하며 〈군인들과 섹스하기〉라는 도발적인 내용의 에세이를 썼다.

그녀에게 나쁜 남자만 골라 만났던 혼란기에 대해 묻자(로즈메리는 탐색 끝에 낙하산 부대원과 결혼해 30년 동안 함께 살고 있었다) 그녀는 무슨 바보 같은 질문이냐는 듯한 표정으로 나를 보았다. "혼란기요? 내게는 삶으로부터의 휴가였는걸요. 그때가 좋았어요!"

그녀가 키득거리며 말을 이었다. "재미있고 새로운 경험과 창의성이 넘쳐나던 시기였죠. 과거에는 상상도 못 했던 온갖 부류의 사람과 만났고요. 〈군인들과 섹스하기〉에 그 시기에 꿨던 꿈 이야기를 실었어요. 다양한 사람들과의 섹스가 나한테 얼마나 좋았는지 적었죠. 물론 강간당하는 기분이 들어 무서웠던 적도 몇 번 있었지만, 대체로 짜릿한 경험이었어요. 처음으로 나 자신이 된 기분도 들었죠. 그 전까지 배운 온갖 규범을 따를 필요도 없었고요."

롭 애덤스에게도 혼란의 한가운데는 짜릿했다. 그는 신시내티의 전형적인 미국인 가정에서 태어나, 어린 시절을 멕시코시티와 제네바에서 보내고, 다트머스로 이사한 뒤, 북서부의 켈로그 경영 대학원을 졸업했다. 시카고에서 컨설팅 일로 짭짤한 수익을 올리다가, 아내와 아이들을 데리고 뉴잉글랜드로 이주했고, 사이먼피어스라는 유리 제품 회사의 경영을 맡았다. 그러나 일을 시작한 지 열흘도 되지 않아 2008년 금융위기가 터지면서 출근 첫 달부터 매출이 3분의 1로 줄어

들었다. 지지부진한 협상 끝에 그는 자리에서 물러나야 했다.

"작별하는 것이 힘들었죠. 난 그 사람들을 좋아했습니다. 조언이나 직원 교육도 즐겼죠. 경영에서 손을 떼는 과정이 지나치게 길어졌지만, 일이 마무리된 후엔 혼란의 한가운데를 즐겼어요. 상황을 탐색하고 분석하고 헤쳐나가는 일이잖아요. 앞으로 어떻게 해야 할지 제가 조언을 구한 사람만 40명이 넘습니다. 난 컨설턴트예요. 문제 해결이 내 전문 분야 아닙니까?"

애덤스 가족은 몇 년간 아프리카에 지내면서 그곳에서 축구 비영리단체를 이끌었고 셋째 아이를 입양했다. 혼란 덕분에 가장 소중했던 어린 시절을 보냈던 곳을 다시 찾았고, 아이들에게도 다른 세상을 경험하게 해주었다.

"젠장, 이제 뭘 해야 하죠?"

영원한 작별과 혼란의 한가운데를 숨 가쁘게 지났으니, 새로운 출발은 한결 수월할 것 같겠지만, 참가자 6명 중 1명은 이 국면이 가장 어렵다고 응답했다.

페기 플레처 스택은 《솔트레이크 트리뷴》의 기자였으며("기자로서도 나쁘진 않았어요. 내가 가족 중에서 두 번째로 멍청하다던 엄마 말을 생각하면 말이에요.") 첫 직장에서 자신이 채용했던 "더벅머리 미남" 마이크와 결혼해 두 아이를 낳고 "행복하고, 행복하고, 행복하게" 살았다.

곧 그녀는 쌍둥이 딸을 낳았다. 그런데 두 딸 중 카밀이 갑작스러운 심장질환으로 채 일주일도 살기 어렵다는 진단을 받았다. 마이크는 직장을 그만두고 그 후 2년간 호흡기와 온갖 검사와, 간절한 기도로 점철된 시간을 보냈다. 그러나 어느 이른 아침 카밀은 호흡을 멈추었다. "머릿속에서 작은 목소리가 들렸어요. 엄마, 나 슈퍼베이비가 되어야 해요? 이제 그만 나를 놓아줘요, 제발. 남편은 짐승처럼 울부짖었고 나도 충격에 휩싸였죠. 끔찍하고 고통스러웠지만 동시에 평화롭기도 했어요. 우리는 아이의 호흡기를 떼어내고 그곳에 앉아 일출을 지켜보았죠."

그 시기가 분명 그들 삶의 로포인트로 보일 것이다.

"어쨌거나 우린 지금도 그 시기를 우리 부부의 황금기라고 믿고 있어요. 제일 힘든 때였으니 이상하게 들리겠죠? 그때는 제대로 자본 적이 없어요. 휴가는 꿈도 꾸지 못했죠." 페기가 말을 이어갔다. "신기하게도 우린 서로에게 최선을 다했어요. 정말 최고의 부부였죠. 최선을 다해 아이들을 돌보았고, 서로에게 투덜대거나 짜증을 내지도, 험한 소리를 하지도, 싸우지도 않았어요."

그녀는 오히려 혼란의 한가운데가 끝나고 길을 잃은 듯했다고 말했다. "고민이 많았죠. 이제 어떤 사람이 되어야 하지? 우린 신성한 시간과 공간에서 떨어져 나온 사람들 같았어요. 아이 셋이 있는 평범한 부부가 되었고, 갚아야 할 돈이 6만 달러나 있어서 송사를 겪었죠. 여전히 함께 살지만 감정을 처리하는 방식이 예전과는 완전히 달라졌고요. 그런데 이제 어떻게 살아야 하죠?"

자넬 핸셋 역시 오히려 혼란과 공허함에서 의미를 찾았고, 그 시기가 끝나자 길을 잃었다. 캘리포니아 중심가에서 자랐다. 몰몬교 신도인 그녀의 어머니는 알코올 중독자 남편의 부재 속에서 칼과 그림을 팔아 생계를 유지했다. 자넬은 책임감이 강한 아이였으나, 대학에 들어간 후부터 술을 마시고 코카인, LSD, 환각성 버섯에 빠져 지냈다. 스물한 살에 임신을 했고, 고작 열아홉 살이었던 남편과 결혼했으며, 우울증에 걸린 채로 둘째 아이를 임신했다. "스물여덟 살 때까지 실업자에 코카인 중독자였어요. 향정신성 약물만 7종을 복용했고, 조현병으로 고생했답니다." 결국에는 그녀의 어머니가 손주들을 데려갔고, 남편은 그녀를 떠났다. 자넬은 한동안 정신병원에서 지냈다.

"서른 번째 생일 2주 전 일요일이었죠. 사흘 동안 퍼마시고 아침에 일어났는데 온몸이 떨리고 아픈 거예요. 문득 더 이상 알코올의 노예로 살고 싶지 않다는 생각이 들더군요. 이 행성에서 자유인으로 살고 싶었어요."

자넬은 그날 오후 AA 모임[11장 참고]에 들어갔다. 1년 후, 그녀는 엄마와 아이들이 살던 집으로 들어갔고, 곧 남편과도 재결합했다. 집도 사고 다시 가정을 꾸려나갔다. 혼란의 시기에는 혼란스러운 만큼 분명한 구조가 있었다. 하루하루, 그리고 한 주, 한 달, 그리고 반드시 언젠가는 술을 끊겠다는 목표로 12단계 프로그램을 거쳤다. 폐기처럼 생사의 기로에 서본 사람이라면, 그 시기에 묘한 안정감이 있음을 알 것이다. 그 시기에는 목표가 있고 의미가 있다.

그런데 어느 날 갑자기, 모두 사라진 것이다.

"내겐 새로운 출발이 제일 힘들었어요. 술을 마시지 않아 좋기는 한데, 젠장, 이제 뭘 해야 하죠? 아이가 하나 더 생겼지만 엄마 노릇은 정말 끔찍하게 지루했죠. 성취감도 없이 단조롭고 답답한 삶에 매일 매일 죽어가는 기분이었어요. 더 이상 술을 마시지 않으니, 울며 겨자 먹듯이 맨 정신으로 살아야 하는데, 그게 너무 고통스러웠죠."

생애전환은 간단하지도 순조롭지도 않다. 정해진 틀도 순서도 없다. 그저 예측 불가능할 뿐이다.

생애전환은 생각보다 오래 걸린다

실망스러운 소식이 하나 있다. 전환하는 데에는 생각보다 많은 시간이 필요하다.

가장 어려웠던 국면을 질문한 데 이어 참가자들에게 생애전환에

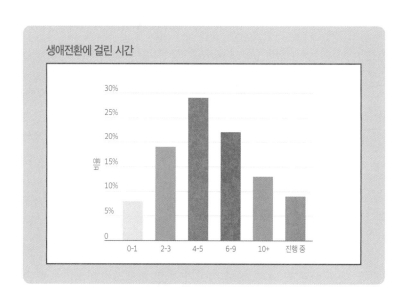

얼마나 시간이 걸렸는지 질문했다. 예상과 달리 이 질문에 대한 대답은 고르게 분포했다. 예외는 일부에 불과했다. 8퍼센트가 1년 정도 필요했다고 대답했다. 9퍼센트는 아직 진행 중이라고 답했으며, 5명 중 1명은 2년에서 3년이 걸렸다고 답했다. 6년에서 9년이라고 답한 사람의 비율도 20퍼센트 정도였다. 가장 많은 대답은 4년에서 5년이었다.

이 데이터에는 사실 다소 모호한 면이 있다. 최초의 균열에서 벗어난 지 채 5년이 되지 않은 사람도 있었다. "진행 중"이라고 답한 사람들 가운데 일부는 "삶 자체가 하나의 기나긴 전환"이라고 말했고, 다른 일부는 자신의 생애전환이 아직 완전히 끝나지 않았다고 생각했다. 그러나 이처럼 다양해 보이는 대답들이 전체적으로 드러내는 메시지는 분명했다.

생애전환의 주기는 5년 정도라는 것이다.

끔찍하다는 말부터 튀어나왔다. 이제 막 중대한 삶의 변화를 겪기 시작한 사람에게 걱정하지 마, 5년이면 끝날 테니까라고 말해야 한다고? 그러나 다시 생각하자 다른 메시지가 보이기 시작했다.

첫째, 생애전환에 대한 보편적인 논의가 부족했던 탓에 우리 대부분은 그 의미를 아직 잘 모른다. 간단한 예를 들자면, 내가 인터뷰한 수백 명 중 약 75퍼센트가 생애전환에 4년 이상 걸렸다고 대답했다. 그런데 그중 다수가 평균을 크게 벗어난 대답을 했다고 생각하며 미안해했다. 오히려 평균에 매우 가까웠는데 말이다. 이들에게 그 사실을 알려주면 크게 안도하곤 했다. 나는 전환에 실제로 얼마나 시간이 걸렸는지가 아니라, 사람들이 전환에 어느 정도의 시간이 걸릴 것으로 예상했는지를 주목했다. 예상 시간을 바로잡아야 한다는 책임감이 느껴졌다.

둘째, 우리는 삶의 많은 시간을 생애전환에 사용한다. 성인이 된 이후 평균 3번에서 5번 사이의 생진을 겪는다. 각 생진이 4~6년 혹은 그 이상 걸린다면 30여 년을 변화 속에서 살 수도 있는 셈이다. 말 그대로 반평생이 아닌가! 생애전환을 최대한 활용해야 한다는 게 이 책의 핵심이라면, 이 통계야말로 최고의 근거가 될 것이다. 행여 전환을 분노와 저항의 시기로 여긴다면 생각보다 훨씬 더 오랜 세월을 낭비할 것이기 때문이다. 전환을 최대한 활용하라. 그러지 않으면 전환 때문에 삶을 망칠 것이다.

이로써 생애전환의 마지막 메시지가 도출된다. 시인 로버트 그레이브스는 제1차 세계대전의 참호에서의 삶을 기록했다. "굉음이 끊이지 않았다. 한순간도." 엄청난 변화를 겪는 것이 딱 그런 느낌이다. 삶이 소란해지고 불협화음을 내며 당혹스럽고 혼란스러워진다. 그리고 삶은 멈추지 않는다. 한순간도.

전환은 접착제이자 치료약이다. 망가진 곳을 찾아내 고쳐준다. 흔들리는 곳을 찾아 바로 세워주고 모양을 알아볼 수 없는 곳을 찾아 또렷한 모양으로 만들어 준다. 언뜻 두려워 보일 수도 있지만, 생애전환은 일련의 도구를 사용하는 과정으로 세분화할 수 있다. 그 도구들을 잘 활용한다면, 전환의 과정이 수월해지고 생애전환에 성공할 가능성은 커질 것이다. 2부에서는 그 도구가 무엇이며 어떻게 하면 효율적으로 활용할 수 있는지에 관해 상세하게 다룰 것이다.

2부
삶의
재구성

7장

인정하기

감정을 확인하라

킹제임스 성경 창세기 1장 1절의 그 유명한 "태초에in the beginning"라는 구절은 가장 의미가 분명한 영어 표현이다. 이보다는 덜 유명하지만 창세기 1장 2절에는 비선형적 삶에 주기적으로 반복되는 삶의 균열과 밀접한 표현이 있다. 천지창조 이전 세상을 채우고 있던 형체 없는 공허, 즉 혼돈과 허무를 나타내는 **토후 바보후**tohu va-bohu라는 구절이다. 성경에만 이런 표현이 있는 건 아니다. 메소포타미아부터 아프리카와 중국까지 세계 각지에서 유래한 거의 모든 종교에는 질서가 있기 이전의 혼돈 속 세상을 묘사한 표현이 있다.

과학에 카오스 이론이 나타나기 오래전부터 여러 종교에 혼돈이라는 개념이 있었던 것이다.

종교들이 공유하는 개념은 그뿐만이 아니다. 여러 종교에 따르면 우리는 살면서 여러 차례 자신을 재창조하기 위해 혼돈과 무질서와 혼란의 상태로 되돌아간다. 위대한 종교학자 미르체아 엘리아데의 말처럼, "혼돈으로의 상징적 회귀는 새로운 창조에 반드시 필요하다".

생진은 바로 그 혼돈의 시기에 해당한다.

생애전환은 성공에 필요한 과정이다.

라이프스토리 프로젝트에서 나눈, 225건의 방대한 인터뷰에서 나는 사람들이 어떻게 생애전환을 헤쳐나가는지 살펴보는 데 집중했다. 비선형적 삶의 주요 부작용은 생애전환이 점점 빈번해진다는 사실을 금세 알 수 있었다. 우리는 인생의 절반을 이도 저도 아닌 상태로 보낸다.

생애전환이 일종의 기술이라는 사실을 알 수 있었다. 생애전환은 우리가 숙달할 수 있고, 반드시 숙달해야 하는 기술이라는 점이 중요하다. 습관부터 행복까지 모든 것을 연구한 결과, 익숙한 절차를 여러 단계로 나누어 하나하나에 집중하면, 더 나은 성취를 거둘 수 있었다. 무엇을 더 잘하려면 먼저 각각의 구성 요소를 잘 이해해야 한다.

생애전환도 마찬가지이다.

생애전환의 구성 요소에는 어떤 것들이 있을까? 인터뷰를 살펴보자 매혹적인 실마리들이 드러나기 시작했다. 엄격한 종교적 규범에서 빠져나온 A는 패스트푸드점에서 만난 사람의 한마디 조언이 삶을 바꾸었다고 말했다. 한때 알코올 중독자였던 B가 어디에서도 일을 구하지 못할 때 일자리를 준 사람은 카페에서 처음 만난 사람이었다. 암 생존자 C는 문신으로 자신의 완치를 기념했다. D는 이혼하자마자 결혼 생활의 끝을 기념하기 위해 사우나로 향했다. 수많은 참가자가 인생이 격변하던 최악의 순간에 노래를 부르거나, 수를 놓거나, 춤을 추거나, 요리를 했다고 말했다. 그들은 창의적 작업에 몰두하며 새로운 사람이 되고자 했다.

생애전환에 필요한 도구는 일곱 가지로 요약할 수 있다. 그 일곱 가지 도구가 바로 생애전환의 도구세트이다. 나는 로드맵, 청사진 등보다 도구세트라는 개념을 선호한다. 생애전환을 헤쳐나가는 단 하나의 방법이란 존재하지 않기 때문이다.

일곱 가지 도구는 다음과 같다.

- 인정하기: 감정을 확인하라

- 기념하기: 변화의 의식을 치르라

- 포기하기: 과거의 마음가짐을 버리라

- 창조하기: 새로운 일에 도전하라

- 공유하기: 타인의 지혜를 구하라

- 개시하기: 새로운 자아를 드러내라

- 진술하기: 새롭게 이야기하라

각 과정을 살펴보기 전에 먼저 몇 가지를 짚고 넘어가야겠다.

첫째, 우리는 대부분 이들 도구 중 일부를 사용한다. 본능적인 것일 수도 있고 노력에 의한 것일 수도 있다. 다만 누구도 일곱 가지 전부를 활용하지는 않는다. 누구에게나 성장할 여지가 있다.

둘째, 도구세트가 순차적으로 사용되는 경우는 거의 없다. 감정을 확인하고 변화를 기념하는 앞의 두 가지는 대체로 '영원한 작별'과 관련되어 있다. 그다음 두 가지, 즉 과거의 마음가짐을 버리고 새로운 일에 대한 도전하는 것은 일반적으로 혼란의 한가운데에 시도된다. 마지막 둘, 즉 새로운 자아를 드러내고 새롭게 이야기하는 것은 대체로 새로운 출발의 일환이다. 타인의 지혜를 구하는 다섯 번째 도구는 언제든 사용할 수 있다. 비선형적 삶의 양상이 모두 그렇듯, 전환의 도구세트를 사용하는 것에도 정해진 순서는 없다.

마지막으로, 오직 자기 자신만이 생애전환에 어떤 도구가 가장 필요한지 결정할 수 있다. 다음 장부터 도구들을 하나씩 살펴보겠지만, 정해진 방법은 없다는 점을 명시하라. 이 책의 목표는 독자들이 이런저런 일을 시도하도록 회유하는 것이 아니라 다른 사람들이 비슷한 상황에서 어떻게 혼란을 헤쳐나갔는지 공유함으로써 더 유용한 접근법을 찾도록 돕는 것이다. 다 읽을 즈음에는 생애전환을 한결 수월하게 할 몇 가지 아이디어를 발견할 것이라 장담한다.

이제 출발해 보자. 순전히 편의상의 이유로 첫 번째 도구인 인정하기부터 살펴볼 것이다.

"굴러떨어지기만 하다 처음으로 멈춘 겁니다"

찰스 고세트는 오클라호마시티에서 태어났다. 그의 가족은 서로 끈끈했지만, 가족사는 짜증과 분노와 알코올 중독을 비롯한 온갖 의존증으로 얼룩져 있었다. "학교를 좋아했어요. 배우는 걸 좋아하거든요. SAT에서 줄곧 상위 1퍼센트 안에 들었죠." 그러나 동시에 세상과 괴리감을 느꼈다. "다섯 살 때부터 뭔가 어긋난 느낌이었어요. 내가 이 세상에 안 어울리는 것 같았죠. 세상이 잘못되었거나요."

10대가 되면서 우울증과 공격성이 심해졌다. 정신과 의사와 목사들에게 의지하기도 했지만 소용없었다. 심지어 잠시 갱단을 기웃거리기도 했다. "도움받을 곳을 찾는 데 젬병이었죠. 그러다가 열다섯 살에 술을 배웠어요. 구름이 싹 걷히는 듯한 기분이더군요. 술만 있으면 뭐든 할 수 있을 것 같았고, 나 자신도 잊을 수 있었죠. 해답을 찾았다고 믿었어요."

찰스는 뜬구름처럼 떠돌다가 오클라호마주에 머물던 열아홉 살 때는 수면제 한 통을 삼켰다. 생을 마감할 생각이었다. 그는 의식을 잃기 직전 좋아하던 같은 반 친구의 기숙사를 찾아갔다. 그날 그녀가 구급차를 불러주었고, 몇 년 후 두 사람은 결혼했다. 크리스티는 초등학교 음악 교사가 되었고, 찰스는 도시녹지 관리원이 되었다. 부부는 두 딸을 낳았다.

그러나 찰스가 계속 술을 마셨다. 매일 퇴근길에 위스키를 한 병씩 비웠다. 맨 정신으로 지내려고 노력해 봤지만 한두 주를 버티지 못했다. 결국에는 크리스티가 아이들을 데리고 떠났고, 찰스는 재활시설에 들어갔다.

"시설에서 강의를 듣는데 화면 속 단어 하나가 눈에 들어왔어요. 바로 인정acceptance이라는 단어였죠. 물론 그 전에도 숱하게 들었던 말이지만 그날은 정말 진지하게 생각해 보았어요. 삶이 굴러떨어지기만 하다 처음으로 멈춘 겁니다. 그 순간 내 삶이 엉망진창이라는 사실을 인정해야 했죠. 내가 알코올 중독자라는 사실 그리고 알코올 중독자는 술을 절제하지 못한다는 사실을요. 술은 해답이 아니었어요. 오히려 문제였죠."

찰스가 중독치료를 마친 뒤에도 크리스티는 그를 믿지 못했다. 아이들도 만나지 못하게 했다. "그럴 만했죠, 뭐." 찰스는 재활시설에서 잔디 관리를 하며 고통스럽게 진정한 자아를 찾기 시작했다.

"나의 진짜 자아를 발견하고자 했어요. 나는 마치 시인처럼 현실을 관찰하고 현실에 귀 기울이고자 합니다. 봉사하는 삶을 살고 싶었습니다." 찰스는 주체성에서 대의로의 고전적인 형상변경을 했다. 봉사단체에서 취약한 아이들을 돌보고, 사람들의 재활을 돕고, 많은 학교를 돌아다니며 중독 위험에 노출된 학생들을 찾아냈다. 현재 그는 전문 상담사 자격증을 취득했다.

"하기 싫은 일을 하는 데 지쳤었어요. 내가 하고 싶은 일은 세상에 선한 영향력을 주는 것이었어요."

찰스가 선택한 삶의 형상은 분재였다. 스스로를 작고 망가진 존재로 여기는 사람들이 내면의 아름다움과 자부심을 찾도록 도와주고 싫기 때문이다.

다시 그의 가족 이야기를 하자면, 크리스티는 마침내 찰스를 용서하고 다시 그를 가족으로 받아들였다. 찰스는 적극적인 아버지가 되었고 교회에서 직분도 맡았다. 언제가 삶의 하이포인트였는지 묻자 그는 두 딸이 태어나던 때라고 대답했다. 로포인트는 둘째 딸의 첫돌이었다. 중독치료를 받느라 함께 있지 못했던 것이다. 터닝포인트는 상담사가 화면에 '인정'이라는 단어를 띄우던 순간이었다.

"얼마나 오랫동안 변화를 거부했는지 말하고 싶어요. 어떻게든 받아들이지 않으려 했죠. 회피의 귀재였어요. 어떻게든 책임을 회피할 구실을 찾아냈죠."

"하지만 바로 그 순간, 부정의 실타래를 풀어내기 시작했어요. 고통, 상실, 슬픔 따위를 효과적으로 헤쳐나갈 방법이 있다는 사실을 받아들이기 시작한 겁니다."

이를 위해 찰스는 마음속으로 자신의 생애전환을 삶이 바닥을 쳤을 때의 고통, 혼자가 되었을 때의 차갑던 현실, 가족을 되찾은 순간의 감사 등으로 구조화했다.

"내 삶에는 균열이 필요했습니다. 일단 상황이 명백해지자 이렇게 생각하기 시작했죠. 난 절벽 아래에 떨어져 정상을 올려다보고 있어. 그래, 여기도 디딜 곳이 있잖아. 그럼 다시 올라갈 수 있어."

모세의 순간

단순한 사실 하나. 사람들은 대체로 전환을 거부한다. 부정하고 회피하고 자기 연민과 분노에 빠진다. 과거의 방식을 선호하고 미지의 삶을 두려워하기 때문이리라. 그저 변화가 싫은 것일 수도 있다. 이유가 무엇이든 결정적인 순간을 마주하면 누구나 움찔하고 만다. 그런 반응을 나는 모세의 순간the Moses moment이라고 부른다. 출애굽기에서 여호와가 떨기나무의 불꽃 속에서 모세에게 이스라엘 백성을 이집트로부터 해방시키도록 할 때, 모세의 반응이 그랬다. 제가 무엇인데 감히… 역사를 바꿀 기회 앞에서 그만 움찔했던 것이다.

이런 반응을 보인 사람이 모세만 있는 것은 아니다. 자신이 처한 상황에서, 사르트르가 말한 사실성facticity을 받아들이기란 누구에게도 쉽지 않다. 청력을 잃게 된다는 사실을 처음 알았을 때 베토벤은 격렬하게 저항했다. 그는 친구에게 보내는 편지에서 "운명의 목을 조르고 말겠어. 운명은 절대로 스스로를 굽히지 않고 나를 완전히 짓밟으려고 할 테니까"라고 말했다. 몇 년 후, 베토벤은 운명에 굴복하고 만다. "체념이란 얼마나 비참한 수단이란 말인가! 그러나 내게 남은 건 오로지 그뿐이구나!"

요리평론가 M. F. K. 피셔는 몇 년간 파킨슨병과 싸우면서 알몸으로 자던 습관을 포기해야 했다. 매일 아침 거울 속에서 자신을 바라보는 "기괴하고 낯설고 추한 두꺼비 여인"의 이미지를 견딜 수 없었기 때문이다. 그녀는 낙담하며 나이트가운을 몇 벌 주문했다. "쉽게

타협하는 성격은 아니지만, 현실을 받아들여야 할 때가 있잖아요. 늙기를 거부하는 여자들을 알지만 그런 사람들은 흡사 걸어 다니는 좀비 같아요."

부정에서 인정으로의 이행이야말로 생애전환의 첫 번째 도구이다. 그렇다면 그 방법은 무엇일까?

12단계 중독치료 프로그램은 통제에 대한 환상을 완전히 포기하는 것이 관건이라고 강조한다. 자신의 실패와 나약함을 인정하고 더 큰 힘에 삶을 맡겨야 한다는 것이다. 여러 종교에 이와 비슷한 교리가 있다. 인간은 자신에게 일어나는 일을 모두 이해할 수 없으므로 신성한 섭리를 받아들여야 한다는 것이다. 이런 태도는 대체로 도움이 된다.

다만 인터뷰를 통해 많은 사람이 스스로 조금 더 확신하는 방식이 있음을 알게 되었다. 그들은 초월적인 힘에 의존하는 대신 자기 자신의 내면을 들여다본다. 그들은 지금 처한 상황이 자기 탓이 아니더라도, 상황을 개선하기 위해 스스로 책임을 떠맡으며 자신의 생애전환 과정에서 주체성을 발휘한다.

여러 사람이 이 주체적인 행위 이전에 어떻게 몸이 먼저 변화를 예감하는지 설명해 주었다. 찰스 고세트는 음주를 시작하기 훨씬 전부터 자신이 삶이 틀어졌음을 알고 있었으며, 금주하기 전부터 자신의 음주에 문제가 있다는 사실을 알고 있었다. 나오미 클라크는 트랜스젠더라는 개념을 알기 몇 년 전부터 자신의 몸이 어딘가 어긋나 있다는 느낌을 받았다. 니샤 제노프는 점심시간에 갑자기 몸이 아프고 헛구역질이 났다. 바로 그 순간 요세미티의 어느 산에서 아들이 추락했다는 사실을 안 것은 그 이후였다.

노벨문학상 수상자 펄 벅도 회고록에서 남편의 죽음에 대한 반응을 비슷한 순서로 묘사한 바 있다. "수년 전, 나는 인정하는 법을 배웠다. 첫 단계는 그저 자아를 상황에 맡기는 것이었다. 인정이란 정신의 영역이지만, 몸에서부터 시작된다." 심리학자들은 이를 제임스-랑게 이론James-Lange theory이라고 부른다. 1880년대에 윌리엄 제임스와 카를 랑게가 각각 우연히 발견한 현상으로, 이 이론에 따르면 정신이 미처 상황을 판단하기 전에 몸이 먼저 정서에 반응한다. 제임스는 알래스카에서 하이킹을 하다가 문득 영감을 얻었다. 그의 깨달음을 요약하자면 다음과 같다. "곰을 피해 달아나고 있다. 그러므로 나는 겁먹은 것이다."

최근 신체가 어떻게 위기에 저항하는 도구일 뿐 아니라 이를 극복하는 시작점으로 기능하는지 증명하는 연구 결과가 늘면서 변화에 몸이 먼저 반응한다는 주장이 보편화되었다. 나와 대화를 나눈 수많은 사람이 생각이 정리되기 이전부터 격변을 체감하는 느낌에 관해 증언했다. 상황을 직감하고, 내면의 목소리를 듣고 마음 깊은 곳에서 흔히 '아무튼 그냥 알았어요'라고 표현하는 무언가를 느꼈던 것이다. 신경과학자 안토니오 다마지오에 따르면 그런 느낌은 "신체가 이미 해결하기 시작한" 문제에 대한 깨달음이다. 우리는 어쩌면 미처 깨닫기도 전에 이미 생애전환에 돌입했을지 모른다.

거부감을 극복하고 새로운 현실을 받아들인 사람들의 사례를 몇 가지 들어보겠다.

어떤 이들에게 전환의 계기는 계시처럼 짧은 순간이었다. 시러큐스 출신의 스포츠 기자 데이비드 피규라는 결혼 생활이 너무나 불행했던 탓에 옛 애인과 만나기 위해 어느 날 인근 호텔로 차를 몰고 있었다. 그런데 그 순간 자신이 스스로 인생을 망치고 있다는 사실을 깨달았다. "정말로 울음이 터졌어요. 이런 생각이 들더군요. 아들한테 뭐라고 하려고? 그 순간 그럴 수는 없어! 하고 차를 돌려 집으로 돌아갔죠." 리사 래 로젠버그는 마약 중독과 알코올 중독으로 허덕이던 중에 자신의 후원자를 만났다. 그는 말했다. "자네 발을 내려다보게. 지금 어디에 서 있는지 똑똑히 보고 그곳에서 시작하는 거야." 리사는 이렇게 회상했다. "그 말이 얼마나 특별했던지 그 순간 모든 게 달라졌어요. 저건 내 발이야. 이게 지금 내 상황이고 내가 서 있는 땅이야." 그녀는 그 후로 마약에도 술에도 손을 대지 않았다.

다른 어떤 이들에게 인정은 머릿속 계산의 방식으로 찾아온다. 왼쪽 대퇴골에 악성종양이 있다는 사실을 처음 알았을 때, 난 재빨리 머리를 굴려 조금이나마 마음을 달랠 계산식을 만들어 냈다. 한쪽 다리를 잃는 것과 인생을 1년쯤 낭비하는 것과 목숨을 잃는 것 중 뭐가 제일 나을까? 캘리포니아에 사는 모델 겸 심령술사 캐런 피터슨마칭가는 어느 날 영화 미술감독인 남편이 세트장 사다리에서 떨어졌다는 전화를 받고 비슷한 생각을 했다. "살았어요?" 그녀는 프로듀서에게 물었다. "예, 그럼 발가락을 움직일 수 있나요? 손가락은요? 예, 좋아요. 그 정도면 괜찮네요."

심리학에서는 이를 부정적 시각화 negative visualization라고 부르는데,

끔찍한 상황을 받아들이기 위해 그보다 더 나쁜 상황을 상상하는 것을 의미한다. 셰릴 샌드버그는 자신의 저서 『옵션 B』에서 부정적 시각화를 남편 데이비드 골드버그의 갑작스러운 죽음 이후의 경험과 관련짓는다. 친구 애덤 그랜트가 상황이 더 나빴을 수도 있다고 말했을 때 샌드버그는 반문했다. "더 나빠? 농담해? 어떻게 이것보다 더 나쁠 수 있어?" 애덤은 데이비드가 아이들을 태우고 운전하다 부정맥으로 쓰러지는 상황을 가정했다. 그 말 덕분에 샌드버그는 상황을 새롭게 바라볼 수 있었다.

(2장에서 짧게 언급한 바 있는) 로레타 퍼햄의 경우도 비슷하다. 딸 레아가 애틀랜타의 로레타의 집에서 출발한 지 몇 분 만에 다른 차와 충돌하며 목숨을 잃었을 때 그녀도 경찰의 말을 믿지 못했다(차에 함께 탔던 레아의 큰딸도 다쳤지만, 생명에는 지장이 없었다). "내가 말했죠. '아니요, 아니에요. 내 딸 레아가 그렇게 될 리 없잖아요.'" 로레타는 영안실에서 확인해야겠다고 고집을 부렸다. "그곳에서 두 가지 사실을 알게 됐어요. 다행이었죠. 먼저 레아의 둘째 딸은 차에 타지 않았다는 사실, 그리고 레아가 병원에 누워서 혼자 죽어가지는 않았다는 사실이에요. 즉사했거든요. 그 사실이 크게 위안이 됐어요."

사람들은 이따금 긍정적인 변화조차 쉽게 받아들이지 못한다. 칼 바스는 자신을 오토데스크의 CEO로 초빙하려 한다는 소식을 들었을 때 "화장실에 5일간 숨어 지냈다". 그는 생각했다. 내 자리가 아니야. 맡고 싶지도 않고 감당할 능력도 없어. 변호사 캐럴 버즈는 테네시주 채터누가시 시의원에 출마하라는 주변의 압박을 받았다. 다행히 당선은 되었지만, 그 과정에서 받은 상처가 컸다. "많은 여성이 그러듯이, 저도 가면 증후군으로 고생했어요." 어떻게 극복했을까? 그녀의 대답은 칼 바스와 다르지 않았다. "차라리 극복하지 말걸 그랬어요. 다른 사람들보다 더 열심히 일하고 배워야 했거든요."

인정이 어려운 이유는 분명하다. 대체로 그리기 싫은 경계선을 긋고, 들어가기 싫은 영역에 들어가는 일이기 때문이다. 인정을 어렵게 하는 이유는 한 가지 더 있다. 바로 인정만 하면 되는 경우는 없다는 사실이다. 인정은 변화의 시간을 통과할 때 우리를 무기력하게 만드는 여러 감정 가운데 일부에 지나지 않는다.

두려워해야 할 유일한 것

인터뷰한 모든 사람에게 물었다. "생애전환을 하는 동안 가장 힘들었던 감정은 무엇인가?" 대답은 다양했다. 27퍼센트를 차지한 두려움이 단연 가장 흔하게 나타난 반응이었다. 그다음은 19퍼센트를 차지한 슬픔이었다. 수치심은 15퍼센트였으며, 그 밖에도 죄의식, 분노, 외로움 등이 뒤를 이었다.

나는 사람들에게 그 감정들에 어떻게 대처했고 또 어떻게 극복했는지 질문했다.

대답들은 실용적이고 통렬했으며 무척이나 기발했다. 가장 많은 참가자가 언급한 세 가지 감정부터 살펴보자.

두려움이 사람들을 공포로 몰아넣어 판단력을 마비시키는 것은

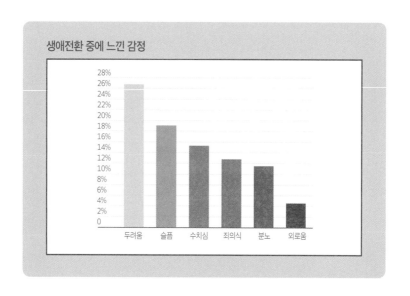

명백하다. 프레이디 라이스는 폭력적인 남편과 15년을 산 끝에 아이들과 도망쳐 나왔을 때 두려워 미칠 것만 같았다고 말했다. "실패가 아니라 미지에 대한 불안이었죠. 나도 이 세상이 이해가 안 되는데 거기서 두 아이를 키워야 했으니까요." 설상가상으로 유방암 진단까지 받았다. "수술을 받으러 병원에 갔는데 보호자 이름을 적으라더군요. 열한 살짜리 딸 이름을 써도 되는지 물었어요. 성인이어야 한다더군요. 어려울 때 도와줄 사람이 한 명도 없다는 사실을 그때 깨달았죠."

근본적으로 두려움은 긍정적인 감정이다. 두려움은 일련의 신체적 반응을 유발한다. 두려움을 느낄 때 심장박동이 빨라지고 피부에 혈색이 돌고, 아드레날린이 증가하는데 이런 반응들은 위기에서 벗어나는 데 도움이 된다. 사자와 마주치면 맞서 싸우거나 달아나야 한다.

시나리오 작가 스티븐 프레스필드는 말한다. "두려움은 우리 편이에요. 이정표이기도 하죠. 어떻게 해야 할지 알려주니까요."

그러나 두려운 상황이 언제나 200킬로그램에 육박하는 야수의 눈을 노려보는 장면처럼 분명한 것은 아니다. 많은 경우 두려움은 감정적 동요와 경제적 위기이며, 성공에 대한 보장 없이 시련에 맞서는 일이다. 생애전환 과정에 두려움이 고조되는 것은 온갖 의심으로 마음이 괴로운 탓이다. 심리학자 헤이즐 마커스와 폴라 누리우스가 1986년 발표한 이론에 따르면, 우리는 누구나 가능한 자기possible self 목록을 보유하고 있다. 이 가상의 자아들은 우리가 되고 싶어 하는 모습, 즉 꿈의 자아dream selves를 향한 바람은 물론이고 우리가 그렇게 될까 두려워하는 모습, 즉 끔찍한 자아feared selves를 향한 불안까지 반영한다.

인간은 놀랍도록 적응력이 뛰어나다. 비선형적인 시대에 두려움을 느낄 상황이 많아질수록, 이에 맞서는 방식 또한 발전하고 있다. 두려움에 맞선 사람들의 사례는 정말로 다양하다.

최악의 상황과 비교하기

미래에 대한 두려움이 아무리 크다 해도 현재에 대한 두려움에 못 미친다는 부등식을 떠올리는 것은 가장 자주 사용되는 방법이다. 그 부등식은 다음과 같다.

미지에 대한 두려움 〈 현실에 대한 두려움

브라이언 웹트는 런던 대학교 물리학과 교수직을 포기하고 유튜브 코미디 밴드가 된 것을 이와 같은 방식으로 합리화했으며("안이한 선택으로 후회하며 사느니, 차라리 실패를 두려워하며 살겠어"), 리사 루도비치는 임원으로 있었던 광고회사를 그만두고 최면사가 되었다("머무는 게 떠나는 것보다 두려웠습니다"). 카트리나 알콘이 남편을 떠나 직장 상사를 선택한 방식도 다르지 않았다("평범한 일을 하기가 너무나 싫었죠. 난 아주아주 특별한 일을 할 각오를 했어요"). 우리는 미래에 대한 두려움을 현재의 두려움보다 가볍게 여기는 방법으로 두려움을 다스린다.

기록하기

두 번째로 인기 있는 방법은 두려움을 기록하는 것이다. 실제로 많은 사람이 불안(그리고 그에 상응하는 바람)의 목록을 기록하는 방법으로 불안을 통제한다. 제나 잭은 회사를 그만두고 메인주에 가서 창업에 도전하고 싶었다. 그녀는 삶에서 이루고 싶은 것들의 목록을 작성해서("더 많은 친구를 사귀기, 가족과 가깝게 지내기, 자연 속에서 더 많은 시간을 보내기") 머리맡에 두고 매일 아침 눈을 뜨자마자 읽었다. 트래비스 로이는 하반신이 마비되어 NHL 진출의 꿈이 무너졌지만, 여전히 삶에서 이루고 싶은 바람을 모조리 기록했다("4년 후에 대학을 졸업하기, 스피치 강의를 듣기, 재단을 설립해 장애에 대한 인식을 개선하기"). 목록에 있는 바람을 모두 이루고 나면, 그는 새로운 목록을 작성하며 수십 년간 그 과정을 반복했다.

일단 뛰어들기

사회생활에서 받는 스트레스로 힘들 때 내가 종종 사용하는 방법을 다른 많은 사람도 사용하고 있었다. 이른바 '닥치고 일하기'이다. 존 오스틴은 25년간 몸담았던 마약단속국을 떠나 보안업체를 차리면서 무척 두려웠다. 해결책은 당장 일에 뛰어드는 것이었다. 에릭 매독스는 육군에서 중국어 전문 조사관 훈련을 막 마친 초임 장교 시절 이라크로 파병되어 고가치 표적high-value target을 추적하는 보직을 받았다. 그는 두려움을 느꼈다. "고국으로 돌려보내질까 제일 두려웠죠. 그래서 생각했습니다. 겁에 질릴 수도, 일할 수도 있겠지. 그러니 꾹 참고 하루하루 버티는 거야." 에릭은 훈련받은 취조 기술을 쓰는 대신 포로들의 이야기를 듣기 시작했으며 덕분에 최고의 고가치 표적이던 사담 후세인의 은신처를 알아냈다. 합동 특수임무 부대는 에릭이 알아낸 정보를 이용해 후세인을 검거하는 데 성공했다. 에릭은 공로훈장, 동성훈장을 받았고, 국무장관 도널드 럼스펠드의 부름을 받아 전군의 심문 기술 재교육에 참여했다.

직면하기

두려움을 극복하는 마지막 방식은 정면으로 맞서는 것이다. 티베트 불교계의 대표적인 여성 승려 페마 쵸드론에 따르면, 흔히 용감한 이들에게는 두려움이 없을 것이라고 생각하지만, 사실 그들도 두려움을 느낀다. 다만 극복하는 것이다. 그녀는 다음과 같이 말했다. "첫 번째 남편이 내게 자기가 아는 사람 중에서 내가 제일 용감하다고 했었다. 왜 그렇게 생각하는지 물었더니, 나는 사실 정말 겁쟁이인데 어떻게든 앞으로 나아가 일을 처리하기 때문이라고 했다."

실리콘밸리를 떠나 할리우드에서 스탠딩 코미디를 시작할 때 리처드 사르바테는 무엇보다 낯선 사람들 앞에서 말하는 것에 대한 일생의 두려움부터 이겨내야 했다. "평생 다른 사람들과 교류하는 걸 피했어요. 그런데 어느 날 용기를 내서 유명 코미디언에게 당신의 쇼를 보고 싶다고 메시지를 보냈죠. 얼마든지 와서 보라고 답장이 왔어요. 그의 공연이 끝나자마자 차를 타고 집에 돌아가려는데, 문득 고작 이러려고 왔나 하는 생각이 들었어요. 아니었죠. 그래서 바로 돌아가 나처럼 고민에 빠진 다른 코미디언과 정말 많은 대화를 나눴어요."

수전 키포크는 텍사스 A&M 대학교를 졸업하고 배우가 되기 위해 뉴욕으로 건너갔다. 그녀의 마음속은 두려움과 불안이 가득했다. "아빠가 돌아가신 직후라 혹시 어머니도 잃게 될까 두려웠죠. 대도시도 무서웠어요. 갓길을 걷다가 버스에 치일 수도 있잖아요. 그러다 문득 그 모든 두려움에 맞서야겠다는 생각이 들더군요. 정말로 두려움이 없어질 때까지 두려움을 못 느끼는 척할 필요가 있어요. 그럼 자신도 모르게 두려움을 잊기 마련이죠."

이들의 이야기를 요약하자면, 두려움은 타고나는 것이지만 용기는 얼마든지 키울 수 있다는 것이다.

무기력엔 날개가 있다

생애전환 과정에서 두 번째로 보편적인 정서는 슬픔이다. 슬픔이 가장 힘든 감정이었다고 응답한 사람은 20퍼센트에 육박했다.

낸시 데이비스 코는 뉴욕주 로체스터에서 사랑하는 부모님, 특히 매년 여름 애디론댁산맥에 데려가 말 타는 법을 가르쳐 주는 아버지의 딸로 태어난 걸 커다란 행운으로 여겼다. 더 넓은 세상을 경험하고 싶던 그녀는 국제무역으로 학위를 받은 후 독일로 건너가 인도네시아계 미국인과 결혼해 샌프란시스코만 인근에 정착했다. 그녀는 기술직으로 일하며 아이 둘을 낳았다. 여기까지는 선형적인 삶이었다.

40대가 되면서 낸시의 삶은 격변의 장애물 경주에 돌입했다. 따분한 일에 번아웃을 느낀 그녀는 고압 전류를 다루는 일을 그만두고 음악 블로그를 시작했다. 그녀의 선택에 남편은 불안해했고 부부 사이가 흔들리기 시작했다. 그 후 1년 사이에 사랑하는 반려견이 죽고, 첫째 아이가 대학에 입학한 지 몇 주 지나지 않아 아버지가 뇌종양으로 세상을 떠났다.

"슬픔의 나날이었어요. 아버지를 개와 비교하고 싶지는 않지만, 둘 다 내 삶을 든든하게 지탱해 주는 존재였거든요. 사랑하는 존재를 줄줄이 잃기 전에는 자신이 얼마나 행운아였는지 깨닫지 못하죠. 함께 있을 때는 그 소중함을 생각할 필요가 없으니까요. 물론 중요한 깨달음이었지만, 맙소사, 슬픔을 이겨내기가 쉽지 않았죠."

두려움이 변화의 시기 내내 우리를 따라다니는 감정이라면, 슬픔은 우리를 짓누르는 감정이다. 두려움은 끈질기고 슬픔은 우리를 무기력하게 만든다.

슬픔이란 본질적으로 우리가 잃어버린 누군가 혹은 무언가를 되찾을 수 없을 때 느끼는 감정이다. 잃어버린 누군가는 친구나 연인일 수도, 반려동물일 수도 있다. 잃어버린 무언가는 집이나 일일 수도 지나간 추억일 수도 있다. 슬픔은 모질도록 몸과 마음을 지치고 외롭게 한다. 남편의 죽음에 관한 글에서 펄 벅은 "행복했던 시간이 순식간에 기억으로 전락했다! (⋯) 늘 두려워하던 날이 온 것이다. 이제 내게는 지독한 외로움만 남았다"라고 말했다.

상실은 종종 갈망으로 이어진다. 소설 『잘못은 우리 별에 있어The Fault in Our Stars』에서 작가 존 그린은 그 갈망을 포착해 냈다. "추억의 즐거움을 빼앗기고 말았다. 더 이상 함께 추억할 사람이 없기 때문이다. 함께한 추억을 잃는 것은 추억 자체를 잃는 것과 마찬가지이다. 불과 몇 시간 사이에 우리가 함께했던 일들이 현실감을 잃고 덜 중요해진 것만 같다."

다만 놀랍게도 슬픔에도 긍정적인 면들이 있었다. 슬픔의 5단계 가설을 비판한 것으로 유명한 회복력 연구의 권위자, 조지 보나노는 슬플 때 우리가 자신의 내면으로 관심을 돌린다는 사실을 알아냈다. 이는 비탄에 빠졌을 때 꼭 필요한 과정이다. 슬플 때 우리는 좀 더 사색적이고 자기 보호적으로 행동한다. 두세 번 생각한 후에 행동하며 세심한 부분까지 신경 쓴다.

이 점에서 슬픔은 분노와 대척점에 있다. 분노가 싸움을 부추기지만, 슬픔은 자기 자신을 보호하도록 한다. 분노가 삶의 속도를 빨라지게 한다면 슬픔은 삶의 속도를 늦춘다. 보나노는 다음과 같이 말했다. "사랑하는 이를 잃은 사람들은 종종 상실감 속에서 사는 일이 마치 슬로모션처럼 느껴진다고 말한다. (…) 마치 주변 세상에 관심을 기울일 필요가 없어지는 듯하다. 그때 우리는 일반적이고 일상적인 걱정을 치워두고 대신 내면에 집중할 수 있다."

사람들이 슬픔에 대처하는 방식은 크게 세 가지가 있다.

체념

첫 번째 방식은 천천히 조금씩 항복하는 것이다. 오늘날 삶의 다른 많은 영역처럼 이 마지못한 인정을 해야 하는 순간 역시 비선형적으로 전혀 예상치 못한 때에 돌아온다.

젠더퀴어이자 의대생인 오스카 에밋은 더 이상 여자로 살고 싶지 않아 남성호르몬 주사를 맞으며 수염을 기르려 했으나 정통파 유대인 가족의 격렬한 반대에 가로막혔다. 에밋은 가지 못한 길을 생각하면 비통해했다. "이따금 내 길을 빼앗겼다는 생각에 슬퍼져요. 삶이 순조로운 친구들이 부럽기만 하죠. 다들 건실한 남자와 결혼했고 착하고 똑똑한 아이들을 낳았어요. 남편들은 집에 오면 자장가를 불러주며 아이들을 재우죠. 지금의 나를 좋아하지만, 나도 그 사람들처럼 이 어지럽고 두려운 세상과 싸울 필요가 없다면 얼마나 좋을까 싶을 때가 있답니다."

영국의 영화 프로듀서 레오 이튼은 미국인 사교계 여성에게 홀딱 반했다. 그는 여자의 마음에 들기 위해 (포르노 영화 각본을 쓴 과거를 감추는 것을 포함해서) 더 열심히 일했다. 그 후 45년간의 결혼 생활을 함께하고 그녀가 유방암으로 세상을 떠났을 때 느꼈던 참담한 슬픔을 그는 이렇게 표현했다. "지금도 마음속에서 제리와 대화를 나눕니다. 언젠가는 페리호 갑판에 서서 내가 어떻게 살았는지 아내에게 말했어요. 아내는 언제나 내 머릿속 목소리예요. 그녀의 과거와 현재 전부를 내 안에 다운로드해 두었거든요." 그 덕분에 그는 늘 슬프지만은 않았다고 한다. "친구들과 함께 아내를 추억하면 더없이 즐겁지만 그러고 나면 밀물처럼 슬픔이 돌아옵니다. 지난주엔 뻔한 로맨스 드라마를 보는데 슬픔이 거대한 파도처럼 덮치는 겁니다. 잠시 후 물러가기는 했지만, 그 순간만큼은 그 위력에 압도될 수밖에 없었죠."

관계

많은 이들이 슬플 때 타인에게 의지한다. 엘리사 코렌타에르는 카누 강사와 결혼하며 뉴욕시에서 미네소타 시골로 이사한 이후 "상실감, 이방인이 된 기분, 올바른 선택이었는지에 대한 회의감" 등에 휩싸였다. 해결책은 무엇이었을까? "친분을 쌓았어요. 기분이 처지고 외로울 때면 카페에 갔죠. 그러면 사람들이 미소를 짓거나 말을 걸었고, 카페 사장들과는 곧 친구가 되었어요. 우체국에서 마주쳐도 알은체를 해주더군요. 공동체의 일원이 되었다는 느낌이 제게 치유제가 되었답니다."

세라 홀브룩이 이혼 후 갓난아이의 싱글맘이 되었을 때 힘이 되어준 것도 친구들이었다. "혼자 있는 걸 싫어했는데 갑자기 정말 혼자가 된 겁니다. 너무 슬펐죠. 그런데 실제로는 혼자가 아니었어요. 여러 친구가 찾아와 함께 시간을 보내주었으니까요. 관계 덕분에 관계의 트라우마를 치유한 셈이랄까요?"

솔직함

슬픔에 대처하는 마지막 방법은 자신이나 타인에게 감정을 솔직하게 드러내는 것이다. LA 출신의 사샤 코헨은 러시아인 어머니와 미국인 아버지 사이에 태어났다. 걸음마 시절부터 체조와 스케이트를 시작한 그녀는 불과 열여섯 살 때 솔트레이크시티 올림픽에 피겨 스케이팅 국가대표로 출전했다. 그러나 프리스케이팅에서 넘어지며 아쉽게도 최종 4위로 대회를 마쳤다. 4년 후, 토리노 올림픽에서도 쇼트 프로그램은 1위였지만, 이번에도 프리스케이팅에서 넘어지는 바람에 금메달을 놓쳤다.

슬픔은 4년이나 이어졌다. "대화할 때마다 울음이 터져 나오려 했죠." 어느 날 친구가 그녀에게 경기 영상을 보게 했다. "울고, 또 울고 너무도 깊은 슬픔을 느꼈죠. 그때 비로소 슬픔과 고통을 억누르려고만 하는 대신 끌어안을 수 있었던 것 같아요."

NPR 방송국 최고의 프로듀서였던 숀 콜린스는 회사에서 해고된 후, 세인트루이스의 고향 교구로 돌아가 전도사로 일했다. 본능적으로 자신에게 어떤 일이 있었는지 숨기기는 했지만, 언젠가는 이야기해야 한다는 사실을 깨달았다. "에밀리 디킨슨의 시에, '진실은 너무도 소중해 이야기하는 것만으로도 기쁘다'라는 구절이 있어요. 경험을 통해 내 경험을 솔직하게 이야기해야 한다는 걸 배웠어요. 평생 다른 사람들에게 진실하게 살라고 가르치며 살면서도 나로서는 제일 어려운 일이었죠."

부끄러운 당신

수치심이 세 번째로 흔한 감정이라는 것은 의외였다. 참가자 6명 중 1명이 가장 힘들었던 감정으로 수치심을 선택했다. 두려움이나 슬픔과 달리 수치심에 관한 이야기는 더 본능적으로 고통스러웠다. 개인의 책임과 연관된 문제라는 점이 하나의 이유일 것이다.

5장에서 소개했던 크리스티나 반질락을 기억하는가? 크리스티나는 10년간 음주, 노숙, 범죄를 오가며 살았다. 어느 날 노숙자 보호소에서 일어난 그녀는 불현듯 너무도 수치스러웠다. 전업주부 어머니와 알코올 중독자 아버지 사이에서 태어난 그녀는 가족과 몹시 소원하게 지냈다. 재활시설에서 세 번째로 탈출했던 열여덟 살 때, 그녀의 어머니는 집 문을 열어주며 이렇게 말했다. "치료받을 생각이 없다면 나도 널 받아줄 생각이 없다. 다시는 살아서 못 만날 수도 있으니 정말 사랑한다는 말은 해두마." 어머니는 면전에서 문을 닫아버렸다.

빈집털이를 스물두 차례나 하며 3년의 세월을 보낸 끝에 크리스티나는 다시 재활을 결심했다. 그때쯤 또 다른 문제가 생겼다. 자신의 범죄 행각들이 주체할 수 없을 정도로 수치스러워졌다.

"사람들 얼굴을 똑바로 볼 수가 없더군요. 쥐구멍에라도 들어가고 싶었어요. 누군가가 내 과거를 알아내면 모든 걸 잃게 될 것 같았죠. 아무도 나를 좋아하지 않을 테고요."

그러던 어느 날 한밤중에 그녀는 문득 깨달았다. "처음으로 돌아가 다시 똑바로 시작해야 했어요. 계속 그런 식으로 지내느니, 교도소에 들어가거나 돈을 갚는 게 더 마음이 편하겠더라고요. 그래서 제가 도둑질한 스물두 집을 모두 찾아갔습니다. 집주인들을 만나 이야기했죠. '내 이름은 크리스티나입니다. 6개월이나 9개월 전, 이 집에서 물건을 훔쳤어요. 이런다고 용서가 되지는 않겠지만 법적으로든 금전적으로든 배상하고 싶습니다. 정말 죄송합니다.'"

사람들은 그녀를 보고 충격을 받았다. "다들 유색인종 남자일 것이라고 생각한 모양이에요." 대부분의 반응은 "꺼져, 다시는 내 집 근처에도 오지 마!"였다. "고맙다" 하고 말한 사람은 한 명도 없었고, 어느 여성은 "도대체 어떻게 배상하겠다는 거죠? 고조부님 결혼반지였단 말이에요. 당신 때문에 불안 속에 산 건 또 어쩔 건데요?" 하고 따지기도 했다.

"경찰에는 신고하지 않겠다더군요. 용서를 구하려는 걸 보면, 별로 수감될 필요가 없을 것 같다면서요. 앞으로 1년 동안 매달 25달러를 보내라고 했어요. 다시는 나타나지 말라는 말과 함께."

크리스티나는 그녀의 요구대로 했다. 다만 계좌가 없어서 송금은 어머니에게 부탁했다. 그 덕분에 어머니와도 화해할 수 있었다. 몇 년 후, 중독 경험이 있는 사람들이 가족과 화해하도록 돕는 프로그램을 운영하던 크리스티나는 〈오프라 윈프리 쇼〉에 게스트로 초대되었다. 방송국 측에서 크리스티나에게 그 여성을 만나 그 당시에는 하지 못했던 이야기를 들려주자고 제안했다. "방송국의 제안을 따르고 싶었지만 다시는 괴롭히지 않겠다고 약속했잖아요. 정중히 거절했죠."

수치심은 우리에게 결함이 있으며, 따라서 사랑받을 자격이 없다고 믿게 만드는 매우 고통스러운 감정이다. 수치심은 너무도 강력해 의미의 ABC 모두를 위태롭게 만든다. 스스로를 무력하다고 느끼게 만들어 주체성을 약화시키고, 타인과 관계 맺는 능력을 의심하게 만들어 소속감을 파괴한다. 우리를 자기 자신에게 매몰되게 만들어 이타적인 능력을 잃게 한다. 대의마저 흐릿하게 만드는 것이다. 수치심은 심지어 쌍둥이처럼 따라오는 죄책감보다도 더 치명적이다. 베스트셀러 작가이자 감정을 연구하는 학자인 브렌 브라운은 이를 간단하게 정리했다. 죄책감이 내가 나쁜 짓을 했다라면, 수치심은 내가 나쁜 사람이다라는 것이다. 일각에서는 여성이 남성보다 쉽게 수치심을 느낀다는 주장도 있으나, 인터뷰 내용을 살펴보면 꼭 그렇지도 않았다. 자기 자신을 낙오자, 중도포기자, 의지박약으로 여기게 만든다는 점에서 수치심은 남녀를 가리지 않는다.

이 유해한 감정을 어떻게 치료할 것인가? 인터뷰 내용을 살펴보자 크게 약화된 정체성 영역에 효과적으로 대응한 사례들이 눈에 띄었다. 주체성을 잃었다고 느낀 사람들의 경우, 조금 더 적극적으로, 혹은 더 나아가 공개적으로 자신의 취약함을 말로 표현하는 것이 효과적이었다. 소속감을 잃었다고 느낀 사람들 역시 자신의 감정을 타인에게 솔직하게 털어놓을 때 커다란 위안을 얻었다. 더 이상 남을 위해 할 수 있는 일이 없다고 느낀 사람들에게는 비슷한 처지인 사람들을 도운 일이 매우 유익했다. 세 경우 모두 머릿속에서 수치심을 없애기 위해 적극적인 행동을 취했다는 공통점이 있었다.

구체적인 사례들을 들어보겠다.

주체성(A)

캐럴린 그레이엄이 수치심을 극복한 것은 2번의 자살 시도를 글로 써서 글쓰기 모임 사람들에게 공감을 받은 덕분이었다. 자신의 고통을 더 많이 공유할 수 있겠다는 용기도 얻었다. "먼저 머릿속 목소리를 듣고, 그 목소리를 종이에 적었어요. 책상에 앉아 있는 게 너무나 힘들어 무기력해진 순간들이 있었죠."

커스티 스프라곤은 성병에 걸렸다는 수치심 탓에 20년 동안 공황 발작에 시달린 끝에 마침내 '헤르페스'라는 단어를 일기에 쓸 용기를 냈다. 작은 발걸음을 계기로 수많은 변화를 경험한 그녀는 TED에서 비밀을 공유하는 방법에 관한 강연까지 했다. 이후 그녀는 자신의 팔에 진실 전달자라는 문신을 새겼다.

소속감(B)

크리스천 피콜리니는 네오나치를 떠난 후 5년 동안 깊은 우울감과 약물에 빠져 살았다. 마침내 우울증을 극복하고 자신의 이야기를 하기 시작했을 때, 그는 "끔찍한 수치심"으로 엉망이 된 상태였다.

"당초에 다짐했던 것보다 훨씬 더 솔직해져야 했어요. 무대 위에 올라가 이렇게 말했죠. 내 이야기는 내가 싸우고 있는 추악한 내면에 관한 것입니다. 다른 사람들에게서 비슷한 고통을 발견해, 공감을 얻고자 했죠. 수치심의 해결책은 공감입니다."

버지니아의 젊은 목사였던 에릭 스미스는 가족의 죽음을 여러 차례 겪으며 신앙이 흔들렸고 정신적으로 건강하지 않았었지만, 장애인 학생들을 교육하며 위기를 극복했다. "그 친구들 덕분에 솔직함이 열쇠라는 걸 배웠어요. 늘 본능적으로 감정을 숨기기 급급했거든요. 엉망이 된 내 상태, 결핍과 고통까지 솔직하게 받아들였습니다. 아이들은 전혀 꾸밈이 없죠. 배가 고프면 입에 먹을 걸 넣으면 됩니다. 아이들이 오히려 제 선생님이 된 겁니다."

대의(C)

공화당 소속 조지아주 주의원 앨런 피크는 불륜 웹사이트를 통한 불륜 사실이 공개되자 너무나 수치스러워 의원직 사퇴를 고려했다. 그러나 당시 그는 다섯 살배기 뇌성마비 환자를 위해 의료용 대마초 사용 합법화를 촉구하는 전선에 이제 막 합류한 상태였다. "고통스러웠지만, 법안 통과를 위해 그 어떤 공개적인 망신도 견디기로 아내와 함께 결정했습니다." 그는 마침내 법안을 통과시키는 데 성공했다.

존 스미사는 리비아에서 민간인 40명을 죽인 일로 그 후 50년 동안 수치심을 느꼈으나 자신의 삶을 하느님에게 맡긴 이후 평신도 지도자가 되었으며, 상담가로서 봉사를 시작했다. "내 삶을 마치 오픈북처럼 만들었어요. 내 이야기를 듣고 싶어 하는 누구에게나 내가 어떤 짓을 저질렀고, 얼마나 후회하는지 들려주었습니다. 일주일에 4번씩 퇴역 군인들을 만나 상담해 주고 있어요. 그보다 더 보람찬 일이 있을까요?"

전환의 첫 번째 도구는 자신이 처한 상황을 파악하고(거부감을 이겨내고 끔찍한 현실을 받아들이는 것), 그 새로운 상태에서 느껴지는 감정(두려움, 슬픔, 수치심)을 인정하는 것이다. 다음으로 살펴볼 도구는 좀더 어려워 보일지도 모르지만, 사실 사람들이 다른 어느 것보다 갈망하는 도구이다.

8장

기념하기
변화의 의식을 치르라

비선형적 삶의 필연적 결론은 삶에는 체계가 없고, 삶은 영원하지 않으며 변덕스럽고 가변적이라는 것이다. 삶이 갑갑하거나 불행하다고 느껴질 때, 또는 삶의 무게에 짓눌리거나 녹초가 되었을 때, 비선형적 삶의 유동성은 엄청난 이점이 된다. 간단히 포기할 수도 있고, 삶의 중심을 옮길 수도, 삶을 다시 시작할 수도 있다.

그러나 종종, 특히 삶이 극심한 변화의 한가운데에 있을 때는 자칫 그 유동성에 그저 압도당하기만 할 수도 있다. 예측 불가능한 상황은 이제 그만! 부디 의지할 수 있는 확실한 이정표를 다오! 이런 상황에서 자신만의 이정표를 만드는 놀라운 능력을 보여주는 사람들이 있다. 저마다의 방법을 통해 그들은 자신의 마음을 가라앉히고, 잃어버린 대상을 기념할 물건을 모으며, 과거를 애도한다.

즉, 의식을 만들어 내는 것이다.

의식ritual은 케케묵은 단어이다. 의식이라는 말은 경직된 제도, 낡은 관습, 불편한 복식 등을 연상시킨다. 오 신이시여, 묵념은 이제 그만! 그러나 라이프스토리 프로젝트를 진행하며 알게 된 것은 삶의 방향을 잃어버린 사람들이 종종 자신만의 의례적 행위에 의지한다는 사실이었다. 노래, 춤, 포옹, 속죄, 문신, 테레빈유 목욕, 스카이다이빙, 사우나 등 종류도 다양했다. 사람들은 의례적 행위를 통해 국경 없는 세계에서 경계를 만들고, 대홍수의 순간에 방주를 마련한다.

형상변경의 시기에는 의식을 통해 삶의 형상을 얻기도 한다.

"10년 동안 생각한 일이에요"

마거릿 패튼은 엄청난 특권을 누리는 명망 높은 가문에서 태어났다. 고조부 조지 패튼 시니어는 남북전쟁 당시 남부 연합군 대령이었다. 조부 조지 패튼 주니어는 북아프리카 침공과 시칠리아 상륙전을 진두지휘했으며, 노르망디 상륙작전 이후 육군 제3군을 이끌고 프랑스와 독일로 진격한 제2차 세계대전의 상징과도 같은 장군이었다. 아버지 조지 패튼 4세 육군 소장은 한국전쟁과 베트남전쟁에 참전했다.

"군인과 결혼해서 아이를 많이 낳고 여기저기 돌아다니며 살 줄 알았어요." 마거릿이 말했다.

마거릿에게는 반항아 기질이 있었다. 가족이 일등석을 탈 때도 그녀는 이코노미석에서 평범한 사람들과 동승했다. 부모가 켄터키 더비Kentucky Derby에서 어느 장교를 신랑감으로 소개하려 했을 때는, "일반 관중석 인파 속으로 도망쳤다". 고등학생 때는 대마초를 피우다가 퇴학을 당하기도 했다.

"이중생활을 했다고 볼 수 있죠. 난 가족의 재산과 싸웠어요. 평생 듣고 자란 '가진 것이 많은 사람일수록 필요한 것도 많다'라는 가훈과도 싸웠죠. 베트남전쟁에 관여한 가족사도 마음에 들지 않았어요. 벗어나고 싶다고 말할 때마다 이런 꾸중을 들었죠. '빌어먹을, 너 역시 패튼 가문이야. 네 피가 어디 갈 줄 알아?'"

베닝턴 칼리지 신입생 시절, 마거릿의 룸메이트는 얼마 전부터 코네티컷주의 레지나로디스 수녀원에서 베네딕도회 수녀들에게 가톨릭 교리를 배우고 있었다. 어느 주말, 마거릿은 룸메이트를 따라가 보았다. 마거릿은 미적지근한 영국성공회 신도였지만, 수녀들의 고립된 생활, 영적인 분위기, 헌신 등에 매료되었다.

그녀는 여름에 다시 수녀원에 가서 오래 머물렀다. 어느 밤, 레지나로디스의 설립자이기도 한 수녀원장 베라 더스가 그녀를 부르더니, 이튿날인 8월 27일에 기념식이 열린다고 알려주었다. 레지나로디스 수녀원의 모체가 되는 프랑스 주아르의 수도원이 1944년 나치로부터 해방된 날을 기념하는 행사라고 했다. 수녀원장은 그 사건에 감명 받아 미군에 감사하는 마음을 담아 코네티컷에 수녀원을 설립했다고 했다. 수녀원장은 마거릿에게 기념식에서 성조기 게양을 맡아줄 것을 제안했다.

미군에 대해 느끼는 양가감정 탓에 마거릿은 자신이 그 일을 맡기에 적합한 사람이 아닌 것 같다며 거절 의사를 밝혔다.

"당신보다 더 적합한 사람은 없어요. 당신은 모르겠지만, 베네딕도회는 패튼 가문에 진 빚이 있답니다. 당신 증조부께서 부대를 이끌고 주아르의 수도원을 해방시켰죠. 그분이 없었다면 우리 수녀원은 이곳에 있지도 못했을 거예요."

마거릿은 어리둥절했다. "그날이 아직도 생생해요. 여기 내 마음을 빼앗긴 수녀원이 있는데, 그곳의 역사 한가운데에 우리 가족이 있었으니까요."

게다가 수녀원에는 마거릿이 평생을 찾아 헤맨 마음의 평화와 희생정신이 있었다. 마거릿은 수녀원장에게 자신도 수녀가 되고 싶다고 말했다.

수녀원장은 거절했다. 마거릿이 미성숙하고 순진하며 마음이 불안정하고 화가 많다는 이유였다. "절실하지 않다면 아직 준비되지 않은 거예요." 수녀원장이 말했다. 마거릿은 그 후 10년 동안 세속적으로 살고 싶은 욕망과 씨름했고, 코네티컷 숲속의 신비로운 수녀원에 대한 애착도 억눌렀다. 그녀는 여행하고 연애하고 학업을 시작하고 사랑에 빠졌다. 그러는 동안에도 종종 수녀원으로 도피하듯 돌아가 한동안 머물렀다.

"나는 그곳에서 필요했던 상담을 받았고, 망가졌던 삶을 바로 세웠어요. 그때도 수녀원에 머물고 있었는데, 수녀원장님이 말했어요. '알다시피 금세 영성을 잃을 수도 있어요.' 그 순간을 잊지 못할 거예요. 그 말이 칼처럼 폐부를 찌르더군요. 마음속으로 이렇게 말했죠. 좋아, 난 영성을 잃고 싶지 않아. 수녀원에 있으면 무언가를 느낄 수 있었어요. 영적인 존재가 느껴졌는데, 나는 그분이 내 삶의 중심이 되기를 원했죠."

"하느님을 말하는 건가요?" 내가 물었다.

"예, 맞아요."

마거릿은 가족에게 수녀원에 들어가겠다고 알렸다. 더 이상 함께할 수 없다는 의미였다. 가족과 함께 휴일을 보내거나, 간단히 만나기도 어려워질뿐더러 전혀 다른 사람으로 살아가야 했다. 마침내 지긋지긋했던 패튼 가문으로부터 벗어날 방법을 찾아낸 셈이었다.

하느님에게 삶을 바침으로써.

부모는 망연자실했다. 마거릿의 어머니는 속상해하며 입회식에도 참석하지 않겠다고 했다. 반면 아버지는 마치 군사훈련에 임하듯 딸을 지원하는 것을 가족의 의무라고 여겼다. 1981년의 마지막 날, 패튼 장군은 마거릿을 인근 호텔로 데려가 함께 저녁 식사를 했다. "자리에 앉자마자 아버지가 딸이 내일 수녀원에 들어가니 제일 좋은 와인을 가져오라고 하더군요. 난 아버지가 왜 저러나 싶었어요. 샐러드바에 가는데 지배인이 부르더니 앞날이 창창한데 왜 수녀원에 들어가냐길래 이렇게 대답했어요. '10년 동안 생각한 일이에요. 이제 그곳이 내 집이에요.'"

저녁 식사 후 패튼 장군은 마거릿을 수녀원까지 데려다주었다. 마거릿은 탈의실에 들어가 검은색 튜닉을 입고 흰색 스카프를 맸다. 밖으로 나오니 아버지가 성경을 읽고 있었다. "아버지가 나를 위아래로 보더니 이러더군요. '그게 제복이니?'"

두 사람은 제단에 들어갔다. 다른 사람들은 제단 밖에 머물렀다. "수녀원장님이 아버지에게 기도문 하나를 읽고 나를 축복해 주라고 했어요. 이례적인 경우였죠. 나는 잘 몰랐지만, 배우로 데뷔해 엘비스 프레슬리와 영화를 찍기도 했던 도리스 하트 수녀님이 아버지를 위해 뭔가 기념이 될 만한 이벤트를 하고 싶었대요. 예전에 은퇴한 경찰에게 호신용으로 사격을 배운 적이 있다는데, 기도가 끝난 후 밖에서 하늘을 향해 소총을 한 발 쏘더라고요."

"아버지는 군인이니까 당연히 총소리인 걸 알았죠. 아버지가 물어보더군요. '저게 대체 뭐하는 거니?!'"

수녀들이 마거릿을 수녀원 건물 안으로 데려갔다. "그러고는 내 눈앞에서 그 크고 육중한 대문을 닫더군요. 아버지가 외쳤어요. '행운을 빈다, 마거릿!' 나도 소리쳤죠. '고마워요, 아버지. 잘할게요!'"

자유로운 생활, 세속적 사랑, 성적인 모험으로 가득하던 삶에서 금욕적인 생활, 종교적 헌신, 순결한 삶으로의 전환은 어느 모로 봐도 극적이다. 수녀로서의 일상은 마거릿의 이전의 삶과 완전히 다르기 때문이다. 물론 심신의 안정, 순종, 종교적 귀의는 모두 중요한 가치이기는 하지만, 무엇이 그런 극적인 생애전환을 가능하게 하는 것일까?

베네딕도회를 포함한 수도회들이 1000년 넘게 이처럼 상상할 수 있는 가장 심오한 생애전환으로 수많은 사람을 인도하며 발견한 열쇠는 무엇일까?

그 열쇠는 서두르지 않는 것, 자기 자신을 깊이 성찰하는 것, 그리고 삶의 여정의 단계마다 새로운 상황을 나타내는 알맞은 의식을 통해 새로운 출발을 기념하는 것이다.

마거릿의 경우, 이 모든 과정을 거쳐 베네딕도회에 들어가기까지 10년 이상이 걸렸다. 첫째, 탐색 의식이 있었다. 마거릿은 다른 성소자와 마찬가지로 첫 1년을 자신의 가계를 탐색하는 데 사용했다. 그 덕분에 그녀는 패튼 가문의 어떤 역사가 자신을 새로운 삶으로 이끌었는지 분명히 알게 되었다. 그해는 의복 의식을 치르는 것으로 마무리되었다. 마거릿은 검은색 튜닉과 머리 수건을 받았고, 머리는 짧게 잘라 흰색 베일로 덮었다. 그리고 나면 세례명을 정하게 된다. 마거릿은 마거릿 조지나 수녀가 되었다. 평생 달아나려 했었던 조지 패튼 가문을 기리는 이름이었다.

다음 단계는 언어 의식이다. 새로 입회한 수녀들은 라틴어, 전례, 성가를 배우고, 비유와 기도로 자기 자신을 표현하는 방법도 익혀야 한다. 그다음은 사역 의식이다. 수녀는 일련의 공부를 통해 자신에게 어떤 재능이 있는지 파악하고, 치즈 제조부터 서가 정리까지 어떤 일로 교회에 헌신할 것인지 결정해야 한다. 마거릿은 농사를 배우며 정원과 텃밭을 책임지기로 했다.

마지막 단계는 정화 의식이다. "신도들 앞에서 '난 당신의 것입니다'라고 말하면 신도들도 똑같이 말하죠. 그 후 바닥에 엎드리면 성인 호칭 기도가 시작돼요. 결혼식과 비슷합니다. 화관도 쓰거든요. 내 화관은 수녀원 여기저기에서 따온 꽃들로 만들었죠."

그런데 이런 의례적 행위를 하는 이유는 정확히 무엇일까? 왜 무려 10년에 걸쳐 각각의 정교한 단계들을 요구하고, 고풍스러운 의식들을 빠짐없이 치르는 걸까?

"사람들에게 필요하기 때문이죠. 의식을 치르는 과정에서 자신이 어느 단계에 있는지 알게 됩니다. 자기 자신을 다르게 바라보는 데 도움이 되죠. 성장을 위해서는 일종의 안정감이 필요한데, 의식을 통해 그 안정감을 얻는 겁니다."

"새사람이 되었다는 상징이죠"

내가 인터뷰한 모든 사람에게 생애전환에 돌입한 순간 의식을 치렀는지 물었다. 적당한 예시를 들지 않은 채 자유로운 답변을 기다렸다. 의식뿐 아니라 어떤 행동이나 헌사, 기념물 등 무엇이든 괜찮다고 했다.

78퍼센트가 그렇다고 답했고 22퍼센트는 아니라고 답했다.

놀라울 정도로 기발한 의식들이 많았다. 격변의 시기를 통과하며 혼란에 휩쓸리지 않겠다는 거의 본능에 가까운 의지가 모든 대답에서 일관되게 느껴졌다. 참가자들이 말한 의식들을 크게 네 가지 범주로 나눌 수 있었다. 많이 언급된 순서로 나열하면 다음과 같다.

- 개인적 의식(문신하기, 제단 세우기)

- 집단적 의식(파티 열기, 기념행사 열기)

- 개명 의식(성이나 이름을 바꾸거나 빼기, 세례명 받기)

- 정화 의식(다이어트하기, 면도하기)

이 책에서는 편의상 이처럼 다양한 행동을 모두 의식이라는 용어로 지칭하겠다. 의식은 상징적인 행위, 표현 또는 기념행사로서 전환기에 의미를 더해준다.

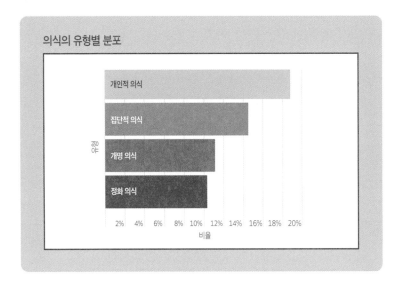

변화의 의식을 치르는 사람이 많은 이유는 무엇일까?

의식은 근본적으로 의미를 부여하는 행위이다. 주체성, 소속감, 대의를 모두 잃어버린 것만 같은 전환기에 치르는 의식은 이들을 회복하는 데 도움이 된다. 작가이자 여성학 연구자인 크리스틴 다우닝은 자신의 회고록 『완경 일지 A Journey Through Menopause』에서 전환기에 접어들 때 느껴지는 불안을 정확하게 묘사했다. "외롭고 막막하고 두렵기조차 했지만 동시에 호기심과 기대감도 있었다. (…) 필생의 전환을 앞두고 있었지만, 여성으로서 희망과 존엄, 깊이를 잃지 않으면서 그 전환기를 통과하는 데 도움이 될 만한 신화나 의식은 역사를 통틀어 전무해 보였다."

의미의 진공 상태를 만드는 순간이 다 그렇듯, 전환을 앞둔 순간의 반응 역시 의미의 ABC를 반영한다.

- 주체성(A): 우리는 의식을 치르며 여전히 삶을 조금은 통제할 수 있다고 안심한다. 우리는 몸에 작은 변화를 주거나, 촛불을 밝히고, 기념비를 세운다. 심리학자 엘처 고든레녹스가 말했듯, 그 점에서 의식은 구두점과도 같다. 때로는 장례식이나 송별회같이 완전한 단절, 즉 마침표가 필요하기도 하고 때로는 안식년이나, 단식처럼 쉼표가 필요할 수도 있다. 의식은 결혼식이나 졸업식처럼 느낌표가 될 수도 있다.

- 소속감(B): 어떤 이들은 타인과의 관계를 돈독하게 해주는 의식에 이끌린다. 사람들을 저녁 식사에 초대하고, 집회에 참석하고, 성지순례를 떠나는 것이다. 크리스틴 다우닝에 따르면, 의식의 목적은 몸과 마음의 합일을 이끌고, 지금 자신이 겪고 있는 깊은 고통을 겪은 다른 이들이 많다는 사실을 기억하게 하고, 지금 당장 그

길에 동행할 동지들을 모으도록 하는 것이다.

- 대의(C): 의식은 우리의 고통이나 기쁨에서 고귀한 소명을 발견하게 해준다. 세례, 경야^{wake}, 가면 착용, 가두시위, 고별사 낭독 등이 이 범주에 포함된다. 인간은 감정에 매몰되기 마련이고, 그때 수세기 동안 수많은 사람이 위안을 찾았던 행위들을 받아들이는 것보다 좋은 방법은 없다. 그런 의식을 통해 우리는 전환의 순간에 두려움을 맥락화할 방법들이 여러 전통과 종교에 남아 있음을 알 수 있다.

인터뷰에서 언급된 여러 의식 가운데 일부를 소개해 보겠다.

개인적 의식

- 밀라드 하월은 크로스핏 체육관을 차리기 위해 대형 제약회사를 그만둔 후, 오른손 중지에 호흡과 생각, 왼손 중지에 성공과 행복이라는 문신을 새겼다. "손에 문신을 한 이상 제약회사로 돌아갈 수는 없어졌어요. 끝난 겁니다. 친구들에게 마이크 타이슨처럼 얼굴 문신도 하겠다고 말했어요."
- 오스카 에밋이 정통 유대교 신앙을 버리고 나서 한 일들은 생애 첫 치즈버거 시식과 청바지 구매 그리고 그 전까지는 할 수 없었던 첫 키스를 한 것이다.
- 리사 래 로젠버그는 할리우드 프로듀서직을 잃고, 어머니와 크게 싸우고, 무려 52명의 남자와 선을 보는 끔찍한 1년을 보냈다. 그

후 그녀는 스카이다이빙에 도전했다. "고소공포증이 심했어요. 스카이다이빙을 해내면 무엇이든 할 수 있을 것 같았죠." 1년 후 그녀는 결혼해 아이를 낳았다.

- 낸시 데이비스 코는 벽난로 선반에 제단을 짓고 돌아가신 아버지 사진 옆에 맥주병, 골프공을 두고, 찻잔에 쌀을 담아 올려놓았다. 찻잔 옆에는 추도사를 세워두었다. "아버지로부터 계시를 받고 싶었어요. 그런 걸 싫어하실 분이지만요. 우리 부녀는 매우 현실적인 사람들이거든요. 그런데 어느 날, 선반에 가보니 쌀에 엄지 모양으로 자국이 나 있지 뭐예요. 아이들은 어려서 선반까지 손이 닿지 않는데 말이에요. 그래, 아버지다운 방식이야. 날 슬쩍 건드려 보는 거겠지. 그렇게 생각했죠."

집단적 의식

- 심리학자 프레드 슐레머는 30년의 결혼 생활 끝에 게이로 커밍아웃한 직후, 뉴멕시코주의 원주민 전통 의식에 참석했다. 원주민 치유사들은 오두막에 매의 깃털과 돌을 쌓아두고, 젖꼭지 살을 잘라 나뭇가지를 삽입하는 일종의 피어싱을 해주었다. 슐레머가 피어싱이 끝난 살갗을 잡아당기자 주변에 있던 사람들이 환호하며 노래를 불러주었다.

- 나오미 클라크는 9·11 이후 여성으로의 성전환을 시작한 날, 맨해튼의 멋진 술집으로 친구들을 초대해 이른바 "호르몬 주사 파티"를 열었다.

- 데버러 피시먼은 정통파 유대인 남편과 이혼을 앞두고 있던 어느 날 밤 남편을 집에서 내쫓고 여성들을 위한 유월절 세데르^{Passover} Seder를 열었다. 이 의식을 위해 그녀는 봄날을 기념하고 안녕과 회복을 기원하는 기도문과 축사를 작성했다. 세데르를 통해 이스라엘의 출애굽을 기념한 것이 아니라, 남성으로부터의 여성 해방을 강조한 것이다. 그 후 매년 여성을 위한 세데르를 열고 있다.

개명 의식

- 세라 피네오는 월스트리트에서 찾아보기 힘든 여성 파생상품 트레이더로 일하며 수백만 달러를 벌었으나, 자신의 에로틱한 로맨스 소설들을 출판하기 위해 직장을 그만두고 뉴햄프셔로 이사했다. 그녀는 조롱을 피하려고 사리나 보웬이라는 필명을 사용했다. "의식을 치르는 기분이었어요. 새로운 페르소나로 변신하는 거잖아요. 내게는 원래도 다른 모습이 있었지만, 다른 사람들에게 보여주기는 싫었었거든요."

- 세라 시스킨드는 하버드에서 인종 간 관계에 관한 논문을 발표한 후 민주당 지지자들로부터 기피인물로 낙인찍혀 폭스뉴스에까지 출연했다. 심경의 변화를 겪은 그녀는 보수주의 시각을 버리고 코미디 작가가 되기로 했다. 그녀는 과거의 자아와 결별하고 자신을 괴롭히던 인터넷 악성 댓글에서 벗어나기 위해, 전문성을 강조하는 일종의 브랜드로서 로즈라는 미들네임을 사용하기 시작했다.

- 사샤 코헨은 피겨스케이팅 올림픽 메달리스트라는 오랜 페르소나로부터 벗어나고 싶었다. 그녀는 보다 "평범한" 삶을 위해 결혼 전 이름인 알렉산드라로 개명했다.
- 코트니 로그만스는 기독교, 힌두교, 하레 크리슈나 등을 거치며 평생을 구도자로 살며, 캘리포니아주와 오리건주 등지에 대안적 공동체를 설립했다. 그러나 험악한 이혼 과정을 겪은 뒤 그녀는 수피즘의 가르침을 받아들여 칼리카 바키Khaliqa Baqi, 즉 "신성을 나타낼 자신만의 표현을 만들고 확립하라"라는 의미의 아랍어 이름으로 개명했다.

정화 의식

- 제이슨 도이그는 NHL을 떠난 뒤 게을러지고 살도 쪘다. 새로 만난 여자친구에게 영감을 받아 비건이 되고 건강한 생활 습관을 받아들인 것을 시작으로, 그는 테레빈유로 몸을 정화하는 의식을 치렀고, 미국 원주민들이 소나무의 영혼을 담아 만드는 묘약까지 조심스레 복용하였다. 몸에서 당분을 배출할 목적이었으나, 식은 땀을 흘리며 심한 구토를 하고 말았다.
- 앨런 피크는 공개서한을 통해 자신이 주의원 임기 중에 혼외정사를 이어왔음을 고백한 후, 밀회 장소로 사용하던 콘도를 팔고 매일 저녁, 주의회에서 집까지 매일 2시간씩 차를 몰았다. 가족과 함께 있기 위해서였다.
- 스킨헤드 조직을 떠난 후에도 크리스천 피콜리니에게는 해결해

야 할 문제가 남아 있었다. 바로 온몸을 덮은 나치 문신이었다. 그걸 다 지우는 것은 불가능에 가까워서, 그는 차라리 다른 문신으로 덮기로 했다. "목덜미에 독수리가 스와스티카에 매달려 있는 문신이 있었죠. 그걸 다 덮을 만큼 큰 도안은 십자가에 달린 예수님뿐이었어요. 이제 그 문신은 내가 새사람이 되었다는 상징이죠."

죽음이여, 오만하지 말지어다

전환을 기념하는 모든 의식이 신체적인 표현을 수반하는 것은 아니며 오히려 순전히 정서적인 의식들도 있다. 여기에 애도보다 더 적합한 예시는 없을 것이다. 이유가 무엇이건 생애전환의 여러 측면 가운데 『먹고 기도하고 사랑하라Eat, Pray, Love』의 저자 엘리자베스 길버트가 "달콤한 슬픔의 시간"이라고 칭한 애도만큼 잘못 알고 있는 것은 없다. 인터뷰를 살펴보자 사람들은 원인부터 해법, 형식까지 애도의 모든 과정을 오해하고 있었다.

래리 몰도는 증명사진을 찍을 때 검은색 카우보이모자를 썼다. 일명 "카우보이 주"인 와이오밍주 샤이엔에서는 별로 놀랍지 않은 일이지만, 그가 그곳에서 가장 유서 깊은 유대인 공동체인 시나이산 유대인회의 랍비라는 점을 고려하면 다소 놀라운 선택이었다.

래리는 미니애폴리스에서 태어났다. 아버지는 판금 노동자였다. 래리는 성격이 내성적인 데다 책을 좋아해 밖에 잘 나가지 않았다. "주님께서 우리에게 벽을 짓도록 허락하신 이유는 그 안에서 지내라는 뜻이 아니겠어요?" 래리는 독학에 재능이 있었고, 수학에는 천재적이었다. 2학년 때는 수학 선생님에게 다른 아이들이 못 따라오니 수학 공부를 그만하라는 부탁까지 받았다. "6년 후 아이들이 내 진도를 따라잡았지만, 난 이미 역사 공부로 넘어가 있었어요."

다른 사람과 잘 어울리지 못했던 래리는 대학생 때도 기숙사에 들어가지 않았고, 졸업 후에는 일리노이주 피오리아에서 유대인 아이들을 가르치며 살았다. 그 후 그는 오마하의 유대교 회당에서 예배 감독을 맡았다. 결혼 후에는 한동안 장인을 도와 전당포에서 일하다가, 총기 딜러 면허를 획득했다.

"장인이 권한 일이었어요. 정작 나는 사용하지도 않는 물건을 파는 꼴이 됐죠. 보석도 팔았지만 난 장신구를 거의 하지 않으니 마찬가지였죠. 이곳에서는 할머니들도 권총을 소지해요. 1년에 2번, 거리에 총을 들고 나가 하늘에 쏘는 것으로 새해와 독립기념일을 맞이하거든요."

그러나 총기 강도를 당한 이후 그는 총기상을 그만두고 랍비가 되기로 했다. "친구가 그러더군요. '너는 아는 것도 많고 경험도 많지만, 지식만 보고 사람을 뽑지는 않아. 그래서 다들 타이틀을 만드는 거야.'"

래리 부부는 늘 아이를 원했지만, 번번이 임신에 실패했다. 마침내 생긴 아이는 임신 6개월 무렵부터 성장을 멈추었고, 결국에는 사산되었다. "마음이 복잡하더군요. 아무도 말해주지 않아 뒤늦게 알았지만, 처가 사람들은 대대로 초산이 위험천만했다더군요. 여섯 세대 동안 초산은 늘 사산이었답니다. 하나같이 탯줄에 목이 감겼다네요."

래리는 뼛속 깊이 전통주의자였다. 자신의 종파 어디에도 사산 후의 가족을 돕는 의식이나 절차가 없다는 사실을 알고 당혹해한 것도 그래서였다. 병원에서 시신을 넘기지 않은 탓에 장례를 치를 수도 없었다. "아내가 그 일로 크게 속상해했어요."

어느 날, 독학 재능이 발동했다. 래리는 그 후 12년 동안 율법과 탈무드를 넘나들며 유산, 사산 등 태아 사망에 관한 내용을 깊이 연구했다. "위안이 되는 내용이 하나도 없었어요." 결국에는 그 주제로 직접 랍비 논문을 쓰기로 했다. 「임신 실패와 태아의 사망: 랍비와 칸토어를 위한 목자의 돌봄」.

이 과정에서 그는 무엇을 배웠을까.

"슬픔은 감정이고 애도는 행동입니다. 슬픔을 발산할 방법이 없으면 속에서 터져 사람을 무기력하게 만들죠. 태아가 사산되어도 공동체에서 그 어떤 의식도 불허하기에 슬픔은 갈 곳을 잃습니다."

래리 부부는 그간의 공부를 바탕으로 여러 애도 방식을 만들어냈다. 죽은 아이의 이름을 지었고, 친지들에게 아이가 이루지 못한 삶의 가능성에 관해 말해주었다. 가족들에게는 아이가 사산된 날 촛불을 밝히게 했고, 후일 입양한 아이에게도 만나지 못한 형제의 추억을 공유하게 했다.

"연구를 통해 알아낸 사실 하나는, 우리가 겪은 일들을 기념하지 않아도 몸이 기억한다는 겁니다. 갑자기 영문도 모르고 기분이 참담해질 때가 있을 겁니다. 설령 15년 전에 일어난 사건이어도 몸은 매년 기억하기 때문이죠. 애도의 목적은 그런 감정들을 밖으로 내보내는

데 있습니다. 공동체와 공유하는 거죠. 그렇게 하지 않으면 슬픔이 우리를 계속 물어뜯을 테니까요."

사람들은 자신이 애도에 관해 잘 안다고 착각한다. 예를 들어, 애도는 죽음과 관련된 것이라거나, 시간이 오래 걸린다거나, 애도에는 단계가 있다는 등의 착각이다. 이 속설들 가운데 그 무엇도 사실이 아니다. 하나씩 살펴보기로 하자.

첫째, 슬픔의 이유가 죽음만 있는 것은 아니다. 우리는 집을 잃는 것부터 아이가 대학 기숙사로 떠나는 것까지 온갖 상황을 슬퍼한다. 누군가에게 일을 빼앗길 때도, 다 잘될 거라는 순진한 기대가 물거품이 되었을 때도 슬퍼한다. 인터뷰를 살펴보자, 슬픔은 전환기에 사람들이 두 번째로 많이 느끼는 감정이었으며, 무언가를 잃어버렸을 때뿐만 아니라 아무 일도 일어나지 않았을 때 슬픔을 느끼는 경우도 많았다. 성취하지 못한 행복, 실현하지 못한 꿈을 예로 들 수 있다. 시인 존 그린리프 휘티어의 시구처럼, "슬픔에 대한 말과 글 가운데 / 가장 슬픈 것은 '그럴 수도 있었는데!'이다".

둘째, 애도가 오래 걸리는 일이라는 것도 사실이 아니다. 100년 전이나 지금이나 많은 사람이 애도는 평생 하는 것이라고 믿는다. 1849년, 제임스 포크 전 미국 대통령이 서거했을 때 영부인 세라 포크는 고작 마흔다섯 살이었지만 무려 40여 년의 여생 동안 상복을 입고 살았다. 오늘날 애도는 자제해야 하는 일처럼 여겨진다. 컬럼비아 대학교 조지 보나노 교수의 연구에 따르면, 상을 당한 사람의 60퍼센트가 1개월 후에는 슬픔의 징후를 보이지 않았다. 심지어 며칠 안에 슬픔을 극복하는 사람도 있었다. 반면 약 15퍼센트는 수년에 걸쳐 슬픔으로 고생했다.

마지막으로 애도에는 단계가 없다. 인간 심리의 다른 많은 영역처럼 20세기를 거치며 애도 역시 선형적인 순서에 따라 과제, 단계, 시기를 통과하는 과정으로 그 의미가 축소되었다. 게다가 예정된 순서대로 체크리스트를 채우지 못하면 망상에 빠져 교정 상담이 필요한 사람으로 여겨졌다. 오늘날에는 사람마다 애도의 방법과 순서가 다르다는 사실이 밝혀졌다. 보나노에 따르면, "사별한 사람들에게서 가장 일관성 있게 발견되는 특징은, 그것이 일차원적 경험이 아니라는 사실이다".

보나노를 비롯한 여러 연구자가 지적했듯, 상실을 경험한 사람이 애도의 과정을 구체적으로 수행할수록 슬픔을 더 빨리 이겨냈다. 더욱이 애도는 상실을 겪은 당사자뿐 아니라 주변 사람들에게도 도움이 된다. 유가족과 문상객들이 함께 (웃고, 모여서 추억을 공유하고, 기념물을 세우는 등) 긍정적 경험을 공유할 때 애도는 연대와 재건의 행위가 된다. 프로젝트 참가자 3명 중 2명이 전환기에 어떤 방식으로든 애도를 했다고 응답한 것은 당연해 보인다.

인터뷰에서 언급된 효과적인 애도 요령을 일부 소개하겠다.

• 자신만의 기념일: 데본 굿윈은 아프가니스탄에서 뇌손상을 당한 날을 기념하여 특별한 휴일을 만들었다. "매년 8월 31일엔 아무것도 하지 않아요. 당연히 일도 안 하죠. 그냥 앉아서 당시 뒷좌석에

앉았던 전우 켈리에게 전화해 잘 지내는지 물어요. 그날의 일은 언제나 내게 어떤 식으로든 영향을 미칩니다."

- 가족 행사: 미시간주에 사는 드웨인 헤이스는 한때 매우 가부장적인 남편이었다. 그런데 이미 2번 출산에 실패했던 아내가 태반조기박리로 쌍둥이 딸을 사산하자 마음이 찢어질 듯했다. "우리는 죽은 쌍둥이 딸을 위해 여러 의식을 만들었죠. 나중에 태어난 아이들과 매년 두 아이가 사산된 날을 기념해요. 다른 계절에는 컵케이크를, 겨울에는 꽃다발을 들고 종종 묘지를 방문합니다."

- 즐거운 배웅: 두 아들이 떠나고 없는 집이 너무나 싫었던 리사 헤퍼넌은 자녀가 이제 막 성인이 된 엄마들을 위해 페이스북 그룹을 개설하여 아이들이 대학교에 입학한 이후의 삶으로 조심스럽게 생애전환을 했다. "자녀들을 대학교 기숙사에 보내는 의식부터 자녀들과 함께 다닌 식당과 가게를 기념하는 의식까지 온갖 의식을 만들었어요. 디지털 식탁이라고 부르는 그룹 채팅방을 만들어 자녀들과 소통하는 특별한 의식도 만들었죠. 아이들이 떠나서 슬픈 게 아니라는 사실을 깨달았어요. 그냥 아이들과 서먹해지고 싶지 않았던 거예요."

- 내밀한 고민: 한국계 미국인 헬렌 킴은 앨라배마 대학교에서 생물물리학 교수로 재직 중 위암 말기를 진단받고 위 3분의 2를 절제했다. 결혼 생활도 파국을 맞았다. 더 이상 남편에게 충실할 수 없었고, 남편도 그녀를 간호하고 싶지 않아 했다. 동료 교수들과 식사할 때마다 헬렌은 트라우마를 느꼈다. "툭하면 설사했기 때문

에 자주 화장실로 달려갔어요. 변기에 앉아 이런 생각을 했죠. 왜 나만 다르게 살아야 해? 그렇게 조금 울다가 테이블로 돌아갔어요. 그러면 아무도 눈치를 못 채더군요."

• 균형감각: 하버드 대학교를 졸업한 세스 음누킨은 20대 시절 대부분을 헤로인 중독자로 지냈다. 그의 말에 따르면 25년이 지난 지금까지도 그 시절의 경험을 그리워한다. "콘서트장에서 대마초를 피우던 때가 그리워요. 그때는 좋았거든요. 솔직히 지금도 해보면 어떨지 궁금한 환각제들이 있어요. 카우보이처럼 법을 어기던 시절이 그립죠. 고급 SUV에 반려동물들을 태워서 수의사에게 가거나, 소화기내과에 진찰받으러 가는 지금의 나보다 훨씬 낭만적이잖아요? 모두 그립고 아쉽기는 하지만, 그때의 나보다 지금의 내가 더 마음에 듭니다."

세 켤레의 군화

인터뷰에서 발견한 의식의 유형 중에는 내가 찾고자 했던 것도 있고, 우연히 발견한 것도 있다. 후자의 유형은 사람들이 삶의 격정적인 시기를 마무리하며 이를 기념하기 위해 마지막으로 선택한 방법이었다. 과거의 삶을 추억할 수 있는 기념물을 하나 골라, 그렇게 하지 않으면 더 낯설게 느껴졌을 미래와의 매개로 삼는 것이다.

프로젝트 초기에 인터뷰한 인물이었던 다완 윌리엄스는 필라델피아 빈민가에서 아버지 없이 자랐으며, 스물두 살에는 무장 강도 가해자로 수감 생활도 했다. 그때 이미 세 아이의 아빠였던 다완은 수감된 아버지들을 위한 교육 프로그램을 이수했고, 출소 이후에도 그 프로그램을 위해 일했다. 그는 집 뒷문에 재소자용 구두를 걸어두었다. 매일 집을 나설 때 마지막으로 보는 물건인 것이다. "그건 내가 원하는 삶이 아니었고, 먼 길을 돌아왔지만 지금은 무엇이든 할 수 있다는 사실을 끊임없이 상기시켜 주거든요."

다완과의 인터뷰 후 얼마 지나지 않아 에릭 헤이니를 인터뷰했다. 에릭은 조지아주 북부 애팔래치아산맥 지역에 사는 힐빌리 집안의 7대손이며, 대테러 정예부대 델타포스의 일급 부대원으로 복무했다. 1980년 4월 25일, 에릭은 선두 비행기에 올라탔다. 독수리 발톱 작전Operation Eagle Claw의 일환으로 이란 땅 한가운데에 있는 사막에 착륙한 후, 테헤란에 억류된 미군 인질을 구할 참이었다. 작전은 예기치 않게 하부브haboob, 즉 엄청난 위력의 모래 폭풍에 휩싸였고, 작전용 헬리콥터가 에릭이 탄 비행기와 충돌해 엄청난 폭발을 일으켰다. "불타서 죽게 될까 봐 겁이 났습니다. 그런데 헬기 날개가 연료통을 때리면서 연료가 기체에 난 균열을 통해 비행기 내부로 쏟아졌어요." 팀은 기적적으로 살아남았고, 에릭은 마지막으로 구조되어 다른 비행기로 수송되었다. 작전은 중단되었다.

에릭은 집필 작업실에 그날 신었던 군화를 보관하고 있다. "그때를 되새기려는 건 아닙니다. 새로운 삶에서 의미를 찾았으니까요. 하지만 그 순간이 내 삶의 일부라는 걸 기억하고 싶어요."

데본 굿윈도 피로 얼룩진 군화를 침실 문에 걸어놓았다. 아프가니스탄에서 그가 운전한 수송차량이 사제 폭발물을 밟던 날 신었던 군화였다. "매일 봅니다. 그럴 필요가 있어요. 보면서 이런 생각을 하죠. 난 저런 일도 겪었어. 그럼 좀 더 겸손하게 살 수 있어요."

세 사람의 삶. 한 종류의 물건. 동일한 서사. 어떻게 된 일일까?

인터뷰에는 기념물이나 상징적 물건에 대한 질문이 포함되어 있었다. 참가자의 85퍼센트가 기념물에 의지한다고 응답했고, 15퍼센트는 그렇지 않다고 응답했다.

소유물이 정체성 형성에 기여한다는 발상 자체가 새롭지는 않다. 50~60년 전에도 학계에서는 물건이 자아를 형성하고 유지하는 데 중요한 역할을 한다고 생각했다. "물건은 우리가 어떤 사람인지 알려준다." 1980년대 초 심리학자 미하이 칙센트미하이와 유진 할튼이 그들의 저서에서 한 말이다.

그보다 먼저 살펴봐야 할 점이 있다. 피 묻은 군화, 낡은 사진, 고이 모셔둔 보석, 얼굴에 난 흉터 등은 단순히 상징적인 가치뿐 아니라 그 자체로 변화의 동기가 된다는 점이다. 무엇보다 격변의 순간 걷잡을 수 없이 들끓는 감정의 배출구 역할을 한다. 무정형의 감정을 특정한 사물에 담아, 잘 통제되고 덜 위험해지도록 하는 것이다.

그 물건들이 정서적 시간여행의 수단이 된다는 점에 주목하자. 목걸이를 만질 때마다 엄마가 생각나요. 저 그림을 보면 그때 전화로 참담한 소식을 듣기 전까지 기분이 어땠는지 알 수 있어요. 이처럼 기념물은 삶의 배경이 되어 (책장 위에 놓아두었다가, 다시 서랍 안쪽 깊숙한 곳으로) 사라지기도 하지만, 언제든 곧장 감정을 불러일으켜 우리를 과거로 순간이동시켜 주기도 한다. 기념물은 실제 경험의 대리물이 되며, 점차 라이프스토리의 일부가 된다. 설령 그 물건이 일상에서는 점차 적은 부분을 차지한대도 마찬가지이다.

먼저 인터뷰에 언급된 뜻깊고 시각적인 기념물을 소개하겠다.

- 리사 포터는 생후 2주였던 어린 아들을 자신이 안고 있는 사진을 스마트폰에 간직하고 있다. 그 후 18년간 가족의 삶을 뒤흔든 아들의 정신질환 진단 이전의 모습이다.
- 아내의 자살 이후 얀 에그버츠는 그간 아내와 함께 찍은 사진 수십 장을 디지털 액자에 넣어두었다. "당시에는 너무나 속상했지만, 이젠 모든 것을 시간순으로 볼 수 있어요. 처음 아내를 만났을 때나 중국과 아프가니스탄, 이란을 여행하며 행복해 보이는 사진들부터 아내의 정신 건강이 나빠지던 시기의 사진, 그리고 어느새 얼굴에 웃음이 사라지고 더 이상 행복해 보이지 않는 시기의 사진까지요. 예전에는 그런 경과를 몰랐었죠. 사진들이 내게 큰 힘이 됩니다."

의학적 트라우마를 기념하는 이들도 있다.

- 페기 플레처 스택은 선청성 심장질환으로 세상을 떠난 딸 카밀의 심장 소리를 들을 때 사용하던 청진기와 딸의 약병을 보관했다. "하나하나가 그 시절을 구체적으로 떠올리게 해줍니다. 손가락으

로 알약을 휘저으면, 저절로 기억이 납니다. 이건 심장병 진단을 받으러 갈 때였어. 이건 병원에 데려갈 때였고."

- 애덤 포스는 아내와의 이혼까지 초래할 만큼 술독에 빠져 지내다 정신병원에 입원했었다. 그는 지금도 지갑에 입원 당시 측정한 혈압이 적힌 쪽지를 넣어 다닌다. "피가 너무 묽어 사실상 혈압이랄 게 없었어요. 모두 술이었으니까요. 그 정도로 막살았던 겁니다. 이 쪽지를 보며 늘 생각해요. 네가 얼마나 네 삶을 망쳤었는지 봐. 거의 죽을 뻔했었지."

착용했던 물건이 기념물인 경우도 있다.

- 젠 리어리는 언제나 소방관이 되고 싶었다. 필라델피아 소방본부 소속 소방관 100명 중 여성은 그녀를 포함해 2명뿐이었다. 젠은 화재에서 구조한 반려동물을 돌보는 단체를 조직했는데, 그녀가 임시보호하던 핏불테리어가 여자친구를 공격하는 일이 있었다. 개를 떼어놓다가 자신의 손목까지 갈기갈기 찢어진 젠은 서른한 살에 어쩔 수 없이 은퇴해야 했다. 장비실에서 근무하던 친구가 젠을 불쌍히 여겨 규정을 어기고 젠이 안전모를 가져갈 수 있게 해주었다. 젠은 여전히 안전모를 집에 보관하고 있다.
- 고등학생 때까지 남성 축구 선수였던 비비엔 밍은 이후 대학을 중퇴하고 차에서 생활하다가 자살 시도로 사경을 헤매기도 했다. 그 후 그녀는 다시 대학에 들어가 인지신경과학 박사학위를 받고

여성으로 성전환했다. "지금도 간직하고 있는 턱시도는 처음 사귄 여자친구와 프롬에 가려고 무리해서 산 거였죠. 아내와 결혼할 때는 이미 호르몬 주사를 맞기 시작해서 체중이 줄고 있었는데, 결혼식에서 그 턱시도를 입었죠. 나와 아내를 제외하면 아무도 몰랐겠지만 마치 변장이라도 한 듯한 기분이었어요."

몸에 남은 기념물도 있다.

• 브루클린의 갱단에서 복권 번호 돌리는 일을 하던 에릭 존슨은 여자친구가 살해당하는 광경을 목격한 이후 코카인 중독자가 되었다. 그 후 중독에서 벗어난 그는 배관공사 업체를 차렸고, 교회 집사가 되었다. 그는 자신의 기념물이 바퀴 자국이라고 말했다. "그자들이 내 팔에 바퀴 자국을 문신했어요. 과거가 부끄럽지는 않습니다. 과거를 딛고 여기까지 왔으니까요. 다만 바퀴 자국을 보며 다시는 그때로 돌아가지 않겠다고 생각하죠."

독 섀넌은 1968년 베트남전에 파병되던 때 수염을 밀었다. 하지만 전우 둘이 전사한 후 다시 수염을 기르기 시작했다. "면도할 때마다 수염을 보며 그 친구들을 생각합니다. 50년이 지났지만 지금도 수염을 길러요. 손주가 다섯인데, 한 녀석씩 열세 살이 될 때마다 이 이야기를 들려주었습니다. 나중에 너희 손주들한테도 전해주라고 했죠. 그럼 그 아이들도 내 친구들을 기억하겠죠?"

의식과 애도 같은 행위든 기념물이든 기념하기는 격정의 시기에 감정을 통제하고, 그 시기를 형상화하는 방법이다.

기념하기는 생애전환의 과정 중에서도 특히 영원한 작별에 효과가 크다. 과거는 과거일 뿐이라는 사실을 깨닫게 해주기 때문이다. 또 기념하기는 삶의 불확실성과 삶에 대한 두려움을 구체화하여 끊임없이 확인하게 해준다. 마지막으로 기념하기는 이제 우리가 중대한 변화를 겪었으므로 잠정적으로나마 미래를 맞을 준비가 되었다고 자기 자신과 타인에게 발표하는 일이다.

9장

포기하기

과거의 마음가짐을 버리라

혼란의 한가운데를 그렇게 부르는 까닭은 이 시기가 혼란스럽기 때문이다. 사람에 따라 길을 잃을 수도 낙심할 수도 있으며, 이 시기가 누군가에게는 해방감을 주는 반면, 다른 누군가에게는 분노를 유발한다. 익숙했던 습관들과는 영원히 작별하고, 오랜 세월 쌓아온 정체성은 녹아 없어진다. 평생 주변 사람들에게 들려줄 것이라 여겼던 자전적 서사마저 갑작스럽게 끝나고 만다.

그럼 어떻게 해야 할까?

인터뷰 내용을 살펴보자 사람들은 생애전환에 결정적인 이 시기에 두 가지의 선결과제를 수행하는 것으로 나타났다. 두 과제 사이에 앞뒤가 있는 것은 아니다. 사람들은 의식하지 못한 채 천천히 다음과 같은 일을 한다.

첫째, 과거의 삶(마음가짐, 루틴, 태도, 망상, 꿈 등)을 포기하기

둘째, 새 삶(태도, 적성, 기술, 재능, 표현 방법 등)을 창조하기.

이 장에서는 첫째 과제를 탐구하고, 둘째 과제는 다음 장에서 다루고자 한다. 그에 앞서 두 과제 모두와 관련된 사례를 살펴보자.

"해묵은 체증이 내려가는 것 같았죠"

마크 레이크먼은 오리건주 포틀랜드에서 태어났다. "나는 두 분 모두 유명한 모더니스트 건축가이자 도시계획자였던 부모님의 실험 대상처럼 자랐어요. 창의적인 집안에서 부모님이 하라는 대로 하면서 자랐죠." 마크의 아버지는 포틀랜드시 도시설계국 창립자였으며, 어머니는 도시개발 분야의 1세대 연구자였다. 부모는 마크를 데리고 전 세계를 돌아다니며, 신석기시대의 공동체를 연구했다.

"매우 흥미로운 걸 많이 경험했죠. 1960년대는 존 F. 케네디가 나라를 위해 무엇을 할 수 있을지 고민하라던 시대였어요. 그 말 때문에 나도 내 할 일이 있으리라 확신했습니다."

고등학생 시절 마크는 60×90센티미터 크기의 대형 만화책을 만드는 데 열정을 쏟았다. 마블의 슈퍼히어로와 빌런 들을, 서구 팽창주

의를 둘러싸고 격돌하는 우주 캐릭터들로 재구성한 것이다. "10대 시절의 불안을 보상받고 싶었던 것 같아요."

그는 집수리 일을 하며 1년간의 갭이어를 보냈고, 오리건 대학교에서 5년 동안 건축을 전공한 후 지역 건축사무소에 취직했다.

"내 경력에 회의감을 느끼던 시기에 때마침 유독성 폐기물 대규모 은폐 사건이 터졌죠. 당시에 다니던 회사에서 포틀랜드 다운타운 강변에 세울 아메리카은행 건축을 수주했어요. 그런데 하청업체에서 오염물질로 가득한 대형 탱크를 공사 현장에 묻어놓고 정부 조사관을 매수한 겁니다."

"사건은 우습게 끝이 났어요. 결국에는 발각되었지만, 다들 법을 어긴 건 우리가 아니라며 대수롭지 않다는 듯 웃더군요."

적어도 마크에겐 대수로운 사건이었다. "그 잘난 직장을 때려치우기로 했죠. 상사 6명을 회의실로 불러 일장 연설을 했습니다. 건축학도 시절의 포부는 모두 폐기물과 함께 버렸느냐고 말입니다. 난 떠나지만 그래도 여러분을 믿겠다고 말했습니다. 몇 년 후 그중 한 사람이 내 연설 덕분에 회사가 약간은 변화했다고 전해주더군요. 그 이야기를 들으니 기쁘더군요."

다른 이들이 생긴 이후 겪는 것을 마크도 여지없이 겪었다. 떠돌고 방황하고 길을 잃었다.

"여행을 다니기 시작했습니다. 처음부터 그럴 생각은 아니었어요. 그저 밖에 나가 바람이나 쐴 생각이었어요. 그런데 유럽과 지중해 연안을 다녀오고, 나중에는 북아프리카까지 갔습니다. 그러다 사람들에게 묻기 시작했어요. '난 뭐가 문제일까요? 내 나라는 왜 욕을 먹을까요?' 사람들이 대답하더군요. '이봐요, 당신네 미국인들은 재미없어요. 입만 열면 돈타령이고 다른 사람 말은 듣지도 않잖아요.'"

사람들은 그에게 더 돌아다녀 보라고 권유하기도 했다. 마크는 그 후 7년간 떠돌이 생활을 했다. 계획 없이 도착한 곳에 머물며 새로운 친구들을 사귀었고 일도 구했다. 그렇게 한동안 머물다가 다시 떠나는 것의 반복이었다. 그 과정에서 마크는 과거의 정체성을 한 겹씩 벗어버렸다. 허세를 내려놓았고, 미국인 특유의 태도를 버렸으며, 수다스럽던 성격을 바꿨다. 그는 무방비로 벌거벗은 기분이 들었다. "한번은 여섯 블록 거리의 다리까지 가서 뛰어내릴 생각도 했답니다."

하지만 그는 조금씩 신념을 찾아가기 시작했다. 먼저 돈에 대한 집착을 버렸다. "삶을 단순화했고, 안락함만을 좇지 않았고, 소비를 최소화했죠." 경력에 연연하지 않기로 했다. "나를 재구성할 필요가 있었어요. 대체투자에 관해 알아봤어요. 예산과 성과에 얽매이지 않기로 했습니다." 문명의 이기도 최대한 멀리했다. "인간 삶의 모든 양상을 경험하려면, 산업화 이전의 사람들을 만나봐야겠다고 생각했습니다. 식민주의의 영향을 전혀 받지 않은 곳에 가서요."

그는 결심대로 했다. 주변의 권유로 멕시코 남동부 오지 밀림 깊숙이 들어가 라칸돈족과 함께 살기 시작했다. 그들은 과테말라 국경지대의 사파티스타 분쟁지역에 거주하는 세계에서 가장 고립된 마야 부족이다. "에덴동산을 찾아낸 기분이었답니다."

마크는 몇 개월 동안 신뢰를 쌓은 후, 자기 자신을 정화하지 않았다면 못 해봤을 경험을 했다. "한 번도 이야기한 적 없지만, 아, 이런 게 성스러운 순간이구나 할 때가 있었습니다. 그날 저는 마야의 성소 구석 자리에 마리오라는 젊은 친구와 앉아 있었어요. 마을 전체가 모두 똑같은 옷을 입고 모였습니다. 수염만 빼면 남녀가 구분되지 않을 정도였어요. 마리오는 수개월째 내 가이드 역할을 해주고 있었죠."

두 사람이 책상다리를 하고 앉아 있는데 나비 한 마리가 마리오의 어깨에 사뿐히 내려앉았다. "마리오가 손을 저으니까 나비가 어깨를 떠나 머리 위에서 날기 시작했어요. 그러더니 신기하게도 그의 손바닥 바로 위에서 원을 그리더군요. 내려앉지도 않고 말이에요. 마리오가 상체를 숙이며 다른 손바닥을 내밀자 나비가 건너가더니 손목 위에서 춤을 추듯 앞뒤로 오가지 뭐예요. 6번쯤은 그랬어요."

"그때… 이걸 어떻게 표현해야 할까요? 나비가 마리오의 오른쪽 검지에 앉았어요. 마리오가 마치 나비를 건네주려는 듯, 손가락을 들어보라는 겁니다. 손가락을 들었지만, 나비는 내게 건너올 생각이 없어 보였어요. 그런데 마리오가 몸을 기울여 쫓아내려는 듯한 동작을 취하자 나비가 내 손가락으로 옮겨 앉더라고요. 스티븐 스필버그식 특수효과나 외계 생명체, 행성 폭발 같은 것들에는 관심이 없어요. 하지만 나비와 인간 사이의 섬세한 춤을 지켜보고 있자니, 내 안에 여전히 열 살짜리 아이가 살고 있는 듯한 기분이었죠. 문득 삶이 충만하다는 생각이 들었어요. 내 안에서 뭔가 녹아내리는 느낌이었습니다. 해묵은 체증이 내려가는 것 같았죠. 신념이 확고해졌습니다. 세상을 위해 무엇이든 하겠다던 어릴 적 다짐을 되찾았어요."

마크는 그날의 경험 이후 인류가 함께 어울릴 장소를 잃어버렸다는 생각을 했다. 우리는 격자무늬로 조성된 거리, 닫힌 현관문, 최소한의 소통 등의 도시 문화에 너무나 익숙해졌다. 그는 포틀랜드로 돌아가 도시개조 프로젝트라는 이름의 게릴라 디자인 공동체를 만들었다. 그들의 첫 번째 목표는 이동식 티하우스^{teahouse}를 만드는 일이었다. 개폐가 가능한 문과 창문을 만들고, 넓게 펼칠 수 있는 차양을 달았다. 나비 날개에서 착안한 디자인이었다. 그는 월요일 저녁마다 혼잡한 주택가 교차로에서 티하우스를 세팅하고 마을 사람들을 초대해 디저트를 가져와 음악을 즐길 수 있게 했다.

"말하자면 마야족의 모임 장소와 오후에 차를 마시는 영국 옥스퍼드의 문화를 융합했다고 보면 됩니다. 교차로를 개선해야 한다는 말은 늘 있었죠. 이 도시에만 교차로가 무려 2만 2000개인걸요."

주민들은 이동식 티하우스를 좋아했다. 곧 다른 동네에서도 와달라는 요청이 있었지만, 공무원들이 난색을 보였다. 마크는 어릴 적 침대맡에서 들었던, 부패한 지방공무원과 싸운 아버지의 일화를 떠올렸다. 주민들의 원성이 높아지자 시장과 시의회는 법을 개정해 관련 규제를 완화했다. 마크의 운동은 여전히 진행 중이다. 마크의 목표는 향후 25년간 조직을 키워 전 세계를 돌며 헛간 준공 파티를 열고, 낙후된 마을 교차로에 그림을 그리는 등 "장소 만들기^{placemaking}" 활동을 이어가는 것이다.

그는 이 모든 일의 시작이 나비의 날갯짓이었다고 말한다. "실직했을 때 그냥 앉아서 신세 한탄만 할 수도 있습니다. 아니면 삶을 바꿀 기회로 삼을 수도 있겠죠. 난 세계라는 고치에 들어갔어요. 그곳에서 안정감과 신성함을 느꼈지만, 동시에 변신하고 싶다는 욕망이 충만해졌죠. 신비주의로 흐를 필요는 없겠지만, 그때 나는 나비가 날아와 머물 수 있는 사람이 되고 싶었어요. 무기력에 빠진 채 원시의 상태로 돌아갔지만 날개를 달고 다시 세상에 나온 겁니다."

길을 잃는 기술

혼란의 한가운데는 우리가 과도기적 상태에 있을 때 발생하는 모든 상황을 말한다. 과거의 방식을 떠나 새로운 방식을 실험하고, 과거를 뛰어넘어 다가올 미래를 구체화하는 등의 복잡한 연금술이 요구되는 시기이다. 나비로 비유하면 고치인 때이며, 영웅 서사로 비유하면 주인공이 길을 잃는 국면이다.

길을 잃었을 때 사람들은 어떻게 대응할까(혹은 그 시기를 어떻게 이용할까) 하는 질문으로 넘어가기 전에, 우선 길을 잃는 과정이 생애 전환에 필요하다는 사실을 상기할 필요가 있다. 스토리텔링이 탄생한 이래 줄곧 그랬다.

주요 종교에는 대부분 큰 위기를 극복하려면 반드시 단절과 혼란의 시기를 겪어야 한다는 가르침이 있다. 힌두교에서는 이 국면을 숲 속에서 은거하는 시기라고 표현하고 아브라함 계통의 종교들에서는 광야 생활에 비유한다. 아브라함은 미지의 땅으로 떠났다. 모세는 이스라엘 민족을 이끌고 광야에 들어갔다. 이스라엘 민족은 바빌론에서 포로 생활을 했다. 요나는 물고기 배 속으로 사라지며 예수도 광야로 들어갔다. 바오로는 다마스쿠스로 길을 떠났다. 무함마드는 산속에서 은둔 생활을 했다.

고대 신화에도 비슷한 비유들이 있다. 오이디푸스, 헤라클레스, 이아손, 페르세우스, 아킬레스, 오디세우스는 모두 미지의 세계로 떠난다. 이와 같은 이야기는 베네딕트, 안토니우스, 부처, 마키아벨리, 단테까지 이어진다. 고전 동화들에도 유사한 테마가 있다. 샤를 페로의 『빨간 모자』 속 소녀는 위험한 모험을 떠난다. 백설공주, 잠자는 숲속의 공주도 마찬가지이다. 잭은 콩나무를 타고 올라간다. 신화종교학자 조지프 캠벨은 영웅의 여정에서 평범한 세계를 떠나 모험을 시작하는 이 국면을 문턱을 넘는 순간에 비유했다.

이런 이야기들은 혼란의 한가운데를 실제로 느껴지는 것보다 낭만화할 우려가 있다. 마거릿 애트우드는 길을 잃었을 때의 느낌을 좀 더 정확히 표현했다. "이야기의 한가운데에 있는 사람에게 이야기는 이야기라기보다는 혼란에 불과하다. 어둠 속의 짐승 소리, 눈앞의 캄캄함, 부서진 유리 파편, 산산조각 난 나무. 소용돌이에 휩싸인 집 안이나 급류에 휩쓸리고 빙산과 충돌한 배 위에 있는 사람들에게는 혼란을 멈출 힘이 없다."

길을 잃는 것이란 바로 그런 느낌이다.

혼란의 한가운데에 있는 사람에게 작은 위안이라도 될지 모르겠지만, 그런 느낌을 피할 수는 없다. 앙드레 지드의 말처럼, "새로운 땅을 발견하려면 아주 오랫동안 바닷물만 바라볼 각오를 해야 한다". 집작했던 것보다 훨씬 더 많은 이들이 이런 고통을 인지하며, 심지어 반가워하기까지 한다는 사실을 인터뷰를 통해 알게 되었다. 바닥을 치는 느낌이라는 말은 남용되고 있다. 바닥이란 더 이상 내려갈 곳이 없어 올라갈 일만 남았다는 의미이기 때문이다. J. K. 롤링은 대학 졸업 7년 후, 이혼한 무직 여성으로서 혼자 아이를 키우던 시절에 대해 언급한 바 있다. "집만 있었을 뿐이지 현대 영국인으로서 그보다 더 가난할 수는 없었어요." 그러나 그녀는 "어느 모로 보나 최악의 실패"였던 바닥을 치고 "이를 단단한 기반으로 삼아 그 위에 다시 삶을 세웠다"라고 말했다.

심리학자 브루노 베텔하임은 동화의 숨은 가치를 조명한 자신의 저서에 『마법의 용도The Uses of Enchantment』라는 제목을 붙였지만, 이제 '탈마법disenchantment의 용도'를 고민해야 한다. 희대의 명곡 〈어메이징 그레이스〉의 "한때 길을 잃었지만, 지금은 찾았네"라는 가사는 같은 주장을 펼치는 여러 종교적 예시 가운데 하나이다. 관련된 심리학 연구도 많다. 지난 수십 년간의 연구를 살펴보면, 정체성의 위기를 겪었지만 이를 해결한 사람들은 그렇지 못한 사람들에 비해 성취도, 사교성, 적응력 등이 우수한 것으로 나타났다.

이를 동화보다 더 분명하게 보여주는 것은 없다. 동화 속 늑대는 언제나 주인공에게서 최선을 이끌어 내는 장본인이다. 늑대가 없다면 동화는 숲속을 산책하는 이야기에 불과하다.

사람들이 생애전환 과정에서 겪는 의미의 진공 상태를 어떻게 받아들였는지 보여주는 몇 가지 사례를 들어보겠다.

- 실리콘밸리의 기업에서 CEO를 지낸 지나 비안치니는 해고당하던 때를 결코 잊지 못한다. "그날 밤부터 몇 주 내내, 레드와인과 프렌치프라이를 먹었어요. 프렌치프라이가 와인보다 더 중요했죠. 정말 프렌치프라이를 먹고 싶었어요. 이왕이면 친구들과 함께."

- 애나 크리슈탈은 아픈 어머니를 돌보러 이스라엘에서 귀국한 이후 삶의 방향을 잃고 어쩔 줄 몰라 했다. "종일 드라마를 몰아서 보다가 탈진할 지경이었죠. 요가팬츠 차림으로 침대에 누워서 노트북을 배에 올려놓고 시트콤의 모든 시즌을 몰아 봤어요. 문득 이런 생각이 들더군요. 멍청한 짓이야. 원시인도 네가 인간이냐고 비웃을 걸? 빌어먹을, 이렇게 빈둥거리며 계속 변화를 기다리기만 할 거야? 그게 싫으면 지금 당장 변하란 말이야."

- 밥 홀은 50대에 고향 네브래스카로 돌아갔다. 자신이 연재를 맡았던 『배트맨』 시리즈가 끝나고, 결혼은 파탄 나고, 자신이 입양되었다는 사실을 알고 난 후였다. 연쇄추돌 사고 같은 상황에 그는 정신이 하나도 없었다. "할 이야기가 없었죠. 존재하지 않는 사람이 된 것 같았어요. 타이타닉호가 갑자기 방향을 틀어버린 듯한 기분이었습니다. 모든 게 리셋되었는데 그다음에 어떻게 해야 할지를 몰랐죠."

- 브래드 코로디는 컨설팅 회사에서 파트너 승진을 놓치고, 반발심에 스타트업으로 이직했으나 그곳에서도 해고당하고 말았다. 그는 당시의 경험에 "조용한 방에 있기"라는 이름을 붙였다. "여분의 침실에 앉아 있다는 뜻이죠. 찾는 사람이 없으니 의심만 늘어

나는 겁니다. 자신감과 확신을 되찾을 수 있을까? 동기부여를 받아 가능성 있는 투자자들 목록을 스프레드시트에 정리할 수 있을까? 전화기를 집어 들고 여기저기 연락을 하고, 비서들에게 안부를 물어볼 수 있을까? 늘 그랬던 것처럼 지금은 왜 만날 수 없는지, 지난주에는 왜 다시 전화를 주지 않았는지 어설픈 변명이라도 들을 수 있을까? 이런 의심이 들기 시작하면 방은 다시 조용해지고, 그 상황을 벗어날 수 있다는 믿음도 사라지죠."

- 데버러 코파켄은 4년 동안 인간관계, 일, 건강 모두에서 위기를 겪었다. 남은 방법은 기꺼이 불길로 뛰어드는 것뿐이었다. "나는 그 시기를 혼돈의 세월이라고 불러요. 4년 동안 이어진 혼란과 변화는 인생에서 가장 고통스러운 경험이었습니다. 오, 맙소사, 하루를 또 어떻게 버티지? 하지만 가장 아름다운 시기이기도 했어요. 삶의 기반이 무너지고, 걱정해 주는 사람이 없어지고, 사랑이 떠나고, 익숙했던 모든 것과 멀어지는 일을 누구나 죽도록 두려워합니다. 더 이상 내게 암울한 시간이 없다는 말은 아닙니다. 다만 이제 이렇게 말할 수 있게 되었다는 것이죠. 요즘 또 암울한 시간을 보내고 있어. 암울할 때 난 한동안 감정의 뒤편에 가만히 앉아 있다가 나와요. 그러면 괜찮아집니다."

숲속을 벗어나는 세 갈래 길

이 이야기들의 공통점은 혼란의 한가운데를 저마다 암흑기, 혼돈의 세월, 방황, 배회 등으로 표현한다는 것이다. 이런 표현들에는 삶의 방향과 분별력을 잃고, 헤매고 떠돈다는 뉘앙스가 담겨 있다. 평범한 삶의 범주 바깥으로 내몰리고, 주변 사람들의 일상에서 멀어진다는 것이다.

어떻게 대응해야 할까? 자신만의 울타리를 만들어야 한다. 루틴을 만들고, 무너진 기반에 신선함을 불어넣을 방법을 고안해야 한다.

이다 베네데토를 만나기 전까지는 전환기에 삶을 체계화하는 방법에 관해서는 별다른 관심이 없었다. 이다는 뉴욕의 허드슨밸리에서 자유를 만끽하며 자랐다. "어린 시절을 떠올리면 온통 어디에 가고 탐험하는 기억들뿐이에요. 대개 혼자였지만 정말 재미있었죠."

이다는 가톨릭계 여학교를 다니면서 죄의식이 생겼다. "늘 어딘가로 떠나고 싶었지만, 내가 노출될 위험의 상한선을 정해두었죠. 마약을 해본 적도 없고, 부주의하게 성관계를 한 적도 없었어요."

휴학을 반복하며 여행을 다니는데, 친구가 게임 디자인을 공부해보라고 했다. "그래서 수강 신청을 했더니, 세상에, 그동안 헛산 것 같지 뭐예요?"

졸업 후에는 남자친구와 뉴욕 시내에서 "무단 침입 모험" 이벤트를 기획했다. 폐업한 설탕 공장에서 사진 찍기, 버려진 전망대에서 콘서트 열기, 급수탑에서 무허가 술집 열기 등이었다. 대표작은 포코노스의 리조트에서 벌인 이벤트였다. "차를 세웠는데 아무도 없었어요. 몰래 들어갔더니 오두막들이 남아 있고, 넓은 수영장도 있더라고요. 신혼여행 손님들이 떠난 유령의 집처럼 보였어요."

두 사람은 자신들의 비밀 모험으로 손님들을 초대했다. "목적지도 알려주지 않았고, 가서 뭘 할지도 알려주지 않았어요. 커플 절반 이상이 섹스를 했죠."

사업 규모가 점점 커졌다. 유료 기획도 흥행했다. 두 사람은 대박을 꿈꾸었다. 그런데 사업의 기반이던 연인 사이에 금이 가기 시작했다. 남자친구가 한눈을 팔면서, 이다는 외로워졌고 의심이 늘었다. 곧 두 사람의 동반자 관계가 무너졌다. "돌이켜 보면 떠들썩하고 추잡한 관계였어요. 그 덕분에 멋지고 창의적인 일들이 가능했지만요."

이다는 만신창이가 되었지만, 의미 있는 대응을 했다. 자신이 가장 잘 아는 분야, 즉 게임 디자인으로 방향을 돌린 것이다. 이다에게는 게임을 구조적으로 만들 만한 통찰력이 있었다. 섹스 파티에도 드나들기 시작했다. 싱글, 커플, 이성애자, 동성애자, 양성애자 들이 함께 어울려 노는 파티였다. 그녀는 파티 참가자들과 잘 통제된 상황 속에서 아마존의 나무 덩굴로 만든 환각제인 아야와스카를 즐겼으며, 홀로 야생으로 탐험을 떠나기도 했다.

이다는 이런 위험 감수 성향의 활동들을 주제로 「전환의 유형들: 21세기에 어울리는 섹스, 죽음, 생존 방법을 고안하기」라는 석사 논문을 썼다. 이다는 자신의 관심사를 바탕으로 팀워크를 향상시키는 여러 그룹 활동을 기획했다. 이다는 "삶이 산산조각 날 때는 닻이 필요합니다. 잘 디자인된 경험을 통해 변화에 접근하면 생애전환에 성공할 가능성이 높아지죠"라고 힘주어 말했다.

이다를 비롯한 게임 개발자들을 인터뷰하면서, 생애전환에도 구조화가 필요하고 중요하다는 값진 교훈을 얻었다. 개발자들은 이를 디자인된 경험이라고 부른다. 게임은 크게 세 가지 유형으로 나뉜다. 첫 번째는 샌드박스형 게임이다. 분명한 한계는 있지만, 그 한계 안에서 최대한의 자유를 보장하는 게임들로 〈마인크래프트〉, 〈팜빌〉, 그리고 이 게임들보다 조금 더 탐험적인 요소가 가미된 〈포트나이트〉가 이 유형에 속한다. 두 번째는 퀘스트형 게임이다. 일정한 목표를 달성해서 특정한 보상을 얻는 게임으로 〈포켓몬〉, 〈월드 오브 워크래프트〉 그리고 보물찾기를 예로 들 수 있다. 세 번째는 사이클형 게임이다. 반복되는 스테이지가 특징이며, 목표는 더 나은 기록을 내는 것이다. 이 유형의 게임으로는 〈마리오 브라더스〉, 〈캔디크러시〉, 〈팩맨〉 등이 있다.

나는 이 세 가지 유형이 전환기에 있는 사람들이 삶을 유지하는 방식을 비유적으로 보여준다고 생각했다. 각각의 유형에 따라 루틴, 장애물, 문제 해결에 접근하는 방식이 다르기 때문이다. 나는 인터뷰에 "전환기에 삶을 어떻게 체계화했습니까?"라는 질문을 추가했다.

당연하게도 비슷한 패턴들이 나타났다. 탐구적인 방식을 선호하는 사람들의 방식은 샌드박스형과 유사하다. 이들은 아무하고나 잠을 자고, 마약에 손을 대고, 외모를 신경 쓰며, 집을 새로 꾸민다. 선형적인 삶은 퀘스트형에 가깝다. 이들은 12단계 중독치료 프로그램에 들어가고, 성지순례를 떠나고, 끊임없이 배우며, 에어비앤비를 운영한다. 마지막으로 사이클형의 삶을 사는 이들은 예배에 참석하고, 명상을 하고, 정원을 가꾸고, 일기를 쓴다.

우리가 정리한 수십 건의 응답 가운데 세 가지 유형에 포함되지 않는 경우는 두 가지뿐이었다. 사이클형의 응답이 가장 많았던 것은 그만큼 많은 이들이 규칙적인 삶을 선호한다는 뜻이다. 그다음으로 많았던 것은 샌드박스형이다. 사람들이 생애전환기에 오히려 전력을 다해 자신의 한계를 실험한다는 의미이다. 퀘스트형은 가장 적었다. 대부분은 세 가지 방식을 번갈아 사용한다고 응답했다.

삶에서 가장 체계가 없는 시기에 사람들이 어떻게 삶을 체계화했는지 몇 가지 예를 들어보겠다.

사이클형

에릭 존슨은 일요일마다 교회에 다니기 시작했다.

헬렌 처코는 월간 글쓰기 모임에 가입했다.

채비 와이스버거는 상담을 받기 시작했다.

존 스미사는 매주 네 차례 퇴역 군인 모임에서 자원봉사를 했다.

멜라니 크라우스는 텃밭을 가꾸었다.

마거릿 클라인은 유대교의 전통적 생애주기 의식을 받아들였다.

퀘스트형

제향사였던 바버라 프레스티지아코모는 해충 방제 학교에 등록했다.

밥 홀은 친부모를 찾아 나섰다.

에드 코넌트는 은퇴 후에 살 집을 찾아 세 번째 아내와 미국 전역을 누볐다.

마이클 안젤로는 파경을 막기 위해 전국일주 여행에 나섰다.

레오 이튼은 아내와 함께 살았던 곳들을 돌아다니다가, 두 사람이 고향이라고 부르던 그리스의 섬에 도착해 어느 정원에 아내의 유골을 뿌렸다.

브레트 파커는 파킨슨병을 진단받고, 7일 동안 7개 대륙에서 7번의 마라톤에 참가해 모두 완주했다.

샌드박스형

매트 웨얀트는 일을 그만둔 후 아내, 어린 아들과 함께 코스타리카 해변의 오두막으로 이사했다.

독 섀넌은 마약을 경험해 봤다.

세레나 스타이어는 첫사랑이던 남편이 자살한 후 닥치는 대로 남자들을 만났다. 자기 자신을 "성적으로 탐구해야 할 것" 같았기 때문이다.

제이슨 도이그는 NHL을 은퇴한 후 부동산, 주식, 탄소상쇄 시장에 투자했다.

앤 이미그는 연기를 그만두고 아이를 유산한 후 직무 관련 정보를 얻기 위해 다양한 분야의 사람 10명을 찾아다니며 20분씩 인터뷰했다. 첫 질문은 다음과 같았다. "어떤 일을 하며 살아야 할지 고민입니다. 지금 하는 일을 왜 좋아하는지 듣고 싶어요."

세라 홀브룩은 닥치는 대로 남자들을 만났다. "임신 중에 남편이 바람을 피워 이혼했어요. 임신 중에 찐 살은 금세 빠졌고 모유 수유를 한 덕에 가슴이 컸죠. 주름살 많은 마흔 살도, 축 처진 쉰 살도 아니었어요. 시간은 멈춰 있었죠. 미래의 남편을 찾는 것도 아니었죠. 그냥 즐길 남자면 그만이었어요. 남자를 만나면 터놓고 말했어요. '진지하게 만날 생각 없다. 연애를 하고 싶으면 나랑 시간 낭비하지 마라.' 그거 알아요? 그래도 만날 남자는 얼마든지 많답니다! 미친 짓이기도 하고 위험하기도 했지만 당시의 내게는 그런 만남이 제격이었죠."

결과적으로 세라는 다시 사랑에 빠졌다. 재혼 후 20년째 행복한 결혼 생활을 이어가고 있으며 두 자녀를 더 낳았다. 그녀의 이야기가 상기시키는 바는 다음과 같다. 사람들이 저마다 사이클형, 퀘스트형, 샌드박스형을 선택하는 까닭은, 많은 경우 타고난 리듬에 잘 맞기 때문이다. 그 경우가 아니라면, 현재 선택한 방식은 임시적인 것일 수 있다. 다시 말해, 그 순간의 문제를 해결하는 데 필요한 방법이거나, 어쩌면 격변 이후의 삶을 살기 전에 다른 삶의 형상을 시험해 보는 것일 수 있다.

포기를 위한 실전 가이드

혼란의 한가운데를 헤쳐나가기에 앞서 자신이 방향을 잃었음을 받아들이고 삶을 체계화할 방법을 고민하는 과정은 (아직은 막연하게만 느껴지는) 그 방법들을 실행에 옮기는 것만큼이나 중요하다. 우리는 낡은 방법들을 버려야 한다. 구체적으로 어떤 방법을 취해야 할까?

방법은 동물과 다르지 않다.

동물들은 뿔, 털, 가죽, 생식소 따위를 벗어던지며 생물학적 의미의 탈피 혹은 털갈이를 한다. 뱀은 허물을 벗고 새는 깃털을 벗고 게는 껍데기를 벗고 메뚜기는 외골격 전체를 벗는다. 성장하기 때문이다. 동물은 크기와 모양의 변화, 계절적 변화, 성체가 되는 과정의 변화를 거치는데, 먼저 과거의 잔재를 벗어던지지 않으면 새로운 상태에 이르지 못한다.

생애전환을 하며 우리도 비슷한 과정을 겪는다. 우리는 과거의 마음가짐, 신념, 루틴, 꿈을 탈피한다. 심리학자들에 따르면 일상적 행동의 절반 가까이는 의지가 아니라 습관의 산물이다. 그 점을 고려하면 우리는 과거의 습관까지 버려야 한다. 습관을 버리기란 언제나 쉽지 않다. 마크 트웨인은 습관이란 "창밖으로 내던지는 것이 아니다. (…) 살살 달래가며 한 번에 한 계단씩 내려가는 것이다"라고 말했다. 라이프스토리 인터뷰를 보면 그의 말도 정확하지는 않다. 사람들은 종종 변화의 기회를 끌어안는다.

사람이 변화의 시기에 성장한다는 생각은 중년의 위기라는 과거의 통념과 삶의 어느 때든 위기를 맞이할 수 있다는 오늘날의 인식을 구분하는 중요한 특징이다. 전통적인 견해는 사람들이 운명 앞에서 자신의 한계를 마지못해 받아들인다는 것이었다. 그래, 내가 뉴욕 양키스에서 중견수가 되거나, 미국 부통령이 될 수는 없잖아? 은퇴 후에 내 소유의 섬에서 살 수 있는 것도 아니고. 기껏해야 바람을 피우거나 스포츠카를 사는 정도겠지.

이제 그런 시각은 달라졌다. 사람들이 끊어내야 하는 것들은 대부분 아첨, 과식, 폭음 등 바람직하지 않은 습관들이다. 물론 일부의 사람들은 노출이 있는 옷 입기, 오토바이 타기, 축구 동호회 등 자신이 소중하게 여기던 일을 포기하기도 한다. 그러나 여전히 나쁜 습관, 죄악, 허영심 등 마음 편히 끊을 수 있는 것이 대부분이다.

그 과정이 고통스럽든 기껍든 기존의 정체성을 포기하는 것은 새로운 정체성에 올라타기 위한 전제 조건이다. 포기하는 과정 자체가 만족감을 주기도 한다.

전환기에 포기하는 정체성 중 가장 큰 범주는 성격이다.

캐럴 버즈는 테네시주 채터누가시 시의원에 당선된 후 자신감 없는 성격을 버려야 했다. 크리스천 피콜리니는 네오나치를 떠난 후 자신이 도취되어 있던 권력을 포기해야 했다. 데버러 피시먼은 정통파 유대교와 멀어진 뒤 남성에게 굴종적이던 태도를 버렸다. 마이클 미첼은 40년간 의사로 일하고 은퇴하면서 늘 건설적인 일을 해야 한다는 강박증에서 해방되었다. 앨런 섀퍼는 미니애폴리스를 떠나 노스다코타로 돌아오면서 더 이상 노출이 있는 옷을 입지 않았다. 동료로부터 일할 때는 가슴골이 보이면 안 된다는 말을 들었던 탓이다. 캐런 피터슨마칭가는 다친 남편을 1년간 간호한 이후 더 이상 주변 사람 모두를 행복하게 하려고 노력하지 않는다. "나도 이제 시간이 많지 않아요. 내 삶은 내게도 소중하니까 귀중한 시간을 온전히 나를 위해 쓰고 싶어요."

두 번째로 큰 범주는 감정이다.

메리데니스 로버츠는 어린 시절 당한 성적인 학대가 깊은 상처로 남았다. 데이트할 때마다 상대 남성이 언제 돌변할지 모른다는 두려움과 싸워야 했다. 에릭 헤이니는 군에서 전역하고 보안업체 일까지 그만둔 후 규율과 질서, 통제를 추구하는 성향을 떨쳐내려 의식적으로 노력하였다. 전업 작가로 변신하기 위한 몸부림이었다. 티파니 그라임스는 아내 데이드가 남성으로 성전환하면서 그녀의 몸에 대한 미련을 내려놓아야 했다. 로레타 퍼햄은 손주들이 생겨서 좋았지만, 반강제적으로 양육을 떠맡은 이후 더 이상 오냐오냐하는 할머니가 아니라 엄격한 할머니가 되어야 했다.

라이프스타일 일부를 포기했다고 말하는 사람도 적지 않았다.

코코 패피는 브루클린에서 고향 서배너로 오면서, 어디든 걸어서 다니던 습관을 버렸다. 앰버 알렉산더는 아들이 뇌종양 진단을 받은 후 남편과 야간 데이트를 삼가기로 했다. 앤 레이머는 연달아 암 진단을 받은 두 아이를 간호하던 몇 년 동안 친구들과 만나는 시간을 포기했다. 리 민츠는 30킬로그램 감량을 결심한 후 집에 돌아오자마자 냉장고부터 열어보던 습관을 버렸다. 조금 더 주목할 만한 사례도 있었다. 랜디 라일리는 간 이식을 받은 후 자기 몸을 잘 안다는 생각을 버렸다. 갑자기 좋아해 본 적이 없던 과카몰리를 좋아하게 됐고, 입에도 대지 않던 스파게티를 사랑하게 된 것이다. 검은색이던 음모가 노랗게 변하기도 했다. "이런 이야기까지 알고 싶지는 않겠지만, 아무튼 적응이 잘 안 되더라고요!"

신념을 버려야 했다는 사람도 꽤 많았다.

레스터 존슨은 이슬람교로 개종하면서 크리스마스와 햄을 포기해야 했다. 제니 원은 담임목사가 되면서 수동적인 태도를 버렸다. 케이트 호그는 토네이도에서 살아남은 후 하느님이 직접 모든 문제를 해결해 줄 것이라는 생각을 버렸다. 대신 하느님이 사람의 손을 빌려 일한다고 믿기 시작한 것이다. 자넬 핸셋은 술을 끊은 후, "더 이상 여기저기 참견하고 다니며, 그 상황에서 자신이 무엇을 얻을 수 있는지 묻거나 어떤 도움을 줄 수 있는지 말하지 않게" 되었다고 한다. 존 오스틴은 25년간의 연방 경찰 근무를 마친 후 총기 없이 사는 생활과 다른 시민들과 같은 규칙을 따르는 생활에 익숙해져야 했다. 잠깐, 비행기를 탈 때도 줄을 서야 한다고? 신호등 앞에서 멈춰야 하고? 사람들한테 말을 걸 때도 양해를 구해? 지금껏 강제로 내 말을 듣게 했는데?

마지막으로 돈에 대한 태도를 바꿔야 했던 사람도 많았다.

제프리 스파는 가족이 경영하는 섬유 회사를 그만두고 정신 건강 관련 비영리단체를 시작하면서 더 이상 매달 월급이 들어오지 않는다는 것을 받아들여야 했다. 제나 잭은 창업을 위해 회사를 그만두기로 한 후, 자신의 성공을 어머니에게 증명하고 싶어 하는 유치한 욕망을 버렸다. 비비엔 밍은 스탠퍼드 대학교에서 일한다는 자부심과 보수를 포기해야 했다. 남성에서 여성으로 성전환하면서 해고당했기 때문이다. 멜라니 크라우스는 단골 중식당에 발길을 끊었고, 영화관에 가는 등 밤에 외출하던 습관을 버렸다. 남편과 아이다호주 보이시에서 와인 사업을 시작하면서 저축을 모조리 쏟아부은 탓이다. "정말 짜증 났지만 마지못해 '오케이, 금요일 밤이잖아? 우리 뭐 할까? 음, 돈이 없으니, 그냥 집에서 섹스나 할까?' 같은 대화를 나눴죠. 이런 이야기까지 책에 넣기는 좀 그렇겠지만 사실은 사실이니까요!"

생애전환의 다른 여러 과정과 마찬가지로 무언가를 포기하는 일 역시 자전적 서사를 조정하는 행위이다. 포기는 그 자체로 서사적 행위이며, 라이프스토리의 새로운 장을 열기 위해 기존의 장들을 닫는 과정이다. 그 새로운 장은 더욱 흥미롭고 놀라운 창의력으로 가득한 삶의 시기를 중심으로 펼쳐진다.

10장

창조하기

새로운 일에 도전하라

생애전환의 많은 과정은 지난한 싸움처럼 느껴진다. 불확실한 상황을 받아들이고, 변화한 상태를 기념하며, 과거에 느꼈던 충동을 없애야 한다. 그러나 그 와중에 기대하지 않았던 일이 일어난다. 이를 통해 생애전환은 창의적이고 상상력으로 가득하며 심지어 자신감을 북돋는 과정이 된다. 새로운 기분 전환을 시험해 볼 수도 있고, 오래 잊고 지내던 관심사를 꺼내볼 수도, 라이프스토리를 다시 쓰기 시작할 수도 있다.

시도하라. 무엇이든. 그 어떤 것이든. 불과 며칠 전까지만 해도 불가능해 보였던 방식으로.

상당수의 참가자가 자칫 암울하게 느껴질 수 있는 이 시점(거대한 생애전환의 밑바닥)에, 자신의 창의성에 의지했다고 응답했다. 게다가 익숙한 문제에 새롭게 접근하는 정도의 추상적 의미가 아니라, 새로운 무언가를 창조해 낸다는 실질적 의미의 창의성이었다. 그들은 춤추고 요리하고 노래하고 그림을 그리기 시작했다. 시를 짓거나 편지를 쓰거나 감사 인사를 전했으며, 일기를 쓰기 시작했다. 밴조, 탭슈즈, 저글링볼, 전지가위 등을 다시 꺼내 들기도 했다.

대혼란의 순간에 창의력으로 대응한 것이다.

"정말 좋아한 일은 캔버스에 물감을 터뜨리는 것이었어요"

재커리 헤릭은 마약 중독자이던 아프리카계 미국인 친부모 사이에서 태어나 백인 부모에게 입양되었으며 일찍 철이 들었다. 양부모에겐 이미 흑인 아이가 둘 있었다. "1980년대까지도 수영장에 가면 사람들이 백인 부부와 흑인 아이들 가족을 훑어보며 '왜?' 하고 묻곤 했어요." 재커리는 "펑키 몽키Funky Monkey[천재 침팬지가 등장하는 코미디 영화의 제목]"라고 놀림을 받았고 누나의 차에는 누가 스프레이로 "검둥이negro"라고 낙서해 놓기도 했다.

선천적으로 여러 학습장애가 있던 그에게 학교는 어렵고 재미없기만 했다. 스포츠에 능했고, 여러 아르바이트를 했으며, 인기가 많았지만, 성적은 늘 바닥이었다. "부모님은 내게 자신이 어떤 사람인지를 외부의 힘이 결정하게 하지 말라고 가르쳤고, 나는 그 말씀을 늘 가슴에 품고 살았죠." 졸업 후엔 캐비닛 공장에 취직했고, 그다음엔 건설 현장에서 일했다. 그러던 중 베트남전 참전용사 출신 아버지가 입대를 권유했다.

"입대 첫날부터 맘에 들었어요. 친구도 군대에서 제일 많이 사귀었고요." 재커리는 포트베닝에서 가뿐하게 신병 훈련을 받고 하와이로 배속되었다. "멋진 해변과 여자들이 있겠다 싶어 좋았어요." 그러나 막상 부대가 위치한 곳은 산악지대였다. 고산지대는 하와이나 아프가니스탄이나 차이가 없었다. 그리고 머지않아 그는 실제로 아프가니스탄 칸다하르로 파병되었다.

주둔한 지 3개월째였던 6월의 셋째 주 어느 날, 재커리의 소속 부대는 탈레반 추적 임무를 위해 파키스탄 북단의 아르간답 계곡에 진입했다. "새벽 2시부터 산을 수색하며 마을 쪽으로 내려갔죠. 마을에서 1.5킬로미터쯤 떨어진 곳에 잠시 멈춰서 주변을 살피는데 그곳에 매복이 있었던 겁니다."

재커리는 그날 완전무장을 갖추고 있었다. 방탄헬멧, 소총, 탄약벨트, 수류탄. 그날은 처음으로 공포라는 감정까지 짙어지고 있었다.

"곧바로 교전에 들어갔어요. 놈들은 30미터쯤 떨어져 있었죠. 어느 토담집 밖에 한 놈이 앉아 있더군요. 난 놈의 눈동자까지 보았어요. 그만큼 접근전이었습니다. 순간, 탕! 소리가 나더니 총에 맞았습니다. 저격소총인지 AK소총인지는 모르겠어요. 순간 입 안에서 폭죽이

터지는 것 같더라고요. 대낮이었는데, 전우들이 있는 오두막으로 돌아가 총에 맞았다고 했더니 자기들도 안다고 그러더군요."

재커리가 누워 있는 동안에도 교전은 이어졌다. "최악은 아니라고 생각했습니다. 앞을 볼 수 있었고 턱뼈가 아프다는 것도 느껴졌으니까요. 치아와 뼛조각을 삼키기는 했지만, 코로는 못 했어도 입으로는 숨을 쉴 수 있었어요."

의무병이 와서 재커리를 불렀다. "이봐, 까만 곱슬머리." "내 별명이었어요. 난 엄지를 세웠죠. 의무병이 달려왔는데 눈이 튀어나올 듯 놀라더군요. 나를 내려다보는데, 이런, 맙소사! 하는 눈치였어요. 그가 가방을 내려놓고 거즈로 지혈하기 시작했어요. 거즈로 아예 얼굴 여기저기, 아니, 아예 전체를 뒤덮더군요. 그가 정신을 잃지 말라고 했어요. 난 지금 죽어도 여한은 없겠어. 적어도 내 곁에서 베스트프렌드들이 지켜보고 있잖아. 그렇게 생각했습니다. 그때 분대장이 들어왔는데 그 양반도 얼굴에 총을 맞았더라고요. 그가 자리에 앉았고, 우린 오늘 일진이 사납다는 눈빛으로 서로를 보았어요."

재빨리 명령이 내려져 재커리는 치누크chinook 헬리콥터에 실려 독일로 수송되었다가, 다시 워싱턴DC 외곽의 월터리드 의료센터로 이송되었다. "마지막 남은 수송기를 타고 이륙하는데 팔다리와 가슴에 통증이 밀려오더군요. 통증이 끝없이 이어졌고, 피 때문에 숨이 막혔어요. 치아가 깨져서 깔쭉거리고 호흡은 어려웠죠. 여기서 죽을 수는 없다고 혼잣말을 했죠. 나중에 눈을 떠보니 아름다운 금발의 간호사가 활짝 웃으며 나를 보고 있더군요. 죽지는 않았구나 싶었어요."

재커리에게 제일 먼저 거울을 가져다준 사람은 누나였다. 충격에 얼굴이 날아가 버렸다고 차마 아무도 말하지 못했던 것이다. 입과 입술, 코, 아래턱은 거의 남아 있는 게 없었다. 재커리는 몇 년 동안 혀를 기워 넣고 턱뼈를 삽입하는 것을 포함해 코끝부터 턱끝까지 30번에 걸쳐 얼굴 재건 수술을 받았다. 식사는 튜브로만 가능했다. 체중이 너무 줄어서 휠체어에서 생활해야 했다. "지난한 세월이었죠. 물리적으로도 정신적으로도 너무 힘들었어요. 아무것도 할 수 없었습니다."

그는 자살 계획을 세웠다.

그런데 기대하지 않았던 일이 일어났다. 그때쯤부터 혼자서도 생활이 가능해졌던 것이다. 튜브를 제거했고, 몸무게가 돌아오기 시작했다. 어머니가 근처로 이사를 오기도 했다. 다만 예전에 좋아하던 많은 음식을 포기해야 했다. "매운 음식은 내 인생에서 끝이었죠. 입이 감당하지 못해요."

어느 날 그는 직접 요리를 해보기로 마음먹었다. "어머니가 먹는 거를 좋아하니 직접 요리해 보라고 권했어요. 요리는 연애 초에 종종 써먹던 수법이기도 했어요." 그는 양갈비, 오븐치킨, 훈제연어를 만들었다. "바비큐를 좋아해요. 아침 챙겨 먹는 것도 좋아하고요. 오늘은 팬케이크를 만들었습니다. 주특기는 파니니이지만, 요리라면 다 좋아합니다. 다양한 레시피를 실험해요. 창조적인 일을 좋아하거든요."

그가 새롭게 받아들인 것은 요리뿐만이 아니었다.

"글쓰기도 큰 도움이 되었습니다. 월터리드 군병원에 입원했을 때 글을 쓰기 시작해서, 군인 복지 프로그램으로 글쓰기 수업을 들었죠. 벌써 세 학기째 수업을 듣고 있습니다. 완전히 새로운 세계를 만들어 낼 수도 있고, 기분을 적을 수도 있어요. 정말 큰 도움이 되었습니다. 말로 하기 어려운 일, 머릿속에 떠도는 이야기를 언어로 구체화해 종이에 적는 일이잖아요." 재커리는 시, 이야기, 에세이 등을 썼다. "누군가에게 단지 '악몽을 꾸었다' 하고 말하는 대신 글을 쓰는 것이 훨씬 만족스럽죠."

그 후에는 그림에도 도전했다.

"꽃, 나무 같은 것들부터 그리기 시작했죠. 그러나 천생 군인이라 그런지 내가 정말 좋아한 일은 캔버스에 물감을 터뜨리는 것이었어요. 진짜 재미있었어요! 어떻게 보면 공격적으로 보이지만, 사람을 해치는 일은 아니잖아요. 그 점이 좋았어요."

"잠깐, 캔버스에 물감을 흩뿌렸다는 말인가요?" 내가 물었다.

"예, 그 사람 알죠? 잭슨 폴록? 그 사람처럼요."

놀라웠다. 나는 스물여섯 살의 재커리가 팬케이크를 만들고, 시를 쓰고, 잭슨 폴록처럼 그림을 그린다는 사실을 열여섯 살의 재커리가 알았다면 어떻게 생각했을 것 같은지 물었다.

"바보 같다고 욕했겠죠."

어떻게 된 일일까? 고등학교도 간신히 졸업한 불량학생이자, 터프가이 소총수 재커리 헤릭을 요리하고 글 쓰고 추상적인 표현주의 그림을 그리는 사람으로 만든 건 무엇일까? 그가 자신감을 되찾고 외모 너머를 볼 줄 아는 여인의 마음을 얻어 결혼할 수 있게 만든 것은 무엇일까? 무엇이 그를 자살은커녕 태양력 에너지 회사까지 창업하게 한 것일까?

"나 자신을 전과 다른 방식으로 표현한 덕분이라고 생각해요. 총으로 적을 쓰러뜨리는 대신 이제 나는 풍부한 어휘와 목소리로 대상을 공략하죠. 그 덕분에 과거를 초월해 다른 차원을 경험할 수 있었어요. 나는 여전히 재커리이지만, 지금의 나는 창의적인 재커리이고 캔버스에 물감을 흩뿌려 아름답게 만드는 재커리입니다. 시로 소통하는 재커리이기도 하고요. 몸에도 여전히 기운이 넘치지만, 이제 다른 방식으로 나 자신을 드러낼 수 있어요. 180도 달라진 겁니다."

마티스의 법칙: 실험

1941년 1월, 당시 71세였던 프랑스의 거장 앙리 마티스는 니스의 한 병원 침대에 누워 죽을 날만 기다리고 있었다. 이미 20세기 최고의 화가로 명성이 높았지만, 결장에서 발견된 종양을 치료할 수 없다는 진단을 받은 것이다. 마티스는 딸 마르그리트의 성화에 못 이겨 독일 치하 리옹으로 24시간을 걸려 이동하여 창자 35센티미터를 잘라내는 실험적인 수술을 받았다. 4시간에 이르는 수술 시간 동안 몇 차례 죽을 고비도 넘겼다.

마티스는 다음과 같이 회고했다. "두 차례의 격렬한 통증 사이에 찰나 같은 고요함이 있었다. 그 순간 나는 무덤 내부를 상상했다. 좁은 공간, 문 하나 없이 완전히 폐쇄된 곳. 나는 '안 돼, 삶이 고통이더라도 나는 아직 살고 싶어' 하고 혼잣말을 했다."

물론 고통스러웠다. 위대한 화가는 3개월간 침대에 누워 지냈다. 손에 꼽을 만큼 적은 손님만 받았고, 그들도 무뚝뚝하게 대했다. 마티스가 마침내 인근 공원으로 외출하자 수녀들은 그에게 "죽음에서 부활한 사람Le Ressuscité"이라는 별명을 붙여주었다. 마티스는 그해 5월 아들에게 보낸 편지에 그 이야기를 적었다. "수술실 침대에서 다시는 못 일어날 수도 있다고 생각했는데, 지금은 마치 죽음에서 돌아온 기분이구나. 모든 것이 달라졌단다. 현재와 미래의 시간이라는 기대도 하지 않았던 덤을 받았으니."

마티스는 덤으로 얻은 그 시간 동안 미술의 역사를 새로 썼다. 그 후 14년을 더 산 마티스는 몸이 쇠약해져 늘 침대에서 지내야 했다. 혼자 일어날 수도 없었고, 붓을 잡기는커녕 앞을 잘 보지도 못했다. 마티스는 스스로 "가위로 그리기"라고 부르던 완전히 새로운 화법으로 이미지를 만듦으로써 그 상황에 대응했다. 그는 선글라스로 눈을 보호해야 할 정도로 강렬하고 선명한 파랑, 노랑, 빨강 색종이를 과감하고 생동감 있는 모양으로 오린 다음, 조수를 시켜 캔버스에 붙이도록 했다. 새로운 경험을 하는 것이 불가능해진 마티스에게 서커스, 정원, 무용수, 여성 등 색종이를 오려 만든 이미지로 구현한 세계는 유년 시절 기억의 "결정체"였다.

이 작품들은 그 자체로 라이프스토리 프로젝트였다. 비평가들은 가위로 그린 그림들을 마티스의 모든 위대한 업적 중에서도 가장 경이로운 걸작으로 꼽는다. 마티스는 죽음의 계곡에서 빠져나와 "제2의 삶"을 산다는 것의 의미를 생생하게 보여주는 작품을 창조했다.

이런 사례는 마티스만 있는 것이 아니다. 창의력은 생애전환에 대한 예상치 못한 반응으로 보일 수도 있겠으나(내 경우가 그랬다), 사실은 매우 보편적인 반응이다. 빗줄기 같은 상상력으로 시련을 이겨낸 사람들의 이야기는 역사에 수없이 기록되어 있다. 미켈란젤로는 시스티나 경당 천장화를 그리며 척추가 틀어졌지만, 작품에 해부학적으로 풍부한 이미지를 담아내며 미술의 신기원을 이뤘다. 모네는 백내장으로 시력이 저하되자 수련의 세부 묘사를 줄였다. 그의 작품은 더욱 아련해지고, 초연해졌다. 프리다 칼로는 열여덟 살에 교통사고를 당해 거동이 불편해지자 과학자에서 화가로 진로를 바꾸었다. 베토벤은 비교 대상이 없는 독창성을 발휘하며 나날이 악화하는 청력에 맞섰다. 그는 운과 "예술 덕분에 자살로 생을 마감하지 않았다"라고 회고했다.

물론 이들은 역사상 가장 창의력이 비범했던 인물들이다. 그들에게는 불운을 재료로 예술을 만들어 내기가 어렵지 않았으리라! 그러나 그들이 상상력을 발휘해 시련에 맞섰던 이유만큼은 모두에게 시사하는 바가 크다.

첫째, 창의력은 고립과 단절을 먹고 자란다. 지난 20년간의 창의력 관련 연구를 살펴보면 일관된 패턴을 확인할 수 있다. 역경을 겪은 사람들은 종종 사회적 배제를 당하거나 불협화음을 일으키며, 주변 사람들에게 절연을 당한다. 다만 이런 상황이 오히려 당사자에게 자유롭게 위험을 감수하고, 실험을 감행하며, 주류에서 벗어나 자신만의 표현 방법을 탐구하는 계기가 되기도 한다. 오랫동안 병환으로 고생하다 예술에 도전한 사람들을 살펴보자, 고생했던 경험이 날카로운 감각과 섬세함을 형성하고 삶을 깊이 성찰하고자 하는 욕망을 일으켰음이 밝혀졌다. 그들에게는 창조적 배출구가 필요했던 것이다.

둘째, 창의력은 과도기적 시간에 세상의 가장자리에서 활짝 꽃핀다. 19세기의 수학자 앙리 푸앵카레는 이도 저도 아닌 상태에서 어떻게 아이디어가 탄생하는지 인상적으로 설명한 바 있다. 어느 날 저녁, 그는 평소와 달리 블랙커피를 마신 탓에 잠을 이룰 수가 없었다. "아이디어가 떼를 지어 몰려들며 마구 충돌하더니 이윽고 몇몇 아이디어가 서로 맞물려 움직이기 시작했다." 그는 아이디어들을 사방에서 몰려들어 서로 충돌하며 춤을 추는 벌레 떼에 비유했다. 그에 따르면, 그런 순간은 무언가에 몰입한 이후에 아무런 기대도 하지 않고 있던 때, 비몽사몽의 순간, 혹은 전혀 다른 일에 집중하고 있을 때 찾아온다. 그런 순간에 벌레 떼는 춤을 추고, 우리는 예상 밖의 아이디어를 받아들인다.

마지막으로, 창의력은 혼돈을 먹고 자란다. 불화하고 격변하는 순간에 독창적인 아이디어가 분출한다는 것은 창의력에 관한 이야기들의 공통된 주제이다. 재즈, 로큰롤, 큐비즘, 추상파 등 지난 세기의 예술적 혁신들을 생각해 보면, 모두 역사상 주요한 격변기에 등장했음을 알 수 있다. 이는 사회뿐 아니라 개인에게도 마찬가지이다. 삶의 균열들을 통과할 때 혁신의 새싹이 자라기 시작한다. 라이프스토리 프로젝트의 사례들이 보여주듯, 이 연약한 새싹은 종종 새로운 삶을 통해 꽃을 피운다.

다음은 전환기에 창의성을 추구한 사람들의 사례이다.

- 게일라 파샬은 에모리 대학교의 대학 평가 데이터 조작 스캔들에 연루되어 연구원 자리에서 해고된 후, 직접 새장을 만들어 손으로 칠하기 시작했다. 얼마 후 그녀는 자신의 작품들을 갤러리에서 판매했다.

- 스탠퍼드 MBA 출신인 할 이스트먼은 보잉과 포드 자동차를 거쳐, 주식회사 두 곳을 경영하고, 두 차례 창업을 하는 등 30년간의 사회생활 끝에 쉰다섯 살에 갑자기 일을 그만두었다. 변화를 모색하던 그는 아이다호주에 있는 자택 인근 레스토랑에서 만난 한 여성 무용수에게 자연 속에서 그녀의 사진을 찍고 싶다고 제안했다. 그는 "성적인 사진은 아닙니다. 마음이 편치 않으면 남자친구와 함께 오셔도 좋습니다"라고 말했다. 이후 할은 무용수들을 야외에서 장노출로 촬영한 작품, 자연 속에서 승마하는 모습을 몽환적으로 담은 작품, 자연의 율동감을 포착한 작품 등을 모아 5권의 예술 사진집을 출간했다.

- 세라 로즈 시스킨드는 폭스뉴스를 떠나며 우울하던 시기에 우쿨렐레를 배웠고, 보수적인 세계관을 버렸다. "전환기를 이겨내는 데 큰 도움이 되었어요. 대단한 악기죠. 기분은 밑바닥이라도 그 소리는 매혹적이니까요."

- 에반 워커웰스는 항암화학 치료를 받으며 요리와 기타 연주를 배웠다. "양파 다지기를 연습하던 때 밤마다 악몽을 꿨습니다. 양파와 악몽이 무슨 관계가 있을까 싶겠지만 정말 양파를 제대로 다

지고 싶었거든요. 양파는 그렇게 내 불안을 담는 그릇이 되었죠."

- 제니 윈은 담임목사가 된 후 자신의 기도를 시각적으로 표현한 그림을 그리기 시작했다. "평소에는 지나치게 언어 중심적인 사람이에요. 그림 작업은 언어로는 표현 못 할 징후들이 영혼과 조우하는 기분입니다."

- 칼리카 바키는 이혼 후 집에 바느질 공방을 마련해 "옷감으로 아름다운 작품들을 만들기 시작했다".

- 강박장애에 시달리는 테니스 선수였던 제프리 스파는 가족 사업에서 손을 떼고, 비영리단체를 설립해 정신질환이 있는 이들에게 미술치료를 해주었다. 그러던 중 처음으로 연설을 하게 되어 난감해하던 그에게 어떤 일이 일어났을까? "지하실에서 스피치 연습을 하다가 부엌으로 올라가 아내한테 말했어요. '여보, 좋은 생각이 떠올랐어. 화가처럼 입어야겠어.' 아내가 지금 제정신이냐고 하더군요. 나는 어떤지 봐달라고 말한 다음에 화가처럼 중절모를 쓰고 물감 범벅의 하얀 작업복을 입는 새로운 페르소나로 나타났어요. 그림까지 그리기 시작하자 아내가 그러더군요. '좋아, 괜찮겠네.'" 그는 두 차례의 TED 강연에서 이 방법을 써먹었다.

- 조금 더 창의적인 일을 한 일화들도 있다. 일례로 비비엔 밍은 완전히 새로운 목소리를 만들어 냈다. 신경과학 박사이자 트랜스젠더 여성인 그녀는 연구 자료들을 읽고 의사들과 상담하면서 트랜스젠더 여성으로서 겪는 가장 큰 어려움이 굵은 목소리라는 결론을 내렸다. 그녀는 성대를 짧아지게 만드는 몇 가지 연습법을 개

발해, 조금 더 여성스러운 음역을 갖게 되었다. "이제 전화를 받으면 모르는 사람도 저를 사모님이라고 부릅니다. 그럼 씩 웃으며 '사모님이 아니라 박사님이라고 불러주세요' 하고 대답하죠. 나도 한 성질 하거든요."

볼드윈의 법칙: 일단 써라

내가 대학 신입생이던 해 11월 초에 있었던 일이다. 나는 예일 대학교 미술관의 대형 강당에서 제임스 볼드윈의 강연을 들었다. 어떤 동기였는지는 기억나지 않지만, 혼자 갔던 것으로 기억한다. 유명 소설가이자 수필가, 활동가였던 볼드윈은 그 당시 59세였다. 그때는 몰랐지만, 볼드윈은 이미 글쓰기에 대한 여러 독설로 명성이 높았다.

- 재능은 중요하지 않다. 재능만 믿다 망한 작가들이 많다. 재능 너머에 있는 것들은 평범한 말들이다. 훈련, 열정, 행운, 그리고 무엇보다 중요한 끈기.
- 작가가 되고 싶다면 나도 말릴 생각은 없다. 작가가 될 생각이 없다면 내가 무슨 말을 해도 도움이 안 될 것이다. 출발선에 있는 사람들에게 가장 필요한 건 노력이 배신하지 않는다는 걸 알려줄 누군가이다.
- 내가 생각하는 글쓰기란 알고 싶지도, 찾고 싶지도 않았던 것을 발견하는 과정이다. 그건 운명과도 같다.

강연이 끝날 때쯤 누군가가 일어나 신인 작가들에게 해줄 조언이 있는지 질문했다. 당시에는 작가가 될 생각이 없었지만 난 그의 대답 하나하나를 기억한다.

"작가가 되는 데 필요한 건 책상, 의자, 종이, 연필뿐입니다."

오늘날 기준으로는 조금 괴짜 같은 대답일 수도 있다. 이제 호랑 이 담배 피우던 시절의 이야기가 되었지만, 그 순간만큼은 철퇴에 얻 어맞는 듯한 충격으로 내 뇌리에 남았다.

작가가 되고 싶다고? 그럼 일단 써라.

라이프스토리 프로젝트를 진행하는 내내 그의 대답을 생각했다. 전환기에 갑자기 글을 쓰기 시작했다는 사람이 놀라울 정도로 많았 다. 세상이 가장 변덕스럽게 느껴지고 딛고 선 땅이 흔들릴 때, 그들은 책상, 의자, 종이, 연필을 찾아 글을 쓰기 시작하며 삶을 회복했다.

그 이유를 알려준 실험이 있다. 1986년, 텍사스 대학교 오스틴 캠 퍼스의 독창적인 심리학자 제임스 페니베이커는 실험집단 학생들에 게 과거에 겪은 트라우마가 무엇인지와 그것에 대한 생각과 느낌을 적게 했다. 통제집단 학생들에게는 피상적인 주제의 글을 적게 했다. 강의 시간이라는 한계 탓에 학생들에게는 4일 동안 하루에 15분이라 는 조건이 주어졌다.

놀라운 일이 일어났다. 많은 학생이 글을 쓰면서 눈물을 흘렸다. 학생들은 어린 시절에 겪은 시련을 길고 진술하게 써 내려갔다. 그들 은 힘들었던 경험을 나흘 동안 꿈을 꾸듯 묘사했다. 실험 직후에는 그 여파로 학생들이 느끼는 슬픔과 불안이 커졌다. 그러나 곧 의미심장한 일이 일어났다. 페니베이커가 몇 개월 후, 보건실을 찾는 학생이 크게 줄었으며 학생들이 느끼는 삶의 가치와 의미는 훨씬 커졌음을 발견했다. 학생 70퍼센트가 자신을 더 잘 알게 되었다고 응답했다.

페니베이커는 그 이후 전 세계를 돌며 추가로 수백 차례의 실험을 실시했다. 결과는 놀라웠다. 가장 힘들었던 경험에 관해 글로 쓴 사람들은 자신의 감정을 더 잘 이해하게 되었으며, 자기 자신을 전보다 충실하게 표현했으며, 심지어 면역력까지 좋아졌다는 결과가 나온 것이다. 예를 들어, 자신의 실직 경험에 관해 쓴 사람들은 그에 따른 배우자와의 갈등, 건강 문제, 금전적 고통을 잘 이겨냈을 뿐만 아니라 재취업에 더 빨리 성공했다. 페니베이커가 자유로운 작가들이라고 부른 실험집단은 27퍼센트가 그 후 3개월 내에 새로운 일자리를 구했으나, 통제집단의 재취업률은 5퍼센트에 불과했다. 7개월 후 실험집단의 재취업률은 57퍼센트로 통제그룹의 3배에 달했다.

페니베이커는 글쓰기가 도움이 된 이유를 하나로 특정하기는 어렵다고 말했다. 피험자들은 자신들의 문제를 새롭게 이해하게 되었다고 진술했다. 그들은 극복이 불가능해 보였던 문제가 쉽게 해결할 수 있는 문제가 되었으며, 더는 걱정할 이유가 없어졌다고 했다. 글쓰기는 근본적으로 성장하는 과정이기에, 피험자들은 글을 쓰며 조금씩 자전적 서사를 통제하기 시작했다. 실험 첫날 피험자들은 사건을 설명하는 데 그쳤지만, 마지막 날에는 사건에 상징과 문맥과 목적을 부여하였다. 글쓰기가 사건의 의미화를 가속시킨 것이다.

글쓰기가 의미화를 빨라지게 한다는 사실이 인터뷰에서 들은 사연들을 떠올리게 했다. 글쓰기는 앞서 살펴본 스토리텔링이 집약된 형식이다. 글을 쓰기 위해서는 추상적이고 비구조적이며, 때로는 무의식적이었던 생각들을 구체적이고 구조적인 형식으로 표현해야 한다. 이 과정에서 생각은 구체화되고 감정은 단단해지며 의미는 명료해진다. 단지 고통스럽기만 했던 문제를 위험하지 않고 보편적인 일로 여길 수 있게 된다. 또한 생각을 단어로 바꾸는 그 순간만큼은 우리 모두 창작자가 될 수 있다.

글쓰기가 생애전환에 도움이 된 사례를 몇 가지 들어보겠다.

- 캐런 피터슨마칭가는 남편이 세트장 사다리에서 떨어지고, 자신은 동생에게 골수를 이식해 주는 등 힘든 시간을 보냈다. 그 후, 심리적 안정을 위해 코미디 대본 쓰기라는 독특한 방식의 자기표현에 매달렸다. 그녀는 LA의 클럽들을 돌며 스탠딩 코미디를 시작했다. "2년 동안 위안이 되는 일이라고는 잠시 웃는 것밖에 없던 상황에서 뛰쳐나온 거죠. 쇼에 나가야겠다고 생각했어요. 밤마다 오픈 마이크 무대로 올라갔어요. 분노에 찬 젊은이들이 음담패설이나 떠들던 곳이라 나를 무척 못마땅해했죠. 쉰 살이면 자기들 엄마 또래였으니까요."
- 드웨인 헤이스가 부성애에 대한 잡지,《스탠드: 근심 많은 남성들을 위해》를 펴내기 시작한 것은 그의 아내가 쌍둥이 딸을 사산한 이후였다.
- 아이비 울프터크는 2700만 달러 규모의 부동산 폰지 사기에 가

담했다가 교도소에 수감되었다. 그녀는 자녀들에게 장문의 편지를 보내기 시작했다. 자녀들은 출소할 때까지 그녀에게 힘이 되어 주었고, 그 후 그녀는 여성 전과자들을 위한 지원단을 결성했다.

- 리 민츠는 감량 일기에 체중과 식단에 대한 느낌, 자기 자신에게 음식 이외에 어떤 보상을 주었는지 등을 기록했다. "일기에 어떻게 내가 행복하지 않을 수 있겠어? 하는 내용이 반복해서 등장했어요. 난 돈도 많고 교육도 많이 받고 아이들도 건강했으니까요. 생존자의 죄의식 같은 걸 느꼈었죠."

- 냉전시대에 잠수함 부대 장교였던 에드 코넌트는 방위산업체를 운영하다가, 이후 조지아의 지역신문에 백악관을 비판하는 칼럼을 연재하기 시작했다.

- 캐럴 버즈는 시의원에 당선된 이후 가면 증후군을 극복했다. 모욕적인 이메일을 보내는 유권자들에게 어떻게 대응해야 하는지 알게 된 것이다. "'종종 '넌 쓰레기야'로 시작하는 이메일을 받아요. 대개 남자들이죠. 소중한 의견 감사합니다. 겸허히 듣겠습니다. 예전에는 그런 식으로 답장했어요. 그러다가 마침내 그만두기로 결심했죠. 강경한 이메일을 쓰기 시작했어요. 한 번만 더 협박하면 경찰에 신고하겠습니다. 진짜 나 자신이 되는 과정이었죠."

- 로즈메리 대니얼은 산후우울증으로 고통받은 이후 시를 쓰기 시작했다. "내 나이 스물네 살이었어요. 에모리 대학교 평생교육원에서 진행되는 현대시 수업 포스터를 봤죠. 시인이라고는 에밀리 디킨슨조차 들어본 적이 없었지만, 호기심이 동했어요. 같이 수업

을 들은 사람들은 내가 정말 우스꽝스러웠을 거예요. '길 끝에서 사정하다' 같은 문장을 써 갔거든요. 『오이디푸스 왕』 같은 제목은 제대로 발음하지도 못했지만, 삶이 갑자기 달라졌죠." 그녀는 이후 60여 년을 시인으로 활동했다.

타프의 법칙: 과거를 파헤쳐라

트와일라 타프는 지난 60년 동안 가장 진보적이었던 예술가로 손꼽힌다. 1965년에 자신의 무용단을 결성한 이후 129곡의 안무를 담당했으며, 그 외에도 TV 특집 프로그램에서 열두 차례, 할리우드 영화에서 여섯 차례, 브로드웨이 뮤지컬에서 네 차례 안무를 맡았다. 두 종류의 피겨스케이팅 프로그램 안무도 만들었다. 토니상을 1회, 에미상을 2회 수상했고, "천재들의 상"으로 불리는 맥아더상을 받았으며, 국가예술훈장을 수훈했다. 그녀는 장애물을 뛰어넘고, 한계를 넓히며, 자기 자신과 무용단의 능력을 최대치까지 이끌어 내는 것으로 유명하다. 그런데 그런 그녀가 저서 『천재들의 창조적 습관The Creative Habit』에서 삶의 어려움들을 헤쳐나가려면 미래를 내다보는 것이 아니라 과거를 돌아보아야 한다는 의외의 주장을 했다.

타프는 언젠가 자신이 아는 "가장 성공한 경영자"로부터 한계에 부딪칠 때마다 4~5년 전 회사 자료들을 읽는다는 말을 들었다고 한다. 이 지루하기 짝이 없어 보이는 일을 하면 언제나 기억이 몰려들며 신선한 아이디어들이 떠올랐다는 것이다. 그 경영자는 "기업 환경에서 정말로 독창적인 생각을 떠올린다는 게 얼마나 드문 일인지 아세요?"하고 그녀에게 물었다. 대부분의 좋은 아이디어는 사실 이미 캐비닛이나 사람들 머릿속에 감춰져 있다. 그 경영자가 그 점을 알았다는 것이 타프의 결론이다. "직장 생활을 하는 사람들, 그리고 예술가들도, 개성 있고 창의적인 아이디어를 얻기 위해 대부분 앞만 보려고 하지만, 그 사람은 창의력의 진짜 비결이 과거를 돌아보고 기억해 내는 데 있다는 걸 알았죠."

타프의 경험을 접한 덕분에 인터뷰에서 들은 이야기들을 잘 이해할 수 있었다. 판에 박힌 생활을 하는 동안, 타프는 SF 작가처럼 미래로 날아가는 대신, 고고학자처럼 과거로 돌아갔다. 낡은 사진을 들춰보고, 오래된 음악을 듣고, 과거의 멘토에게 조언을 구했다. 그리고 무엇보다 과거의 기억을 더듬었다. "기억의 힘을 깨달으면, 그 전까지 얼마나 많은 일을 과소평가해 왔는지 비로소 알게 돼요"라고 타프는 말한다.

라이프스토리 프로젝트의 분명한 결론 가운데 하나는 생애전환 중에 사람들이 과거의 경험에서 위안과 자양분을 얻는다는 것이다. 전환기에 사람들은 과거의 열정을 회복하고, 어린 시절의 낭만에 다시 불을 붙이며, 오래 잊고 지낸 꿈을 다시 꾸기 시작한다. 물감 세트, 테니스 라켓, 침대 아래에 넣어둔 트럼펫을 기억하는가? 배를 건조하고, 와인샵을 운영하고, 최상급 토마토를 재배하겠다던 꿈을 기억하는가? 그래 맞아, 한때 탭댄서가 되고 싶었지. 합창단에 들어가고 싶었고, 프랑스 요리를 공부해 셰프가 되고 싶었어. 많은 사람에게 인생 최악의 시기는 동시에 과거의 흥미를 되찾아 다시 열정을 쏟을 수 있는 최선의 시간이 되기도 했다.

사람들이 현재의 삶에서 도약하기 위해 어떻게 과거를 파헤쳤는지 예를 들어보겠다.

* 자네이 브로어는 미시간주 그랜드래피즈에서 가난하게 자랐다. 성장하여 노숙자 지원 단체의 회장이 되었으나, 추악한 권력 싸움에 휘말려 자리에서 밀려난 후 어린 시절에 좋아하던 시를 다시 쓰기 시작했다. "아이를 학교에 데려다주고 나면, 스타벅스에 들어가 짧은 시와 내 생각을 썼어요. 문득 예전에 내가 그 일을 얼마나 좋아했었는지 기억나더라고요. 건망증에 걸린 것처럼 이런 일들을 잊고 지냈기 때문에 그렇게 힘들었던 거라는 생각이 계속 들었죠."

* 헬렌 킴은 위암에 걸려 대학에서 맡았던 생물학 강의를 그만두었다. 그러던 어느 날, 평생교육원 홍보지를 주웠는데 발레 수업이 눈에 들어왔다. "어렸을 때 볼쇼이 발레단의 〈백조의 호수〉 공연을 보면서 생각했어요. 와, 너무 멋지다. 그때는 우스꽝스러운 신발을 신고 발가락으로 서 있어야 한대서 마음을 접었었죠. 이번에는 달랐어요. 발레리나가 되겠다고 결심하고 강의를 신청했어요. 당연히 다른 여자들이 저보다 훨씬 실력이 좋았죠. 몇 주 후에 강사한테 그만두겠다고 말했더니 그가 그러더군요. '안 돼요. 그러지 마세요. 소질이 있어요.' 수강료 때문에 하는 말인 줄 알았는데

다른 수강생들도 극구 말리지 뭐예요. 그래서 계속해 보기로 했답니다."

- 콜로라도 토박이 존 러스키는 학교 기숙사에서 『허클베리 핀의 모험』을 읽었다. 졸업 후 같은 반이었던 친구와 함께 뗏목을 만들어 멤피스 남쪽의 송전탑과 충돌하기 전까지 5개월 동안 미시시피강 위를 떠다녔다. 그로부터 거의 20년이 지난 후, 그는 미시시피 델타블루스 박물관에서 하던 일을 그만두고 자신의 첫사랑, 빅 리버로 돌아갔다. "탐험을 위해 카누를 한 대 사서 야생의 거칠고 위대한 정령들과 다시 조우했죠. 그리고 그곳에서 본 것들을 그림으로 그리기 시작했어요. 강에 갈 때마다 보상받는 기분이에요. 이튿날 다시 일할 힘을 얻었죠." 그는 머지않아 여행사를 차리고 미시시피강 카누 여행을 상품으로 내놓았다.

- 로라 다이틀러는 네브래스카주 링컨에서 아이를 키우며 초등학교 교사로 일했다. 어느 날 남편이 전자 대마초를 팔려 한다는 사실을 알게 된 그녀는 남편을 집에서 쫓아내고 깊은 우울에 빠졌다. 그때 그녀는 소설가가 되겠다던 어린 시절의 꿈을 떠올렸다. "이혼이 새로운 출발을 할 기회가 된 셈이죠. 내가 되고 싶던 내 모습, 살고 싶던 내 삶에 도전한 겁니다. 오랜 세월 완전히 잊고 지냈던 진짜 내 모습 말이에요. 나 자신을 돌봐줄 때가 된 거였죠." 어느 토요일 오후, 로라는 차를 몰고 대형 서점으로 가서 몰스킨 일기장을 한 권 구입했다. 그녀는 연애 시절 이야기들부터 일기장에 쓰기 시작했다. 그 일기장은 이후에 흥미진진한 자서전

을 쓰는 데 바탕이 되었다.

휄든크라이스의 법칙: 땀을 흘려라

모셰 휄든크라이스는 20세기 첩보소설이나 21세기 전기 영화의 소재로도 손색없을 만큼 다채로운 삶을 살았다. 1904년 우크라이나에서 유대인으로 태어난 그는 여덟 살에 벨라루스로 건너갔다. 열네 살이던 1918년 겨울에는 박해를 피해 벨라루스를 떠나 팔레스타인까지 도보로 탈출했다. 여권은 물론 없었고, 가진 것이라고는 부츠에 숨겨둔 권총 한 정, 배낭 안의 수학책 한 권이 전부였다. 혹한의 날씨 속에서 그는 생존을 위해 잠시 순회 서커스단에 몸담으며 곡예사들에게 낙법을 배웠다. 서커스단이 폴란드 크라쿠프를 지날 무렵, 서커스단 인원은 아이들 50명을 포함해 200명에 육박했다.

그는 팔레스타인에 정착해 육체노동자로 일했다. 칼부림이 만연한 시대였던지라 그는 재빨리 자신만의 호신술을 개발했다. 사람들이 자신의 호신술에 흥미를 보이자, 그는 『주짓수와 호신술Jiu-Jitsu and Self-Defense』이라는 책을 집필했다. 그 책은 당시 막 태동하던 유대계 자경단들의 필독서가 되기도 했다. 유도의 창시자 가노 지고로가 파리를 방문한다는 소식을 들은 휄든크라이스는 파리로 가서 그에게 자신의 책을 선물했다. 가노가 관심을 보이며 그 책을 어디에서 구했는지 물었고, 휄든크라이스는 직접 썼다고 대답했다. 가노가 믿을 수 없다고 하자 휄든크라이스는 그렇다면 칼로 공격해 보라고 했다. 잠시 후 칼

한 자루가 날아갔고, 그날로 가노는 휠든크라이스를 고용해 유도를 유럽에 보급하도록 했다.

파리로 건너간 휠든크라이스는 그곳에서 물리학 박사학위를 받았다. 그는 2명의 노벨 수상자를 배출한 연구소에서 일하며 원자를 쪼개는 데 필요한 장치를 발명했다. 전기에 따르면 1940년에 휠든크라이스는 게슈타포의 추격을 피해, 핵무기 개발에 필요한 군사기밀과 중수 2리터를 여행가방 2개에 챙겨 달아났다. 그의 임무는 군사기밀과 중수를 나치의 손에 빼앗기지 않는 것이었다. 그러나 영국행 배편을 구하지 못한 그는 다시 한번 도보로 탈출을 시도했다. 다만 이번에는 아내도 함께였다. 두 사람은 가까스로 연합군 해군 철수 작전에 합류했다. 이 작전을 세운 사람은 〈007〉 시리즈의 원작자로 유명한 이언 플레밍이었다.

탈출 과정에서 휠든크라이스는 무릎에 염증이 생겼다. 그는 해박한 해부학 지식을 발휘하여 무릎의 염증이 발, 등, 어깨 등 다른 신체부위에도 얼마나 영향을 주는지 확인했다. 무릎의 염증이 그의 걸음걸이는 물론이고, 전반적인 기분에까지 영향을 주고 있었다. 휠든크라이스는 동작 하나하나를 아주 작은 단위로 나누었다. 그 결과 그는 몸동작이 신체적 스트레스뿐 아니라 정신적 스트레스에도 영향받는다는 사실을 알아냈다.

전쟁이 끝난 후, 휠든크라이스는 몸과 정신의 통합적 치유를 실천하기 시작했다. 그렇게 탄생한 휠든크라이스 요법Feldenkrais Method의 목적은 신체의 움직임을 개선하고 삶의 질을 향상시키는 것이다. 이 이야기의 핵심은 혼란스러운 시기를 통과할 때, 우리의 몸도 타격을 받는다는 것이다. 자아를 새롭게 변화시키려면, 몸을 움직이는 방법도 달라져야 한다. 걷고 앉고 서고 눕고 춤추고, 섹스하는 방법까지 모두 달라져야 한다. 요컨대, 우리 삶의 이야기뿐만 아니라 우리 몸의 이야기까지 다시 써야 한다는 것이다.

내가 휠든크라이스의 이야기를 좋아하는 이유는 아마도, 나 자신이 17시간의 수술을 받은 끝에 의학적 기적이라고 할 수 있는 왼쪽 다리를 갖게 되었기 때문이다. 지금 그 다리는 오른쪽 다리보다 3센티미터가량 짧으며, 넓적다리에는 종아리뼈가 이식되어 있다. 나는 이미 평범한 사람이 평생 받는 것보다 훨씬 많은 물리치료를 받았으며, 옷을 입는 것부터 계단을 오르고 글을 쓰고 잠을 자는 것과 여가 활동까지 모든 것을 처음부터 다시 생각해야 했다.

전환기에 신체적인 변화를 모색했다는 사람들의 이야기가 내게는 그다지 놀랍지 않았던 이유이다. 어떤 이들은 극단적인 운동 루틴을 시작하고, 핫요가 수업에 등록하며, 장애물 경기에 도전하기도, 스포츠 댄스를 다시 추기도, 활기찬 생활을 유지하려 하기도, 비건이 되기도 한다. 다만 놀라운 점은 많은 이들이 이렇듯 물리적 일상을 조금 바꾸는 것만으로 생애전환의 문이 활짝 열리고 자신의 정체성을 바꿀 수 있다고 확신했다는 사실이다. 실제로 신체적 변화는 그들에게 정신적 변화를 위한 디딤돌이 되었다. 공원에서 자전거를 타는 것은 상상력을 자극한다는 점에서 일기를 쓰고 요리를 하고 그림을 그리는 일만큼이나 창조적인 행위이다. 자기 자신을 위한 새 삶을 상상하고,

자신의 이상을 엿보는 것은, 더 이상 과거에 얽매이지 않고 미래를 생각한다는 좋은 신호이다.

혼란의 한가운데에서 사람들이 어떤 신체적 변화를 도모했는지 예를 들어보겠다.

- 에릭 스미스는 가족들의 죽음을 겪고, 진통제 중독으로 허덕이던 중에 킥복싱에 입문했고, 장애인 학생들을 가르치기 시작했다. "아내의 권유로 시작했죠. 집에서 울상을 짓고 있으면 나를 밖으로 내쫓았어요. 그럼 한밤중에 다른 사람이 되어 샌드백에 실컷 화풀이하고 귀가했습니다. 낮에는 심한 장애가 있는 학생들을 공감과 사랑과 배려로 돌보는 사람이었지만, 밤마다 체육관에서 사람들과 치고받고 싸운 겁니다."

- 크리스 하워드는 (여성과의) 결혼에 실패하고, 반발심에 (중년 남성과의) 건강하지 않은 연애를 한 끝에 이스트코스트에서 샌프란시스코로 이사했다. 그곳에서 자리를 잡자마자 그는 곡예사, 쇼걸, 사디스트 들과 어울렸고, 곧 공중곡예 공연을 하기 시작했다.

- 존 에벤휘스는 글레이셔 국립공원으로 떠나자마자 골프 대신 강도 높은 체력 훈련을 시작했다. "단순히 체중감량만을 위해서는 아니었어요. 발에 물집이 생기지 않으려면 바른 자세로 걸어야 하는 것과 같은 겁니다. 그래야 망할 놈의 산에 오를 수 있으니까요. 몸을 관리하는 이유는 수영복을 입고 멋을 부리기 위해서가 아니라 몸 상태가 삶을 좌우하기 때문입니다."

- 수전 키포크는 아버지를 여읜 슬픔과 뇌종양을 극복하기 위해 탭 댄스를 추기 시작했다. "춤을 추다 보면 자기 자신으로부터 벗어날 수 있어요. 그림을 그리거나 노래를 부르거나 춤을 추는 건, 앉아서 영화를 보는 것과 달라요. 내가 영화 속에 있는 기분이죠. 무언가를 물리적으로 변화시켜 보면, 세상도 바꿀 수 있겠다는 자신감이 생깁니다."

- 운동 자체가 목적은 아니었지만, 브루클린에서 텔루라이드로 이사한 후 세라 홀브룩은 컬링팀에 들어갔다. 그녀는 "월요일 밤마다 친구들이 모두 그곳에 모였어요. 나는 외로웠고, 친구들과 어울리고 싶었죠. 한 달짜리 다이어트 프로그램에도 참여했어요. 친구들이 하나같이 참여했기 때문이죠. 다른 이유는 아침마다 카페에 가느라 체중이 늘었기 때문인데, 사실 거기도 마을 사람 모두가 드나드는 곳이라 간 것이었죠."

창의성을 위해 일부러 고립될 필요도, 격식을 갖출 필요도, 야심에 찰 필요도 없다. 누군가를 본보기로 삼지 않아도 괜찮다. 사람들이 창의성에 바라는 바가 무엇인지는 태곳적부터 창조가 신화에서 어떻게 표현되었는지를 보면 알 수 있다. 바로 새로운 출발이다. 신화 속에서 창조와 그에 따른 파멸, 또 다른 창조는 끝없이 반복된다. 창의적 행위를 통해 우리는 비로소 우리의 가장 인간적인 면모, 즉 새 삶을 만들어 내는 능력을 발휘하게 된다.

11장

공유하기

타인의 지혜를 구하라

생애전환을 항해하는 도구들은 모두 시간적인 요소를 내재하고 있다. 우리는 이 도구들을 통해 과거를 떠나보내고, 삶의 어떤 시기가 끝났음을 기념하고, 신선한 계획을 세우며, 새로운 라이프스토리를 쓰기 시작한다. 시간적인 요소 덕분에 각각의 활동은 영원한 작별, 혼란의 한가운데, 새로운 출발 가운데 한 국면으로 자연스럽게 이어진다.

그러나 한 가지 도구는 시간의 제약을 전혀 받지 않는다. 이 도구는 보통 여러 차례 사용되고, 어느 때든 사용될 수 있지만, 때로는 단한 번만 사용되기도 한다. 타이밍이 중요하기도 하고, 시간을 초월하기도 한다. 이 도구는 자신의 이야기를 타인과 공유하는 것이다. 그리고 친구, 연인, 동료, 처음 만난 사람, 같은 처지의 사람, 이웃에 사는 사람, 멘토 등에게 가장 절박한 순간에 가장 절실한 도움을 받는 것이다.

인터뷰를 통해 사람들이 타인에게 다양한 종류의 도움을 받고 싶어 한다는 사실을 여러 차례 확인했다. 사람들에게 삶을 체계화하고 삶에 의미를 부여하는 저마다의 방식이 있는 것처럼, 선호하는 피드백의 유형도 모두 다르다. 위로와 격려를 받는 것부터 영감을 얻는 것, 비판받는 것, 심지어 도발당하는 것을 선호하는 사람도 있다. 우리가 구하는 조언이 어떤 유형이든 그 조언들은 전환기에 우리에게 동일한 역할을 해준다.

우리에게는 타인의 도움이 필요하다.

"한 명쯤은 만날 거예요"

로키 린 래시는 철저히 버려진 상태로 삶을 시작했다. "쓰레기통에서 발견됐죠. 1964년 11월 14일 노스캐롤라이나 트라우트만 인근이었어요. 죽으라고 버렸겠죠? 베리엄 고아원에 보내져 거기에서 자랐습니다." 로키가 두 살 정도 되었을 무렵, 프레드와 에델 래시 부부가 아이를 입양하기 위해 고아원을 찾았다. 아이를 낳기에는 나이가 많았던 것이다.

"내 최초의 기억이죠. 아프리카계 미국인 여성이 고아원을 돌아다니더니 나를 가리키며 '음, 저 애는 아니지? 머리가 납작해' 하고 말하더군요." 로키의 머리는 지금도 납작하다. 그의 말로는 고아원에서 그렇게 된 것 같단다. "지금도 머리를 기르고 다니는 이유예요. 그럼 아무도 눈치 못 채거든요."

입양 이후가 문제였다. 양모는 교육을 받지 못해 문맹이었고, 아이를 어떻게 키워야 하는지 전혀 몰랐다. 한국전쟁 참전용사 출신인 양부도 글을 읽지 못했다. 게다가 원시 침례교primitive Baptist 신자였던 양부는 병원과 은행, 학교를 포함한 모든 기관을 믿지 않았다. 무엇보다 너무나 가난했다.

"병원에 처음 갔을 때 경찰까지 출동했어요. 병원에서 내가 학대받는 줄 알았다더군요." 로키가 말했다.

일부는 사실이었다. 래시 부부가 그의 이름을 로키라고 지은 것은 사냥이나 스포츠를 좋아하는 화끈하고 똑 부러진 아이를 원했기 때문이다. 반면 로키는 어릴 때부터 예술에 관심이 많았다. "난 모든 면에서 아버지가 원하던 아이가 아니었어요. 아버지는 밤마다 나를 방에 가두고 나오지 못하게 자물쇠를 잠갔어요."

6학년 때 로키는 동네 교회에서 열린 야드 세일yard sale에 갔다가 턴테이블과 스피커 그리고 2장의 앨범을 보았다. 지미 핸드릭스 익스피어리언스의 《액시스: 볼드 애즈 러브Axis: Bold as Love》와 키스의 《얼라이브!Alive!》였다. "다 합쳐서 75센트를 달라더라고요. 어머니한테 가서 '이거 갖고 싶어요'라고 했더니 1달러를 주셨죠. 난 그것들을 사서 벽장에 감춰두었어요. 아버지가 알면 끝장이었거든요."

로키는 음악의 세계에 빠져들었다. 잔디 깎기 아르바이트로 번 돈으로 백화점에서 기타를 구입했고, 8학년 때는 성인들과 함께 밴드를 결성했다. 그러던 중 그는 《기타 월드》라는 잡지에서 LA에 있는 기타 인스티튜트 오브 테크놀로지GIT, Guitar Institute of Technology 대학의 홍보물을 보았다. "그때부터 그 학교에 입학하는 것이 내 삶의 목표가 되었지만, 솔직히 가능성은 희박했어요. 노스캐롤라이나 빈민가에 살았으니까요. 답답했죠."

그 무렵 로키의 삶에 기적의 손길들이 등장하기 시작했다. 그가 깊은 방황에 빠질 때마다 착한 사마리아인, 생면부지의 은인, 행운의 천사 들이 나타나 도움의 손길을 내밀었다.

어느 날 학교에 온 신병 모집관이 입대하면 학비를 지원하겠다고 제안했다. "아버지가 기껏 키워놨더니 딴따라가 되겠다는 것이냐며 고등학교만 졸업시키고 쫓아내겠다고 하시더군요. 어쨌든 내게는 군 입대가 행운의 티켓이었어요."

로키는 공수부대의 낙하산병이 되었다. "다들 피하는 보직이었지만, 난 그때 처음으로 하루 세끼를 제대로 챙겨 먹었어요. 교관들이 죄다 베트남전에 투입되었던 최정예 전투 요원들이었죠. 한마디로 정말 엄했어요. 그래도 잘했다는 칭찬을 그때 처음으로 받아봤어요. 키가 2미터는 되는 엄청나게 덩치 큰 흑인 하사가 있었어요. 깐깐한 사람이라 많이 무서워했죠. 그런데 공수학교 수료식 때 그 양반이 내 가슴에 달린 공수기장을 가리키며 말하더군요. '어이, 이걸 해냈으니 앞으로 뭐든 할 수 있을 거다'라고요."

로키는 3년을 더 복무했다. 제대 후에는 제대군인 원호법^{GI Bil}에 보장된 퇴직금을 받아 캘리포니아로 이사했고, GIT에 등록했다. "에디 반 헤일런처럼 되고 싶었어요. 정말 그렇게 될 수도 있었죠." 그러나 그는 사람들과 잘 어울리지 못했다. "성실했고 연주도 괜찮았어요. 그런데 술도 안 마시죠, 담배도 안 피우죠, 약도 안 하죠. 그러니 누가 나랑 놀고 싶겠어요?"

졸업 후 로키는 다시 갈 길을 잃었다. 차를 몰고 길이 끝날 때까지 달리자는 생각으로 캐롤라이나를 관통하자, 바닷가에 어느 한적한 마을이 나왔다. 그는 그곳의 클럽에서 재즈 트리오에 합류했고, 버려진 비디오 대여점에서 침낭을 덮고 자면서 생활했다. 가진 거라고는 아이스박스와 앰프 한 대가 전부였다. 살길이 막막해졌다.

어느 날 밤, 인근의 캘러배시라는 마을에 가서 가수 마이크 셰인의 노래를 들었다. 로키는 쉬는 시간에 그에게 다가가 자신을 소개했다. 그러자 셰인이 "자네가 그 촌놈인가? 다들 자네 이야기만 하던데?" 하고 물었다. "그런가요?" 로키가 되묻자 셰인이 그에게 카세트를 건넸다. "내일 밤, 무대에 같이 서자. 집에 가서 이 노래들을 연습해 와." 로키는 이튿날 곡들을 익혀서 다시 그곳에 갔다. "오늘 하룻밤만 하자는 말이 아니야." 셰인이 말했다.

두 사람은 그해 여름 내내 함께 무대에 올랐다. 셰인은 공연하는 법, 연주할 때 몸을 더 움직이는 법, 대중을 사로잡는 법 등을 가르쳐 주었다. 가을에 접어들자, 셰인은 내슈빌에서 녹음을 하기로 했다며 로키에게 함께 가자고 제안했다. "가방 싸라. 한동안 거기서 지낼 테

니까." 로키는 셰인을 따라 내슈빌에 가서 음악의 거리Music Row 인근
호텔에 묵었다.

"처음에는 무언가 이상하다고 생각했어요. 방을 2개 잡았거든요.
그 전까지는 돈을 아끼려고 방을 같이 썼었죠. 밤잠을 설치고 아침에
일어났더니 문 아래 쪽지가 있더군요."

네가 있어야 할 곳은 여기이다. 네 트럭은 돌려보내마.

이미 2주 치 방값을 계산했다.

마이크 셰인은 동화 속 늑대가 아니었다.

그는 로키에게 소원을 들어주는 요정이자 대부였다.

로키는 그렇게 일을 시작했다. 재즈를 연주하고, 곡을 만들고, 순
회공연을 다니고, 유람선 무대에 섰다. 결혼과 이혼을 했고 딸이 생겼
다. 수년이 지난 후 로키 앞에 다시 한번 생면부지의 은인이 등장했
다. 맨해튼의 유니버설 뮤직 대표 앞에서 30분간 오디션을 본 것이다.
"처음에는 두세 곡 불러보라더군요. 세 곡을 불렀는데 그만하라는 이
야기가 없는 겁니다. 그래서 부르고 또 불렀죠. 노래를 모두 마쳤더니
바로 음반 계약을 하자더군요. 그러고는 센트럴파크가 내려다보이는
아주 비싼 호텔에 스위트룸까지 잡아주었어요."

노스캐롤라이나 쓰레기통에 유기되었던 소년은 미국 연예계의
정점에 올라섰다. 로키는 첫 앨범이 성공하며 얻은 명성을 바탕으로
군대 헌정 재단Tribute to the Troops을 설립했다. 그는 재단을 통해 수십만
달러의 기금을 조성하여, 복무 중 전사한 군인들의 자녀에게 대학 등
록금을 지원했다. 평생 부모나 다름없는 여러 은인을 만난 그가 이제

얼굴도 모르는 수천 명의 아이에게 그 은혜를 돌려주고 있는 것이다. 로키는 모든 것이 자신의 삶을 변화시킨 사람 덕분이라고 했다.

"누구나 살아가면서 마이크 셰인 같은 사람을 한 명쯤은 만날 거예요. 내게는 그가 신이나 다름없었죠. 나를 내가 있어야 할 곳으로 데려다주었으니까요. 내 앨범 《페이스Faith》의 1번 트랙 제목은 〈내가 있어야 할 곳Right Where I belong〉입니다. 잃어버렸던 길을 찾는다는 내용이에요. 누구나 살면서 실수와 잘못을 저지르겠지만, 누군가가 다가와 문을 열어주면 용감하게 문밖으로 나설 수 있어야 해요."

어느 할머니의 지혜

오래전 친구가 내게 대형 미디어 회사와 갈등을 겪고 있는 자신의 친구에게 조언을 해달라고 했다. 마침 나와도 인연이 있는 회사였다. 친구의 친구가 내게 전화를 했다. 영국인이었던 것으로 기억한다. 나는 그에게 내 경험을 자세히 들려주었고, 그는 내게 더 자세하게 사정을 이야기했다. 그가 이야기를 들어주어서 고맙다고 하길래, 나는 별로 도움이 되지 못해 유감이라고 답했다. 그러자 그가 말했다. "오, 아닙니다. 큰 도움이 되었어요. 할머니는 내게 늘 '고통을 나누면 절반이 되고 기쁨은 나누면 배가 된다'라고 말씀하셨죠."

맞는 말이다.

생애전환을 겪는 이들이 주변 사람들로부터 소외감을 느끼는 경우가 많다. 분리되고 고립되고 버려진 듯한 기분은 전환기에 겪는 가장 고통스러운 일들 가운데 하나이다. "어떤 일을 하세요?" 이 가장 흔한 질문에 실직자들은 답하지 못한다. 마약 중독이나 정신질환과 씨름하는 자녀가 있는 부모들은 "아이들은 잘 있지?" 같은 해맑은 질문에 당혹스러워한다. 나도 아팠을 때 그런 경험을 했다. 항암 후에 지쳐서 침대에 누워 있던 때, 다리 수술 후 걷지 못하던 때, 면역력이 떨어져 집 밖으로 나가지 못하던 때, 창밖에서 느긋하게 걸어 다니는 사람들을 내다보며 중얼거리곤 했다. 당신들은 그게 얼마나 소중하고 부러운 일인지 모르겠지.

이도 저도 아닌 상태에 있다는 것은 외로움을 의미하기도 한다. 그 어디에도 소속되지 못한 기분이 들기 때문이다.

그러므로 타인과의 유대는 이 시기를 이겨내는 데 필수적이다. 인간은 감정을 공유하는 존재이다. 하버드 대학교에서 연구한 바에 따르면, 우리는 자신의 경험을 타인에게 알리는 데 대화의 30~40퍼센트를 할애한다. 그만큼 보상이 크기 때문이다. 자기 자신을 드러내는 행위는 뇌에서 진정 효과가 있는 화학물질을 분비하게 하며, 체내의 특정한 시스템을 활성화시켜 타인과의 유대를 원활하게 한다. 고통스러웠던 경험을 고백하면 그 순간에는 혈압이 올라가고 맥박이 빨라지지만 점차 고백하기 이전보다 안정되어 몇 주간 그 상태를 유지한다. 자신의 문제를 타인과 더 많이 공유할 수만 있다면 사람들은 얼마든지 비용을 지불한다. 상대가 낯선 사람이더라도 자기 자신에 대해 말하고자 하는 욕망은 그대로이다. 집단치료에서 더 많이 말하는 사람일수록 소속 집단을 좋아하게 된다. 집단 내에서 더 많이 말할수록 더 많이 배울 수 있다.

그의 할머니는 단지 통찰력이 있는 정도가 아니었다. 그분을 신경과학자라고 불러도 좋을 것이다.

이 모든 연구 결과의 핵심은 말하기는 혼자만의 놀이가 아니라는 것이다. 청자의 존재가 보여주는 치유력은 우리가 다른 사람을 찾거나, 집단치료에 참여하는 이유이다. 때로는 하고자 하는 이야기의 틀을 청자가 만들어 주기도 한다. 결과적으로 청자는 이야기의 공동 화자가 된다. 서사심리학에서는 청소년기를 일관성 있는 삶의 이야기를 만들고자 애쓰는 최초의 시기로 정의한다. 청소년기에 우리는 공동 발화자로서의 어른, 즉 부모, 교사, 목회자, 지도자 등에게 크게 의지한다. 사실 나이가 든 후에도 우리에게는 지혜로운 어른이 필요하다. 수많은 구루, 노파, 요다, 원로, 예언자, 마하트마, 멘토, 현자 들을 생각해 보라. 우리에게는 철학자 조지 허버트 미드가 말하는 소위 "의미 있는 타인"이 필요하다. 의미 있는 타인이란 우리가 한 행동을 반추하게 해주고, 이를 통해 사건에서 한 걸음 물러나야만 알 수 있는 의미를 발견하도록 이끌어 주는 사람들이다.

어떤 종류의 의미 있는 타인이 가장 가치 있을까? 자신의 분투기를 타인과 공유해 본 사람이라면 누구나 알겠지만, 피드백은 단순히 맞장구를 쳐주는 것일 수도, 점잖은 비판이나 신랄한 비난일 수도 있다. 그렇다면 가장 도움이 되는 피드백은 무엇이었을까? 이 질문에 대한 답변은 예상보다 광범위했다. 인터뷰에 나온 답변을 크게 위로, 넛지nudge[선택을 유도하는 부드러운 개입], 일침, 지시의 네 가지 유형으로 분류할 수 있었다. 충분히 많은 답변이 있었으므로 추가로 언급하기는 하겠지만, 사실 다섯 번째 유형은 별로 도움이 되지 않는다. 다섯 번째 유형은 냉소이다.

그 비율은 다음과 같다. 위로(사랑해, 난 널 믿어, 넌 할 수 있을 거야)가 가장 많았으며 이 유형이 좋다고 응답한 사람은 참가자 전체에서 3분의 1이 넘는다. 넛지(사랑해, 하지만 너도 노력은 해야 할 거야)는 두 번째로 많았으며, 4분의 1가량이었다. 일침(사랑해, 하지만 너 스스로 이겨내야 해)은 세 번째로 많았으면 대략 6명 중 1명꼴로 이 유형이 유용했다고 응답했다. 롤모델(우리는 모르는 사이일 수도 있겠지만 나만 따라와)은 네 번째였다. 마지막 유형인 냉소는 조언을 구하는 사람에게 바보라고, 정신 나갔다고, 절대 해내지 못할 거라고 말하는 경우다. 누군가에게 때로는 냉소가 동기부여를 할 수도 있다.

각 유형이 현실에서 어떻게 나타나는지 예를 들어보겠다.

위로: "버스비도 주고 비행기표도 끊어줄게"

로레타 퍼햄은 딸의 목숨을 앗아 간 교통사고 이후 두 손녀의 1차 양육자가 되면서 삶의 방향을 잃었다. 흑인 대학 협회에 도서관장으로 근무하던 그녀는 직장에서 슬픔을 드러낼 수 없었다. 집에서는 두 손녀에게 강한 모습을 보여야 했다. "친구들이 전화해도 받지 않았어요. 아무랑도 대화하지 않았죠. 혼자 있고 싶었어요."

다만 한 사람만은 예외였다. "가까운 친구는 아니었어요. 루이지

애나주 배턴루지에 있는 우리 협회 소속 도서관 관장인데, 그녀도 대학생 아들을 잃었죠. 에이즈 때문이었던 것으로 기억해요. 그즈음 그 친구가 나한테 전화를 자주 했고, 나도 시간이 있을 때 그녀에게 전화했죠. 내가 갑자기 갓길에 차를 세우고 울어도, 다 울 때까지 기다려 주고 내 이야기를 끝까지 들어주었답니다."

그 친구의 역할은 무엇이었을까? 로레타는 "나를 위로해 준 것"이라고 말한다. "내 감정이 잘못된 게 아니라고 말해준 유일한 사람이었어요. 언젠가 괜찮아지겠지만, 지금 당장 그럴 필요는 없다고 말하곤 했어요. '그만 슬퍼하라는 말 듣지 마세요'라고도 했죠. 당시에 남편은 내가 슬픈 생각에서 벗어나기를 바랐었거든요. 하지만 그녀는 '남들이 뭐라고 하든 신경 쓰지 마세요. 당신 삶이니까요' 하고 말해주었죠."

다른 포유류와 마찬가지로 인간에게도 무리 짓는 습성이 있다. 고릴라는 무리를 지어 다니고 하이에나는 킬킬거리며 몰려다닌다. 가시가 뾰족뾰족한 호저도, 덩치가 큰 하마도 무리를 이룬다. 우리는 가족, 팀원, 교인, 동료 들과 어울려 지낸다. 시련을 겪을 때도 주변에 다른 사람들이 있다면 자존감을 유지할 수 있다는 연구 결과가 많다. 기본적으로는 친구가 많을수록 정신 건강에 좋겠지만, 그 효과는 자기 자신의 문제를 친구에게 얼마나 솔직하게 털어놓는지에 따라 달라진다. 해고당한 사람의 고통은 그 이야기를 사랑하는 사람들과 나누면 나눌수록 줄어든다. 참전용사와 에이즈 환자의 경우도 마찬가지이다. 역경을 이겨낸 경험이 있는 아이들은 소위 적응력이 뛰어나며, 타인과

쉽게 가까워진다. 앞서 소개한 로키 린 래시처럼 그 아이들은 인기가 많고, 편하게 다가갈 수 있으며, 다른 사람에게 도와주고 싶은 마음을 불러일으킨다.

타인의 위로가 역경을 극복하는 데 어떻게 도움이 되는지 조금 더 생생하게 보여주는 사례를 소개하겠다. 이야기의 주인공 윌리엄 그리피스 윌슨은 어린 시절 부모에게 버림받았으며, 제1차 세계대전 참전용사이자 우울증을 겪는 수줍음 많은 성격의 실패한 사업가였다. 1934년 11월, 윌슨은 오하이오주까지 옛 술친구를 찾아갔다. 그런데 친구가 교회의 가르침을 따라 술을 끊었다는 것이 아닌가! 당황한 윌슨은 내게는 술이 필요해! 하고 생각했다. 윌슨이 호텔 로비를 서성거리는 동안, 바에서 들려오는 웃음소리와 술잔을 부딪치는 소리가 그의 신경을 자극했다. 윌슨도 바에 자리는 예약해 두었었다. 그는 생각했다. 내게 필요한 것은 술이 아니야. 내게는 다른 알코올 중독자가 필요해!

윌슨은 바를 등지고 공중전화 부스로 달려갔고, 기어코 또 다른 알코올 중독자 친구 로버트 스미스를 찾아가기로 했다. 두 사람은 "익명의 알코올 중독자(AA)^{Alchoholic Anonymous}"라는 모임을 공동으로 설립했다. 술을 끊고자 얼마나 고생하고 있는지 다른 중독자와 공유한다는 아이디어는 첫날부터 지금까지 이 모임의 성공을 이끌었다. "우리에게 대화는 완전히 상호적이었어요. 다른 알코올 중독자에게 내가 필요한 것만큼이나 내게도 그가 필요하다는 것을 아닐까요." 바로 이 "기브앤테이크 원칙"은 AA 모임의 핵심이 되었다.

그로부터 100년 가까이 지나면서, 한 사람의 무조건적 지지가 다른 사람의 생명까지 구할 수 있다는 것은 자명해졌다. 두 사람의 처지가 같든 다르든 말이다. 우리는 위로를 건네줄 사람을 찾아다니기도 하지만 때로는 그런 사람이 하늘에서 떨어진 것처럼 우리 앞에 나타나기도 한다. 어떤 경우든 참가자의 3분의 1가량이 가장 큰 도움이 되었다고 꼽았을 만큼, 위로는 가장 선호되는 피드백 유형이다.

게임 디자이너 크리스 하워드에게도 위로가 도움이 되었다. 험악했던 이혼 과정을 겪은 후, 남자들과 연애하기 시작하고 일을 그만두었지만, 벽에 가로막힌 기분이었다. "몇 달 동안 콩과 쌀만 먹었어요. 상담을 받았고, 일주일에 나흘씩 체육관에도 갔죠. 그러다 상담 치료의 일환으로 가까운 친구들을 찾아가 말했습니다. '지금 내 처지가 말이 아니다. 머릿속도 뒤죽박죽이라 예전처럼 살갑게 대할 여유가 없구나. 미안하지만 너라도 날 위로해 주지 않겠니?'"

"친구들은 고맙게도 그러겠다고 말했고, 실제로 만나주기도 했어요. 나와 함께 울어주었죠. 나를 찾아오기도 했습니다. '그렇게 멀리 사는 것도 아닌데 내가 버스비도 주고 비행기표도 끊어줄게. 일주일이든, 한 달이든, 여기 와서 지내라. 나랑 다시 힘을 내보는 거야.'"

자메이카 출신의 웹디자이너 세라 쿠퍼는 실리콘밸리의 꿈의 직장으로 불리는 구글에서 일했지만, 오랜 꿈이었던 코미디 작가가 되기 위해 사표를 냈다. "잠을 잘 수가 없었죠. 구글에서 행복하지 않다면 어디에서도 행복할 수 없다는 생각 때문이었어요. 퇴사 일주일 전에는 마음이 바뀌었다고 말할까 고민했었죠. 예전 동료를 만났더니 구글을 떠나는 사람들은 다들 나 같은 고민을 한다더군요. 내 상사는 한술 더 떠서 글을 쓰려고 구글을 그만둔 다른 사람을 소개해 주었어요. 내 블로그에 찾아와 도와주고 싶다고 글을 남긴 사람들도 적지 않았죠." 그녀는 결정을 번복하지 않았다.

드웨인 헤이스는 미시간주 소재의 출판사 직원이었다. 아내가 쌍둥이 딸을 사산한 이후 그는 우울증에 걸렸고, 결혼 생활도 위태로워졌다. "우리 회사 기술지원팀에 파키스탄 출신 개발자가 있었어요. 덩치가 크고 턱수염을 기른 독실한 무슬림이었죠. 그 사람 아내도 내 아내와 같은 시기에 임신했었어요. 다시 출근하기 시작한 뒤로도 몇 주 동안 그 사람을 못 봤어요. 물론 내가 사람들을 피해 내 자리에 처박혀 일만 하기는 했습니다. 어느 날 파티션 밖으로 나갔더니 그 사람 목소리가 들리더군요. 고개를 돌리자 그가 다가와 나를 꼭 끌어안아 주면서 이렇게 말하더군요. '당신이 지금 겪는 고통보다 몇천 배 많은 기쁨을 주시라고 알라께 기도하고 있습니다.' 내게 꼭 필요했던 위로였습니다."

넛지: "아버지가 임종 직전 내게 했던 말이 기억났어요"

브루클린 지역의 프리랜서 기자였던 에이미 커닝햄은 50대에 장의사가 되었다. 그녀에게는 불안정하던 시기에 특히 더 의지했던 사람이 있었다. 바로 점성술사 셸리 애커먼이었다. "나도 내가 점성술을 믿는지 몰랐어요. 그런데 큰일이 있을 때마다 그녀에게 전화를 걸게 되는 겁니다. 상황을 다르게 바라보도록 도와주거든요."

사우스캐롤라이나에 살던 아버지의 장례를 치르면서 에이미는 장례 절차에 크게 감명을 받았다. "뉴욕에서는 못 느꼈던 무언가가 느껴졌어요. 남부에서는 상공회의소나 로터리 클럽을 통해 다들 장의사와 서로 알고 지내더군요. 그걸 보고 문득 사업 아이디어가 떠오른 겁니다." 에이미는 친구, 가족과 상의한 뒤 장의사 교육을 받기로 결정했다.

셸리에게도 전화했다. 그런데 셸리는 "에이미, 나는 너를 사랑하지만 더 깊이 생각해 봐야 해. 너무 가볍게 결정한 거 아니야?" 하고 말했다. 에이미는 기분이 상했지만, 조언을 새겨들었다. "내가 태어나기 전에 죽은 오빠가 있다는 사실이 기억나더군요. 삼촌, 할아버지도 일찍 세상을 떠났어요. 집안에 죽은 사람이 많다 보니 슬퍼하는 사람을 위로한 경험이 많았죠. 셸리도 그 이야기를 유심히 듣더군요."

에이미는 장의사 자격증을 받고 뜻깊은 장례Inspired Funeral라는 웹사이트를 열었다. 셸리는 웹사이트 이름을 지어주었고, 일요일 오후 12시 28분에 런칭하라고 일러주었다. 그때가 점성학적으로 상서롭다고 했다. 런칭 당일 에이미는 컴퓨터 앞에 앉아 유튜브로 윈스턴 처칠의 장례식 영상을 틀어놓고 장송곡을 들으며 한참을 울었다.

가볍게 시작한 일이 그녀에게 너무나 중요한 일이 된 것이다.

내가 종종 두 딸과 하는 게임이 있다. 아이들은 10대 때부터 글을 쓰면 꼭 내게 보여주었는데, 그러면 나는 이렇게 물었다. "잘했다는 칭찬을 듣고 싶은 거야? 아니면 글을 어떻게 고칠지 알려달라는 거야?" 아이들은 한참을 고민하다가 답을 내놓았다. "둘 다!"

칭찬은 위대하다. 그러나 가벼운 넛지가 더해지면 훨씬 더 효과적이다. 우리가 생각보다 현명한 선택을 하지 못한다는 사실이 행동 과학 연구를 통해 밝혀지면서, 최근 몇 년 사이 넛지는 대중적인 개념이 되었다. 노벨상 수상자 리처드 탈러와 이 분야의 권위자인 캐스 선스타인이 그들의 저서 『넛지』에서 썼듯이, "인간의 의사결정 능력은 별로 뛰어나지 않다". 흔치 않은 상황에 처하거나, 감정이 동요하는 상태라면 그 능력은 더욱 악화된다. 다시 말해, 전환기에는 좋은 의사결정을 내리기 어려워진다. 두 사람은 현상 유지 편향, 안전 지향, 집단 동조 현상 등을 그 이유로 꼽는다.

우리에게는 가벼운 압박, 사려 깊은 재촉, 애정이 담긴 옆구리 찌르기가 필요하다. 프로젝트 참가자 4명 중 1명이 사랑하는 사람들로부터 이런 종류의 피드백을 받고 싶어 했다. 에이미 커닝햄의 이야기에서도 알 수 있듯, 우리에게는 생각을 구체화해 주고, 꿈을 상기시키며, 최선의 모습이 될 수 있도록 격려해 줄 사람이 필요하다.

에릭 웨스트오버는 미시간호 인근에서 오토바이를 타다 사고로 두 다리를 잃은 후 자기 연민에 빠졌다. 그가 일하던 코스트코의 점장은 계속 일해도 좋다며 그를 위로했지만, 그 당시 에릭에게 정말로 필요했던 것은 다시 세상에 나설 수 있도록 등 떠밀어 줄 사람들이었다. "누나가 페이스북을 열어보라더니 곧장 고펀드미GoFundMe[미국의 대표적인 크라우드펀딩 플랫폼] 페이지를 개설했어요. 내게는 엄청난 일이었죠. 내게 기부하겠다는 사람들에게 감동했어요. 심지어 몇 년간 소식을 듣지 못한 사람들도 있었어요. 그 사람들한테도 가족이 있고 저마다의 역경이 있는데도 나를 돕겠다더군요. 페이스북을 통해 그런 사람들을 모았습니다. 그저 감동적일 따름이었어요."

자네이 브로어는 툭하면 남편한테 일이 힘들다고 하소연을 했다. 자네이는 그랜드래피즈에서 노숙자 지원 단체를 운영하고 있었다. 결국에는 남편이 "여보, 출근할 시간이야. 이제 나가야 돼" 하고 한마디 했다. "아침부터 그만둘 생각을 했죠. '못 하겠어, 더는 못 하겠어' 하면서요. 반면 남편은 '못 하겠다고? 그렇게 생각해서 더 힘든 거야. 당신은 해야 해' 하는 식이었죠. 남편은 부업까지 하며 우리 단체를 재정적으로 후원했어요. 남편 덕분에 큰 짐을 덜었죠."

크리스 카시러의 부모는 고등학생 커플이었다. 크리스가 여덟 살 때 나이트클럽에서 가수로 일하던 그의 어머니는 레즈비언으로 커밍아웃했다. 이후 크리스는 뉴저지에서 2명의 블루칼라 어머니와 함께 살았다. 고등학교 시절에는 칼에 찔리고 호모라고 불리고 머리카락이 불에 타는 등 괴롭힘을 당했다. 대학에서는 마약에 중독되어 학업을 그만두었다. 또 그 무렵 트랜스젠더인 이모로부터 자신의 친부가 따로 있다는 말을 들었고, 얼마 후에는 아버지가 심장마비로 세상을 떠났다. 삶이 그보다 더 엉망진창일 수 없을 때 상담사가 크리스에게 빅터 프랭클의 『죽음의 수용소에서』를 건넸다. "그 책이 내 삶을 바꾸었어요. 정확히 말하자면 수용소에서 주변 사람들이 모두 죽어나갔지만, 아무도 희망을 가질 권리까지 빼앗지는 못했다는 대목이에요. 그 부분을 읽는데, 아버지가 임종 직전 내게 했던 말이 기억났어요. '넌 언젠가 훌륭한 사람이 될 거야.' 그 순간 그 말을 실현해야만 한다고 생각했습니다."

크리스는 후일 미네소타에서 대학교의 총장이 되었다.

그에게 필요했던 것은 타이밍 좋은 넛지였다.

일침: "형편없는 사람이에요"

헬렌 처코는 뉴욕시 워싱턴하이츠에서 병약한 가족과 함께 살았다. "어머니는 심각한 천식 탓에 산소 텐트 안에서 살다시피 했어요. 고작 한 블록 걷기도 힘들었죠. 아버지는 내가 열여섯 살 때부터 신경 쇠약 증세를 보였어요. 나는 늘 어머니가 나를 낳다가 아프게 된 줄 알았어요. 사실은 내가 태어나고 6개월 후부터 증세가 나타났다는 사실을 서른다섯 살이 되어서야 알았어요. 아버지가 어느 날 불쑥 그 말을 꺼내더군요. 우린 식탁에 앉아 한참을 울었어요."

헬렌은 가족과 친구, 고객을 돌보며 살았다. 그녀는 40년 동안 전문 강사들의 에이전트로서 성공을 거뒀고, 경력 막바지에는 공인받은 인생 상담사로 일했다. 헬렌 자신에게도 언제나 걱정거리가 많았다. 10대 시절 실연을 겪은 이후 그녀는 체중 문제, 자신감 부족 등과 싸워야 했다. "문득 진짜 나 자신과 마주할 필요가 있다는 생각이 들었어요. 그게 가장 중요한 일이라는 걸 알게 되었죠."

그녀는 자기계발 세미나를 섭렵하고, 독서 모임과 글쓰기 모임에 가입했다. 200여 명의 사람들과 함께 인도 라자스탄에 있는 아부산 정상에 위치한 브라흐마 쿠마리스Brahma Kumaris[힌두교에 뿌리를 둔 신흥

종교] 세계 본부에서 5일 동안 머물며 어떻게 세상을 더 나아지게 할지 고심하기도 했다. 그러나 6년 사이에 가까운 친구 3명과 부모를 모두 잃고, 회사를 매각했다 되찾으려는 과정에서 그만 길을 잃고 말았다. "더 이상 내가 어떤 사람인지 모르겠더군요."

어느 날, 친구들과 둘러앉아 신세 한탄을 했다. "내 삶에 대해 내가 어떤 환상을 품고 있었는지 털어놓았죠. 그때 친구 웬디가 마치 영화 〈문스트럭Moonstruck〉에서 셰어가 니콜라스 케이지의 뺨을 두 차례 때리던 장면처럼 내게 '정신 차려!'라고 말했어요. 내게 꼭 필요한 말이었죠. 아니면 내내 쓰레기 같은 푸념만 늘어놓았을 테니까요."

일침은 많은 이에게 필요한 피드백이며 어떤 이들은 다른 유형의 피드백보다 일침을 선호한다.

기원전 44년, 로마시대의 대표적 웅변가 키케로는 『우정에 대하여』라는 우정론을 썼다. 그 책의 핵심은 좋은 친구란 상대가 듣고 싶어 하는 말이 아니라 들어야 할 말을 해주는 사람이라는 것이다. "사탕발림과 아첨만 하는 친구보다 나쁘고 해로운 것은 없다. 그런 이를 어떻게 부르든 간에, 진실을 감추고 듣기 좋은 말만 하는 것은 나약하고 신의가 없는 사람의 특징이다." 오늘날 사회학 연구를 통해 이 말이 증명되고 있다. 엄하게 키운 아이가 성숙한 어른이 될 가능성이 높다. 직장에서 불편한 진실을 외면하지 않는 사람은 업무에 더 적극적이며, 상사를 유능하다고 생각하는 경우가 많다.

그럼에도 우리는 주변 사람들에게 진실을 말하기를 망설인다. 직설적인 말로 분위기를 망치고 싶지 않은 것이다. 이러한 갈등 회피 성향이 정말로 유익한지에 관한 연구가 있다. 연구 결과에 따르면, 다정한 대화는 그 순간 즐겁다는 점에서 행복감을 높여준다. 반면 솔직한 대화는 장기적인 성취를 지향한다는 점에서 더 의미 있는 결과를 만들어 냈다. 연구자들은 다음과 같은 결론을 내렸다. "피험자들은 솔직한 대화에서 기대 이상의 즐거움과 교훈을 얻었으며, 사회적으로 연결된 느낌을 받았다."

프로젝트 참가자들도 유사한 경향을 보였다. 멘토에게 가장 받고 싶은 피드백으로 일침을 고른 사람은 많지 않지만, 이를 받아들일 줄 아는 사람은 자신에게 직설적인 피드백이 필요하다고 느낀다.

사우스다코타 출신의 화가이자 판화가인 앰버 핸슨은 캔자스 대학교에서 예술학 석사 과정을 밟았지만, 졸업 작품이 낙제점을 받았다. "엄청난 충격이었죠. 평생 그 순간을 위해 달려왔는데 갑자기 내가 화가가 아니라는 겁니다. 소속감을 잃었죠. 이런 것도 못 하는데 뭘 할 수 있을까 싶었죠. 울고 또 울었어요." 그러다가 한 친구가 그만 울라면서 여행을 가보라고 권했다. "열흘간 베를린에 머물다가 독일 전국을 돌아다녔죠. 암스테르담에도 갔어요. 귀국 후에는 영화로 전공을 바꿔서 어린 시절의 꿈 이야기를 영화로 만들었죠." 앰버는 그 작품으로 예술학 석사학위를 받았다.

캘리포니아 토박이인 자넬 핸셋은 몇 년간 술을 끊으려고 고생하던 끝에 데이브를 만났다. "처음 만나는 날 나를 보며 말하더군요. '당신은 형편없는 사람이에요. 나는 여기에 당신을 사랑하러 온 게 아닙니다. 그런 사람은 전에도 얼마든지 있었겠죠. 하지만 그 사람들이 그런다고 알코올 중독에서 벗어날 수 있던가요? 말도 안 되는 거짓말 할 생각 하지 마세요. 괜한 딴지를 거는 것처럼 보이겠지만, 나는 급한 불을 끄러 온 겁니다. 지금 당신의 머릿속은 똥으로 가득해요. 봐요, 삶이 어떻게 망가지고 있는지도 모르잖습니까.' 그의 말이 옳았죠. 내게는 데이브처럼 정신머리를 고쳐줄 사람이 필요했어요."

리사 포터는 샌디에이고 출신의 연극과 교수였다. 요가 여행을 가서 타로점을 보다가 그녀는 딸 데이지가 발달장애로 고통받고 있다고 말했다. "그 여자가 나를 보더니 그러더군요. '딸이 고통받는 건 어떻게 알죠? 내가 보기엔 고통받는 쪽은 당신인데?' 그 순간부터 생각이 완전히 바뀌었죠. '와우, 맞아요. 그러고 보니 내 고통을 모조리 딸에게 투사하고 있었네요. 사실 아이는 늘 행복해 보여요. 적어도 평범한 또래 아이들과 똑같이 살고 싶다고 불평하지는 않거든요.' 처음 본 사람 덕에 그 사실을 깨달았어요."

롤모델: "늘 내 곁에 있어준 유일한 사람이에요"

뉴저지주 플레인필드에서 자란 마이클 안젤로는 주변에 롤모델이 하나도 없었다. "부모님은 제정신이 아니었어요. 착한 분들이기는 했지만, 미친 사람들 밑에서 자라 제대로 배운 게 없었어요." 마이클은 동화와 디즈니 애니메이션에 푹 빠져 살았으며, 아주 어릴 때부터 동성에게 끌렸다. 경계인들은 다른 집단의 사람을 롤모델로 삼는 경우가 많다. 마이클의 경우엔 연예인들이었다.

"고등학생 때부터 여러 스타일에 도전했어요. 싱어송라이터 신디
로퍼에게 눈길이 가더군요. 나도 오렌지색으로 염색한 앞머리로 한쪽
눈을 가렸어요. 로큰롤 밴드들의 핀버튼과 커다란 핑크색 삼각형으로
장식한 빈티지 재킷을 입고 다녔어요. 스스로 벌칙을 받는 셈이었죠."

마이클은 툭하면 땡땡이를 치고 맨해튼으로 달아났다. 가까스로
졸업한 후엔 미용학원에 다니며 미용실에서 일하기 시작했다. 그러는
동안 일생을 함께할 요정 대모fairy godmother를 만났다. "마돈나야말로
늘 내 곁에 있어준 유일한 사람이에요. 아닌가요? 그녀는 큰누나 같았
고, 어깨 위의 팅커벨 같았어요. 한 명의 인간으로서 마돈나가 시도해
본 게 어디 한두 가지인가요? 카발라Kabbalah[유대교의 신비주의]부터,
요가, BDSM까지… 내가 갈 길을 보여주었죠. 마돈나가 자아 성찰에
들면서 나도 비로소 수년 동안 이어진 건강하지 않은 관계에서 빠져
나올 수 있었어요. '바보 같은 짓은 그만하자. 정신 차릴 때가 됐어' 싶
었죠.《레이 오브 라이트Ray of Light》앨범의 모든 수록곡이 내게 개인적
으로 해주는 말 같았어요. 진지하게 하는 말입니다."

롤모델이 모두 주변 인물인 것은 아니다. 처음에는 이 생각에 의
구심이 들었지만, 비슷한 사례가 인터뷰에 반복적으로 나타났다. 특
히 주변 사람들로부터 벗어나는 라이프스토리를 지닌 이들이 그런 경
우가 많았다. 내 경우도 마찬가지였다. 1970년대 조지아주 서배너에
살던 10대로서 저글링이나 마임 같은 내 취미는 조금 특이했다. 주변
수백 킬로미터 이내에는 나와 관심사가 같은 사람이 한 명도 없었다.
나는 오래된 책들과 여름 캠프 보조교사들로부터 정보를 얻었으며,

잡지를 멘토로 삼았다. 작가의 꿈을 꾸기 시작한 이후로는 팻 콘로이에게 많은 것을 배웠다. 팻은 내가 나고 자란 독특한 지역에 대해 내가 아는 다른 누구보다 많은 글을 썼다.

오늘날에는 비주류에 속하는 전통적이지 않은 관심사를 지닌 사람에게도 선택의 폭이 훨씬 넓어졌다. 인터넷을 통해 손쉽게 롤모델을 만날 수 있다. 전 세계의 기업가들을 지원하는 단체를 설립한 내 아내가 발견한 이른바 멀티플라이어 효과multiplier effect라는 것이 있다. 단 한 명의 롤모델이 나라 전체, 또는 대륙 전체에 영감을 주는 현상을 의미한다. 존스홉킨스 대학교 연구진은 초등학교 현장에서 이와 비슷한 현상을 밝혀냈다. 교사가 유색인종일 경우, 유색인종 학생들이 학업을 그만두는 비율이 낮아진 것이다. 마찬가지로 나이가 드는 과정에서도, 잘 나이 든 롤모델이 있는 중년이라면 생애전환을 남들보다 순조롭게 치를 수 있다.

가장 놀라운 사실은 롤모델에 대해 잘 알 필요도 없다는 것이다. 스탠퍼드 대학교의 사회학자 마크 그래노베터는 우연히 만난 사람이 잘 아는 사람보다 우리의 삶에 더 큰 영향을 주는 경우를 일컬어 느슨한 연대의 힘strenth of weak ties이라는 용어를 만들었다. 친구들은 대개 우리와 지나치게 비슷하기 때문이다. 인터뷰에는 훨씬 더 다양한 유형의 롤모델이 있었다. 삶을 가장 크게 변화시킨 사람이 이웃 사람인 경우부터 처음 만난 사람인 경우, 심지어 한 번도 만나보지 못한 사람인 경우까지 있었다.

엘리사 코렌타에르는 뉴욕의 조그만 아파트에 살던 시절 큰 좌절에 빠져 있었다. 연애는 위태로웠고 커리어는 정체되어 있었다. 그 무렵 위층에 살던 이웃 여자가 돌아왔다. "몇 주 동안 보이지 않다가 돌아왔는데 표정이 너무 밝았어요. 어느 날은 그녀를 붙잡고 '도대체 어디에 다녀왔길래 그렇게 행복해 보여요?' 하고 물었어요. 예술인 레지던시에 다녀왔다고 해서 무슨 일을 하는 곳인지 다시 물었죠. '6주 동안 그곳에서 시를 썼어요. 숙박도 식사도 다 공짜인데 너무 좋았죠' 하는 대답이 돌아왔어요. 나는 '천국 같은 곳인가 봐'라고 했죠." 엘리사는 주말에 바로 스무 곳에 신청해 미네소타주의 한 레지던시 프로그램에 입주 대상자가 되었다. 그녀는 그곳에서 남편을 만나 미드웨스트로 이사했다.

커스티 스프라곤은 호주에서 LA로 이사했다. 헤르페스에 감염되었다는 수치심을 극복하는 과정이었다. 그녀는 책, 오디오테이프, 유튜브에서 롤모델을 찾았다. "내 멘토들은 모두 동기부여 강사였어요. M. 스캇 펙의 책 『아직도 가야 할 길The Road Less Traveled』을 정말 좋아했고, 디팩 초프라의 강언을 많이 들었어요. 난 끊임없이 발전하고 있답니다. 내게는 그 사람들이 스승이에요. 필요할 때면 언제든 만날 수 있죠."

수사로 9년을 지내다 예수회에서 나왔을 때, 살 지암반코에게는 재산도 수입도 집도 전망도 없었다. "예수회에서 청빈 서원을 한 탓에 아파트를 얻으려 해도 신용평가에서 떨어졌죠. 내가 들어갈 수 있던 곳은 제8지구의 임대주택뿐이었어요." 그는 이력서를 400곳에 보냈고 딱 두 곳에서 연락이 왔다. "어떤 여자가 전화해서 이러더군요.

'당신이 일할 자리는 없지만 흥미로운 사람 같아 연락했어요. 부디 행운이 함께하기를 바랍니다.' 두 번째로 전화한 사람은 남자였는데, 인사팀 직원을 구하는 중이라더군요. '당신이 적임자인지는 잘 모르겠지만, 지원자가 당신하고 자동차 판매원밖에 없더군요. 당신을 채용하기로 했습니다.'" 샬은 이후 페이팔의 인사팀장을 지냈으며, 실리콘밸리에서 임원들의 교육을 담당하는 성공적인 커리어를 쌓았다.

"늘 그 당시를 떠올립니다. 그래서 지금도 정상 범주를 벗어나 있는 사람들에게 기회를 주려고 합니다. 전혀 몰랐던 사람이 내 삶을 바꾸었어요. 나도 누군가에게 그런 사람이 되고 싶습니다."

냉소: "키가 너무 작아요"

인터뷰에서 나는 "생애전환기에 조언을 해준 사람이 있습니까? 멘토, 친구, 연인, 아니면 모르는 사람이었어도 괜찮습니다"라고 질문했다. 그 이후에는 주로 가장 도움이 된 조언이 어떤 유형이었는지에 관해 대화했다. 그런데 인터뷰가 늘 똑같이 흘러가지는 않았다. 이따금 다른 유형의 인물이 튀어나온 것이다. 그들은 완전히 다른 종류의 피드백을 했고, 그 피드백은 누군가가 어려운 시기를 헤쳐나가는 데 놀라울 정도로 큰 도움을 주었다.

그들은 상대를 비판하고, 찬물을 끼얹고, 결과를 의심하며, 가치를 깎아내린다.

이른바 냉소적 피드백이다.

유명인들의 일화에서 이와 같은 사례를 찾아볼 수 있다. 오프라 윈프리는 볼티모어 지역 방송국 국장을 절대로 잊지 못한다. 방송을 시작한 지 7개월 만에 오프라를 해고하면서 그는 오프라에게 "텔레비전에 어울리지 않으며 지나치게 감상적"이라고 말했다. 톰 브래디는 커리어 내내 뒤집힌 동기부여를 받았다. 그는 NFL 신인 드래프트에서 간신히 6지명으로 선발되었다. "디플레이트게이트Deflategate[AFC 챔피언십에서 톰 브래디가 의도적으로 공기압이 낮은 공을 사용했다는 의혹을 받은 사건]" 사건으로 네 경기 출전 금지를 당한 해에는 훨씬 더 억울했다. 그는 인센티브 지급증서들 사이에 출전 금지 명령서를 보관하고 있었다. "더 잘 기억하기 위해서입니다." 브래디는 그 시즌 슈퍼볼에 출전해 우승컵까지 거머쥐었다.

마돈나는 빌보드 올해의 여자 가수상을 수상하면서 다음과 같이 회고했다. 처음 뉴욕으로 이사 왔던 10대 시절 그녀는 따돌림과 권총 강도를 당했으며, 흉기로 협박받으며 강간을 당했다. 가수로서의 커리어가 한창일 때는 창녀, 마녀, 아마라고 불렸으며 전성기를 지난 후에는 모욕적인 취급을 받았다. 아예 무시당했던 것이다. "해내지 못할 거라고, 하지 말라고, 하면 안 된다고 나를 의심하고 비웃고 괴롭혔던 모든 사람에게 말하고 싶군요. 당신들의 반대 덕분에 난 더 강해졌고, 더 열심히 노력해서 지금은 전사가 되었답니다. 당신들 덕분에 오늘의 내가 된 겁니다. 고맙군요."

프로젝트 참가자들이 경험한 냉소가 그 정도로 폭력적이지는 않았지만, 당사자에게 공포스럽기는 마찬가지였다. 부모에게 냉소를 받았다는 경우가 많다. 브린 엔터킨은 고등학생 때 우등생은 아니었지만, 그녀에게는 캄보디아에 여학교를 세우겠다는 꿈이 있었다. "부모님은 별로 좋은 생각이 아니라고 하더군요. 그래서 생각했죠. 나를 못 믿는구나. 그럼 직접 보여주는 수밖에." 브린은 마침내 꿈을 이뤘다. 크리스티 무어는 아이를 임신해 고등학교를 그만두어야 했다. 아버지는 그녀가 아무것도 못 해낼 거라고 했다. "검정고시도 합격하지 못할 거라더군요." 크리스티는 이후 박사학위까지 받았다. 섀넌 와츠는 고등학교 1학년 때, 부모가 해야 하는 과제를 받았다. 자녀를 역사적인 인물과 비교하는 과제였다. "가톨릭계 학교여서 다른 부모들은 대부분 자녀를 잔다르크, 성모마리아와 비교했죠. 그런데 우리 부모님은 내가 『세일즈맨의 죽음』에 나오는 윌리 로먼 같다고 했어요. 내가 외동이라 그랬을 거예요." 섀넌은 후에 총기 규제를 주장하는 전국 최대 규모의 단체를 설립했다.

　직장에서 냉소를 받는 경우도 있다. 위스콘신 대학교 사회과학대학의 교수인 부모 사이에서 태어난 타일러 데니스는 대학생이던 열아홉 살 때 고환암에 걸리는 바람에 예술에 대한 꿈을 포기하고 농사로 관심을 돌렸다. 그는 뉴욕시 외곽의 그 유명한 스톤반스 센터 유기농 정원에서 일하면서 자신만의 채소 농장을 차리고 싶다는 생각을 했다. "사장은 절대 못 할 거라고 장담을 하더군요. '소규모 농장으로는 못 먹고살아. 시장이 작고 경쟁은 심하니까.' 공감하면서도 솔직히 이래라저래라 하는 소리가 달갑지 않더군요. 아무튼 그 덕분에 그냥 저지르고 말았죠." 오늘날 그는 에일와이프라는 농장을 운영한다. 그의 농장은 스톤반스 웹사이트에서도 인기가 많다.

155센티미터의 단신인 앤 마리 딘젤로가 처음 조프리 발레단에 입단하려 했을 때 감독은 그녀에게 "여기 들어오기엔 키가 너무 작아요"라고 말했다. 앤 마리는 몹시 화가 났다. 그녀는 계속 연습한 끝에 조프리 발레단에 들어갔고, 그곳의 수석 발레리나가 되었으며, 이후 조감독으로 명성을 날렸다. "어머니는 종종 캘빈 쿨리지 대통령의 말을 인용하며 말씀하셨죠. '세상에 끈기를 이기는 건 없단다. 재능으로도 못 이겨. 재능만 믿다가 실패한 사람이 얼마나 많은데. 심지어 천재도 끈기 있는 사람에게는 못 이긴단다. 실패한 천재라는 말이 괜히 있겠니? 가방끈으로도 안 돼. 세상에는 고학력 낙오자가 널려 있잖니. 끈기와 결단력만 있다면 무엇이든 해낼 수 있단다.'"

냉소부터 롤모델, 일침, 넛지, 위로까지 다른 사람의 목소리는 생애전환 과정에서 중추적인 역할을 한다. 그들은 돈키호테의 산초 판자이자, 톰 소여의 허클베리 핀이며, 앤 셜리의 다이애나 배리이다. 그들은 우리가 라이프스토리를 재구성하고 다시 쓸 때 공동 화자가 된다. 그들은 우리가 칠흑 같은 바다 위를 표류할 때 부표가 되어준다. 그들은 막역한 친구로서, 동료로서, 때로는 심지어 비평가로서 우리가 첫걸음을 내디뎌 마침내 새로운 자아를 완성하도록 도와준다.

12장

개시하기

새로운 자아를 드러내라

그 일은 어느 날 아무렇지 않게 일어난다. 정상화의 기운이 움트고, 한 줄기 빛이 보인다. 숨을 들이쉰 후 어금니를 깨물지 않게 되고, 날숨이 한숨으로 이어지지도 않는다. 과거는 더 이상 기다란 그림자를 드리우지 않으며, 서서히 미래가 보이기 시작한다. 이런 순간들이 생애전환의 초기에 찾아와서 아직 과거와 완전히 작별하지 못했거나, 혼란에서 완전히 벗어나기 전이라 할지라도, 그 순간들의 상징적 가치는 동일하다.

이제 새로운 프로젝트를 개시하고, 당신의 작품을 공유하고, 이만큼 진전했음을 축하할 때가 되었다.

새로운 자아를 드러내라.

"과거의 나와 비슷한 상황에 있는 사람들을 도왔어요"

스티븐 하산은 뉴욕 퀸스 지역에서 중산층 가정의 셋째로 태어났다. 어머니는 중학교 교사였고 아버지는 철물점을 운영했다. "내가 열일곱 살 때 누나 둘은 결혼해 독립했어요. 아버지가 철물점을 물려받고 싶은지 묻더군요. 당시에는 시와 단편소설을 쓰며 작가를 꿈꾸고 있었어요. 그래서 전혀 아니라고 대답하고 퀸스 대학에 입학했죠."

스티븐은 문예창작을 전공했다. "굉장히 내성적이고 소심했지만, 섹스엔 정말 관심이 많았어요." 대학교 3학년 때 카페에 앉아 있는데 일본인 여자 3명이 말을 걸어왔다. "같이 앉아도 되겠냐고 묻더군요. 같이 이런저런 수다를 떨다가 나를 집으로 초대하더군요. 진 세계에서 온 친구들을 만날 수 있다면서요."

그날 저녁에는 별로 수상한 일이 없었다. 그날 모인 학생들은 배경이 다른 사람들이 어떻게 하면 연대할 수 있을지 이야기했다. 그는 양해를 구하고 자리에서 먼저 일어났는데, 몇 명이 따라와 내일도 와달라고 했다. 그는 정중히 거절했다. "차까지 따라오더라고요. 눈이 내렸는데 신발도 신지 않은 채 말이에요. 내 차를 에워싸고는 약속하지 않으면 안 보내준다고 어깃장을 놓았어요. 미친놈들 아냐? 그렇게 생각했던 기억이 납니다. 그런데 문득 내가 너무 꽉 막힌 사람처럼 구는 것 같았어요. 조금 미안하기도 했죠."

스티븐은 모임에 돌아가 주말 나들이에 같이 가겠다고 약속했다. 그들은 밴을 타고 교외에서 45분을 달렸다. 톨게이트를 통과할 때, 주최자들이 통일교와 연합 워크숍을 할 예정이라고 알려주었다. "내가 그랬죠. '맙소사, 난 유대인이야. 교회 이야기는 없었잖아.' 그랬더니 이러더군요. '왜 그래, 스티븐? 교회에 편견이라도 있는 거야?'"

이튿날 아침에 돌아갈 예정이라는 말도 그제야 들었다. 그날 밤에는 함께 노래를 부르고 식사를 하며 친목을 다졌다. "여름캠프에 온 것 같았어요." 이틀이라던 워크숍은 사흘이 되고 일주일이 되었다. 스티븐은 수업도 빠지고 아르바이트도 그만두고 가족까지 등졌다. "지금이 역사를 좌우할 순간이라고 믿었죠. 이 땅의 메시아가 누구인가 하는 질문에 대한 답을 찾았었죠. 세상을 구원할 이가 누구인지, 전쟁과 기아를 멈추고 모든 사람이 조화 속에서 함께 사는 세상을 만들 이가 누구인지 말이에요."

바로 문선명이었다. 스티븐은 통일교에 빠졌다.

단순히 통일교에 빠진 정도가 아니었다. 그는 문선명의 오른팔로 성장했다. 머리를 짧게 자르고, 정장을 갖춰 입고, 은행 계좌를 넘긴 후, 문선명이 온 세상을 지배할 때 자신이 다스릴 나라를 선택했다. 스티븐이 그 자리까지 올라간 것은 포교에 큰 공을 세웠기 때문이었다. 그는 사람들에게 사탄이 그들의 가족을 장악했으며, 자신은 그들의 진정한 삶의 목적을 알고 있다고 믿게 했다.

스티븐은 하루에 서너 시간만 잤고, 자위와 섹스를 그만두었다. 주기적으로 금식도 했다. "나 자신을 극한까지 밀어붙였죠." 통일교에 들어가고 2년이 지난 어느 금요일 새벽 5시 30분에 스티븐은 신도들을 픽업하러 볼티모어 밖까지 밴을 몰고 나갔다. 그는 이틀을 꼬박 새웠다. "시속 130킬로미터로 달리다 결국에는 견인 트레일러를 들이받았죠. 밴은 박살 났고 난 꼼짝도 하지 못했어요. 나를 꺼내려면 차 문을 잘라내야 했죠."

스티븐은 다리가 심하게 골절되어 몇 주 동안 병원에 입원했다. 그 덕분에 충분한 수면과 식사를 할 수 있었다. 그는 "참가족"에게 허락을 받아 실제 가족에게 연락했다. 특히 누나의 소식을 알고 싶었다. "어릴 때는 아주 가깝게 지냈거든요. 누나는 나를 사랑한다고 말해주고는 못 본 사이 내게 조카가 생겼다고 했어요. 나는 조카가 자기한테 삼촌이 있다는 걸 알면 좋겠다고 했어요."

스티븐은 누나에게 찾아가겠다고 말했다. 단 부모에게는 알리지 않아야 한다는 조건을 붙였다. 그런데 그의 누나가 그 약속을 깼다. "부모님은 통일교에서 빠져나온 사람들을 고용해 나를 회유하기 시작했어요. 어떻게 보면 쉬운 경우였죠. 나는 목발을 빼앗겨서 달아날 수도 없었니까요." 스티븐은 완고했다. 그만큼 세뇌가 깊었던 것이다. 어느 날 아침 아버지가 그를 차에 태웠다. 그때 스티븐은 아버지의 목을 부러뜨릴까 하는 생각까지 했다. "그럼 나도 죽어 마땅했겠지만, 메시아를 배신하느니 그게 낫겠다고 믿었습니다."

그런데 아버지가 그를 돌아보더니 울기 시작했다. "내가 네 아들이라면, 하나뿐인 아들이라면, 넌 어떻게 하겠니?" 아버지가 물었다. "아버지가 우는 모습을 처음 봤어요. 잠시라도 아버지 입장에서 생각해 본 것은 그때가 처음이었어요." 스티븐은 5일 동안 회유자들과 이야기해 보겠다고 약속했다. 그래도 마음이 움직이지 않는다면 통일교로 돌아간다는 조건이었다.

스티븐은 다시는 돌아가지 않았다. 세뇌가 무엇인지 배웠고, 통일교와 나치를 비교하는 강의도 들었다. 정식분석학자 로버트 제이 리프턴의 책으로 마오쩌둥 치하의 정신 지배에 관해서도 공부했다. 그는 마침내 고전적인 생애전환을 겪었다. 스티븐슨은 수치심과 죄책감을 느꼈다. 통일교에서 만난 친구들과 통일교에서 느꼈던 목표 의식을 잃는 것은 슬펐지만 곧 과거의 열정, 즉 왕성한 독서에 매진했다.

어느 정도 마음을 진정한 후 다시 선택의 순간이 되었다. 이제 어떤 사람이 되고 싶은지 결정해야 했다. 통일교에서 한 경험은 덮어두고, 아무도 모르게 새 삶을 시작할 수도 있었다. 아니면 그 경험을 보다 적극적인 방향으로 활용할 수도 있었다. 그때 이미 절망에 빠진 여러 가족이 그에게 도움을 구하기 시작했는데, 본격적으로 그들의 요구에 답하는 것이었다.

아버지는 전자를 선호했다. "이미 충분히 대가를 치렀잖니. 이제 네 삶을 살려무나." 그러나 스티븐은 아직 확신이 없었다. 그는 로버트 제이 리프턴을 만나러 센트럴파크 웨스트에 있는 그의 아파트를 찾아갔다. "그때 나는 낙담에 빠진 대학 중퇴자이자 전 통일교도였습니다. 어떻게 살아야 할지 고민스러웠죠. 백발의 제이 리프턴은 정신

지배에 관해서는 세계 최고의 권위자였어요. 난 그의 책이 나를 구원했다고 말했습니다. 그가 어떤 책인지 되물었죠. 내가 대답하자 그러더군요. '나는 그 문제를 간접적으로 다루었을 뿐이야. 자네야말로 직접 겪었으니 그게 어떤 의미였는지 나 같은 사람들에게 설명해야 해.'"

리프턴이 예일 대학교 입학을 도와준 덕에 후일 스티븐은 상담학 석사학위를 받았다. 집단이 어떤 식으로 구성원의 행동과 사고, 감정을 조작하는지에 관한 자신만의 이론을 정립하기도 했다.

마침내 스티븐은 새로운 정체성으로 대중 앞에 설 준비를 마쳤다. 그는 강연을 시작했다. TV에 출연했고, 의회에서 연설을 하기도 했다. 그는 미국 정보공개법을 통해 문선명의 정보를 수집했고, 사이비종교에서 빠져나온 사람들을 규합했으며, 자녀가 사이비종교, 성매매, 테러 단체에 빠지지 않도록 부모들을 돕는 단체를 설립했다.

스티븐은 자신이 새로운 자아를 얻게 한 공을 리프턴이나 아버지 혹은 누나가 아니라 문선명에게 돌렸다. "통일교에 몸담았던 경험 덕에 세상에 커다란 영향을 미치겠다는 야심을 가질 수 있게 되었죠. 그 전에는 시를 쓰면서, 커뮤니티 칼리지에서 강사가 될 생각이었거든요. 예전 같았으면 정원 12명짜리 강의를 하는 것도 긴장했을 겁니다. 하지만 통일교에서는 연단에 올라가 수천 명의 군중 앞에서 즉흥 연설까지 해야 했죠.

"내 경험에서 아이러니하고 이상한 점이 있다면, 사이비종교에 몸담았던 덕분에 다른 사람들이 그곳에 빠지지 않도록 도울 자신이 생겼다는 겁니다. 새로운 자아를 통해 대중 앞에 나가서, 과거의 나와 비슷한 상황에 있는 사람들을 도왔어요."

그의 삶의 형상인 바깥을 향한 확성기는 이러한 성장을 보여준다.

최초의 일상적 순간

프로젝트 초반에는 거대한 흐름이나 급격한 사회적 변화 같은 거창한 주제에 매달렸었다. 사람들을 초조하고 불안하게 하며, 일상과 삶의 계획에서 벗어나게 하는 것들 말이다. 그런데 시간이 흐르고 인터뷰를 계속할수록 소박한 주제에 매료되었다. 작은 발걸음과 패턴에서 오히려 더 큰 진실의 실마리를 발견했기 때문이다. 이 작은 주제들 가운데 하나가 소위 최초의 일상적 순간이다.

세스 음누킨은 매사추세츠주 브루클린에서 강박증 환자로 10대 시절을 보냈다. 20대에는 하버드를 졸업한 후 마약에 중독되었다. 삶의 로포인트는 뉴욕시에서 헤로인을 시작했을 때였다. "헤로인을 하면 변비가 장난이 아니에요. 그때 나는 실직 상태였고, 룸메이트가 나를 재활시설에 격리하려 했었죠. 며칠씩 대변을 보지 못했어요. 몸을 움직이고 밖에 나가 약이라도 구하려면 어떻게든 화장실에 가야 했어요. 손을 똥구멍에 대고 1시간 이상 딱딱하게 굳은 똥을 뜯어냈답니다. 창피하고 우울한 일이었지만, 그 상황에서는 어쩔 수 없었죠."

4년 후 마약을 끊고 기자가 되어 사회에 첫발을 내디디며 그는 일상을 회복할 때 가장 힘든 것이 일상적인 일들을 해내는 것임을 깨달았다. "요금 청구서를 처리하는 일이 가장 어려웠어요. 그 전까지

내가 겪은 일들과 완전히 달랐으니까요. 결혼하고 아이들이 생기고 MIT 교수가 되었지만, 이상하게도 나는 여전히 수표를 쓰는 일이 즐겁습니다. 제시간에 요금을 다 지불하면 정말 기분이 좋아요. 내 은행 계좌에 돈이 있다는 뜻이잖아요."

얼마 후, 난 마이클 안젤로와 대화를 나눴다. 왕따 소녀였던 그녀는 이제 맨해튼의 엘리트 미용사가 되었다. 그녀는 이혼 직후 한동안 방황했었다. "내가 이렇게 나약한 줄 몰랐어요. 예전에는 뭐든 할 수 있었거든요. 미트패킹 지역에 미용실을 열고 나서 경기가 최악이었을 때도, 직원들이 뿔뿔이 흩어졌을 때도, 미용실 문을 닫지 않았어요. 예전에는 폭풍이 몰아쳐도 배를 지켰는데, 지금은 달걀 샌드위치 하나만 사려고 해도 우왕좌왕합니다."

"커다란 전환에 대해 거창하게 쓴 글은 얼마든지 있어요. 여정이 끝나면 영웅은 마침내 일상을 되찾죠. 하지만 케이블 TV 시청료를 못 내서 쩔쩔매는 주인공이 나오는 영화는 어디에도 없네요. 내 경우엔 회계사한테 전화를 걸어 그 전까지 남편이 지불하던 청구서를 맡겼어요. 바로 그때 나도 할 수 있다는 사실을 깨달았죠. 그게 내가 되찾은 일상입니다."

한 달 후, 나는 불과 1년 반 사이에 일곱 살배기 딸과 아내를 모두 암으로 잃은 친한 친구를 만났다. 그 친구 역시 케이블 시청료를 지불하며 기운을 되찾았다고 했다.

군화를 기념물로 삼았던 사람들의 경우처럼, 이번에도 서로 다른 세 가지 상황의 세 사람이 한 가지의 동일한 시각을 드러낸 것이다.

케이블 시청료를 지불하는 일에 어떤 의미가 있는 것일까? 잔디를 깎고 막힌 배수구를 뚫는 것이 그토록 심오한 일인 걸까?

여러 해 동안 심리학자들은 의미 있는 삶이란 일, 가족, 봉사활동, 종교 생활, 자기관리 등 대부분의 사람이 가치 있게 여기는 것들에 대해 전면적으로 메타적 이야기metanarrative를 구축하는 과정이라고 보았다. 이들에 따르면, 정체성 형성에 매우 중요한 요소를 드러내는 것의 이점은, 이를 통해 삶에 맥락을 부여함으로써 우리를 괴롭히는 일상적인 불쾌감을 이겨낼 수 있게 된다는 점이다. 이 분야의 대표적 학자인 로이 바우마이스터는 이를 두고 "물길을 위에서 아래로 흐르게 하는 편이 더 쉽다"라고 표현했다.

라이프스토리 프로젝트는 그 반대의 경우도 성립할 수 있음을 보여준다. 큰일에서 의미를 찾을 수 없는 경우라면, 가장 작고 변덕스러운 일을 통해 삶을 일으킬 수 있다. 힘든 시기에 사소한 에피소드로 하루를 이겨내고, 그렇게 하루하루를 쌓아나가는 것이다. 우리는 혼란의 시기에 작은 일에 집중한다. 겉으로 보기에는 사소하거나 보잘것없는 일들이 우리의 인내력을 보여주는 중요한 상징이 되기 때문이다. 그것들이 바로 최초의 일상적인 순간이 된다. 참혹한 상실을 겪은 이후 처음으로 웃는 순간, 오랜 병상 생활에서 벗어나 처음 혼자 화장실에 가는 순간, 공개적인 망신을 겪은 후 처음으로 슈퍼마켓에 가는 순간.

시간이 지나면 이처럼 사소한 승리가 모여 위대한 승리가 되고, 충만한 서사가 된다. 물론 사소한 승리가 모인 결과 자체도 중요하지만, 최초의 승리는 종종 신화적 무게를 갖는다. 일상의 회복으로 가는 지난한 여정의 첫 번째 이정표이자, 찢어진 마음을 꿰매는 첫 번째 바늘이기 때문이다. 시인 새뮤얼 존슨은 자기 자신도 종종 "마을 시계탑의 시간을 알아보지 못할 만큼 의욕과 기력을 잃"을 때가 있지만, 의자에서 몸을 일으키는 단순한 행동이 불씨가 되어 기운을 되찾았다고 말했다. 물론 존슨은 케이블 TV 시청료를 낼 필요가 없었겠지만, 그는 어떻게든 첫발을 내디딜 필요가 있다는 것을 분명하게 이해하고 있었다. 그러면 마음이 따라 움직이고, 아주 단순한 몸짓이 우리의 새로운 출발에 박차를 가한다는 사실 말이다.

최초의 일상적 순간의 사례를 몇 가지 들어보겠다.

- 한 살배기 아들이 제1형 당뇨병 진단을 받고 몇 주 후, 케이시 케이스는 아이를 텍사스에서 워싱턴DC까지 데려가기로 했다. "병원에 앉아 생각했죠. 아무래도 계획을 접어야겠어. 약통에 주사기에 온갖 응급 용품까지 죄다 들고 가야 하잖아.' 그때 간호사들이 말했어요. '우리가 도와줄게요.' 나는 간호사들의 도움으로 비행기 탑승 수속을 밟고 친구 집에 무사히 짐을 풀었어요. 돌이켜 보면 그 여행 덕분에 큰 자신감을 얻었어요. 그 경험이 아니었다면, 비행기를 타고 이동하거나 길에서 잠을 자는 것은 상상도 못 했을 거예요."
- 크리스 워델은 스키를 타다가 허리가 부러졌다. 고향 미들베리로 돌아간 처음 몇 달 동안은 "매일 비가 오고 주위는 온통 진창일 정도로 엉망이라 기분까지 우울해졌었다". 그해 여름 그는 패럴

림픽 팀 코치에게 발탁되어 뉴질랜드에 머물던 패럴림픽 대표팀에 합류했다. "첫날은 정말 끔찍했어요. 감독님이 나를 보는 눈빛이 꼭 이런, 저 친구는 100미터도 못 가겠는데? 싶은 것 같았어요. 하지만 며칠 후, 모노스키 위에서 처음으로 턴 동작에 성공했죠. 그 일이 내게 돌파구가 되었습니다." 크리스는 패럴림픽에서 총 13개의 메달을 따냈다. 역사상 가장 많은 메달을 목에 건 남자 모노스키 선수가 된 것이다.

- 자넬 핸셋은 알코올 중독에서 벗어난 지 얼마 되지 않아 남편과 아이들을 태우고 캘리포니아의 하프문베이로 향했다. "가족과 재회하고 처음으로 간 가족 여행이었어요. 운전을 내가 했는데 차창에 죽은 벌레, 오물이 붙어서 앞이 잘 안 보였어요. 남편이 와이퍼를 켜라더군요. 문제는 내가 몇 년간 술과 마약에 절어 있었다는 거예요. 차에 워셔액이 없었어요. 오, 이봐, 이 차에 워셔액이 있겠어? 나는 그렇게 생각하며 웃었죠. 그런데 남편이 그러더군요. '아까 주유할 때 내가 넣어놨어.' 와이퍼를 켰더니 뒷좌석에서 아이들이 막 웃더라고요. 상황이 우습기는 했지만, 평생 그렇게 즐거웠던 적이 별로 없었어요. 그 순간이 내게도 아직 제대로 된 삶이 남아 있다는 신호처럼 느껴졌거든요."

자신만의 프로젝트

최초의 일상적 순간은 중요한 첫걸음이지만, 그것만으로 일상을 되찾는 경우는 거의 없다. 사람들은 점차 일련의 새로운 일들을 시작한다. 토마토를 재배하고, 비영리단체에 가입하고, 프루스트를 읽기 시작하고, 옷장을 정리하고, 순례길에 도전하고, 노숙자 보호소에서 자원봉사를 한다. 자신만의 프로젝트를 시작하는 것이다.

성장하려면 목표를 설정해야 한다는 생각은 그 역사가 깊다. 1840년대에 키르케고르는 한 가지 꿈이 실패하면 다른 꿈을 찾아야 한다고 말했다. 그는 이 과정을 윤작에 비유했다. 1960년대 심리학자들은 계획을 인간 행동의 핵심적인 특징으로 분류했다. 역경을 극복한 사람들은 의지가 강하고 미래지향적이며 계획을 세운다.

1980년대에 케임브리지 대학교의 심리학자 브라이언 리틀은 자신만의 프로젝트라는 개념을 통해 사람들이 어떻게 역경을 헤쳐나가는지 본격적으로 연구하기 시작했다. 그는 외향성, 내향성 등의 성격이 고정되어 있다는, 50년간 널리 퍼진 통념에 저항하는 대담한 흐름에서 한 축을 맡았다. 연구를 통해 리틀은 성격의 어떤 면은 잘 변하지 않지만, 주변 환경과 상황에 따라 형성되기도 한다는 점을 밝혀냈다. 생애사건에 대한 반응으로 우리는 새로운 생활 방식과 습관 그리고 새로운 목표를 만들어 낸다.

이후 수백 건의 연구가 개인의 목표는 정체성의 핵심임을 밝혀냈다. 우리는 일반적으로 한 번에 최대 열다섯 가지의 목표를 갖는다. 파일럿 자격증 따기나 그랜드캐니언 하이킹부터 가족이 귀가하기 전에 벽에 난 구멍 메우기까지 그 종류는 무궁무진하다. 여성은 자신의 목표에 대한 지지를 원하고, 남성은 독립적으로 완수하기를 바라는 경향이 있다. 또한 목표를 바람(차고를 청소했으면 좋겠다)이 아니라 결심(차고를 청소하자)으로 여길 때, 달성할 가능성이 커진다.

리틀의 연구에 영감을 얻어 라이프스토리 인터뷰에 "지금 진행 중인 프로젝트 세 가지를 알려주세요"라는 질문을 추가했다. 답변을 분석한 결과, 흥미로운 패턴이 나타났다. 사람들의 목표는 의미의 ABC와 일치하는 경향이 있었다. 일부는 주체성(A)과 관련 있었고(회고록 쓰기, 요가 자격증 따기), 일부는 소속감(B)을 중시했으며(어머니를 요양원에 모시기, 아버지 역할에 충실하기), 나머지는 대의(C)를 포함하고 있었다(헌법 13조를 수정하기, 집단 폭력을 진압하기).

500가지 이상의 프로젝트를 분석하자 56퍼센트가 A, 27퍼센트가 B, 17퍼센트가 C 유형에 속했다. 사람들은 확실히 자기 자신에게 초점을 맞춘 프로젝트를 추구하는 경향이 있지만, 그 후 타인에게도 관심을 두고, 궁극적으로는 더 넓은 세상을 지향한다. A에서 B로, B에서 C로 이어진다.

더 자세히 살펴보자. 참가자 가운데 4분의 1은 세 가지 프로젝트가 모두 같은 범주였다(세 가지 모두 주체성인 경우가 가장 많았다). 10명 중 4명이 같은 범주의 프로젝트 두 가지, 다른 범주에서 한 가지 프로젝트를 수행했다(이번에도 주체성이 다른 범주보다 2배 이상 많았고, 소속감, 대의 순이었다). 가장 흥미로운 결과는 참가자 3분의 1 정도가 모든 범주에서 하나씩 프로젝트를 수행했다는 점인데, 이는 그만큼 의미의 ABC가 균형 잡혀 있음을 보여준다.

세 가지 범주 모두에서 하나씩 프로젝트를 수행한 사람들의 예를 들어보겠다.

- 베벌리 바스는 미국 항공사 최초의 여성 파일럿으로, 9·11 테러 당시 파리발 댈러스행 보잉 777을 운항하고 있었다. 뉴파운드랜드, 갠더, 래브라도에 강제로 착륙했던 225대의 비행기 중 하나였다. 그 일화는 후일 토니상 수상 뮤지컬인 〈컴 프롬 어웨이Come from Away〉에 영감을 주었다. 베벌리가 언급한 자신만의 프로젝트는 개인 조수를 고용하는 것(A), 딸의 아메리칸 항공 취업을 돕는 것(B), 자신이 설립한 단체를 성장시켜 더 많은 여성 파일럿을 돕는 것(C)이었다.

- 브리트니 윌런드는 사우스캐롤라이나주의 복음주의 가정에서 달아나 도예 공부를 하러 하와이로 건너갔다. 그녀는 영감을 얻기 위해 흥미로운 사람들을 인터뷰했고(A), 남자친구와 함께 살 캠핑카를 만들었으며(B), 낡은 설탕공장을 개조해 예술인 협동조합을 만들었다(C).

- 브래드 코로디는 컨설팅 회사를 그만둔 후 뿌듯함을 느끼기 위해 창고의 조명들을 고쳤으며(A), 아이들을 차로 통학시켰고(B), 프린스턴 지역사회에 더 많은 테크기업을 유치했다(C).

- J. R. 맥레인은 트럭 운전사를 그만두고 간호사로 전직한 후, 포틀랜드 근처에서 수석 수집가로 이름을 알렸고(A), 가난한 아이들과 함께 등산하며 상담해 주었고(B), 단일 보험자 제도 마련을 촉구했다(C).

- 크리스틴 화이트는 칼리아로 개명하고 이슬람교 시아파 지도자,

아가 칸의 아들과 결혼했다. 이후 강도를 당하고, 남편과 이혼한 끝에 그녀는 보건 분야의 국제적인 전문가로 변신했다. 그녀는 회고록을 집필했고(A), 재혼한 남편과 아이를 갖기 위해 노력했고(B), 정신질환에 대한 편견을 바로잡기 위해 분투했다(C).

끊임없이 이동하라

인터뷰가 막바지에 이르던 어느 날, 전환기에 이동을 하는 사람이 많다는 생각을 했다. 그런 이야기를 일부러 찾지는 않았지만, 저절로 패턴이 드러나는 듯했다. 나는 녹취록을 살펴보며 근거가 있는지 확인해 보았다.

세상에, 사실이었다.

61퍼센트의 참가자가 전환기에 어떤 식으로든 이동을 했다고 증언했다. 사람들은 집을 팔고, 직장을 옮기고, 이민을 하고, 요양원에 들어갔다. 이동이 가장 적은 시기는 혼란의 한가운데로 참가자 26퍼센트가 이 시기에 이동했다고 응답했다. 반면 영원한 작별과 새로운 출발에 이동한 사람의 비율은 두 시기 모두 37퍼센트였다. 이 높은 비율에 어떤 의미가 있을까?

어떤 의미에서 이동은 가장 유서 깊은 이야기이다. 모세부터 공자, 달라이 라마까지 위대한 종교 지도자들의 삶은 깨달음을 위한 이동의 여정이었다. 반 게넵은 통과의례를 연구하면서 생애전환을 기본적으로 이동의 행위로 보았다. 즉, 한 곳에서 다른 곳으로의 이행이라는 것이다. 영웅의 여정은 이와 같은 비유들로 가득하다.

최근 심리학에서는 트라우마의 시기를 사람들이 물리적으로나 정서적으로 족쇄에 갇힌 때로 보기 시작했다. 이동은 우리를 족쇄에서 풀어준다. 상황에 대처하고 있다고 느끼게 함으로써 주체성을 회복시키고, 새로운 사람들과 접촉하게 함으로써 소속감을 키우게 하며, 마음을 쏟을 목표를 제공함으로써 대의를 갖게 한다. 뉴햄프셔 대학교에서 3명의 연구진이 피험자들에게 인생에서 어떤 잊지 못할 경험을 했는지 질문했다. 이동한 경험은 다른 경험과 비교할 때 2배 많은 기억을 남겼다. 피험자들의 대답은 다음과 같았다. 이동을 할 때마다 우리는 낡은 물건들을 살펴보고, 옛 추억에 잠기며, 그간 잊고 지내던 삶에 의미를 부여하는 이정표를 되찾는다.

일부의 이동, 특히 생애전환 초기의 이동은 확실히 고립이 목적인 경향이 있다. 마이클 헤브는 레스토랑 지배인으로서 신임을 잃은 수치스러운 경험 이후, 골프채만 챙겨 비행기를 타고 포틀랜드 밖으로 이동했다. 아미차이 라우라비에는 지나치게 독실하던 가족에게 자신이 게이임을 커밍아웃한 이후 이스라엘 네게브 사막에 있는 히피촌으로 이주했다. 그러나 이동은 치유를 상징하는 경우가 더 많다. 실제로든 비유적 의미로든 이동은 우리가 모퉁이를 돌아 새로운 정신적 공간에 정착한다는 극적이고 공개적인 표시이다.

먼저 가족사로 인해 이동하는 경우가 있다. 캐럴린 그레이엄은 두 번째 이혼을 하고 상담 치료를 받은 이후, 플로리다 중심가에 있는 자택 뒷마당에 나무로 집을 지었다. "오래된 참나무였어요. 유리창도

칸막이벽도 만들지 않았죠. 나는 살던 집에 세를 놓고, 나무 집으로 이사했어요. 조명도 있었고 수돗물도 잘 나왔어요. 화장실은 외부에 있었죠."

건강상의 이유로 이동하는 경우도 있다. 에릭 웨스트오버는 오토바이 사고로 두 다리를 잃은 후 결혼 생활까지 위기에 처하자, 거동하기 수월한 그랜드래피즈의 단층집으로 이사했다. "그 모든 일을 겪고 나서, 아내가 이사를 하자더군요. 가구를 옮길 때는 몇 사람이 도와줬지만, 그 외에는 우리 둘이 다 했어요. 6주가 걸렸죠. 이사가 다 끝난 후, 우리 부부는 말했어요. 그래, 우린 살아낼 수 있어!"

일 때문에 이동하는 경우도 있다. 제니 윈은 전임자가 세상을 떠나고 담임목사로 임직한 이후 안식년을 보냈다. 그리고 자신이 첫 여성 담임목사로서 사역을 잘 시작하고, 신도들도 변화를 받아들일 수 있도록, 안식년 동안에 사무실 인테리어와 도배를 새로 해달라고 당회에 요청했다.

가족 문제로 이동하는 경우도 있다. 얀 에그버츠는 아내가 자살한 후 상장기업 CEO 자리를 그만두고, 세 아들과 함께 뉴저지를 떠나 고향 암스테르담으로 이사했다. "이렇게 말했죠. '우리 네덜란드에서 새로 시작해 볼까?' 아이들이 좋아했어요. 할머니하고 아주 친했으니까요. 우리는 집에 세를 놓고 한동안 숙박 시설에 머물다가, 마침내 새집을 지었습니다."

사실 이들이 이동한 것은 모두 같은 이유 때문이다. 라이프스토리를 위해 새로운 환경, 새로운 무대가 필요했던 것이다. 칼리카 바키는 남편을 떠나며, 두 사람이 함께 오리건주 외곽에 짓고 있던 명상센터를 포기했다. 그녀는 영적인 존재와의 교류를 찾아 떠났다가, 포틀랜드에 정착해 호스피스의 채플린이 되었다. 그녀가 말했다. "내 생각에 생애전환 자체가 일종의 이동이에요. 그 이동이 때로는 물리적으로 이 장소에서 저 장소로 옮기는 것일 수도 있지만, 동시에 내적인 전환일 수도 있어요. 본래의 거처를 떠나 이동한다는 의미입니다. 생애전환기에 우리는 정체성, 지식, 혹은 집처럼 여기던 무언가를 떠납니다. 영혼에도 분명 어떤 궤도가 있기 때문입니다. 그러나 그 궤도는 선형적이지 않습니다. 한때 즐거웠던 일들도 갑자기 공허하게 느껴질 수 있습니다. 그래도 영혼은 계속해서 움직이고, 자아는 어떻게든 영혼을 따라 움직여야겠죠. 전환기에 우리는 과거의 자신을 버리고, 무의 상태에 들어갔다가, 새로운 꿈을 찾아야 합니다."

두 번째 눈 그리기

작은 발걸음도 커다란 도약도 회복으로 가는 중요한 이정표이지만, 때로는 초월적인 느낌을 주는 행위가 필요하다. 다시 말해, 의식이 필요하다는 것이다. 생애전환의 시작을 기념하기 위해 의식을 치르는 경우만큼, 생애전환의 끝을 기념하기 위해 의식을 치르는 경우도 많다. 새로운 나를 드러내고 이를 선언하는 행위는 라이프스토리 인터뷰의 주된 소재 가운데 하나였다. 이 행위들은 두 번째 눈 그리기라는 일본의 오랜 전통을 연상시킨다.

로버트 양은 서던캘리포니아에서 태어났다. 그의 부모님은 마오쩌둥을 피해 중국을 탈출했다. "고등학생 때 나는 착했지만, 성적으로 매력이 없었고 사교성이 부족했어요. 다들 거들떠보지도 않았죠. 학교에서는 게이로 커밍아웃하지 않았어요."

캘리포니아 대학교에 다니던 때도 로버트는 여전히 대인관계가 어색했다. "얼치기 마약상이었던 룸메이트에게 늘 연애 상담을 했죠. 그 친구는 전형적인 이성애자였는데 말이에요. 다른 남성에게 어떻게 데이트 신청을 해야 할지 난감했거든요." 로버트는 마침내 연애를 시작했고, 뉴욕으로 건너가 대학원을 다녔으며, 이후 뉴질랜드 사람과 결혼했다. 그사이에 그는 자신의 로맨스를 취미에 녹여내, 첨단 게이 비디오게임들을 개발했다. 처음 만든 게임은 단순한 게이 이혼 시뮬레이션이었으나, 그 후 좀 더 사실적이고 성적인 게임을 만들었다. 비주류 문화인 줄로만 알았던 게임들 덕분에 그는 뉴욕 대학교 교수가 되었다. 그의 프로필은 다음과 같이 시작한다. "로버트 양이 게이 문화와 섹스를 소재로 만든 게임들은 놀라울 정도로 큰 인기를 끌었다. (…) 대표작은 기념비적인 욕실 섹스 시뮬레이션 〈티룸〉과 남성 샤워 시뮬레이션 〈린스와 리피트〉이며, 세 가지의 미니게임으로 구성된 〈라디에이터2〉는 스팀에서 15만 명 이상의 유저가 플레이했다."

로버트는 대학원 졸업 이후 스트레스에 시달렸다고 말했다. 게임을 개발한 덕분에 보람을 느끼고 성공을 거두었지만, 부모는 그가 전통적인 기준에서 성공하기를 바랐다. 그는 일본식 의식에 의지했다. "내게 다루마가 하나 있었죠." 다루마란 선종의 창시자인 달마대사를 그려 넣은 붉은색 종이 인형으로, 눈동자를 비워둔 채 판매하는 것이 특징이다. "새로 일을 시작할 때, 다루마의 한쪽 눈을 그리면서 소원을 빌어요. 일을 다 끝내면 다른 쪽을 눈을 그립니다. 나는 뉴욕 대학교 교수가 되고 나서 두 번째 눈을 그렸어요."

일본에서 두 번째 눈 그리기는 개인적인 목표를 이뤘다는 의미이다. 그들은 이 방법으로 꿈을 시각화하고 성취를 기념한다. 내 방에도 다루마가 하나 있는데, 일본 시골 지역의 중학교 교사로 지냈던 1년을 기록한 첫 책의 집필을 기념한 것이다.

이런 식으로 성취를 기념하는 것에 별다른 가치가 없어 보일 수도 있다. 고작 일 하나를 끝내면서 두려움을 다스리거나 익숙해지기 위해 노력할 필요는 없다고 말이다. 그러나 오랜 병원 치료를 받았거나, 전쟁터에 나가 싸웠거나, 힘겨운 목표를 달성하기 위해 한동안 세상과 멀어져 본 사람이라면, 사회에 재진입하는 것이 얼마나 현실적으로 두려운 일인지 알 것이다. 나도 항암치료가 끝날 무렵 이제 뭘 해야 하지? 하고 생각했다. 나는 할 수 있는 모든 일을 했다. 치료를 받는 동안 일종의 보호소에 있는 듯한 기묘한 느낌이 들었다. 그곳에서 나는 결정을 내릴 필요도 없었고, 사회적 규범을 따르지 않아도 되었다. 마치 시인 하킴 베이가 일시적 자율 공간Temporary Autonomous Zones이라고 불렀던 상태나 다름없었다. 그 상태를 벗어나야 하는 때가 되자, 일상으로 돌아가는 것이 두려웠다. 과거의 나로 돌아갈 수도 없었고, 앞으로 어떻게 살고 싶다는 확신도 없었다.

지금 돌아보면 내게 필요했던 것은 이정표를 만들 방법이었다.

의미 있는 행위, 표현, 의식을 통해 내가 변화했고 계속 변화하고 있다는 것, 그리고 비일상에서 벗어나 일상으로 돌아가고 있다는 것을 나 스스로에게 확실히 하고 주변 사람들에게도 나타낼 필요가 있었다.

자기 자신에게 보상을 주는 방식으로 이 순간을 기념한 이들의 사례를 소개하겠다.

- 뉴욕시에 사는 변호사 브레트 파커는 파킨슨병에 걸린 후 7일 동안 7개 대륙에서 7개의 마라톤 대회에 참가했다. 그리고 다리에 숫자 7을 문신했다. "내 나름의 방식이죠. 파킨슨? 엿 먹으라 그래!"
- 골드만삭스의 임원이었던 제이미 레빈은 가족을 데리고 런던에서 보스턴으로 이사했다. 최후의 수단으로 딸의 간을 치료해 볼 생각이었다. 그는 티셔츠에 빌리루빈 수치의 증감을 보여주는 그래프를 부착했다. "이런 식이었죠. '이 수치면 딸이 죽고, 저 수치면 딸이 산다.'"
- 리 민츠는 이혼 절차를 마무리하고 체중감량 목표를 달성한 뒤 말을 한 필 구입했다. "그렇게 거액을 쓰는 일은 처음이었어요. 미친 짓이었다는 건 나도 알아요. 아무튼 내게는 충분한 돈이 있었고, 먹는 것 말고 다른 방식으로 나 자신에게 보상을 주고 싶었어요. 그리고 마침내 성공한 거예요!"

자신만의 의식을 고안하여 변화를 기념한 이들도 있다.

• 목사 케이트 호그는 토네이도에서 살아남은 이후, 숄, 빵 한 덩어리, 촛불 등을 통해 특별한 이사 감사 예배를 고안했다. 재해로 집을 잃은 후 새집을 마련한 사람들을 축복하기 위해서였다. "그 예배의 의미를 말하자면 이런 겁니다. 그것은 과거의 일이고, 지금은 새로운 시간입니다. 다가올 시간을 축복합니다."

• 레오 이튼은 아내 제리의 유골과 함께 유럽 곳곳을 여행하다가 마지막으로 그리스 크레타섬에 도착했다. 과거 아내와 오랫동안 살던 곳이었다. "마을 밖에 있는 작은 정원에 갔어요. 예전에 그곳에서 아내와 함께 채소를 키우고, 포도를 재배해서 와인도 만들었죠. 친구 몇 명과 함께 우리가 추모의 숲이라고 부르던 장소에 갔습니다. 아내가 좋아하던 올리브나무 아래 유골을 뿌리고 유품을 남겼죠. 추모를 마치고 나오는데 친구들이 '제리는 고향에 돌아온 거야. 걱정하지 마. 우리가 잘 돌볼게' 하고 말해주더군요."

• 미용실 원장 마이클 안젤로와 남편 스콧은 결혼 생활을 지키려 몇 년간 노력했지만, 비독점적 관계nonmonogamy 문제로 부부 사이가 악화되면서 전국일주 여행은 결국에 눈물로 끝이 났다. 두 사람은 유타의 호텔 방에서 밤새 다퉜다. "1시간쯤 졸았을 거예요. 뒤척이다가 남편을 봤는데, 문득 헤어질 때가 됐다는 생각이 들더군요. 우린 처음으로 말싸움이 아닌 대화를 시작했고, 변명하는 대신 상대에게 귀를 기울였죠. 그러고 나서 이런 생각이 들었어요. 오늘을 마지막으로 더는 이 사람을 보지 못하게 된다면, 해주고 싶은 말

이 정말 많아. 정신이 하나도 없는 채로 난 계속 그 사람 반지만 쳐다봤어요. 그 사람이 자기 손으로 반지를 빼는 상상을 해봤는데, 못 견디겠더라고요. 그래서 그 사람 손을 잡고 내가 빼냈죠. 그리고 이렇게 말했어요. '당신을 사랑하지만, 이제 떠나도 좋아. 부디 행복하고 성공하길 바라. 원하는 일도 다 이루고.' 그도 내 반지를 빼서 내 손바닥에 내려놓고 이렇게 말하더군요. '당신은 내 일생일대의 사랑이었어. 악감정 따위는 마음에 담아두지 않을게. 마이클, 정말 진심으로 난 당신을 다 용서했어.' 우리는 샤워를 하고 옷을 차려입고 근사한 점심을 먹고 딸기 치즈케이크 한 조각을 주문했어요. 크기는 작았지만, 결혼식 케이크와 똑같은 모양이었죠. 그리고 나서 그가 나를 공항까지 차로 데려다주었고, 난 귀국해서 새 삶을 시작했어요. 때로는 가장 행복한 마무리가 기대와 다른 모습일 수도 있답니다."

성취를 드러내기

새로운 자아를 드러내는 긴 여정의 마지막 단계는 사적이거나 상징적이거나 침묵을 요하는 일이 아니다. 오히려 공적이며, 사회적인 일이다. 이 일은 두렵더라도 반드시 거쳐야 할 단계이다.

바로 자신의 변화를 타인과 공유하는 일이다.

사람들은 보통 자신의 개인적인 변화를 공개적으로 드러내지 않는다. 특히 내밀한 이야기인 경우에는 더욱 그렇다. 고대에도 내밀한 이야기를 고백하는 것은 일반적이지 않았다. 중독치료를 받았다고는 소포클레스도 이야기하지 않을 것이고, 난임으로 고생한 끝에 아이를 낳았다고는 예레미야도 밝히지 않을 것이다.

내면의 고백이 보편화된 것은 근대 이후이다. 문화사학자 폴 존 이킨의 주장에 따르면, 자서전의 등장은 근대에 사적인 영역이 나타난 덕분에 가능했다. 우리가 공적인 페르소나에서 사적인 이야기를 지울 수 있는 것은 그만큼 프라이버시가 강조되기 때문이다. 그런데 온라인 문화의 확산으로 가장 내밀한 이야기까지 타인에게 노출하는 일이 점점 늘어나고 있다.

고백의 기원이 무엇이든 나와 이야기를 나눈 사람들에게는 생애전환을 해냈다고 공유하는 것까지가 생애전환의 과정이었다. 사람들은 암을 진단받은 날이나 금주를 시작한 날을 매년 기념하며, 미투 운동과 퀴어퍼레이드 해시태그 운동에 참여했다. 이혼 사실을 알리거나 SNS 사용을 줄이겠다고 선언하기도 했다. 매년 6월 첫 월요일인 전미 암 생존자의 날을 기념하여 뉴저지의 어느 병원에서 연설을 한 적이 있다. 행사 기획자는 암 생존자들이 다시 병원을 찾아오는 이유가 간호사와 의사들에게 다시 자란 머리카락과 잘 차려입은 모습을 자랑하고 싶어서라고 했다. 자신에게도 환자복과 겁먹은 모습 외에도 다른 자아가 있음을 알리고 싶어 한다는 것이다. AA 모임에도 이와 비슷하게 유대감을 형성하는 문화가 있다. 금주 성공 배지를 단 사람을 마주치면 슬며시 다가가 "저도 윌리엄 윌슨의 친구입니다" 하고 말하는 것이다. 그 배지에는 윌리엄 윌슨의 12단계 프로그램을 거쳤다는 명예로운 의미가 있다. (AA 모임 회원은 공항에 갈 때 다시 술을 마실까 불안해지면 다음과 같이 호출하라는 권유를 받는다. 윌리엄 윌슨의 친구들이여, 부디 몇 번 게이트로 와주세요…. 그럼 누구든 함께 여행할 사람이 나타난다.)

이런 순간들을 기념하지 않을 이유가 있을까? 이 순간들은 충분히 자랑스러워할 만하다. 진정한 성취의 순간이기 때문이다. 우리가 또 하나의 생애전환을 마치려면 그 과정에 몇 가지 기술이 필요하다. 서사학적으로 말하자면, 우리의 이야기가 구성을 갖추는 시점인 것이다. 이제 다른 사람과 이야기를 공유할 준비가 모두 끝났다.

사람들이 어떻게 새로운 자아를 드러냈는지 예를 들어보겠다.

- 리사 루도비치는 최면사가 된 지 2년이 되어서야, 링크드인 프로필을 업데이트할 용기를 얻었다. "아파트에 앉아 종일 프로필을 타이핑하고 수정했지만, 등록을 못 하겠더라고요. 사람들이 나를 이렇게 생각할까 두려웠어요. 미친 사람 같아. 설마 농담이겠지? 소름 끼쳐. 하지만 정작 '나는 최면사이다'라고 선언하자 오히려 두려움이 깨끗이 사라지더라고요."

- 크리스천 피콜리니는 네오나치 운동에서 빠져나온 지 10년이 되었을 때, 잡지에 글 한 편을 발표했다. 그 글에서 그는 자신이 보낸 증오의 세월을 한탄했다. "그 글이 전환점이었죠. 공개적으로 과거를 고백한 건 처음이었으니까요." 이듬해 그는 증오 이후의 삶이라는 단체를 공동으로 창립했다.

- 칼 바스는 마지못해 오토데스크의 CEO직을 수락하고 몇 년 후,

라스베이거스에서 연례 고객 행사 무대에 올라섰다. "처음에는 15명 앞에서 말하기도 힘들었는데 이제 무대에서 1만 5000명을 상대합니다. 처음으로 내게 그럴 만한 자격 있다는 생각이 들었어요. 감개무량했습니다."

- 티파니 그라임스는, 데이드가 생애전환을 겪는 동안 곁에 있어주기로 결심하고, 더 나아가 함께 유튜브 채널까지 개설했다. "당시엔 우리 같은 사람이 많지 않았는데도 수많은 영상을 보면서 정말 많은 도움을 받았어요. 하지만 우리 같은 커플은 없었어요. 그래서 우리가 겪고 있는 변화에 대해 설명하기로 했죠. 그가 신체적인 변화를 겪고, 그 과정에서 내가 그를 이해하고 받아들였던 경험까지 포함해서요."

- 밀회를 위해 호텔에 가던 도중 차를 돌렸던 데이비드 피규라는 후일 남성들을 상대로 불안감에 관한 인터뷰를 진행했다. 그리고 이를 바탕으로 『그래서 그 남자들은 뭘 하는 거죠?So What Are the Guys Doing?』라는 책을 썼다. 출간 직전 아들 알렉스에게 책을 보여주었더니, 알렉스는 달랑 3장까지 읽고는 책을 던져버렸다. 알렉스는 "세상에, 끔찍하군요. 바람을 피우고 우릴 떠나려 했었다니"라고 했다. "난 정말 화가 나서 알렉스에게 외쳤죠. '맙소사, 지금 당장 다시 집어 들지 못해?' 한 달 후에 알렉스가 회사로 전화를 하더니 이러더군요. '책 다 읽었어요. 고마워요, 아빠.' 나도 모르게 눈물이 흘렀어요. 간신히 입을 열어 '알렉스 너 때문이기도 하지만 네 엄마를 사랑해서야. 그날 밤, 그래서 돌아온 거란다' 하고

말했습니다. 이렇게 자신을 드러내는 일은 서로를 향한 사랑과 이해를 더욱 공고하게 만든답니다."

최초의 일상적 순간, 자신만의 프로젝트, 두 번째 눈 그리기, 성취를 드러내기는 모두 새로운 출발을 끌어안는 과정이다. 그 과정의 끝에는 가장 큰 과제가 남아 있다. 바로 자기 자신의 이야기를 스스로 재구성하는 일이다.

13장

진술하기

새롭게 이야기하라

마지막으로 가장 먼저 내 관심을 끌었으며, 다른 모든 도구의 저변에 있는 도구에 관해 이야기하겠다. 이 도구는 중대한 생애전환에서 살아남는 데 핵심적이지만, 좀처럼 거론되지 않는다. 마지막 도구는 자신의 라이프스토리를 업데이트하는 것이다.

"아이를 한 명 더 낳아야겠어"

애런 코프먼은 LA에서 무능하기 짝이 없던 부모의 외아들로 태어났다. "어머니는 아이 넷을 낳고 싶어 했지만, 불행히 내가 태어난 지 6개월 만에 이혼했죠." 애런은 어린 시절 탁구공처럼 제멋대로였다. 열 살까지는 아버지와 2주에 한 번 만났고, 그 후에는 아버지 집으로 이사해 어머니와 2주에 한 번씩 만났다. 아버지가 재혼하면서부터 모든 것이 엉망진창이 되었다.

"기본적으로 혼자 알아서 자라야 했어요. 노는 방법도 혼자 찾고 공부도 혼자 해야 했죠. 바르 미츠바^{bar mitzvah}[유대인 남성이 13세 때 치르는 성인식] 파티를 2번이나 했어요. 부모님이 한 공간에서 함께 축하해 줄 리가 없었거든요. 어떻게든 멀리 달아나고 싶었던 나는 열여섯 살에 시라쿠스 대학교에 등록했죠."

끔찍한 오판이었다.

"너무 어렸죠. 입학하고 2주도 채 되지 않아 후회했어요. 도대체 무슨 생각을 한 거야. 여긴 언어만 같지 완전히 다른 세상이잖아. 그렇게 생각했죠." 애런은 캘리포니아로 돌아가 취직했고, 해비타트 운동^{Habitat for Humanity}[열악한 주거환경에서 지내는 이들에게 집을 지어주는 비영리단체]에 가담해 도시 계획과 사랑에 빠졌다. 집안이 해체되어 눈물짓던 소년이 사람들의 보금자리를 만드는 일에 일생을 바치게 된 것이다. 애런은 버클리에서 대학교를 다녔고, MIT 대학원을 졸업했다. 9·11 테러에 충격을 받은 후에는 뉴욕으로 이사해 도시 재건을 도왔다.

그의 진짜 소원은 아빠가 되는 것이었다. "불안정한 삶을 벗어나 뿌리를 내리고 싶었어요." 몇 번의 진지한 연애 끝에 서른세 살 때 당시 동네의 작은 은행에서 근무하던 지금의 아내 히더를 만났다. 4년 후 두 사람은 결혼했다. 신혼여행에서 아이가 생겼고, 8월 말 아들 보디가 태어났다. 애런은 그때가 삶의 하이포인트였다고 말했다.

로포인트는 그로부터 9개월 후였다.

"그날은 아침부터 이상했어요. 비가 내렸죠. LA에서 친구가 찾아왔는데, 기다려도 베이비시터가 오지 않는 거예요. 전직 모델 겸 가수였는데 위층에 사는 다른 가족의 아이도 봐주고 있었어요. 나로서는 못마땅한 상황이었죠. 결국에 오기는 왔는데 남편이 일을 그만두라고 했다더군요. 임신 중이었거든요. 난 그녀를 보며 당신 같은 사람 필요 없으니 당장 꺼져! 하고 외치고 싶었지만, 약속에 늦은 데다 아내와 상의도 없이 내쫓을 수는 없었죠. 결국은 그냥 우버를 불러 약속 장소로 이동했습니다."

그날은 계속 엉망이었다. 비가 종일 그치지 않았고, 아내는 늦게까지 일했다. 그가 파트너로 일하고 있던 부동산 회사에서는 큰 거래를 마무리하고 있었다. 5시 30분, 베이비시터에게 조금 늦는다고 문자를 보내며 재빨리 지하철에 올라탔다. 그런데 지하철역을 빠져나오자마자 베이비시터에게 전화가 오는 것 아닌가.

"한 번도 전화한 적이 없었거든요. 보디가 낮잠을 자는데 깨어나지 않는다는 겁니다. 목소리도 잔뜩 겁에 질려 있었어요. 부모로서 그보다 끔찍한 일은 없었죠. 난 미친 듯이 달리기 시작했어요."

집 앞에 도착할 때쯤 심장이 어찌나 심하게 뛰던지 심장마비로 죽을 것만 같았다. 모퉁이를 돌자 구급차가 보였다. 구급대원이 생후 9개월 된 아들에게 응급치료를 하고 있었다. "난 비명을 질렀어요. '무슨 일입니까!' 구급대원이 그러더군요. '아이를 데리고 내려왔어요. 인공호흡을 하고 있습니다. 브루클린 병원에 데려갈 겁니다.' 나는 버럭 화를 냈습니다. '왜 브루클린 병원까지 가는 거죠? 두 블록 떨어진 곳에 응급실도 있는데!' 구급대원이 응급실에서 해결할 수 있는 상황이 아니라더군요."

보디를 태운 구급차가 출발했고, 얼마 후 애런은 다른 구급차를 타고 보디를 따라갔다. "최악의 악몽이 될지도 모른다는 불안감이 엄습했습니다. 보디가 필요한 응급치료를 받았다고 나 자신을 안심시켰죠. 단지 목에 무언가가 걸렸을 뿐일 것이고 다 잘 해결될 거라고요. 그런데 브루클린 다리를 지날 때, 아들이 탄 구급차의 경광등이 꺼져 있는 겁니다. 그때 알았죠."

생후 9개월이었던 보디 페어팩스 코프먼은 5월 마지막 주 목요일 오후 7시에 사망선고를 받았다. "두 다리가 후들거리더군요. 난 바닥에 주저앉아 아아아안 돼! 하고 울부짖었어요. 우리 부부는 보디에게 중요한 일이 있을 때마다 기념하곤 했었어요. 아내가 빵을 잘 만드는데, 오늘도 케이크를 4분의 3만 만들어 보디를 추모하기로 했습니다."

보디의 죽음은 뉴욕시의 타블로이드 신문 지면을 휩쓸었다. 경찰이 여러 차례 수사에 나섰지만, 사건은 기소 없이 사고사로 결론 내려졌다. 애런은 베이비시터에게 분노가 치밀었으나("그 여자를 죽여버리고 싶었습니다"), 히더의 만류로 겨우 분을 삭였다. 그저 망연자실할 뿐이었다.

"삶이 농담 같다고 생각했습니다. 훨씬 더 힘들었던 사람도 많겠지만, 나도 어린 시절에 고생 좀 했었거든요. 어른이 된 후에도 삶이 순탄하지 않았죠. 아내는 스물다섯 살 때 아버지를 뇌졸중으로 잃었습니다. 이 정도면 이제는 하늘에서 복을 내려야 하는 것 아닌가요? 그런데 어떻게 또 이런 일이…."

그 이후의 일들은 애런이 겪은 여러 생애전환 중에서도 가장 고통스러웠다.

가장 견디기 힘든 감정은 슬픔이었다.

그는 어떤 의식으로 그 일을 기념했을까? 애런은 1년간 면도를 하지 않고, 보디가 좋아하던 파란색의 옷만 입었다. 팔뚝에는 대문자 B를 문신했다. "아들을 몸으로 기억하고 싶었어요. 매일 보디를 떠올리려고 툭하면 소매를 걷어 올립니다. 문신을 파란색으로 했어요. 아들의 눈동자처럼요."

기념물은 무엇이었을까? "아이를 잃은 다른 부모에게 조언을 듣고 옷 몇 벌을 세탁하지 않은 채 보관하고 있어요. 아이의 냄새를 잃고 싶지 않았어요."

포기한 것은 무엇일까? 매일 유아차를 끌고 다니던 즐거움과 사진을 찍는 기쁨이었다.

삶을 어떻게 체계화했을까? 샌드박스형이었다. "회사에서는 얼마든 시간을 보내라고 했어요. 아내 회사에서도 마찬가지였습니다.

처음엔 둘 다 집 밖으로 나서지를 않았죠. 가끔 아이 방에 들어가서 러그 위에 누워 있기는 했지만, 기본적으로는 할 일이 없었어요. 어느 날 11시 30분에 오겠다던 형사가 10시에 약속을 취소했어요. 히더가 대성통곡을 하더군요. 오늘은 우리 뭘 하지? 이 시간을 다 어떻게 채울 거냐는 말이야. 그렇게 중얼거리면서 말이에요."

창의적인 습관을 길렀을까? "어느 날 친구가 예쁜 유리병과 낱말 카드 한 세트를 줬어요. 아들이 생각날 때마다 낱말 카드에 생각이나 추억을 기록해서 유리병에 넣어두라더군요. 그 순간 행복이 나를 감쌌어요. 정말 멋진 선물이었죠."

그의 생애전환에도 이동이 있었을까? "이사하려다 포기했어요. 새 아파트로 이사하기 3주 전이었죠. 마침내 여유가 조금 생기나 했지만 그만두었어요. 이곳에 남아야 할 것 같아서요. 매일같이 러그 위에 몸을 눕히고 싶었어요. 잠도 그 위에서 잤습니다. 아들 방 안에 들어가 있는 것이 큰 위안이 되었습니다."

마지막으로, 그는 어떻게 라이프스토리를 새로 쓸 수 있었을까?

"오래 걸리지 않았습니다. 보디가 목요일에 세상을 떠나고, 이튿날 아침부터 히더가 생리를 시작했어요. 장례식은 화요일이었고요. 장례식 전까지 생각할 시간이 많았습니다. 자살을 생각해 본 적이 없는데, 죽음이 유일한 해결책처럼 느껴지더군요. 죽으면 더 이상 고통스럽지 않을 테니까요. 하지만 우리가 죽으면 보디를 기억하는 사람이 사라지는 거잖아요. 서로를 위해서라도 살아야 했습니다.

"그 주 월요일 밤에 우리는 늦은 밤까지 추도사를 썼어요. 우리의 생각을 적고, 함께 그 이야기를 나누고, 어떻게 하면 우리 가족의 이야기를 잊지 않을 수 있을지 생각하다가, 우리 부부는 그 순간 결심했습니다. 아이를 한 명 더 낳아야겠어."

히더는 첫 시도에 바로 임신했고, 9개월 된 아들이 죽은 지 9개월 만에 아기를 낳았다. 보디의 이야기는 아직 끝나지 않았고(추도식이 열릴 예정이었고, 기금을 마련되었으며, 보디를 기리기 위해 장지가 새로 조성되었다), 애런의 이야기는 다시 시작되었다. 빛이 굴절되며 여러 빛줄기로 분산되었다가 다시 한 줄기로 모여들듯이, 그의 라이프스토리도 잔뜩 흩어졌다가 다시 하나가 되었다. 어떻게 보면 당연한 일일지도 모르겠다. 모든 이야기에는 프랙털 같은 면이 있기 때문이다. 애런은 자신의 삶의 형상이 프리즘이라고 말했다.

다음 장을 써라

생애전환이 처절한 생애사건을 겪은 이후 자기 자신을 완전히 다시 만드는 과정이라면, 라이프스토리를 다시 쓰는 일은 그 과정의 백미라고 할 수 있다. 이 과정을 통해 우리는 새로운 자아라는 작품을 완성할 수 있다. 이야기는 생애전환의 다른 과정들을 통합하는 역할을 한다. 예전에 나는 그런 사람이었지만, 생애전환을 경험했고, 지금은 이런 사람이 되었습니다.

최근 몇 년간 많이 언급되었듯이, 스토리텔링은 삶을 구성하는 가장 영적인 단위이다. 인간의 특별한 능력 가운데 하나는 겉으로 보기에는 무관한 사건들을 응집력 있는 이야기로 만드는 것이다. 우리는 이야기를 사적인 것으로도, 공적인 것으로도 포장해 소비한다. 이 능력은 이미 우리 안에 있다. 인간 두뇌의 절반은 상상력과 관련되어 있다. 우리는 삶을 아직 진행 중인 연대기로 바꾸고, 그로부터 의미를 만들어 낸다. 영문학자이자 시인인 바버라 하디는 말했다. "우리의 꿈에는 서사가 있다. 우리는 이야기를 통해 꿈꾸고, 기억하고, 예상하고, 희망하고, 절망하고, 믿고, 의심하고, 계획하고, 바로잡고, 비판하고, 논리를 세우고, 소문을 만들고, 배우고, 미워하고, 사랑한다."

스토리텔링에도 물론 단점은 있다. 세상의 패턴을 찾는 데 집착하다 보면 종종 지나치게 단순화를 하게 된다. 무작위로 어지럽게 반짝이는 불빛을 보면, 사실 아무런 의미가 없을 때조차, 우리는 그 안에 담긴 메시지를 어떻게든 설득력 있게 설명하고 싶어 한다. 스포츠 경기와 주식시장을 지켜보면서 모멘텀, 상승세 같은 작위적인 개념을 동원해 그럴듯한 서사를 만들어 내고, 그런 허상을 믿다가 돈을 날리는 경우가 허다하다.

사람들이 어떻게 위험한 이야기에 유혹당하는지에 관한 정신이 번쩍 드는 사례가 있다. 솔트레이크시티 출신의 종교 전문 작가 페기 플래처 스택은 쌍둥이 딸 가운데 하나가 두 살을 넘기기 어렵다는 진단을 받자, 그 아이가 처음부터 존재하지 않았던 것처럼 자기 자신을 속이려고 했었다. "침대에 누웠는데 이런 생각이 들었어요. 음, 난 정말 아이를 하나만 낳고 싶었어. 그러니 처음부터 하나밖에 없었다고 생각하자. 남편에게 그 말을 했더니 펄쩍 뛰더라고요. '말도 안 돼! 카밀은 영원히 우리

가족으로 남을 거야. 하늘나라에 가면 단번에 알아볼 테고!' 당연히 그의 말이 다 맞았죠."

거식증 환자 미셸 스와임은 조깅에 집착적으로 매달렸지만, 빙판에서 미끄러진 이후 조깅을 그만두고 아이를 11명 입양했다. 그녀는 오랜 세월 남편 때문에 자신의 인생이 꼬였다고 믿었다. 아내를 행복하게 하는 것은 남편의 몫이라고 생각했던 것이다 "어느 날 문득 깨달았어요. 오, 나를 행복하게 하는 건 그 사람 몫이 아니라 내 몫이야. 조금 더 성장하면서, 나 자신을 행복하게 만들겠다고 결심했죠."

그러나 스토리텔링의 장점은 단점보다 훨씬 더 중요하다. 스토리텔링은 예외적이고, 예상하지 못했으며, 일상에서 벗어난 일들을 받아들일 수 있게 해주며, 그 일들을 계속되는 인생의 여정에서 의미 있고 감당할 수 있는 일부분으로 만들어 준다. 스토리텔링의 가장 훌륭한 선물은 이러한 통합의 역할이다. 스토리텔링은 비전통적인 것을 전통적인 것으로 만들고, 말할 수 없는 비밀을 이야기로 만들어 준다. 소설가 힐러리 맨틀의 의미심장한 말처럼, 스토리텔링은 자기 자신에 대한 저작권을 확보하는 일이다.

사람들이 어떤 식으로 자전적 서사를 활용해 스스로를 치유하는지 보여주는 감동적인 사례들을 옮겨보겠다.

로키 린 래시는 음반회사의 소개로 자기 자신과 성장 과정이 비슷한 작곡가를 만나기 전까지, 친부모에게 유기당했다는 사실과 힘들었던 어린 시절에 관해 이야기하는 것을 어려워했다. "유기당했다는 것, 훌륭함과는 거리가 멀었던 양부모 등 힘들었던 일을 공유한 우리는 함께 〈노래가 시작된 곳Where Songs Come From〉이라는 곡을 썼어요. 그 곡에 이런 가사가 있습니다. '동정받고 싶지는 않아. 난 운이 좋았으니까. 오, 아직 모르겠어? 어디에서 노래가 시작되었는지.' 그 모든 경험이 내게는 엄청난 카타르시스의 순간이었어요."

메리데니스 로버츠는 어린 시절 여러 차례 성적으로 학대당했다. "서로 다른 세 곳에서 적어도 3명 이상의 성인 남성이 나를 건드렸어요." 메리는 힘들었던 과거에서 벗어나, 전 세계의 분쟁지역을 돌아다니며 분쟁 중재자이자 국제 구호원으로 일했다. 그러나 재혼 후 애틀랜타에서 글쓰기 모임에 들어가기 전까지는 어린 시절의 트라우마를 완전히 극복할 수 없었다. "어려운 전문용어까지 동원해서 내 삶을 깔끔하게 표백된 버전으로 썼어요. 그런데 강사가 쓰고 싶지 않은 일, 살면서 가장 끔찍했던 일을 써보라고 하더군요. 자리에 앉아, 마침내 있는 그대로의 이야기를 써 내려가는데 도저히 멈출 수가 없었어요. 심경은 복잡했고 눈물이 계속 흘렀죠. 그때 비로소 내 삶에 관해 이야기할 수 있다는 사실을, 그것에 관해 써야 한다는 사실을 깨달은 겁니다."

피츠버그 출신의 식물학자 데본 굿윈은 아프가니스탄에서 사제 폭발물을 밟고 큰 부상을 당했지만 그때에 관한 이야기를 애써 피했었다. 어느 날 그는 어머니의 강권으로 교회 사람들 앞에서 그 이야기를 했다. "회복의 열쇠는 이야기를 하는 것이에요. 그러지 않으면 과거가 삶을 좌우할 겁니다. 지금은 모든 것이 좋아졌다는 말이 아니에요. 그래도 그날 이후 난 과거를 통제하기 시작했어요. 과거에 삶을 내맡기는 대신 말이에요."

거리를 유지해라

성공적인 라이프스토리를 이야기하는 것은 생애전환을 마무리하는 핵심이다. 그런데 정확히 어떻게 마무리해야 할까? 생애전환에 관한 이야기의 공통점은 무엇일까? 변화를 받아들였다, 사회적인 고립을 견뎌냈다, 일상으로 돌아갔다라고 자기 자신과 주변 사람에게 이야기할 때 사람들이 두드러지게 참고한 이정표가 있을까? 의미의 진공 상태를 뜻깊은 순간으로 전환할 때 사용하는 특정한 방법이 있을까? 인터뷰를 진행하는 동안 나는 각 질문에 대한 답변을 주의 깊게 들었고, 답변들을 몇 가지로 분류했다.

세 가지 방법이 발견되었다.

첫 번째 방법을 사용하는 사람들은 과거와 현재 사이에 어느 정도 거리를 둔다. 이들은 삶이 요동치기 시작했던 때의 이야기와 오늘 전하는 이야기 사이에 시간상의 간격을 만든다. 지금 내게 일어나는 이야기에서 과거의 내게 일어났던 이야기로 전환하는 것이다.

이러한 변화를 보여주는 척도 가운데 하나가 바로 시제이다. 균열적인 사건을 현재시제로 이야기하면(문을 여니까 바닥에 있는 시체가 보이는 거야) 생생하게 표현할 수 있지만, 그로부터 이끌어 낼 수 있는 의미는 줄어든다. 과거시제를 사용하면(문을 열자 시체가 보였고, 그 순간 내 인생이 꼬이겠구나 생각했지) 사건의 세부는 희미해지고, 더 큰 서사 안으로 통합하기 용이해진다. 나의 친구이자 더 모스The Moth [다양한 스토리텔링 행사를 개최하는 뉴욕시 소재의 비영리단체]의 예술감독인 캐서린 번스는 "가장 좋은 이야기는 상처투성이이지만 그렇다고 날것 그대로인 것은 아니다. 이야기의 근원은 피가 흐르는 상처가 아니라 딱지가 앉은 상처이기 때문이다"라고 말했다.

난 두 가지 차원에서 이 문제에 접근했다. 먼저 여전히 삶의 순간 순간 예기치 못한 감정적 폭발을 경험하는 많은 사람들과 대화를 나누었다. 불과 몇 개월 사이에 아내가 떠나고 해고까지 당한 출판사 편집자, (그녀의 주장에 따르면) 자신이 하지 않은 일로 누명을 써 연방 교도소에 수감되었다가 얼마 전 출소한 싱글맘, 세 차례나 중독치료를 받은 딸이 있는 아빠 등이었다. 이들과 나눈 대화가 가슴이 아팠던 것은 최근에 일어난 사건들인 탓에 당사자들이 여전히 마음고생을 하고 있었기 때문이다.

한편 그보다 더 참담한 일을 겪은 사람들이 그로부터 적당한 거리를 유지하고 의미를 이끌어 내는 데까지는 몇 년의 시간이 필요했다. 크리스 섀넌이 그러한 경우였다. 공군에서 엔지니어로 일하던 그는 오토바이 사고로 (대퇴골이 라디에이터 사이에 끼어) 한쪽 다리를 잃고 사경을 헤맸다. 현재 그는 오리건주의 젊은이들을 상담하는 일을 하면서 종종 캠핑카를 타고 전국을 돌아다닌다. "다리를 잃으면서 삶이 바뀌었죠. 예전엔 걱정이 많았는데 지금은 아무 두려움이 없어요. 이해심은 늘었고요. 교통사고가 고마울 지경이죠."

케이트 밀리켄의 경우도 마찬가지이다. 방송국 PD인 그녀는 파혼을 겪으며 건강 문제가 생겨 걷지 못했었다. 그녀는 병원에 진료를 받으러 가는 택시 안에서 비디오카메라를 켤까 하다가 움찔했던 적이 있다. "아직 내 이야기를 하기에는 시기상조였죠." 케이트는 다발성 경화증 진단을 받고 절망에 빠졌었지만, 대체 요법을 받기 시작했고, 다시 사랑에 빠져 결혼하고 아이를 낳았다. 그사이 자신의 인생 여정을 32편의 짧은 영상으로 남기기도 했다. "시간이 조금 걸리기는 했지만, 마침내 과거를 초연하게 바라볼 수 있게 되었죠. 지금은 꽉 막힌 벽이 아니라 가능성의 바다를 보려고 합니다."

젊은 목사 케이트 호그의 이야기도 떠오른다. 미주리주 조플린에서 토네이도에 휩쓸려 죽을 뻔했던 그녀는 이후 수많은 설교를 통해 이웃들을 위로했다. "우리가 겪은 일에 감사하자는 설교를 했었죠." 그러나 그럴수록 공허해지기만 했다. 그녀 자신도 내면에서는 신앙에 회의감을 느꼈기 때문이다. "하느님이 나를 굽어본들 무슨 소용이지? 내 친구 트리프가 죽었는데? 하는 마음이었어요."

케이트가 사건을 과거의 일로 여기는 데까지는 5년이 걸렸다. 그사이 케이트는 대학원 박사 과정에 등록했고, 상담을 받았으며, 안구 운동 민감소실 및 재처리 요법Eye Movement Desensitization and Reprocessing이라는 치료를 받았다. "트라우마를 겪을 때마다 자신이 할 수 있는 일이 아무것도 없다는 생각이 들죠. 그러나 일단 벌어진 일에서 어떻게 의미를 찾을 것인지만큼은 결정할 수 있습니다. 내가 생각하는 좋은 이야기는 아무리 끔찍한 일이 일어났다 해도 무언가를 시도하고 삶을 긍정하는 이야기입니다. 이제 내게도 그런 이야기가 하나 있죠."

돼지를 날게 하기

인생을 전환하는 스토리텔링의 두 번째 방법은 긍정적인 단어를 사용하는 것이다.

소설가 존 스타인벡에게는 서명에 재빨리 덧붙이는 우스꽝스러운 로고가 있었다. 바로 날개 달린 돼지 로고였다. 존은 이 돼지를 피가수스Pigasus라고 부르며, 그리스 문자로 쓰곤 했다. 말년에는 애드 아스트라 퍼 포르시Ad Astra Per Alia Porci라는 라틴어 문구까지 덧붙였는데, 그는 이 문구를 (오역으로 밝혀졌지만) "돼지 날개로 별나라까지"라고 번역하며, "비록 몸은 지상에 묶여 있어도, 우리는 하늘을 품으려 애써야 한다"라고 의미를 설명했다.

500여 년 동안, '돼지가 나는 때'라는 표현은 여러 언어권에서 개연성 없고 실현 불가능한 상황을 의미했다. 이는 일종의 아디나톤adynaton인데, 아디나톤이란 결코 일어나지 않을 일을 말하는 수사법이다. 스타인벡이 이 수사법을 받아들인 것은 "네가 작가가 되는 것보다 돼지가 나는 게 더 빠르겠다"라는 어느 교수의 냉소 때문이었다.

신경과학계의 최근 연구에 따르면, 상상하기 힘든 결과를 상상하는 것은 무너진 삶을 회복하는 데 필수적이라고 한다. 즉, 불가능해 보이는 미래를 더 자주 상상할수록(다른 일자리를 구하겠어, 웃음을 되찾겠어, 다시 사랑하겠어) 그 바람에 가까워진다. 관찰한 행동을 그대로 따라 하는 우리 뇌의 거울신경 덕분이다. 누군가가 뛰고 웃고 우는 모습을 보면, 우리의 뇌는 이를 흉내 낸다.

이야기에 대해서도 비슷한 반응이 일어난다. 누군가가 뛰고 웃고 우는 이야기를 읽으면 정신에서 같은 행동을 하고 마치 실제인 것처럼 반응한다. 이야기를 할 때도 동일한 미러링이 발생한다. 스스로 더 나아지고 침착해지고 행복해지겠다고 이야기하면 우리의 정신은 그 결과를 시뮬레이션한다. 이런 반응이 즉각 결과로 이어지는 것은 아니지만, 가능성을 탐색하기 시작하는 것만은 분명하다.

스타인벡이 옳았다. 우리는 돼지를 날게 할 수 있다.

신경과학 덕분에 나는 수수께끼 하나를 풀었다. 인터뷰에서 계속해서 들으면서도 처음엔 이해하지 못했던 것이 있었다. 사람들은 불편한 상황에 있을 때 자기 자신도 믿지 않은 이야기를 스스로에게 하기 시작했다고 말했다. 그렇게 될 때까지 그런 척하라라는 표현은 이에 관한 가장 일반적인 설명이었다. 이 표현은 종종 우리가 먼저 특정한 방식으로 행동하면 감정이 따라온다는 윌리엄 제임스의 견해와 함께 언급된다. 그러나 내가 들은 것은 조금 달랐다. 사람들은 우리가 먼저 자기 자신에게 특정한 이야기를 들려주면 감정이 따라온다고 말했다.

스타인벡식으로 말하자면, 돼지를 날게 할 수 있다고 자기 자신부터 설득하라. 그렇게 하면 정말로 돼지를 날게 할 기회가 생긴다.

긍정적인 이야기를 디딤돌 삼아 새로운 출발을 한 사람들의 사례를 몇 가지 들어보겠다.

- 앨런 섀퍼는 남편이 실직한 후 미니애폴리스를 떠나 고향 노스다코타로 이사했다. 대규모 광고를 기획하다가 작은 에이전시에서

일하자니 자존심이 상했다. 한동안 친정에서 지내기로 한 것도 별로 도움이 되지 않았다. "남편은 신이 났었어요. 친정 엄마가 매일 저녁 기가 막힌 중서부 요리를 만드는 데다 빨래까지 다 해주었거든요. 그렇지만 나는 평소에 나이를 신경 쓰는 편이 아닌데도, 갑자기 초등학생이 된 기분이었어요." 섀퍼는 자신이 왜 고향에 돌아왔는지에 관한 이야기를 만들어 냈다. "사람들에게 회사에서 온갖 화려한 프로젝트를 맡고 있다고 말했지만, 결국은 불필요한 물건을 사게 하려고 했던 것뿐이에요. 내가 노스다코타로 돌아온 것은 지역사회에 이바지할 수 있는 작은 기업들에 도움을 주고 싶어서였어요. 처음에는 자기합리화였죠. 그런데 그 이야기를 하면 할수록 정말 그런 것 같더라고요. 이젠 이곳이 좋아요."

- 심신 통합 치유를 통해 자신의 낭창을 다스렸으며, 생물행동적 자가돌봄 센터를 운영하는 브렌다 스톡데일은 아주 사소하고 긍정적인 행위만으로도 정신이 달라질 수 있다고 말한다. "끔찍하게 두려운 순간에는 정체성을 잃게 되죠. 이때 사소하고 즉각적인 순간이 필요합니다. 맛있는 음식 한 입, 기분 좋은 향기, 먹이를 먹는 벌새 한 마리, 잔디를 깎을 때 나는 상쾌한 냄새 등등. 이런 순간들은 주변에 늘 있지만 우린 대개 외면하기만 하죠. 이 순간들을 의식하는 순간 몸과 마음이 움직일 겁니다. 갑자기 벌새나 잔디가 우리를 멋진 휴식으로 이끌죠. 타히티섬에서 해먹 위에 눕는 것처럼요. 이 순간들을 잘 활용한다면, 또 이 순간들이 이끄는 대로 나 자신을 내줄 수 있다면, 우리는 스스로 얼마든지 치

유의 장소를 얻을 수 있어요."

• 사샤 코헨은 동계올림픽 여자 피겨스케이팅 종목에서 연달아 실
망스러운 결과를 얻은 후 열패감에 시달렸다. "한동안 나 자신에
대한 의문을 떨쳐내지 못했어요. 무엇이 부족했던 걸까? 사람들은 내
게 '왜 넘어졌니?' 하고 묻곤 했죠. 하지만 지금은 그때를 돌아보
며 그 질문을 다르게 받아들입니다. 이제는 내게 반사신경이 부
족하다는 걸 알아요. 다른 사람한테는 식은 죽 먹기일지 몰라도
내겐 불가능한 일들이 있고, 나는 점프도 매번 조금씩 다르게 뛰
었었죠. 지금은 이렇게 생각합니다. 어쩌면 난 최선의 결과를 얻은 것일
지도 몰라. 몸과 마음을 극한까지 밀어붙였었잖아. 경쟁에서 버티고 수많은 역경
을 극복한 것만으로 자랑스러운 일 아닐까? 그래, 이제부터는 내 삶을 실망스러
운 이야기가 아니라 감사한 이야기로 바라보아야 해."

결말에 못 박기

자전적 스토리텔링의 효과를 극대화하는 세 번째 방법은 결말에
못을 박는 것이다.

댄 매캐덤스는 라이프스토리의 중요성을 알리기 위해 누구보다
노력한 학자로서, 30년 이상 서사적 정체성을 연구했다. 그를 대표하
는 이론은 이야기를 구조화하는 방식이 이야기에서 얻을 수 있는 의
미에 영향을 준다는 것이다. 가장 보편적인 두 가지 예시는 실패의 서사
와 회복의 서사이다. 실패의 서사에서는 삶의 주요 사건들 탓에 삶이 나

빠졌다고 진술한다. 사건 자체는 긍정적일 수도 부정적일 수도 있음에도 이야기가 비관적으로 끝나는 것이다. 좋은 아내가 되고 싶었는데, 남편이 바람을 피웠다. 뇌졸중에서 회복했지만 다시는 자전거를 탈 수 없게 되었다.

회복의 서사에서는 반대로 주요 사건들 덕분에 삶의 나아졌다고 진술한다. 사건은 긍정적이기도 부정적이기도 하지만, 이야기가 낙관적으로 끝난다. 그 상을 탄 것만으로도 정말 기뻤지만, 동료들과 영광을 나눌 수 있어 더욱 뜻깊었다. 아버지는 긴 시간 고통받다 돌아가셨지만, 덕분에 우리 가족의 유대가 끈끈해졌다.

해피 엔딩을 구상할 때 이야기를 서둘러 끝낼 필요가 없다는 점이 중요하다. 매캐덤스에 따르면, 혼란스러운 생애사건을 반추하는 것, 다각적으로 고민하는 것, 심지어 세세한 부분에 집착하는 것까지도 건강한 과정일뿐더러 필요한 과정이다. 그러나 마찬가지로 (건강하고) 필요한 과정은 그 경험을 바탕으로 건설적인 일을 해낼 방법을 분명하게 말하고, 이를 실현하는 데 전념하는 것이다.

여기서 다시 한번 강조하고 싶은 중요한 점은, 라이프스토리를 어떻게 전할지 우리가 선택할 수 있다는 것이다. 라이프스토리를 지워지지 않는 잉크로 쓸 필요는 없다. 일관성이나 정확성을 유지할 이유도 없다. 언제든, 어떤 이유로든 이야기를 수정해도 괜찮다. 심지어 단지 기분을 나아지게 하기 위해서여도 상관없다. 라이프스토리의 주된 기능은 우리에게 경험을 과거의 일로 확정 짓고, 우리가 그로부터 유익한 면을 취해 미래에 더 나은 삶을 살도록 하는 것이다. 그때 비로소 우리는 생애전환이 마무리되었음을 깨닫는다.

그때 비로소 결말에 못을 박게 되는 것이다.

인터뷰를 진행하면서 생진을 해피 엔딩으로 끝나는 라이프스토리로 전환한 여러 사람을 만났다. 크리스티 무어는 열일곱 살에 임신하여 학교를 중퇴했지만, 딸을 낳은 덕분에 마약에 중독되거나 아르바이트를 전전하는 삶에서 빠져나올 수 있었다. "딸이 없는 삶은 상상도 못 해요. 말 그대로 완벽한 아기였고 완벽한 딸이었죠. 의사가 되지 않은 삶도 상상할 수가 없죠. 모두 주님 덕분이에요. 까맣게 몰랐지만 지나고 보니 모두 주님의 섭리였습니다."

데본 굿윈은 아프가니스탄에서 자신을 목숨을 위협했던 사제 폭발물을 축복으로 여긴다. "그 일이 없었다면, 3년 만에 대학을 졸업하지는 못했겠죠. 식물학의 세계로 돌아갈 기회도 없었을 겁니다. 어떤 일이든 불행하게 여기지 않을 생각입니다. 현실을 받아들이되 그렇다고 그것을 내 한계로 여기지도 않을 겁니다."

한때 베네딕도회 수사였지만, 게이로서의 삶을 위해 수도원을 떠난 숀 클린스는 일곱 살 때 학교에서 한 아이가 자신을 '호모 새끼'라고 부른 것이 살면서 겪은 최악의 일 가운데 하나라고 했다. "그 애가 내 비밀을 알아챘다는 뜻이었죠. 어머니가 학교에 데리러 왔을 때 난 울고 있었어요. 이유를 말했더니 곧바로 차를 몰고 그 애 집으로 가더군요. 난 '제발 그만둬, 엄마, 제발!' 하고 애원했죠." 그 애 어머니가 문을 열자 숀의 어머니는 마구 쏘아붙였다. 그 아이는 얼굴을 디밀더니 숀을 비웃었다. 숀은 집에 가면서도, 어머니가 저녁 먹으라고 부를 때도 훌쩍거리며 울었다. "어머니가 나를 노려보더니 그 애 말이 맞지도 모르겠다고 하더군요."

"그 순간 생각했죠. 나에 대해서 아무한테도 말하지 말자. 다들 경멸할 테니까. 엄마, 아빠한테도 내 비밀은 절대 말하지 않겠어."

그 후 오랫동안 그는 입을 다물고 살았다. 그 일을 계기로 어머니와도 오랫동안 서먹하게 지냈다.

"세월이 흘러 서른두 살이 되었을 때, 어머니에게 그날 이야기를 다시 꺼냈어요. 어머니는 내게 사과하며 이렇게 말했습니다. '있잖니, 전쟁 중에 네 아빠를 만나지 않았다면 말이다. 내게는 사랑하는 여자가 있었단다.' 2차 대전 전에 그 여자와 연인 사이였다는 말도 했어요. 그 일이 있고 23년이 지난 후에 내게 커밍아웃을 한 겁니다. 내가 솔직하게 말하자 어머니도 내게 솔직해진 것이죠. 그 덕분에 우리가 얼마나 많이 닮았는지 깨달았답니다."

크리스 워델은 결말에 못을 박는 일이 얼마나 어려운지 매우 잘알고 있었다. 스무 살에 처음 하반신 마비가 왔을 때, 그는 자신의 삶이 끝났다고 생각했다. 그런데 영예로운 패럴림픽 커리어를 지닌 선수가 된 것이다. 서른두 살에 선수 생활을 은퇴할 때도 삶이 끝났다고 여겼다. 그는 스키 선수로서 은퇴했을 때가 척추가 부러졌을 때보다 "훨씬 더 고통스러웠다"라고 말했다. "내가 뭐 하는 놈인지 모르겠더군요. 열정에 배신당한 기분이랄까요? 절벽에서 떨어진 것만 같았죠."

그래서 그는 또 다른 절벽에 오르기로 했다. 장애인 최초로 아프리카 대륙에서 가장 높은 산인 킬리만자로를 등정하기로 한 것이다. 두 다리를 쓸 수 없으므로 그는 두 팔로 사륜 산악자전거를 움직여

5895킬로미터를 올라가야 했다. 크리스는 기금을 모았고, 고산 적응 훈련을 받았으며, 특수 자전거를 제작했다. 또 다국적의 지원팀을 모집하여 그를 윈치에 고정시키고, 산길에 널빤지를 깔고, 암벽등반을 돕고, 고도와 몸 상태를 체크하고, 스트레스를 확인하도록 했다. 마침내 마흔한 살의 나이에 그는 도전에 나섰다.

7일간의 등정은 혹독했다. 1분 동안 채 30센티미터도 오르지 못할 때도 있었다. 전 세계의 여러 매체에서 그의 도전에 주목했다.

크리스는 정상을 불과 100보 앞에 두고, 꿈을 접을 수밖에 없었다. 바위가 너무 크고 자전거 바퀴는 빈약해서 길을 통과할 수 없었다.

"마음이 무너졌죠. 바로 눈앞에 정상이 보였어요. 정상에 오르는 것이 유일한 목표였는데 말이에요. 어떤 사람이 무너졌다가 극복했다는 이야기를 하려는 게 아니에요. 그런 건 구태의연하죠. 그보다 해내고 말겠다는 내 약속이 중요했어요. 수많은 사람이 자신을 희생하며 내게 기회를 주었는데, 그 사람들을 실망시키는 상황이었던 겁니다." 지원팀은 그들이 크리스를 정상까지 들어 옮기도록 해달라고 설득했다. 크리스는 그렇게 정상에 올랐다. 정상에서 크리스는 기념사진을 찍고 현지 가이드들이 스와힐리어로 불러주는 축하곡을 들었다. 그러나 크리스는 내내 마치 사기를 친 것 같은 죄책감을 느꼈다.

"얼마 지나지 않아서부터 학생들에게 그 이야기를 들려주기 시작했죠. 그러면서 내내 몰랐던 점을 깨달았어요. 누구도 혼자서 산을 오르지는 않는다. 팀의 가치야말로 내가 배워야 할 점이었죠. 나 혼자 산을 정복하겠다는 것은 망상일 뿐이었어요. 나 혼자 고생한 게 아니잖아요.

내 힘만으로 정상에 오르겠다는 건, 내가 벗어나려 했던 상황을 더욱 공고하게 할 뿐이었습니다. 바로 고립감이죠. 장애인은 고립되어야 한다는 편견 말이에요. 사실은 그렇지 않아요. 누구에게나 다른 사람이 필요합니다. 내가 그날의 경험을 선물처럼 이야기하는 이유입니다. 그 덕분에 내게 절실했던 깨달음을 얻었으니까요. 나도 다른 사람들과 똑같다는 깨달음 말이에요."

그 깨달음 덕분에 그는 영웅 서사 같은 결말로 라이프스토리를 다시 쓸 수 있었다.

나가며

꿈과 꿈 사이에서

성공적인 생애전환의 비밀

내 아버지 에드윈 제이콥 파일러 주니어는 1935년 1월 23일 수요일에 태어났다. 할머니는 수학 교사, 할아버지는 다재다능한 전천후 변호사였다. 아버지는 말했다.

"내 삶은 대체로 내가 태어난 조지아주 서배너를 크게 벗어나지 않았다. 우리 집안이 150년 이상을 산 이곳을 나는 참 좋아했지. 예전에 너희들이 농담 삼아 부르던 서배너 전문가라는 별명이 나는 마음에 들었어. 자랑스러운 훈장 같았지."

아버지의 어린 시절은 두 가지의 역사적 사건으로 요약할 수 있다. 첫 번째 사건은 대공황이었다. "우리 가족은 방이 6개 있는 아담한 단독주택에서 살았다. 침실은 둘, 욕실은 하나였지. 겨울에는 작은 석탄 난로를 피웠어."

두 번째는 제2차 세계대전이었다. "모두가 전쟁에 매달렸다. 연료를 배급받았기 때문에 차를 몰고 다닐 수 없었어." 장난감도 귀했다. "그 당시에 내 취미는 모형 비행기 조립이었단다. 모형 비행기들은 마분지 상자에 담겨 있었는데 단골 잡화점에서만 구입했어. 꼭 정품이어야 했거든. 구성품은 설계도, 발사목 조각들, 날개와 동체 부품, 스티커, 얇은 종이 등이었지."

"품이 많이 드는 일이었단다. 풀이 말라야 다음 부품을 조립할 수 있었어. 네 작은아버지 스탠리와 방을 같이 썼었는데, 방 천장에 길게 줄을 매달아 완성품들을 전시했었지. 그때 조각칼이 미끄러지면서 벤 흉터가 아직도 왼쪽 손목에 남아 있단다."

인종 분리가 시행되던 1940년대의 남부에서 유대인으로 사는 데에는 여러 어려움이 따랐다. "고등학교에서 베이브 루스의 전기를 읽고 독후감을 써야 했어. 때마침 〈베이브 루스 이야기The Babe Ruth Story〉라는 영화가 상영 중이었지. 그런데 선생이 '유대인들은 전부 거짓말쟁이지'라면서 내가 영화만 봤다는 거야. 나도 물러나지 않았어. 분명히 책을 읽었거든. 방과 후 집에 가서 네 할머니한테 그 말을 전했더니, 곧바로 두 블록 떨어진 워싱턴애비뉴 중학교에 찾아가 교장한테 따지더구나. 이튿날 학교에 가보니 날 다른 반으로 옮겼더군."

"그때 기분이 어땠어요?"

"조금 당황하기는 했다만 옳은 일을 했다는 자부심을 느꼈지. 그 영화는 보지 않았는데, 나중에 들어보니 졸작이라더군."

밀리터리에 대한 애호는 장난감 비행기를 만드는 데 그치지 않았다. 아버지는 이글스카우트가 되었고, 펜실베이니아 대학교에서 해군 ROTC 장학금을 받았으며, 전함 위스콘신에서 중위로 복무했다. "반대편 사관실에서 무명천을 스크린 삼아 심야 영화를 상영하곤 했지. 그 탓에 우리는 영화를 좌우가 바뀐 버전으로 봐야 했어. 야구 영화를 볼 때는 타자가 처음부터 3루로 향하는 것처럼 보였지."

아버지 인생의 결정적인 사건은 1957년에 볼티모어에서 일어났다.

"당시에는 결혼 상대를 찾는 것이 대학 생활의 중요한 요소였다. 졸업 후에도 뉴욕이나 뉴저지에 남아 있을 생각은 전혀 없었단다. 그곳 사람들은 너무 강압적이고 탐욕스럽게 느껴졌거든. 난 고향 서배너로 돌아가고 싶었어. 아이들을 키우기에 좋은 곳이니까. 그래서 주로 중서부 출신 여자들을 만났지. 그런데 볼티모어에 살던 네 이모할머니가 몇 년 전에 만났던 제인에게 전화를 해보라는 거야."

"우린 두 차례 데이트를 하고 곧바로 서로에게 끌렸어. 이듬해 미 시간 대학교를 졸업할 예정이던 제인은 똑똑하고 매력적인 여자였지. 특히 그녀의 예술적 재능과 뛰어난 안목이 마음에 들었단다. 잠깐씩 만나면서 편지를 자주 주고받기 시작했어."

1957년 6월, 국제 관함식을 위해 각국의 전함들이 아나폴리스에 모였다. 행사를 보러 조부모님은 조지아에서, 제인은 볼티모어에서

왔다. 제인은 예일 대학교 출신의 책벌레 비뇨기과 의사의 막내딸이었고, 다람쥐 사냥을 즐기던 그녀의 할아버지는 제인에게 자신을 남부의 명예로운 대령님으로 불러달라고 했었다. 문화충돌이 불 보듯 뻔했지만, 아버지와 제인은 잘 지냈다.

그러나 아버지는 그해 여름 해상에서 근무하고 있었다. 제인은 다른 남자들도 만나보겠다고 어깃장을 놓았다. 두 사람은 그해 8월에 다시 만났다. "그날 밤, 내가 입을 떼기도 전에 불쑥 '사랑해요'라고 말하더구나. 내 첫 반응은 그러면 제인도 서배너에서 살아야 한다는 거였어. 내가 정식으로 청혼했고 우리는 그 자리에서 결혼을 약속했어. 제인의 아버지에게 허락을 받아야 한다는 조건이 있었지만, 그건 어렵지 않았지. 제인의 아버지는 결혼을 허락하고, 뒷마당에 있는 탱크에서 기름을 빼서 내 차에 넣어주기까지 했단다. 의사들은 기름 배급이 충분했거든."

에드윈 파일러와 제인 에입스하우스는 1958년 6월에 결혼했다. 두 사람은 아나폴리스에서 살다가 아버지가 제대하면서 서배너로 이사했다. 아버지는 서배너에서 할아버지와 함께 공영주택을 짓는 일을 했고, 어머니는 고등학교에서 미술을 가르쳤다. 두 사람은 세 아이를 낳아, 허리케인의 이름을 짓는 양 각각 A, B, C로 시작하는 이름을 지어줬다.

아버지의 인생 최악의 비극은 작은아버지 스탠리가 1970년 다발성 경화증 진단을 받은 것이었다. "스탠리는 다 가진 아이였다. 매력적이고 똑똑하고 인기도 많았어. 공부도 많이 해서 존경받는 법조인이 되었지. 네 할머니는 스탠리의 일을 평생 가슴 아파했지." 스탠리는 짧은 생의 마지막 몇 년을 우리 집에서 지냈다. 그의 아내는 진입로까지 휠체어를 밀고 온 뒤 그를 떠나버렸다.

아버지는 가장 자랑스러웠던 일로는 1975년에 '리더십 서배너Leadership Savannah'라는 시민단체를 조직한 일을 꼽았다. "지도자를 발굴해 서로에게 소개하고 지역사회 문제를 논의하게 할 생각이었어." 할아버지는 한사코 반대했지만, 아버지는 뜻을 굽히지 않았다. "나 같은 사람들이 나서지 않으면 아무것도 안 돼." 지역사회 리더의 조건 가운데 하나는 조직의 다양성을 유지해야 한다는 것이었다. "남자와 여자, 흑인과 백인, 여유가 있는 사람과 없는 사람 들이 차별 없이 모두 참여해야 한다는 뜻이었지." 당시의 사우스조지아에서는 상당히 진보적인 행보였다. 리더십 서배너는 오늘날까지 이어지고 있다.

아버지의 삶에서 가장 슬픈 사건은 60대 중반에 파킨슨병 진단을 받은 것이었다. 10년 가까이 바깥세상에 병을 감추고 살았다. 일을 그만두지 않았고, 시민단체에 참여했으며, 자기 자신을 잃지 않았으나 시간이 흐르면서 더 이상은 퇴행을 감출 수 없게 되었다. 병은 서서히 아버지의 일, 가족과의 관계, 지역사회에서의 역할을 잠식했다. 그 전까지 그는 내가 아는 누구보다도 세 가지 의미 기둥에 균형이 잡혀 있는 사람이었다. 여든 살에 가까워지면서 정서적으로 무너진 아버지는 삶을 끝낼 계획을 세우기 시작했다.

계획은 실패했다. 언젠가 자살 시도에 관해 묻자 아버지는 창피하다고 말할 뿐이었다. 내게 그 후 몇 개월은 최악의 시간으로 기억된다. 가족 간의 대화는 아프고 견디기 힘들어졌다. 어머니는 60년 가까이 함께 산 남편을 돌보기 위해 자신의 삶을 대부분 포기했다.

우리 가족을 억누른 혼란, 감정, 압박감 등은 내가 아버지와 스토리텔링 프로젝트를 시작해야겠다고 생각한 이유가 되었다. 그만큼 상황이 심각했던 것이다. 나는 월요일 아침마다 이메일로 아버지에게 질문을 보냈다. 가장 단순한 차원에서나마 내 이메일은 아버지에게 소일거리를 제공했다. 그 질문들은 어머니에게 휴식할 시간을, 가족 모두에게는 이야깃거리를 제공했다. 그리고 실제로 우리는 그보다 훨씬 더 많은 것을 얻었다.

아버지는 말년에 종종 집에서 휠체어에 앉은 채 인내심을 갖고 150여 편 이상의 이야기를 공들여 쓰며 6만 단어 분량의 자서전을 완성했다. 어린 시절 비행기 모형을 조립해 천장에 매달 때처럼, 아버지의 글은 신중하고 정확하고 섬세했다. 아버지는 모든 이야기에 사진, 신문 기사, 연애편지 등을 첨부했으며, 모든 사실관계는 손자를 시켜 확인하고 또 확인했다. 글에 열거가 많은 이유이다. 이 이야기들을 읽으면서, 나는 내 정신의 원류를 여행하는 듯한 기분이었다.

돌아가시기 얼마 전 만났을 때, 아버지는 파킨슨병으로 인해 몸이 약해질 대로 약해져 있었다. 다리와 손, 장과 방광까지 어디 하나 성한 곳이 없었지만, 정신만은 여전히 또렷했다. 80대에 작가가 된 소감을 묻자 아버지는 이렇게 대답했다. "확실히 글쓰기가 생각을 자극하더구나. 네 질문 덕분에 과거를 다시 살아보는 듯했다. 사진은 열심히 찍어두었지만, 이야기는 하나도 없었거든."

"이야기 덕분에 할 수 있었던 일이 있나요?"

"과거에 관한 생각을 많이 했지. 내가 만난 사람들, 내가 한 일들, 내가 그 일들을 처리한 방식들, 내가 살아오면서 했던 생각들, 내가 영향을 미친 삶들…."

나는 그 과정에서 가장 가치 있었던 일이 무엇인지 물었다.

"이 책이 우리 모두보다 오래 남는다는 사실이 놀랍구나."

"이 경험에서 손주들에게 해주고 싶은 말이 있다면요?"

아버지는 잠시 생각에 잠기더니, 파킨슨병 환자에게서 보기 힘든 표정을 지어 보였다. 바로 미소였다. "이야기를 쓰길 바란다."

삶의 의미

이야기란 무엇인가? 한 세기에 걸친 연구에도 불구하고 이 단순한 질문에 대한 학계의 통일된 의견은 거의 없다. 그나마 일치되는 의견이 있다면, 이야기에는 적어도 두 가지 이상의 시간순으로 연결된 목적과 행동, 사건이 포함된다는 것이다. 눈싸움만으로는 이야기가 되지 못한다. 코피를 흘리는 것도 이야기는 아니다. 눈싸움과 코피를 연결해야 이야기가 된다. 또한 이야기에는 주인공이 해결하고자 하는 문제 상황이 있다. "코피를 흘리며 손에 눈덩이를 쥐고 있는 아이 앞에 어머니가 나타났다." 이야기 하나가 시작되었다. 이제 이야기의 마지막 요소, 즉 흥미로운 사건이 일어나야 한다. 그것이 없다면 왜 이야기를 하겠는가?

사실 이야기에 관한 일치된 의견이 한 가지 더 있다. 이야기 자체에는 내재된 의미가 없다는 것이다. 이야기를 하는 사람이든, 듣는 사람이든, 아니면 두 사람이 함께든 누군가는 이야기에 의미를 부여해야 한다.

우리의 삶도 이와 다르지 않다.

라이프스토리 프로젝트의 중요한 메시지는 우리의 삶이 한 편의 이야기라는 것이다. 삶에는 시간순으로 연결된 수많은 사건이 있다. 주인공이 해결해야 할 문제들이 있으며 흥미로운 에피소드들도 있다. 그러나 근본적으로 라이프스토리 자체에는 내재된 의미가 없다. 의미를 부여하는 것은 자기 자신이다. 삶에 의미를 부여하고, 이야기들에 의미를 부여하듯, 라이프스토리에도 의미를 부여해야 한다.

삶은 그 자체로 라이프스토리 프로젝트이다.

라이프스토리에 의미를 부여하는 것은 절대로 배우기를 포기할 수 없는 기술인 동시에 우리 시대에 가장 몰이해된 기술이다. 토론토 대학교에서 의미에 관해 연구하는 폴 윙 박사는 의미 부여가 "삶의 가장 위대한 모험의 문을 여는 일급비밀"이라고 말한 바 있다. 문화적 관심이 온통 행복에 쏠려 있지만, 실제로 더 중요한 것은 의미이다. 로이 바우마이스터와 3명의 동료 연구자는 2013년에 발표한 기념비적인 연구에서 행복은 순간적이지만, 의미는 오래 지속된다고 주장한 바 있다. 행복을 좇으면 자기 자신에게 전념하지만, 의미를 좇으면 더 큰 문제에 전념하게 된다. 행복이 현재에만 집중한다면 의미는 과거, 현재, 미래를 통합하는 데 집중한다.

바우마이스터와 동료들의 결론은 다음과 같다. 동물도 (물론 스쳐 가는 감각일지라도) 행복할 수 있지만, 오직 인간만이 의미를 추구한다. 오직 인간에게만 근본적으로 불행한 사건조차 공감과 연민, 행복으로 전환하는 능력이 있기 때문이다. "불행하지만 의미 있는 삶은, 행복하지만 의미 없는 삶보다 어떤 면에서 참으로 예찬할 만하다. 다시 말해, 행복을 위해 애쓴다는 점에서는 인간도 다른 피조물과 다르지 않다. 반면 의미를 탐구하는 것은 우리를 인간답게 만드는 핵심이며 오직 인간만의 특징이다."

라이프스토리를 가다듬는 근본적인 이유는 그 과정을 통해 그 이야기에서 이끌어 낼 수 있는 의미가 극대화되기 때문이다. 다행히도 우리들은 그 점에서 뛰어나다. 의미를 추구하는 것이 행복을 추구하는 것보다 오히려 훨씬 쉬울지도 모른다. 먼저 자전적 서사를 들려주는 것에서 시작하자. 인생에서 사건 두 가지를 골라 서로 연결해 보는 것이다. 그다음에는 사건의 결과에서 의미 있는 결론을 이끌어 내야 한다. 아홉 살 때, 다른 아이를 괴롭혀 코피가 나게 하는 녀석을 봤었어요. 나는 눈덩이를 만들어 그 녀석에게 말했죠. "그런 짓을 다시 하면 후회하게 만들겠어." 그게 바로 내가 경찰이 된 이유입니다. 난 평생 약자 편에 서 있었어요.

시작할 때는 몰랐지만, 내가 아버지와 함께한 것과 같은 스토리텔링 프로젝트는 삶에 더 큰 의미를 부여하게 한다고 밝혀졌다. 노년학의 창시자 제임스 비렌은, 이를 지시적 자서전 쓰기$^{guided\ autobiography}$라고 불렀다. 삶은 기억들로 이루어져 있다. 그러나 기억들이 단편적인 에피소드로 흩어져 있다면, 그 의미가 사라진다. 기억을 세심하게 구성하면 삶의 질이 향상되고 자존감이 높아지며 삶이 한결 편해지고 마음이 평화로워지며, 심지어 임상적 우울감도 감소한다는 연구 결과가 수없이 많다. 이 사실들을 더 일찍 알았다면, 아버지에게 질문을 보내는 일을 더 일찍 시작했을 것이다.

아버지에게 질문 메일을 보내기 시작하고 얼마 후 나는 제임스 비렌을 만나러 LA 북부에 위치한, 책으로 가득한 그의 자택을 방문했다. 당시 96세였던 비렌 교수는 자신의 연구에 관해 이야기하는 동안 표정이 환해졌다. 그는 이야기에 노인들을 치유하는 힘이 있다는 사실을 밝힌 것을 무엇보다 자랑스러워했다. 나이가 들수록 소외감, 외로움, 그리고 삶의 목적을 잃어버린 느낌이 강해진다. 삶을 지루해할 가능성도 커진다. 스토리텔링은 이런 노년의 기분을 개선해 준다. 정상에 올라선 듯 자신의 삶을 내려다봄으로써 멀게만 느껴지던 사건들과 오래전 잊은 사람들을 가깝게 느낄 수 있다.

비렌 교수는 새로운 이야기를 들려주었다. 당초 노년층만을 위해 삶을 되돌아보는 프로그램을 고안했지만, 이 프로그램이 사실 모든 연령대의 사람에게 효과가 있었다는 것이다. 다만 프로그램이 수행한 기능에는 차이가 있었다. 노인들은 과거에 맥락을 만들어 잘 산 인생이라는 서사를 구성하기 위해 삶을 되돌아보았지만, 젊은 사람들은 현재를 통찰하는 지혜를 얻어 중요한 결정을 내리기 위해 인생을 되돌아보았다. 이야기를 통해, 노년에는 과거의 자기 자신을 제대로 이해하고자 하지만, 젊을 때는 현재의 자기 자신을 이해하고자 한다. 어느 경우든 스토리텔링은 미래를 준비하는 데 도움이 된다.

자택을 나서려는데 비렌 교수가 나를 서재로 데려가 검은 책 한 권을 꺼내게 했다. 책등에는 아무것도 적혀 있지 않았다. 표지에는 흰색 필기체로 다음과 같이 적혀 있었다. 제임스 에멧 비렌 회고록. 그는 펜을 꺼내더니 표지와 같은 멋진 필체로 표제지에 서명을 남겼다.

풍성한 라이프스토리를 기원하며, 브루스에게.

삶의 주제

사람들은 삶에서 주로 어떤 의미를 정제해 낼까? 그것이 라이프스토리 프로젝트의 마지막 질문이었다. "삶의 각 장, 주요 장면, 역경 등을 통해 라이프스토리 전체를 되돌아볼 때, 발견되는 삶의 주제가 있을까요?" 감동적일 만큼 많은 참가자 곧바로 "예!"라고 대답했다.

다섯 가지 유형이 나타났다. 응답자의 31퍼센트가 분투라고 답했다. 자아실현이라고 답한 비율은 28퍼센트였으며, 그다음으로 헌신이 18퍼센트, 감사는 13퍼센트, 사랑은 10퍼센트였다. 이 응답들은 라이프스토리에서 우리가 얻는 의미들의 축소판이므로 자세히 살펴볼 만한 가치가 있다.

분투

분투는 가장 많은 사람이 꼽은 삶의 주제이다. 이들은 수많은 부침에 적응하는 과정 자체가 삶이라고 말한다. 분투를 선택한 이들이 많다는 사실은 삶이 불규칙하고 비선형적이며, 예측할 수도 기대할

삶의 주제: 분투

돌아온 탕자
이기고 싶다면, 위험을 감수하라
인생은 길다 **신념에 몸 던지기**
잠시 멈췄다 다시 시작하기
내가 자초한 혼돈과 내게 일어난 혼돈
희망과 인내 죽음과 부활
의미 없는 경험은 없다
삶은 곧 변화
변화를 받아들이고 적응하기
악마의 커브볼을 받아치기
불확실성 끌어안기

수도 없다는 개념을 뒷받침한다. 이들의 견해는 삶이 가장 괴로울 때 의미가 가장 절실해진다는 빅터 프랭클의 견해를 연상시킨다. "삶에 의미가 있다면, 고통에도 반드시 의미가 있다."

이 유형의 사람들은 어려운 등반, 기나긴 여정, 롤러코스터, 잠시 멈췄다 다시 시작하기 같은 표현들을 사용했다. 에이미 머피는 자신의 삶이 혼돈 그 자체였다고 말했다. "내가 자초한 혼돈과 내게 일어난 혼돈이 있었죠." 데럴 로스는 자신의 삶이 역경의 연속이었다고 말했다. "힘든 일과 힘든 시간이 계속해서 일어나지만, 지나고 보면 대부분 나라는 사람을 빚고 준비시킨 일들이었죠. 파괴한 것이 아니라요." 웬디 애런스는 자신의 삶을 기민함으로 요약했다. "삶을 어떻게 헤쳐나갈지 간파해야 해요. 적응력이 좋아야 하죠."

자아실현

두 번째로 많았던 이 유형의 사람들은 삶이 스스로에게 진실해지고, 자기 자신을 받아들이고, 발전하는 과정이라고 말한다. 이들은 가장 중요한 건 나 자신이다, 부모의 구속에서 벗어나라, 진짜 나 자신이 되자 같은 표현을 사용했다. 조 뎀프시는 자신의 삶의 주제가 자존감이라고 말했다. "내가 나인 것에 대해 사과할 필요는 없어요." 안토니오 그라나의 삶의 주제는 홀로서기였다. "내가 다른 사람과 어떻게 다른지 알아야 했어요. 나 자신을 위해 정체성을 되찾아야 했죠." 캐런 피터슨마칭가의 삶의 주제도 자존감이었다. "언제나 정답은 나 자신에게 솔직해지는 것입니다."

삶의 주제: 자아실현

불안감은 내 삶의 원동력이며, 내가 무엇이든 시도하는 이유이다
내가 어떤 사람이고 어디에 어울리는지 알아내기
진짜 내가 되고 싶다는 욕망
매슬로의 욕구 5단계는 틀리지 않았다
모험과 탐험을 통해 나 자신을 벗어나 보기
성장하고 발견하는 과정
내가 나 자신인 것에 대해 사과하지 않기
나는 누구이고 어디에 소속감을 느끼는가
성장
의미를 추구하기
언제나 정답은 나 자신에게 솔직해지기
계속해서 성장하기
좋은 사람 되기, 좋은 남편 되기
내가 하는 일이 곧 내가 된다

헌신

세 번째 유형의 사람들은 세상을 더 좋은 곳으로 만드는 데 자신의 삶을 바쳤다고 말한다. 낸시 데이비스 코는 자신의 삶이 "내가 받은 좋은 것들을 더 크게 만들어 세상에 돌려주는 과정"이라고 말했다. 레오 이튼은 "내 일을 통해 변화를 만들려고 노력했다"라고 했으며, 매트 웨얀트는 "조금이나마 세상을 나아지게 하려고 노력했다"라고 말했다.

삶의 주제: 헌신

자연과의 연결감
내 일을 통해 변화를 만들려는 노력
주님을 높이고 나 자신은 낮추기
선을 행하고, 악을 피하고, 목소리를 높이기
사람들에게 기회를 주겠다는 소명
남들을 가르치고 돕는 여정
경계선을 넓히기
주님의 사랑을 실천하기
옳은 일을 하기 조금이나마 세상을 나아지게 하기
잠재력을 발휘하기
사회정의 **변화를 만들려는 욕망**
모범을 보이기

감사

세 번째 유형의 사람들은 감사, 행운, 기쁨 등의 표현으로 삶을 규정한다. 이들은 지금 있는 자리에서 기뻐하라, 불가능은 없다, 삶에서 선물을 구하라 같은 표현을 사용했다. 니샤 제노프는 "삶은 사랑의 축제입니다. 나

는 축복받았고, 이런 놀라운 삶을 살았죠"라고 말했다. 데이비드 파슨스는 "내 삶은 주님의 은혜였어요. 주님께서 나를 보호하고 돌봐주셨습니다"라고 말했다. 수녀에서 예술가로 변신한 메리 앤 퍼치어는 남편과 사별한 지 얼마 되지 않아 항암치료를 시작했던 78세 때 라이프 스토리 인터뷰에 응했다. 그녀는 "난 운이 좋았어요"라고 자신의 삶을 요약했다. 인터뷰 6개월 후 메리는 세상을 떠났다.

삶의 주제: 감사

주님과 함께라면 불가능은 없다
갈등조차 기쁜 마음으로 삶에서 선물을 구하기
난 축복받았고 이런 놀라운 삶을 살았죠
낙천주의
주께서 함께하시니 아무도 내게 대적할 수 없네
나는 운이 좋다　즐거워하기
존재 자체로 특별하다
꿈꾸고 성취하고 사랑하기
모두 주께서 주신 것
기회를 끌어안기
지금 있는 자리에서 기뻐하기
주님의 은혜, 주님의 보호, 주님의 돌보심

사랑

마지막 유형의 사람들은 관계를 바탕으로 삶을 구축했다고 말한다. 이들은 아내와 아이들에게 전념했다, 내가 잘 이겨내도록 어머니가 격려했다, 지나칠 정도의 사랑 같은 표현을 사용했다. 모슬린 보워스는 "함께 기뻐할 사람이 없으면 성공은 무의미하다"라고 했으며, 리사 헤퍼넌은

"관계를 무너뜨리는 것보다 쌓아나가는 방법을 배워야 한다"라고 했다. 아버지 역시 (내게는 놀랍게도) 61년에 걸친 어머니와의 결혼 생활을 가장 먼저 언급하며 이야기 하나를 꺼냈다. "몇 년 전, 애틀랜타에 있는 사교 클럽에서 상원의원의 수석 보좌관과 점심 식사를 하는데, 내게 어떻게 지내는지 묻더구나. 나는 '자식이 3명 있는데 서로 잘 지냅니다. 모두 돈의 가치를 잘 알고 직업윤리에 철저합니다. 그 밖의 것들은 다 부차적인 문제들이죠' 하고 대답했지. 그 친구가 '이 방에 있는 모든 사람을 알지만, 그렇게 말할 수 있는 사람은 없을 겁니다' 하고 말하더구나."

삶의 주제: 사랑

지나칠 정도의 사랑
아내와 아이들에게 전념하기
내가 잘 이겨내도록 한 어머니의 격려
가족과 음악
사랑받지 못한다는 두려움 떨쳐내기
함께 기뻐할 사람이 없다면 성공은 무의미하다
사랑을 앞세우기   **연결감**
말하는 것도, 듣는 것도 좋다
어린 시절을 보상받기
관계를 무너뜨리기보다는 쌓아나가는 방법을 배우기
사랑으로 극복하기
사랑하는 관계를 맺기

생애전환의 다섯 가지 비밀

아버지는 이야기를 연대순이 아니라, 가족, 학교, 사업, 여행, 정치, 사진 등 주제별로 분류했다. 책의 마지막 장에는 〈유산〉이라는 제목을 붙였으며, 〈골치 아픈 문제 해결하기〉라는 제목의 이야기, 〈할아버지의 조언〉이라는 제목의 서간문, 〈1975년에 배운 것들〉이라는 목록을 수록했다.

여기에서 1975년은 그해 정점에 달한 경제불황을 의미한다. 아버지에게는 삶을 뒤바꾼 비선형적 사건이었다. 지루하긴 해도 안정적이었던 일자리가 경제불황 탓에 흔들렸고, 아버지는 서배너로 돌아가 조금은 위험하지만 때로는 좋은 수익을 거두는 일을 시작했다. 그는 이후 평생 그 분야에서 경력을 쌓아나갔다.

〈1975년에 배운 것들〉은 잘 통과한 생애전환에 대한 송시인 셈이다.

라이프스토리 프로젝트를 진행하면서 나도 비슷한 목록을 갖게 됐다. 아버지처럼 제목을 붙인다면, 〈자신의 삶에 관한 225명과의 인터뷰에서 배운 것들〉 정도가 되겠다. 다만 인터뷰의 주제가 잘 드러나도록 실제로는 〈생애전환의 다섯 가지 비밀〉이라는 제목을 붙였다. 선형적 삶은 끝났으며, 비선형적 삶에는 생애전환이 따르고, 생애전환이란 배울 수 있고 반드시 숙달해야 하는 기술이라는 주제 말이다.

1. 생애전환은 점점 더 다양해진다

설령 내가 선형적 삶이라는 개념이 완전히 잘못되었음을 발견하지 못했더라도, 인생이 세 가지, 다섯 가지, 일곱 혹은 여덟 가지의 예측 가능한 단계라는 개념을 여러 세대에 걸쳐 받아들였다는 사실을 상당히 기이하게 여기기는 했을 것이다. 그러한 로드맵이 과거에는 위안을 주었을지 모르지만, 더 이상은 아니다. 새로운 시대에는 새로운 지도가 필요하다. 위기는 중년의 전유물이 아니며, 터닝포인트는 나이와 상관없이 찾아온다. 반복되는 일상을 뒤엎고 싶은 충동은 대학교 교재 속 일목요연한 차트를 따르지 않는다. 변화는 어느 때든, 종종 전혀 예상하지 못했을 때 일어나 불과 몇 년 전까지는 상상도 못했을 속도로 우리를 휘몰아친다.

평범한 성인은 1~2년에 한 번꼴로 삶의 균열을 겪는다. 치과에 가는 것보다 잦은 수준이다. 10번 가운데 한 번, 즉 성인이 되고 3년에서 5년 지난 무렵에는 중대한 변화를 일으킬 만큼 커다란 균열을 겪는다. 미국인 90퍼센트가 다른 사람과 함께 산다는 점을 고려하면, 모든 가구에서 적어도 한 사람은 삶에서 중대한 변화를 겪고 있다는 의미가 된다. 물론 2명 이상의 가구원이 동시에 생애전환을 겪기도 한다. 이제 우리 자신을 있는 그대로, 즉 끊임없는 변화 속에 있는 존재로 바라볼 때가 되었다.

2. 생애전환은 비선형적이다

비선형적인 것이 삶뿐만은 아니다. 삶을 구성하는 생애전환 역시 비선형적이다. 세 가지의 고정된 단계를 3번의 고정된 시기에 통과한다는 생애전환에 대한 이전 시대의 개념은 불쾌할 정도로 케케묵었다. 생애전환은 사방치기가 아니라 핀볼이며, 점선을 따라 그리는 그림이 아니라 자유롭게 그리는 그림이다. 사람들은 영원한 작별, 혼란의 한가운데, 새로운 출발 가운데 자신 있어하는 국면에 자연스럽게 끌리며 자신 없어하는 국면에서는 교착상태에 빠진다. 아무리 생애전환을 능숙하게 통과하는 사람일지라도 능숙하지 못한 국면이 있기 마련이다.

이 시기를 통과하며 내딛는 작은 발걸음들도 마찬가지이다. 생애전환에는 도구가 필요하며, 누구나 이 도구들을 나름의 방식으로 능숙하게 활용할 수 있다. 상황을 인정하기, 변화를 기념하기, 과거의 방식을 포기하기, 새로운 배출구를 창조하기, 변화를 공유하기, 새로운 자아를 드러내기, 이야기를 진술하기까지가 도구세트에 포함된다. 이를 실천하는 것이 말처럼 쉽지는 않겠지만, 이 도구들은 놀라울 정도로 마음을 회복시키고 기운을 되찾게 한다. 전환이 여러 문제의 대응법으로 인정받아 온 이유는 그만큼 효과적이기 때문이다.

3. 생애전환은 생각보다 오래 걸린다(다만 필요 이상으로 걸리지는 않는다)

인터뷰를 진행하며 공통되게 가장 난감했던 순간은 주요 생애전환을 하는 데 시간이 얼마나 걸렸는지 질문할 때였다. 말솜씨가 좋은 참가자들도 더듬거리며 대답을 망설였다. 가장 일관성 있게 발견된 대답, 즉 "예상보다 오래"라고 인정하기를 꺼리는 것 같았다.

생애전환의 평균 기간은 약 5년이다. 3년보다 짧았다고 대답한 사람은 4분의 1도 되지 않았으며, 절반 이상은 4년에서 10년이 걸렸다고 응답했다. 7분의 1은 그보다도 더 길었다. 이 기간에 우리가 겪을 것으로 예상되는 생애전환의 횟수(3~5번, 혹은 그 이상)를 곱해보면 한 가지 사실이 분명해진다. 생애전환은 아무도 규칙을 알려주지 않은, 평생 계속되는 경주라는 사실 말이다.

서툴러서 좋은 점도 있다. 조금만 노력해도 생애전환을 훨씬 잘할 수 있기 때문이다. 아직 더 배울 수 있는 기술이 있고, 피할 수 있는 실수가 있다.

이도 저도 아닌 상태는 반드시 끝난다. 물론 때로는 어떤 감정이 오래갈 수 있고, 마음의 상처가 남을 수도 있겠지만, 90퍼센트 이상의 사람이 자신의 생애전환이 완전한 결론에 도착했다고 답했다. 생애전환에 생각보다 시간이 오래 걸릴 수는 있지만, 필요 이상으로 오래 걸리거나 영원히 계속되지는 않는다.

4. 생애전환은 자서전적 상황이다

전설적인 신경의학자 올리버 색스는 "우리 각자는 '이야기'를 만들고 그 이야기를 산다. 그 이야기가 바로 우리라고도 말할 수 있다"라고 말했다. 그의 말이 옳다면(나는 옳다고 믿는다), 그 이야기의 굴곡은 실존적인 사건이라는 의미가 된다. 그러므로 우리의 인생 여기저기에 흩어져 있는 삶의 균열, 중심 이동, 갈림길, 교착 상태, 난관, 생진 등은 반드시 다듬어야 할 이야기의 굴곡이며, 따라서 서사적인 의미의 수리가 필요하다. 라이프스토리의 플롯에 난 구멍을 메워야 한다는 것이다.

생애전환이란 그 이야기의 무대이자 작법이다. 생애전환은 우리가 다시 살펴보고, 고쳐 쓰고, 궁극적으로는 내면의 자서전을 다시 쓰기 시작할 때 비로소 자서전적 상황이 된다. 약간씩 수정하고, 한두 장을 추가하거나, 특정한 주제를 강조하거나 약화할 수도 있다. 이를 통해 최종적으로는 세 가지 서사적 정체성, 즉 나 이야기, 우리 이야기, 너 이야기 사이의 균형을 유지해야 한다.

5. 생애전환은 삶에 꼭 필요하다

마지막 비밀은 프로젝트를 시작할 때부터 생애전환을 새롭게 브랜딩하겠다는 내 야심 찬 목표의 동기가 되었다. 생애전환을 마지못해 견뎌내야 하는 적대적 공간이 아니라, 자양분을 얻는 비옥한 공간으로 바라볼 필요가 있다. 승려 페마 쵸드론은 "우리는 불편이라면 어떤 형태든 나쁜 소식으로 여긴다"라고 말했다. 그녀에 따르면 실망감, 당혹감, 짜증, 억울함, 노여움, 절망 같은 감정은 "섬뜩할 정도로 선명하게 우리가 어디에 갇혀 있는지 보여준다".

바로 그 점에 엄청난 힘이 담겨 있다. 생애전환은 격동과 불안으로 가득하지만, 동시에 나쁜 감정을 몰아내고, 빛나는 창의력을 분출하는 시기이기도 하다. 다시 말해, 생애전환은 혼돈 상태이다. 최신의 카오스 이론에서 알 수 있듯, 혼돈은 소음이 아니라 신호이며, 무질서는 실수가 아니라 디자인 요소이다. 그 시기를 예외적인 것으로만 여긴다면 기회를 놓칠 위험이 크다. 반면 그 시기를 좋은 기회로 여긴다면, 우리에게 기회의 문이 활짝 열릴 것이다.

이제 나의 ABC를 안다

모든 인터뷰를 마치고 얼마 지나지 않아 친구에게 그간의 경험이 얼마나 감동적이었는지 이야기했다. "운 좋게도 지금까지 보람 있는 경험을 많이 해봤지만, 이번이 가장 뿌듯했어."

"왜?" 친구가 되물었다.

친구의 질문에 순간 말문이 막혔다. 나는 잠시 생각한 다음, 이 이야기를 들려주었다. 인터뷰를 3분의 1가량 진행했을 때, 난 보스턴에 머물고 있었다. 인터뷰를 진행하기 위해서였다. 금요일 오후 늦은 시간, 그날 처음 만난 존 머리가 나를 내 친척 집까지 차로 데려다주었다. 존을 처음 알게 된 것은 그가 내 웹사이트의 링크에 오류가 있음을 알려주며, "자기 개방self-disclosure"에 관한 내 작업에 감사한다는 내용의 메일을 보내면서였다. 그의 표현력에 감탄한 나는 그를 초대해 이야기를 듣기로 했다.

존에 관해서는 이 책 초반에 짧게 언급했다. 그의 아버지는 아일랜드 가톨릭계 미군이었으며, 어머니는 아버지가 남한에서 근무할 때 만난 북한 여성이었다. 존의 어머니는 미국으로 건너온 후, 미국에서의 삶도 천국 같지는 않다는 사실에 절망했다. 존을 임신하고 있던 때에 그녀는 칼로 손목을 긋고 욕조에 들어가 자살을 시도했지만, 태동이 느껴지자 마음을 고쳐먹었다. "나를 위해 살기로 결심한 겁니다. 나를 통해 살기로 결심했다고 하는 것이 정확하겠군요." 그의 부모는 몇 년 후 이혼했다.

존은 서로 다른 두 문화와 매일 싸우는 부모 사이에서 성마르고 폭력적인 아이로 성장했다. 카네기멜런 대학교 신입생이 되고 2주가 지난 열여덟 살 때, 그는 피츠버그 거리를 걷다가 문득 신의 음성을 들었다. 믿음이 생긴 그는 신학교로 편입했다. 그 후 존은 매사추세츠 주로 이주해 교회를 개척했으며, 결혼하여 세 아이를 낳았다. 그는 자신의 "영리함과 근면함을 맹신했었다"라고 말했다.

그 후 삶의 균열이 융단폭격처럼 이어졌다. 온갖 시끌벅적한 라이프스토리를 들었지만, 그가 겪은 10중 연쇄추돌에 견줄 만한 이야기는 없었다. 먼저 아내가 일종의 위암에 걸렸는데, 뉴질랜드의 마오리족을 중심으로 전 세계에서 70건 정도만 발견된 희귀암이었다. 아내는 위 전체와 장 일부를 절제했고, 얼마 후에는 양쪽 유방을 제거하는 수술을 받았다. 그다음에는 막내가 자폐증을, 첫째가 ADHD를 진단받았다. 둘째는 그 아수라장 속에서 어쩔 줄을 몰라 했다. 그뿐만 아니라, 존을 돕겠다며 근처로 이사 온 동생이 급사했으며, 교회는 문을 닫았다. 그 와중에 아내가 PTSD 치료를 받기 시작했고, 존은 기분장애 진료를 받았다. 결혼 생활은 위기를 맞았다.

"영리함도 근면함도 더 이상 소용없었죠. 도움이 절실했어요."

그 이야기를 들으며 나는 이야기를 들려준 존만큼이나 카타르시스를 느꼈다. 마지막에는 둘 다 눈물을 쏟고 말았다. 나는 그를 배웅하며 힘껏 안아주었다.

그때 나의 장모인 데비가 나타났다. 꽤나 잘생긴 존에게 데비는 마치 여학생처럼 반해버렸다. "저 사람은 누구야?" 존이 떠나자마자 데비가 물었다. 존과 나눈 대화에 대해 들려주자 그녀는 벽에 기댄 채 풀썩 주저앉았다. "그런데 저 사람이 왜 금요일 오후에 1시간이나 차를 몰고 와서 그런 놀라운 이야기를 해준 거야? 마지막에는 자네와 포옹까지 나누고?"

내가 데비에게 한 대답은 그런 경험이 왜 소중한지를 잘 보여준다.

내 대답은 이야기를 공유하는 행위가 의미의 ABC 모두를 풍요롭게 해준다는 것이었다.

주체성(A)

이야기는 우리에게 힘을 실어주고, 주체적이라고 느끼게 한다. 다른 거의 모든 사람과 마찬가지로, 존 역시 그가 시간을 들여 솔직하게 고백한 내용을 들어주어 고맙다고 말하며 이야기를 마쳤다. 본질적으로는 오히려 그가 내게 선물을 준 셈인데 말이다. 난 오랫동안 그 이유가 무엇인지 고민했다. 그러면서 그 이유가 과학자들이 기억에 관한 연구를 통해 밝혀낸 것들과 조금은 관련이 있겠다고 생각하게 되었다. 기억은 생각만큼 안정적이지 않다. 우리의 뇌 속에서 기억은 필요할 때 꺼내 쓰고, 필요 없을 때는 깔끔하게 정리해 놓는 옷장 속 예쁘장한 물건이 아니다. 기억은 살아 움직인다. 기억은 유기체처럼 호흡하고 서로를 불러내며 변화한다. 기억을 떠올릴 때마다, 우리는 조금씩 다른 버전을 보게 된다.

이야기도 마찬가지이다. 라이프스토리는 이야기할 때마다 조금씩 달라진다. 이야기를 듣는 사람 때문일 수도 있고, 이야기를 전하는 상황 때문일 수도 있다. 이유가 무엇이든 우리는 그 순간에 우리에게 필요한 의미를 만들어 낸다. 이야기를 재해석하는 것은 근본적으로 주체적인 행위이다. 이야기를 재해석함으로써 우리는 통제력과 자신감을 잃었던 바로 그 순간을 통제한다는 느낌과 자신감을 회복한다. 이야기를 다시 말할수록 회복은 빨라진다.

소속감(B)

이야기는 우리를 서로 이어준다. 소속감을 느끼게 하고, 과거에는 인연이 없던 두 사람에게 평생 지속될 관계를 맺도록 한다. 이야기하는 행위에는 분명 힘이 있다. 이야기를 듣는 행위에도 힘이 있다. 그리고 두 행위의 상호작용에는 훨씬 큰 힘이 있다. 거의 모든 참가자가 인터뷰에서 많은 것을 배웠다고 말했고, 그건 나도 마찬가지였다. 우리는 혼자서는 결코 해내지 못했을 결과를 만들어 냈다. 인터뷰가 끝날 때마다 나와 참가자들은 똑같은 생각을 했다. 그 경험을 다시 하고 싶고, 다른 이야기를 주고받고 싶으며, 우리가 아는 누구와든 그 과정을 공유하고 싶다는 것이었다.

정말 누구라도 상관없다. 프로젝트를 시작할 때만 해도 의도적으로 특정한 연령대의, 특정한 경험이 있는 사람들을 찾으려 했었다. 그것이 잘못되었다고 가장 먼저 지적해 준 사람은 아내였다. 아내가 옳았다. 스물다섯 살 청년에게도 하이포인트, 로포인트, 터닝포인트, 삶의 주제, 여러 패턴, 삶의 형상이 있었다. 일흔다섯 살 노인과 전혀 다를 바가 없었다. 내가 예상했던 것과 전혀 다른 내용의 라이프스토리도 있었다. 투병 생활이나 실직 경험을 예상했다가, 가정폭력이나 죽을 뻔한 일을 듣고는 했다. 누구에게나 이야기가 있다. 그러나 그 이야기가 언제나 말하는 사람이나 듣는 사람이 기대했던 이야기인 것은 아니다. 이야기를 공유하는 행위는 늘 놀라움을 가져다준다.

대의(C)

마지막으로 이야기를 공유하는 행위는 우리에게 영감을 준다. 이야기는 삶의 목적과 중심 그리고 대의를 갖게 한다. 이야기는 우리를 인간미와 인정이 넘치는 사람으로 만들어 준다. 이유가 무엇이든 우리는 지금까지 가장 오래된 유희를 외면해 왔다. 당신의 이야기를 들려달라는 화려한 네온사인이 사방에서 번쩍거리는 시대를 살고 있다고 오해하기 쉽다. 그러나 (금세 잊히는 SNS 포스팅, 짤막한 크리스마스카드처럼) 그럴듯하게 큐레이팅된 이야기를 제외하면, 사실상 자신에 관해 이야기하는 경우는 별로 없다. 종합적이지도 사색적이지도 의미를 만들어 내지도 않는 방식으로 이야기할 뿐이다. 우리는 이야기하지 않는 세대가 되었다. 우리의 삶이 불만족스러운 한 가지 이유이다.

캠프파이어로 돌아가야 한다.

우리는 달라질 수 있다. 누군가에게 당신의 이야기를 들려달라고 말하는 것만큼이나 간단한 일이다. 그리고 이야기가 끝났을 때, 이제 내 이야기를 들려주겠다고 말하는 것이다.

그다음에 어떤 일이 일어나든, 두 사람은 두 사람의 만남이라는, 새롭고 값진 이야기를 얻게 될 것이다.

숲속에서 빠져나오며

존 머리와의 인터뷰를 마치며, 그의 삶의 형상은 무엇인지 물었다. 그는 굽이치는 강이라고 답했다. "진부하게 들리겠지만 가스 브룩스의 〈강The River〉이라는 노래에 정말 많은 영향을 받았어요. 그는 꿈이 꼭 강물 같다고 노래했어요. 흘러가면서 끊임없이 변하니까요. 꿈꾸는 사람은 배입니다. 강물을 따라 달라져야 하죠. 요즘 내가 느끼는 그대로예요. 세상을 바꾸는 것까지는 내 책임이 아니지만, 변화하는 세상에 어울리는 사람이 되는 건 내 책임이에요. 그 깨달음은 어두운 시간을 통과하며 얻은 내 이야기의 중요한 부분이에요."

존은 몰랐겠지만 수십 년 전 나는 컨트리음악에 관한 책을 쓰기 위해 가스와 1년 동안 함께 여행한 적이 있다. 그가 〈강〉을 부르는 것도 수없이 들었다. 어쩌면 그 노래 끝부분의 가사에는 내가 수천 시간 동안 라이프스토리들을 들으며 얻은 가장 큰 깨달음이 담겨 있는지도 모르겠다. 그 깨달음은 몇 년 전 삶이 궤도에서 벗어나며 불안과 좌절, 두려움의 늪에 빠졌을 때, 내게 가장 필요했던 것이기도 하다.

강물을 통제할 수는 없다 해도, 즉 삶이 흐르고 변화하며 우리를 위협하고 화나게 할지라도, 우리는 "급류로 향하고 / 과감히 물결 위에서 춤춰야 한다".

절대로 해피 엔딩을 포기해서는 안 된다.

우리는 라이프스토리가 상승할 수도 하강할 수도 있는 것이라고 말해야 한다.

비선형적인 시대에 어울리는 전설들을 새로 써나가야 한다. 그리고 그 이야기들을 있는 힘껏 노래해야 한다.

그 이야기들은 (하나의 이야기가 끝나고, 꿈이 끝나는) 격변의 시기에 맞서는 최선의 방법이 어둠을 헤치고 나아가는 것, 급류를 거슬러 올라가는 것, 꿋꿋하게 숲을 통과하는 것임을 우리에게 알려줄 것이다. 누구도 혼자가 아님을 알아야 한다. 숲속에는 비슷한 상황에 처한 사람들이 가득하다. 삶에서 겪는 모든 혼란(굽이치는 강물, 한밤중의 긴 울음소리, 길목에서 마주치는 늑대)은 꿈과 꿈 사이에서 누구나 마주한다.

이야기는 다시 꿈을 꾸게 해준다. 늑대를 물리치고 숲속에서 벗어났을 때, 다시 빛 속으로 들어가 굳은 땅 위에 발걸음을 내딛었을 때, 혹은 화살통에 화살이 다 소진한 사람처럼 다시 삶에 맞설 용기가 나지 않을 때, 바로 그때야말로 가장 두렵고, 동시에 가장 필요한 일을 해야 하는 순간이다.

다시 숲속에 들어가고, 급류에 뛰어들고, 또 다른 늑대와 맞서야 한다.

다시 새로운 꿈을 꾸어야 한다.

이제 다시 가장 강력하게 마음을 사로잡는 말, 다른 무엇보다 살아 있다는 느낌을 주는 그 말을 입 밖으로 꺼낼 시간이다. 새로운 이야기가 찾아왔음을 암시하는 바로 그 말. 설령 이야기가 동화일지라도 상관없다.

옛날 옛적에…

감사의 글

기획은 아주 단순해 보였다. 사람들에게 라이프스토리를 들려달라고 하자는 것. 물론 기획의 성패는 사람들의 반응에 달려 있었다. 무엇보다 225명의 라이프스토리 프로젝트 참가자에게 깊이 감사드린다. 이 특별한 사람들은 (나와 전혀 모르는 사이였던 불과 몇 명을 제외하면) 처음부터 내 집요한 질문에 대답해 주고, 감동적인 이야기를 들려주고, 삶의 가장 내밀한 순간들을 검토해 주었다. 또 유머와 열정과 감정이 교차하는, 눈물 나는 통찰을 보여주었다. 진솔하고 꾸밈없이 이야기를 들려주어 감사드린다. 그들의 이야기가 서로 얼마나 마법 같은 조화를 이뤘는지 생각하면 늘 경이로움을 느낀다. 이 책이 그들의 놀라운 삶에서 조금이라도 자랑스러운 일이 되기를 바란다.

참가자들을 나 혼자 찾아낸 것은 아니다. 프로젝트를 진행하며 만난 많은 분께 감사드린다. 소셜미디어를 통해 만난 분들, 참가자를 한두 사람이라도 소개해 준 분들, 자신의 인터뷰를 마치고 다른 사람을 소개해 준 분들 모두에게 고마움을 전한다. 로라 애덤스, 서니 베이츠, 수보드 찬드라, 애나 메리 클립튼, 크리스티나 코헨, 캐럴 댄호프, 게일 데이비스, KJ 델안토니아, 레오 이튼, 존 T. 에지, 로리 힐, 조디 캔터, 데이비드 크래머, 신디 리브, 코니 미첼, 베스티 무솔프, 에스터 퍼렐, 브라이언 파이크, 코트니 리처즈, 라니 산토, 로런 클래스 슈나이더, 패티 셀러스, 린지 러셔 슈트에게 고개 숙여 감사드린다.

젊은 친구들로 구성된 멋진 지원팀을 만난 것은 커다란 행운이었다. 이들의 도움으로 이야기를 코딩하고, 분석하고, 탄탄하게 편집함으로써 자료에 활기를 불어넣을 수 있었다. 나는 지원팀에 의미 연구소The Meaning Lab라는 이름을 붙여주었다. 출신과 배경이 다양한 팀원들은 모두 한마음이 되어 철저하게 일했다. 제리미 블로에미케, 카난 마하데번, 스펜서 파인슈타인, 로빈 시아오, 니나 프리머티코, 브래드 데이비스, 조지 토커체프, 루시 애크먼, 클레어 워커웰스의 공로에 감사드린다. 특히 프로젝트의 처음부터 끝까지 도움을 준 엘다 몬테로소에게 깊이 감사드린다. 커크 벤슨에게도 감사를 전한다.

수년간의 집필 기간 동안, 이 책이 다루는 다양한 분야와 주제에 관하여 수많은 학자에게 자문을 구했다. 그중에서도 꾸준히 의견을 전해준 마셜 듀크, 로빈 피버시, 댄 매캐덤스, 제니퍼 아커, 캐슬린 보스, 셰릴 스벤슨에게 각별한 감사를 전한다.

데이비드 블랙은 이 책이 제 모습을 갖출 때까지 긴 시간 끈기 있게 여러 가능성을 고민해 주었다. 스콧 모이어스는 전문가다운 여러 도움을 주었고, 자신감과 꼼꼼함을 발휘하며 그의 무한한 열정을 더욱 의미 있는 결과로 만들어 냈다. 감사드린다. 펭귄 출판 그룹의 앤 고도프, 매트 보이드, 세라 허트슨, 다니엘레 플라프스키, 게일 브루셀, 미아 카운실이 보여준 빼어난 감각과 업무 능력은 비교 대상이 없을 정도로 경이로웠다.

운 좋게도 내 주변에는 라이프스토리 프로젝트의 무한한 가능성을 이끌어 내기 위해 애써준 이들이 많았다. 크레이그 제이컵슨, 앨런 버거, 엘리자베스 뉴먼, 에릭 와튼버그에게 감사드린다. 변함없는 우정과 너그러움을 보여준 로라 워커, 많은 영감을 준 닉 바움에게 특별히 감사를 표한다. 내게 언제나 올바른 방향을 알려주는 그레그 클레이먼, 베스 콤스톡, 데이비드 키더, 찰리 멜처, 앤드루 맥로린, 카자 페리나에게도 무한한 감사를 보낸다.

나의 자문위원들인 조시 라모, 벤 셔우드, 맥스 스티어, 제프 셔믈린에게 감사드린다. 보스턴 인근에서의 내게 수많은 기회를 열어준 데비 앨런을 비롯하여 댄과 앨리사, 레베카와 매티스 등 처가 식구들에게도 고마움을 전한다. 나의 누나 캐리와 동생 로드는 멋진 사람들을 소개해 주었고, 그들의 집에서 묵게 해주었다. 형 앤드루는 이번에도 여러 차례 원고를 꼼꼼하게 읽으며, 놀라운 명석함과 통찰력을 보여주었다. 부모님께도 감사 인사를 드린다. 30년 동안 여러 책을 썼지만, 내 어머니 제인 파일러가 이번 프로젝트보다 더 큰 관심을 보인 적은 없었다. 어머니의 격려 덕분에 여기까지 올 수 있었다. 이 프로젝트는 내 아버지와 함께 시작했다. 아버지가 어린 시절의 좋아하던 장난감에 대한 첫 번째 질문에 대답하지 않았다면 프로젝트를 시작할 수 없었을 것이다. 스토리텔링에 대한 아버지의 열정과 당신의 라이프스토리를 들려준 것에 감사를 드린다. 이 모든 과정 끝에 출간되는 책을 아버지에게 보여주는 경험은 내게도 큰 선물이 될 것이다.

아내 린다 로텐버그와 삶의 수많은 이야기를 함께한 것은 내게 더할 나위 없는 행운이었다. 아내의 상상을 초월하는 에너지, 열정, 비전은 이미 전 세계적으로 유명하지만, 사실 린다의 진짜 대단한 능력은 그다지 알려지지 않았다. 바로 창의적인 일을 업으로 삼은 사람과 함께 사는 능력이다. 변덕스러운 감정부터 한밤중에도 멈추지 않는 고민, 수많은 부탁까지 린다가 이 모든 것을 처리하는 데 탁월하다는 사실은 내 비선형적인 삶에서 유일하게 선형적인 면일 것이다.

라이프스토리 프로젝트를 진행하는 동안 내 아이들, 이든과 티비도 스스로 스토리텔러가 되었다. 연극, 책, 춤과 노래에 대한 열정이 분명 두 사람을 이 디지털 시대에 보기 드문 인재이자, 유구한 전통들의 계승자로 만들어 줄 것이라 믿는다. 내 아이들이 그들의 라이프스토리의 저자가 되는 것을 지켜보고, 자신들의 이야기를 어떻게 이끌어 갈지 숨죽여 지켜보는 것은 내 인생에서 가장 큰 기쁨이다.

아이들의 라이프스토리에 언제나 가족들이, 특히 맥스, 할리, 네이트, 마야, 주다, 아이작 등 그들이 사랑하는 사촌들이 함께할 것이라고 확신한다. 라이프스토리 프로젝트를 끝내는 이 시점에, 아버지가 인터뷰 마지막에 한 말보다 더 좋은 마무리는 떠오르지 않는다. 간절한 바람을 담아 모든 독자에게 이 말을 바친다.

이야기들을 쓰길 바란다.

라이프스토리 인터뷰 질문지

이 인터뷰는 당신의 라이프스토리에 관한 것입니다. 자기 자신의 삶을 어떻게 생각하는지, 삶의 희로애락을 어떻게 정돈된 이야기로 만들었는지 듣고 싶습니다. 모든 것을 이야기할 필요는 없습니다. 인터뷰는 다음과 같이 진행될 예정입니다. 먼저 전반적인 이야기에 관해 듣고, 그중에서 삶의 큰 주제와 관련된 몇 가지 사건을 선별하여 질문하겠습니다. 그 주제를 삶의 형상이라고 불러도 좋겠습니다. 분명히 말씀드리지만, 당신을 판단하지는 않을 겁니다. 인터뷰의 목표는 사람들이 어떻게 생애전환을 이루고, 삶의 균열을 헤쳐나가며, 삶을 재구성하는지 이해하는 것입니다. 어떤 면에서는 바로 그 과정이 우리에게 기쁘고 가치 있고 균형 잡힌 삶을 가져다주기 때문입니다. 즐거운 인터뷰가 되기를 바랍니다.

당신 인생의 이야기

(대부분 더 오래 걸리기는 하지만) 15분 안에 당신의 라이프스토리를 들려주세요. 친해지고 싶었던 사람과 커피를 마시며 대화하듯 이야기하면 됩니다. 당신에게는 무엇이 중요한지, 어떤 과정을 통해 그렇게 되었는지, 지금의 당신은 어떤 사람인지 들려주세요. 특히 삶의 각 장이 어떻게 서로 연결되고 영향을 주고받는지 알고 싶습니다.

주요 장면

삶의 전반적인 궤적에 관해서는 들었습니다. 지금부터는 몇 가지 주요 장면에 집중하고자 합니다. 주요 장면이란 특별히 좋았던 순간, 최악의 시기 등 유독 생생히 기억에 남는 때를 의미합니다. 각 장면에 대해 어떤 일이 있었는지 가급

427

적 자세히 설명해 주세요. 왜 그런 일이 있었는지, 당시 어떤 생각을 했으며 어떤 감정을 느꼈는지 알고 싶습니다. 그다음에는 각 장면이 전반적인 라이프스토리에서 어떤 의미인지 질문하겠습니다.

1. 하이포인트

특별히 긍정적으로 여기는 장면, 에피소드, 순간에 관해 말씀해 주세요. 인생을 통틀어 가장 좋았던 순간도 좋고, 행복하거나 멋졌던 특정 순간을 들려주어도 상관없습니다.

2. 터닝포인트

다시 한번 삶을 되돌아보세요. 라이프스토리에 중대한 변화를 일으킨 주요 터닝포인트는 언제였습니까?

3. 의미 있는 경험

많은 사람이 삶에서 심오한 순간, 초월적인 감각, 세상과 하나가 되는 느낌을 경험합니다. 그 경험이 누군가에게는 영적으로, 누군가에게는 자연스러운 것으로, 누군가에게는 예술적으로 느껴질 겁니다. 이런 경험을 해본 순간이 있습니까?

4. 로포인트

첫 번째와 반대되는 장면을 질문하겠습니다. 삶을 되돌아볼 때, 로포인트였던 한 가지 장면이나 인생을 통틀어 가장 나빴던 시기를 말씀해 주세요. 다소 불편하더라도 어떤 일이 있었는지, 누구와 관련된 일이었는지, 어떤 생각을 했고, 어떤 기분을 느꼈는지 알려주세요.

5. 수월했던 전환

삶을 되돌아보면서 핵심적인 전환을 말씀해 주세요. 집, 일, 가족, 건강, 종교 등 어떤 영역의 전환이든 좋습니다. 다른 사람이라면 더 힘들어했을, 비교적 큰 어려움 없이 통과한 전환이 있다면 한 가지만 말씀해 주세요.

6. 어려웠던 전환

이번 질문은 반대로 다른 사람이라면 수월했을지 몰라도, 당신에게는 정말로 힘들었던 전환을 한 가지만 말씀해 주세요.

성공적인 생애전환의 비밀

이제 여러분이 겪은 가장 커다란 생애전환에 집중해 보겠습니다. 다음의 질문들은 그 시기에 관한 것입니다.

- 생애전환이 자발적이었나요? 아니면 비자발적이었나요? 자발적이었는지 여부가 생애전환을 더 수월하게 했는지 혹은 더 어렵게 했는지도 알려주세요.
- 그 시기를 일컫는 당신만의 용어가 있나요?
- 그 시기에 가장 힘들었던 감정은 무엇인가요?
- 당신이 만들었거나 지키기 시작한 의식, 기념일, 기념행사 등이 있나요?
- 과거에 대한 기념물을 간직하고 있습니까?
- 과거를 애도했습니까?
- 포기해야 했던 과거의 습관을 말씀해 주세요.
- 그 시기에 당신의 시간을 어떤 방식으로 체계화했죠?
- 새로운 자아를 만들기 위해 했던 창의적인 활동을 세 가지만 말씀해 주세요.
- 조언을 건넨 멘토, 친구, 사랑하는 사람, 의미 있는 타인 등이 있었다면 말씀해 주세요.
- 그 시기를 자서전적 상황으로 경험했나요?
- 생애전환에는 영원한 작별, 혼란의 한가운데, 새로운 출발의 세 가지 국면이 있습니다. 어느 국면이 가장 힘들었나요?
- 전체 생애전환에 어느 정도의 기간이 걸렸나요?
- 생애전환을 마치며 자유로움, 기쁨, 새로운 출발 등을 어떻게 표현했나요?

삶의 균열

다음으로 인생에서 두드러지는 삶의 균열에 관해 묻겠습니다. 삶의 균열은 갈등과 분투, 역경의 원인이 되곤 합니다. 혹은 당신이 깊이 몰두한 영역이기도 하죠. 다음에 열거할 삶의 균열들을 당신의 삶에서 뚜렷했던 순서대로 말씀해 주세요. 삶의 균열에는 크게 정체성, 사랑, 일, 몸, 신념 등 다섯 가지 범주가 있습니다.

미래

이번에는 미래에 관한 몇 가지 질문을 하겠습니다.

- 현재 진행 중인 프로젝트 세 가지를 말씀해 주세요. 쓰레기통을 비우는 것처럼 작은 목표도 좋고, 기아를 종식시키는 것처럼 큰 목표도 좋습니다.
- 삶의 지나간 장들뿐 아니라, 미래에 관한 생각과 상상까지가 당신의 라이프스토리입니다. 당신의 라이프스토리에서 다음 장은 무엇인가요?
- 당신이 꿈꾸는 미래의 라이프스토리에 관해 설명해 주세요.

삶의 형상

마지막으로 두 가지만 더 질문하겠습니다.

- 삶의 각 장, 주요 장면, 역경 등을 통해 라이프스토리 전체를 되돌아볼 때, 발견되는 삶의 주제가 있을까요?
- 라이프스토리를 조금 다른 방식으로 되돌아보겠습니다. 당신의 삶을 어떤 형상으로 규정할 수 있을까요? 그 형상을 선택한 이유도 설명해 주세요.

함께 읽어볼 만한 책

라이프스토리 프로젝트를 진행한 몇 년 동안, 300권 이상의 책과 700편 이상의 학술 자료를 읽었다. 그중 직접적인 도움을 얻은 자료들은 참고문헌에 정리해 두었다. 그 밖의 자료를 모두 열거하기보다는, 각 주제에 관심 있는 독자를 위해 추천 도서를 선별하여 소개하고자 한다.

스토리텔링

스토리텔링의 과학적 기원을 다룬 책: 브라이언 보이드[Brian Boyd] 지음, 남경태 옮김, 『이야기의 기원[On the Origin of Stories]』, 휴머니스트, 2013; 조너선 갓셀[Jonathan Gottschall] 지음, 노승영 옮김, 『스토리텔링 애니멀[The Storytelling Animal]』, 민음사, 2014; Benjamin Bergen. *Louder Than Words*, Basic Books, 2012

서사심리학 분야의 책: 댄 매캐덤스[Dan McAdams] 지음, 이우금 옮김, 『이야기 심리학[The Stories We Live by]』, 학지사, 2015; Paul Eakin, *How Our Lives Become Stories* (Cornell University Press, 1999); 제롬 브루너[Jerome Bruner] 지음, 강현석 옮김, 『이야기 만들기[Making Stories]』, 교육과학사, 2010; Jefferson Singer, *Memories That Matter* (New Harbinger Publications, 2005); 스토리텔링을 비판하는 고약한 내용이지만 마음에 드는 책: Eric Wilson, *Keep It Fake* (Sarah Crichton Books, 2015)

삶의 형상

여러 훌륭한 학술서에서 삶의 형상이라는 개념을 탐구한 바 있다. 그중 몇 권을 소개한다.

Kay Heath, *Aging by the Book* (SUNY Press, 2009); Thomas Cole, *The Oxford Book of Aging* (Oxford University Press, 1994); Eviatar Zerubavel, *Time Maps* (University of Chicago Press, 2004)

성인기라는 개념을 다룬 다음의 책들도 즐겁게 읽었다.

Steven Mintz, *The Prime of Life* (Harvard University Press, 2015); 키어런 세티야Kieran Setiya 지음, 김광수 옮김, 『어떡하죠, 마흔입니다Midlife』, 와이즈베리, 2018

삶의 의미

의미에 관한 여러 연구를 잘 정리한 책: Paul T. Wong, *The Human Quest for Meaning* (Routledge, 2013); 에밀리 에스파하니 스미스Emily Esfahani Smith 지음, 김경영 옮김, 『어떻게 나답게 살 것인가The Power of Meaning』, 알에이치코리아, 2019; 로이 바우마이스터Roy Baumeister 지음, 『인생의 의미Meanings of Life』, 김성일 옮김, 원미사, 2010

다음의 책들도 추천한다. 특히 마지막 책이 근사하다.

조너선 하이트Jonathan Haidt 지음, 권오열 옮김, 『행복의 가설The Happiness Hypothesis』, 물푸레, 2010; Paul Froese, *On Purpose* (Oxford University Press, 2016); 매슈 크로퍼드Matthew B. Crawford 지음, 윤영호 옮김, 『손으로, 생각하기Shop Class as Soulcraft』, 사이, 2017

생애전환

이 주제에 관한 논의가 부족했음을 고려하면, 관련 도서는 생각보다 다양한 편이다.

Arnold van Gennep, *The Rites of Passage* (Routledge, 2019); Barbara Myerhoff, *Remembered Lives* (University of Michigan Press, 1992); 팀 하포드Tim HarfordAdapt 지음, 강유리 옮김, 『어댑트Adapt』, 웅진지식하우스, 2011; Brené Brown, *Rising Strong* (Random House, 2018); 셰릴 샌드버그Sheryl Sandberg · 애덤 그랜트Adam Grant 지음, 안기순 옮김, 『옵션 BOption B』, 와이즈베리, 2017

심리학

최근 들어 변화와 회복, 삶의 재구성을 심리학의 관점에서 창의적으로 연구한 훌륭한 책들이 출간되고 있다.

노먼 도이지Norman Doidge 지음, 장호연 옮김, 『스스로 치유하는 뇌The Brain's Way

of Healing』, 동아시아, 2018; Gabor Maté, *In the Realm of Hungry Ghosts* (North Atlantic Books, 2010); 멕 제이[Meg Jay] 지음, 김진주 옮김, 『슈퍼노멀[Supernormal]』, 와이즈베리, 2019

카오스 이론
복잡한 과학 이론을 다루지만, 충분히 읽을 만한 책들이다.

제임스 글릭[James Gleick] 지음, 박래선 옮김, 『카오스[Chaos]』, 동아시아, 2013; 레너드 믈로디노프[Leonard Mlodinow] 지음, 이덕환 옮김, 『춤추는 술고래의 수학 이야기[The Drunkard's Walk]』, 까치, 2009; 팀 하포드 지음, 윤영삼 옮김, 『메시[Messy]』, 위즈덤하우스, 2016; 스티븐 스트로가츠[Steven Strogatz] 지음, 조현욱 옮김, 『동시성의 과학, 싱크[Sync]』, 김영사, 2005

회고록
자신만의 이야기를 전달하는 방법을 다룬 수많은 책 가운데 다음의 책들을 자신 있게 추천한다. 특히 마지막 책을 매우 즐겁게 읽었다.

메리 카[Mary Karr] 지음, 권예리 옮김, 『자전적 스토리텔링의 모든 것[The Art of Memoir]』, 다른, 2016; Jill Ker Conway, *When Memory Speaks* (Vintage Books, 1999); 윌리엄 진서[William Zinsser] 지음, 신지현 옮김, 『스스로의 회고록[Writing About Your Life]』, 엑스북스, 2017; 제임스 기어리[James Geary] 지음, 정병철·김동환 옮김, 『진짜 두꺼비가 나오는 상상 속의 정원[I Is An Other]』, 경남대학교출판부, 2017

마지막으로 자전적 서사와 꼼꼼한 연구가 어우러진 다음의 책은 이 목록에서 절대로 빼놓을 수 없을 것이다.

앤드루 솔로몬[Andrew Solomon] 지음, 고기탁 옮김, 『부모와 다른 아이들[Far from the Tree] 1, 2』, 열린책들, 2015

참고문헌

본문에 언급된 모든 인터뷰 내용은 녹취한 것이다. 관련 분야 연구의 오랜 전통을 따라, 나는 프로젝트 참가자들이 자신만의 표현을 통해 자신의 라이프스토리를 이야기하도록 했으며, 어떤 참가자의 라이프스토리에도 선택적으로 접근하지 않았다. 라이프스토리에 대한 내 철학은 존중과 배려를 바탕으로 분석하되, 이야기 속 사건들을 다르게 해석할 수도 있음을 인정하는 것이었다.

더불어, 수집한 방대한 이야기를 인용하면서 나는 서사심리학, 긍정심리학, 응용신경과학, 사회학, 인류학, 경제학, 카오스 이론은 물론이고 역사, 철학, 문학, 예술사까지 다양한 연구 자료를 활용했다. 인용하거나 참고한 자료를 장별로 밝히고자 한다.

들어가며: 라이프스토리 프로젝트

나의 일본 체류 경험은 *Learning to Bow* (Perennial, 2004)에, 서커스단에서의 경험은 *Under the Big Top* (William Morrow, 2003)에, 중동에서의 경험은 *Walking the Bible* (William Morrow, 2014)과 *Abraham* (William Morrow, 2005)을 비롯한 여러 저서에서 소개했으며, 암 투병 경험은 『아빠가 선물한 여섯 아빠^{Council of Dads}』 (박상은 옮김, 21세기북스, 2011)에서 자세히 다뤘다.

마셜 듀크^{Marshall Duke}와 로빈 피부시^{Robyn Fivush}의 가족사 연구는 내 책 『가족을 고쳐드립니다^{Council of Dads}』(이영아 옮김, 알에치코리아, 2014)에서 긴 분량을 할애해 다룬 바 있다. 〈사람과 사람을 이어주는 이야기들^{The Stories That Bind Us}〉은 《뉴욕 타임스》 2013년 3월 17일 자에 실렸다. 내 아버지의 책에 관해 더 알고 싶다면, 나의 웹사이트(www.brucefeiler.com)에 방문하기 바란다.

쇠렌 키르케고르^{Søren Kierkegaard}와 대화 목욕^{people bath}에 관한 내용은 『살구 칵테일을 마시는 철학자들^{At the Existentialist Café}』(세라 베이크웰^{Sarah Bakewell} 지음, 조영 옮

김, 이론과실천, 2017)을, 서사심리학의 역사는 댄 매캐덤스가 쓴 "자전적 서사와 라이프스토리Personal Narrative and the Life Story"(*Review of General Phycology*, 2001, vol. 5, no. 2)를 참고했다. 매캐덤스의 중요 저서인 『이야기 심리학』과 *Power, Intimacy, and the Life Story* (The Guilford Press, 1998)도 물론 참고했다. 라이프스토리 인터뷰에 관한 더 자세한 내용은 역시 내 웹사이트를 참고하기 바란다. 라이프스토리 프로젝트의 코딩 방법은 짐 콜린스Jim Collins의 책 『좋은 기업을 넘어 위대한 기업으로Good to Great』(이무열 옮김, 김영사, 2021)를 참고했다.

아리스토텔레스는 『시학』의 6장에서 페리페테이아peripeteia에 관해 설명한다. 제롬 브루너의 "이야기는 상황이 기대와 어긋나면서 시작한다" 이하의 문장은 그의 책 『이야기 만들기』에서 인용하였으며, "삶은 전환 가운데에, 그리고 전환의 사이사이에 존재한다"라는 제사는 윌리엄 제임스William James가 1904년 발표한 에세이 "순수 경험의 세계A World of Pure Experience"(*The Journal of Philosophy, Psychology and Scientific Methods* vol. 1, no. 21)에서 인용했다. 동화 속 늑대lupus in fabula라는 표현은 『소설의 숲으로 여섯 발자국Six Walks in the Fictional Woods』(움베르트 에코Umberto Eco 지음, 손유택 옮김, 열린책들, 1998)의 내용을 참고했다.

1장: 선형적 삶이여, 안녕

캐런 암스트롱Karen Armstrong은 『신화의 역사A Short History of Myth』(이다희 옮김, 문학동네, 2005)에서 문화적 각본의 다시 쓰기에 관해 설명했다.

삶의 형상에 관한 내용에서 참고한 책: Thomas Cole, *The Oxford Book of Aging*; Thomas Cole, *The Journey of Life* (Cambridge University Press, 1992); Kay Heath, *Aging by the Book*; 앤서니 에브니Anthony Aveni 지음, 최광열 옮김, 『시간의 문화사Empires of Time』, 북로드, 2007; 제임스 글릭 지음, 박래선·김태훈 옮김, 『인포메이션Information』, 동아시아, 2017

"세상은 어디나 연극무대" 이하의 내용은 셰익스피어의 희곡 『뜻대로 하세요As you Like it』 2막 7장에 있는 등장인물 제익퀴즈Jacques의 대사이다.

기계적 시간의 유래에 관한 책: 레너드 믈로디노프, 『춤추는 술고래의 수학 이야기』; Paul Davies, *About Time* (Simon & Schuster, 1996); Eviatar Zerubavel, *Time Maps*; Roy Baumeister, *Identity* (Oxford University Press, 1986)

할아버지와 시계 이야기: Thomas Cole, *The Journey of Life*

중년기, 청년기 등에 관한 논의: Kay Heath, *Aging by the Book*

프로이트Freud, 피아제Piaget, 볼비Bowlby에 관한 내용: Morton Hunt, *The Story of Psychology* (Anchor, 2007)

애도의 단계에 관한 내용: 엘리자베스 퀴블러 로스Elisabeth Kübler-Ross 지음, 이진 옮김, 『죽음과 죽어감On Death and Dying』, 청미, 2018

영웅의 여정에 관한 내용: 조지프 캠벨Joseph Campbell 지음, 이윤기 옮김, 『천의 얼굴을 가진 영웅The Hero with a Thousand Faces』, 민음사, 2018

에릭 에릭슨Erik Erikson의 생애: Morton Hunt, *The Story of Psychology*

에릭 에릭슨의 발달단계 이론: Erik Erikson, *Identity and the Life Cycle* (Norton, 1994); 에릭 에릭슨 지음, 송제훈 옮김, 『간디의 진리Gandhi's Truth』, 민음사, 2015; 에릭 에릭슨·조앤 에릭슨 지음, 송제훈 옮김, 『인생의 아홉 단계The Life Cycle Completed』, 교양인, 2019

"세상이 끝이 없는 일방통행 도로라면, 우리 삶은 성공으로 가는 일방통행 도로이다As our world-image is a one-way street to never ending progress, our lives are to be one-way streets to success": Erik Erikson, *Insight and Responsibility* (Norton, 1994)

에릭슨에 대한 비판: 조지 보나노George Bonanno 지음, 박경선 옮김, 『슬픔 뒤에 오는 것들The Other Side of Sadness』, 초록물고기, 2010

중년의 위기에 관한 내용: Elliott Jaques, "Death and the Mid-life Crisis", *International Journal of Psychoanalysis*, XLVI, 1965; 댄 매캐덤스, 『이야기 심리학』; 대니얼 레빈슨Daniel Levinson 지음, 김애순 옮김, 『남자가 겪는 인생의 사계절The Seasons of a Man's Life』, 이화여자대학교출판문화원, 2003; Steven Mintz, *The Prime of Life*; 바버라 브래들리 해거티Barbara Bradley Hagerty 지음, 박상은 옮김, 『인생의 재발견Life reimagined』, 스몰빅인사이트, 2017; 키어런 세티야, 『어떡하죠, 마흔입니다』; 제임스 홀리스James Hollis 지음, 정명진 옮김, 『인생 2막을 위한 심리학Finding Meaning in the Second Half of Life』, 부글북스, 2015

"인생의 각 계절이 시작되는 특정한 나이가 있다There is a single, most frequent age at which each period begins": 대니얼 레빈슨, 『남자가 겪는 인생의 사계절』

게일 쉬이Gail Sheehy는 저서 『패시지Passages』를 수년에 걸쳐 여러 차례 개정·출간행으며, 자신의 회고록 *Daring* (HarperCollins, 2014)을 통해 로저 굴드^{Roger Gould}에게 고소당한 사건 등 『패시지』와 관련된 사연을 자세히 소개했다.

2장: 비선형적 삶 끌어안기

카오스 이론을 비롯한 복잡한 물리학 이론들은 활발히 연구되고 있다. 나는 제임스 글릭의 『카오스』, 존 브릭스^{John Briggs}와 F. 데이비드 피트^{F. David Peat}의 *Seven Life Lessons of Chaos* (HarperCollins, 1999), 존 그리빈^{John Gribbin}의 『딥 심플리시티^{Deep Simplicity}』(김영태 옮김, 한승, 2006), 스티븐 스트로가츠의 『동시성의 과학, 싱크』 등에 많은 도움을 받았다.

로렌즈의 논문: Edward Lorenz, "Deterministic Nonperiodic Flow", *Journal of the Atmospheric Sciences*, 20(2), 1963

"지금은 세상을 유동적 패턴으로 봅니다^{We begin to envision the world as a flux of patterns}": John Briggs, *Seven Life Lessons of Chaos*; 제임스 글릭, 『카오스』

홈스-라헤 스트레스 척도: T. H. Holmes, R. H. Rahe, "The Social Readjustment Rating Scale", *Journal of Psychosomatic Research*, vol. 11, issue 2, 1967

삶의 균열 목록에 있는 수치는 다음의 자료들을 활용했다.

결혼율: Steven Mintz, *The Prime of Life*

부부가 포함된 가정: 앞의 책

한부모 가정: https://census.gov/topics/families.html

부모와 동거하는 성인 자녀: Pew Research Center, 2016

이동: "Reason for Moving: 2012 to 2013," United States Census Bureau; "Who Moves? Who Stays Put? Where's Home?" Pew Research Center, 2008

젠더: "Facebook's 71 Gender Options Comes to UK Users", *The Telegraph*, June 27, 2014

계층이동: "Harder for Americans to Rise from Lower Rungs", *New York Times*, January 4, 2012

개종: "U.S. Religious Landscape Survey", Pew Research Center, 2008

서로 종교가 다른 부부: "America's Changing Religious Landscape", Pew Research Center, 2015

정치적 신념: "Americans Continue to Embrace Political Independence", Gallup, 2019

밀레니얼 세대: "Half of Millennials Independent", *Politico*, 2014

여행: Monthly Tourism Statistics, travel.trade.gov

일자리: Bureau of Labor Statistics, August 22, 2019

직업 변화: Steven Mintz, *The Prime of Life*

근속 기간: 제니 블레이크Jenny Blake 지음, 이유경 옮김, 『피벗하라Pivot』, 처음북스, 2016

자동화: Carl Bededikt Frey, Michael Osborne, "The Future of Employment", Oxford Martin Programme of Technology and Employment, 2013

퇴사: 제니 블레이크, 『피벗하라』

커리어 변화: 로먼 크르즈나릭Roman Krznaric 지음, 정지현 옮김, 『인생학교: 일How to Find Fulfilling Work』, 쌤앤파커스, 2013

부업: "How Many Americans Have a Side Hustle", *The Motley Fool*, June 25, 2018

포트폴리오: 로먼 크르즈나릭, 『인생학교: 일』

사춘기: "Early Puberty", *Scientific American*, May 1, 2015

갱년기: Kay Heath, *Aging by the Book*

우울증: "Depression, Anxiety, Suicide Increase in Teens and Young Adults", CBS News, March 14, 2019

수명: "U.S. Life Expectancy Declines Again, a Dismal Trend Not Seen Since World War I", *Washington Post*, November 29, 2018

만성질환, 암, 기타 질병: Steven Mintz, *The Prime of Life*

1920년 당시 미국의 65세 이상 인구: "65+ in the United States", Hobbs and Damon, United States Census Bureau, 1996

향후 미국의 65세 이상 인구: "An Aging Nation", Ortman et al., United States Census Bureau, 2014

중년의 위기 관련 통계: : Orville Gilbert Brim, Carol D. Ryff, Ronald C.

Kessler, *How Healthy Are We?* (University of Chicago Press, 2004)

"새로운 연구에 따르면 중년이야말로 황금기였다": "New Study Finds Middle Age Is Prime of Life", *New York Times* February 15, 1999

중년에 관한 다양한 견해: Kay Heath, *Aging by the Book*

생애 전반에 걸친 유동성과 변화: Gabor Maté, *In the Realm of Hungry Ghosts* (North Atlantic Books, 2010); John Briggs, *Seven Life Lessons of Chaos*; Bruce Grierson, *U-Turn* (Bloomsbury, 2008)

"뇌는 평생 스스로를 개조한다The brain remodels itself throughout life": Jeffrey Schwartz, quoted in Gabor Maté, *In the Realm of Hungry Ghosts*

일자리와 이동 관련 통계: 앞의 책

사고 관련 통계: "How Many Times Will You Crash Your Car?", *Forbes*, July 27, 2011.

결혼 및 이혼 관련 통계: "The Marrying—And Divorcing—Kind", Pew Research Center, January 14, 2011

불륜 관련 통계: "Sorting Through the Numbers on Infidelity," NPR, July 26, 2015

심장병 관련 통계: On heart disease, "Nearly Half of Americans Have Heart Disease", *USA Today*, January 31, 2019

중독 관련 통계: "Alcohol and Drug Abuse Statistics", American Addiction Centers, July 29, 2019

다이어트 관련 통계: "Weight Loss", *Express*, February 8, 2018

경제적 위기 관련 통계: "76 Million Americans Are Struggling Financially", CNN, June 10, 2016.

3장: 삶의 지진

메이너드 솔로몬Maynard Solomon은 베토벤에 관해 『루트비히 판 베토벤Beethoven 1, 2』(김병화 옮김, 한길아트, 2006)이라는 놀라운 일대기를 썼다.

피츠제럴드가 자신이 겪은 고통에 관해 쓴 여러 편의 에세이는 훗날 *The Crack-Up* (reprinted by New Directions, 2009)이라는 제목의 책으로 출간되었다.

막스 베버Max Weber가 사용한 메타노이아metanoia라는 용어는 브루스 그리어슨Bruce Grierson의 *U-Turn*을, 윌리엄 제임스가 사용한 정신의 전위mental rearrangement라는 용어는 그의 저서 『종교적 경험의 다양성The Varieties of Religious Experience』(김재영 옮김, 한길사, 2000)을 참고했다.

4장: 의미의 ABC

빅터 프랭클Viktor Frankl의 생애는 조지프 파브리Joseph Fabry와 주디스 파브리Judith Fabry가 번역한 그의 자서전 *Recollections* (Basic Books, 2000), 윌리엄 블레어 굴드William Blair Gould가 쓴 평전 *Viktor E. Frankl* (Brooks/Cole Publisher, 1992), 알렉스 파타코스Alex Pattakos의 『무엇이 내 인생을 만드는가Prisoners of our Thoughts』(노혜숙 옮김, 위즈덤하우스, 2012)를 참고했다.

빅터 프랭클 인용: Viktor Frankl, *Recollections*; 빅터 프랭클 지음, 이시형 옮김, 『죽음의 수용소에서Man's Search for Meaning』, 청아출판사, 2020

카를 융Carl Gustav Jung 인용: 제임스 홀리스, 『인생 2막을 위한 심리학』

제롬 브루너 인용: Jerome Bruner, *Acts of Meaning* (Harvard University Press, 1990)

주체성: Steven Mintz, *The Prime of Life*; 베셀 반 데어 콜크Bessel van der Kolk 지음, 제효영 옮김, 『몸은 기억한다The Body Keeps the Score』, 을유문화사, 2020; 로이 바우마이스터 지음, 『인생의 의미』; Aristotle, *Nicomachean Ethics*

일의 영역: Steven Mintz, *The Prime of Life*; 팀 하포드, 『메시』; 로먼 크르즈나릭, 인생학교: 일』; 매슈 크로퍼드, 『손으로, 생각하기』; Michael Norton, Daniel Mochon, Dan Ariely, "The IKEA Effect"(Harvard Business School, 2011); 브라이언 리틀Brian Little 지음, 이창신 옮김, 『성격이란 무엇인가Me, Myself, and Us』, 김영사, 2015

소속감: Orville Gilbert Brim, *How Healthy Are We?*; Eric Klinger, *Meaning and Void* (University of Minnesota Press, 1978); 로이 바우마이스터 지음, 『인생의 의미』; 하워드 프리드먼Howard Friedman·레슬리 마틴Leslie Martin 지음, 최수진 옮김, 『나는 몇 살까지 살까?The Longevity Project』, 쌤앤파커스, 2011; Joshua Wolf Shenk, "What Makes Us Happy", *The Atlantic*, June 2009

"문화적 기관cultural organ": 베셀 반 데어 콜크, 『몸은 기억한다』

암 환자의 사례: 로이 바우마이스터, 『인생의 의미』

알츠하이머 환자의 사례: Paul Wong(editor), *The Human Quest for Meaning* (Routledge, 1998)

알코올 중독자의 사례: Gabor Maté, *In the Realm of Hungry Ghosts*

PTSD 환자의 사례: 윌리엄 브리지스William Bridges 지음, 김선희 옮김, 『내 삶에 변화가 찾아올 때Transitions』, 물푸레, 2006

런던 대공습 경험자의 사례: 베셀 반 데어 콜크, 『몸은 기억한다』

직장에서의 소속감, 신뢰감과 피드백: 제인 더턴Jane Dutton·그레첸 스프레이처Gretchen Spreitzer 지음, 윤원섭 옮김, 『포지티브 혁명How to Be a Positive Leader』, 매일경제신문사, 2018

출근 첫날 환대 여부에 따른 생산성: "Inside Google Workplaces", CBS News, January 22, 2013

업무 이메일에서 사용하는 주어: Gabriel Doyle and others, "Alignment at Work"(*Proceedings of 55th Annual Meeting of the Association for Computational Linguistics*, 2017)

대의: "Volunteering Makes You Happier", *Fast Company*, September 3, 2013; Paul Froese, *On Purpose* (Oxford University Press, 2016); 에밀리 에스파하니 스미스, 『어떻게 나답게 살 것인가』; 제인 더턴, 『포지티브 혁명』

5장: 형상변경

단테: R.W.B. 루이스Lewis 지음, 윤희기 옮김, 『단테Dante』, 푸른숲, 2005; Marco Santagata, *Dante* (Belknap, 2018)

필사의 운명: Viktor Frankl, *Recollections*

죽음에 대한 회피: 어니스트 베커Ernest Becker 지음, 노승영 옮김, 『죽음의 부정The Denial of Death』, 한빛비즈, 2019

아우구스티누스: 피터 브라운Peter Brown 지음, 정기문 옮김, 『아우구스티누스Augustine of Hippo』, 새물결, 2012; 아우구스티누스, 『고백록Confessions』

자서전적 상황, : Robert Zussman, "Autobiographical Occasions",

Qualitative Sociology, vol. 23, no. 1, 2000

월트 휘트먼: David Reynolds, *Walt Whitman's America* (Vintage, 1996); Walt Whitman, *Leaves of Grass* Section 51

자기조직화: John Briggs, *Seven Life Lessons of Chaos*

신체적 불균형, 일방성: Bruce Grierson, *U-Turn*

중핵적 구성 개념, 색안경: 브라이언 리틀[Brian Little] 지음, 강이수 옮김, 『내가 바라는 나로 살고 싶다[Who Are You, Really]』, 생각정거장, 2020

6장: 빗속에서 춤추는 법 배우기

반 게넵: "Arnold Van Gennep", *American Anthropologist*, vol. 84, no. 2, 1982; Arnold van Gennep, *The Rites of Passage* (University of Chicago Press, 1961)

이도 저도 아닌[betwixt and between] 상태: 빅터 터너[Victor Turner] 지음, 박근원 옮김, 『의례의 과정[The Ritual Process]』, 한국심리치료연구소, 2005

3단계 모델: 윌리엄 브리지스, 『내 삶에 변화가 찾아올 때』

7장: 인정하기

토후 바보후[tohu va-bohu]: W. Gunther Plaut, *The Torah* (Union for Reform Judaism, 2006)

모든 종교가 공유하는 개념: John Briggs, *Seven Life Lessons of Chaos*

혼돈으로의 상징적 회귀: 미르치아 엘리아데[Mircea Eliade] 지음, 강응섭 옮김, 『신화·꿈·신비[Mythes, reves et mysteres]』, 숲, 2006

"제가 무엇인데 감히 파라오에게 가서 이스라엘 백성을 이집트에서 건져내겠습니까?": 『공동번역성서』 출애굽기 3:11

사실성[facticity]: 세라 베이크웰, 『살구 칵테일을 마시는 철학자들』

베토벤: 메이너드 솔로몬, 『루트비히 판 베토벤』

기괴하고 낯설고 추한 두꺼비 여인: Thomas Cole, *The Oxford Book of Aging*

익명의 알코올 중독자 모임: 어니스트 커츠[Ernest Kurtz]·캐서린 케첨[Katherine Ketcham] 지음, 장혜영·정윤철 옮김, 『불완전함의 영성[The Spirituality of Imperfection]』, 살

림, 2009; Nan Robertson, *Getting Better* (Authors Guild, 2000)

"수년 전, 나는 인정하는 법을 배웠다Years ago I had learned the technique of acceptance": 펄 S. 벅Pearl S. Buck 지음, 우진하 옮김, 『건너야 할 다리A Bridge For Passing』, 길산, 2011

제임스-랑게 이론: Bruce Grierson, *U-Turn*

몸이 먼저 반응하는 사례: 베셀 반 데어 콜크, 『몸은 기억한다』

부정적 시각화negative visualization: "How to Harness the Power of Negative Thinking", *Greater Good Magazine*, October 31, 2012; 셰릴 샌드버그, 『옵션 B』

두려움: 브라이언 보이드, 『이야기의 기원』; Steven Pressfield, *The War of Art* (Black Irish, 2012); Hazel Markus and Paula Nurius, "Possible Selves", *American Psychologist*, vol. 41, no. 9, 1986; Pema Chödrön, *When Things Fall Apart* (Shambhala, 2016)

슬픔: 펄 S. 벅, 『건너야 할 다리』; 존 그린John Green 지음, 김지원 옮김, 『잘못은 우리 별에 있어The Fault in Our Stars』, 북폴리오, 2019; 조지 보나노, 『슬픔 뒤에 오는 것들』

수치심: 브레네 브라운Brené Brown 지음, 안진이 옮김, 『마음가면Daring Greatly』, 더퀘스트, 2016

8장: 기념하기

의식: Christine Downing, *A Journey Through Menopause* (Spring Journal, 2005); Jeltje Gordon-Lennox, *Crafting Secular Ritual* (Jessica Kingsley Publishers, 2016)

애도: 엘리자베스 길버트Elizabeth Gilbert 지음, 노진선 옮김, 『먹고 기도하고 사랑하라Eat, Pray, Love』, 민음사, 2017; Amy Greenberg, *Lady First* (Knopf, 2019); 조지 보나노, 『슬픔 뒤에 오는 것들』

"슬픔에 대한 말과 글 가운데 / 가장 슬픈 것은 '그럴 수도 있었는데!'이다For all sad words of tongue or pen, / The saddest are these: 'It might have been!'": John Greenleaf Whittier, "Maud Muller"

기념물mementos: Mihaly Csikszentmihalyi and Eugene Rochberg-Halton, *The Meaning of Things* (Cambridge University Press, 1981)

9장: 포기하기

길을 잃는 기술: 윌리엄 브리지스,『내 삶에 변화가 찾아올 때』; 조지프 캠벨,『천의 얼굴을 가진 영웅』; 마거릿 애트우드Margaret Atwood 지음, 이은선 옮김,『그레이스Alias Grace』, 민음사, 2017; 앙드레 지드André Gide 지음, 원윤수 옮김,『위폐범들Les Faux-Monnayeurs』, 민음사, 2010; J. K. Rowling, *Very Good Lives* (Little, Brown, 2015); Erik Erikson, *Identity and the Life Cycle*

포기: 찰스 두히그Charles Duhigg 지음, 강주헌 옮김,『습관의 힘The Power of Habit』, 갤리온, 2012; Mark Twain, *Pudd'nhead Wilson* (Dover, 1999)

10장: 창조하기

마티스의 법칙: Alastair Sooke, *Henri Matisse* (Penguin, 2014); Karl Buchberg, Nicholas Cullinan, Jodi Hauptman, and Nicholas Serota, *Henri Matisse: The Cut-Outs* (The Museum of Modern Art, 2014); 메이너드 솔로몬,『루트비히 판 베토벤』

사회적 배제: Marie Forgeard, "Perceiving Benefits After Adversity", *Psychology of Aesthetics, Creativity, and the Arts*, vol. 7, no. 3

앙리 푸앵카레Henri Poincaré: Nancy Andreasen, *The Creative Brain* (Plume, 2006)

볼드윈의 법칙: 파리 리뷰Paris Review 엮음, 김율희 옮김,『작가라서The Writer's Chapbook』, 다른, 2019; James Pennebaker, *Opening Up by Writing Down* (Guilford Press, 2016)

제임스 볼드윈James Baldwin의 예일 대학교 강연 모습은《예일 데일리 뉴스Yale Daily News》1983년 11월 3일 자 1면에서 확인할 수 있다. 그러나 내가 인용한 그의 발언들은 기사에 실리지 않았다.

타프의 법칙: 트와일라 타프Twyla Tharp 지음, 노진선 옮김,『천재들의 창조적 습관The Creative Habit』, 문예출판사, 2006

휄든크라이스의 법칙: 노먼 도이지,『스스로 치유하는 뇌』

11장: 공유하기

할머니의 지혜: Diana Tamir and Jason Mitchell, "Disclosing information", *Proceedings of the National Academy of Sciences of the United States*, vol. 109, no. 21; James Pennebaker, *Opening Up by Writing Down*; Robyn Fivush, *Family Narratives and the Development of an Autobiographical Self* (Routledge, 2019); 댄 매캐덤스, 『이야기 심리학』; 어니스트 커츠, 『불완전함의 영성』

위로: 윌리엄 브리지스, 『내 삶에 변화가 찾아올 때』; 맥 제이, 『슈퍼노멀』; 어니스트 커츠, 『불완전함의 영성』

넛지: 리처드 H. 탈러Richard H. Thale · 캐스 R. 선스타인Cass R. Sunstein 지음, 안진환 옮김, 『넛지Nudge』, 리더스북, 2009

일침: 마르쿠스 툴리우스 키케로Marcus Tullius Cicero, 『우정에 관하여Laelius de Amicitia』; Jen Lexmond and Richard Reeves, *Building Character* (Demos, 2009); Emma Levine and Taya Cohen, "You Can Handle the Truth", *Journal of Experimental Psychology*, vol. 147

롤모델: 내 아내 린다 로텐버그Linda Rottenberg가 설립하고 운영하는 비영리단체, 인디버Endeavor에서는 롤모델의 다양한 효과에 대해 폭넓게 연구했다. "The 'multiplier effect' in Argentina", Endeavor, February 13, 2012, endeavor. org/blog; Seth Gershenson, Cassandra Hart, Constance Lindsay, and Nicholas Papageorge, "The Long-Run Impacts of Same-Race Teachers", IZA Institute of Labor Economics, 2017; D. S. Jopp, S. Jung, A. K. Damarin, S. Mirpuri, and D. Spini, "Who Is Your Successful Aging Role Model?", *The Journal of Gerontology* vol. 72, no. 2; Mark Granovetter, "The Strength of Weak Ties", *American Journal of Sociology* vol. 78, no. 6

냉소: "5 Things You Didn't Know About Oprah Winfrey", *Vogue*, January 29, 2017; "Tom vs. Time", Tom Brady's Facebook show episode 1; "Madonna Delivers Her Blunt Truth During Fiery, Teary Billboard Women in Music Speech", billboard.com, December 9, 2016

12장: 개시하기

제롬 브루너의 『이야기 만들기』와 *Acts of Meaning*은 내가 삶을 메타적 이야기로 바라보는 데 많은 도움을 주었다.

로이 바우마이스터 인용: 로이 바우마이스터, 『인생의 의미』

새뮤얼 존슨 인용: Robert Richardson, *William James* (Mariner Books, 2007)

최고의 계획들: 팀 하포드, 『메시』; 제롬 브루너, 『이야기 만들기』; 『성격이란 무엇인가』에서 브라이언 리틀은 자신만의 프로젝트라는 개념의 역사를 소개한다.

끊임없이 이동하라: Ronald Grimes, *Deeply into the Bone* (University of California Press, 2002); Arnold van Gennep, *The Rites of Passage*; 베셀 반 데어 콜크, 『몸은 기억한다』; Kenneth Enz, Karalyn Pillemer, David Johnson, "The Relocation Bump", *Journal of Experimental Psychology* vol. 145, no. 8

두 번째 눈을 그리기: Hakim Bey, *TAZ* (Autonomedia, 2003)

성취를 드러내기: Paul John Eakin, *Living Autobiographically* (Cornell University Press, 2008)

13장: 진술하기

다음 장을 써라: 댄 매캐덤스, 『이야기 심리학』; 스콧 배리 카우프만Scott Barry Kauffman · 캐롤린 그레고어Carolyn Gregoire 지음, 정미현 옮김, 『창의성을 타고나다Wired to Create』, 클레마지크, 2017; Barbara Hardy, "Towards a Poetics of Fiction", *Novel* vol.2, no.1 (Duke University Press, 1968); 브라이언 보이드, 『이야기의 기원』; 제임스 기어리, 『진짜 두꺼비가 나오는 상상 속의 정원』; Hilary Mantel, *Giving Up the Ghost* (Picador, 2004)

거리를 유지해라: Denise Beike and Travis Crone, "Autobiographical Memory and Personal Meaning", *The Human Quest for Meaning*; Nancy Groves, "The Moth in Australia", *The Guardian*, September 4, 2015; 캐서린 번스Catherine Burns는 이야기의 근원에 대한 자신의 견해가 시인 나디아 볼츠웨버Nadia Bolz-Weber에게 영향받은 것임을 밝혔다.

돼지를 날게 하기: 이 주제의 역사는 마샤 헤슬리 콕스 스타인벡 연구센

터The Martha Heasley Cox Center for Steinbeck Studies의 연구를 참고했다. 해당 연구센터의 웹 사이트(sjsu.edu)에서는 존 스타인벡의 아내인 배우 일레인 스타인벡Elaine Steinbeck 의 서신도 확인할 수 있다. 긍정적인 이야기의 신경과학적 효과에 관해서는 다음의 자료들을 참고했다. Antonio Damasio, *Looking for Spinoza* (Harvest, 2003); Benjamin Bergen, *Louder Than Words*,; Benedict Carey, "This Is Your Life (and How You Tell It)", *New York Times*, May 22, 2007; 제임스 기어리,『진짜 두꺼비 가 나오는 상상 속의 정원』; James Pennebaker, *Opening Up by Writing Down*; János László, *The Science of Stories* (Routledge, 2008); Paul Wong(editor), *The Human Quest for Meaning*

결말에 못 박기: 이야기 구조에 대한 댄 매캐덤스의 연구는 그가 편찬한 *Handbook of Personality* (Guilford Press, 2021)에 수록된 "Personal Narrative and the Life Story"에 잘 요약되어 있다. 페니베이커James Pennebaker도 저서 *Opening Up by Writing Down*에서 이 주제를 다뤘다.

나가며: 꿈과 꿈 사이에서

앤서니 샌포드Anthony Sanford와 캐서린 에모트Catherine Emmott의 *Mind, Brain and Narrative* (Cambridge University Press, 2013)는 서사학 분야의 최신 연구에 대한 훌륭한 개론서이다. 이야기란 무엇인가에 관한 논의에서 이 책을 참고했다.

삶의 의미: Paul Wong(editor), *The Human Quest for Meaning*; Roy Baumeister, Kathleen Vohs, Jennifer Aaker, and Emily Garbinsky, "Some Key Differences between a Happy Life and a Meaningful Life", *The Journal of Positive Psychology* vol. 8, no. 6; James Birren, Kathryn Cochran, *Telling the Stories of Life through Guided Autobiography Groups* (Johns Hopkins, 2001); Ursula Staudinger, "Life Reflection", *Review of General Psychology* vol. 5, no. 2

"삶에 의미가 있다면, 고통에도 반드시 의미가 있다If there is meaning in life at all, then there must be meaning in suffering": 빅터 프랭클 지음,『죽음의 수용소에서』

생애전환의 다섯 가지 비밀: 올리버 색스Oliver Sacks 지음, 조석현 옮김,『아 내를 모자로 착각한 남자The Man Who Mistook His Wife for a Hat』, 알마, 2016; Pema Chödrön, *When Things Fall Apart*

위기의 쓸모

위기를 기회로 만드는 생애전환의 7가지 도구

초판 1쇄 찍은날 2023년 1월 16일
초판 1쇄 펴낸날 2023년 1월 25일
지은이   브루스 파일러
옮긴이   조영학
펴낸이   한성봉
편집   최창문·이종석·조연주·오시경·이동현·김선형
콘텐츠제작 안상준
디자인   정명희
마케팅   박신용·오주형·강은혜·박민지·이예지
경영지원   국지연·강지선
펴낸곳   동아시아
등록   1998년 3월 5일 제1998-000243호
주소   서울시 중구 퇴계로 30길 15-8 [필동1가 26] 무석빌딩 2층
페이스북   www.facebook.com/dongasiabooks
인스타그램 www.instargram.com/dongasiabook
블로그   blog.naver.com/dongasiabook
전자우편   dongasiabook@naver.com
전화   02) 757-9724, 5
팩스   02) 757-9726

ISBN   978-89-6262-478-6   03190

만든 사람들

책임편집   오시경
크로스교열 안상준
표지디자인 정명희
본문디자인 김경주